浙江大学文科高水平学术著作出版基金
中央高校基本科研业务费专项资金　资助

［浙江大学“一带一路”合作与发展协同创新中心］

［浙江大学区域协调发展研究中心］

浙江学者丝路敦煌学术书系

敦煌文书与经像传译

尚永琪 著

ZHEJIANG UNIVERSITY PRESS
浙江大学出版社

图书在版编目(CIP)数据

敦煌文书与经像传译 / 尚永琪著. —杭州:浙江大学出版社,2021.10

ISBN 978-7-308-20543-6

Ⅰ.①敦… Ⅱ.①尚… Ⅲ.①敦煌学-文书-研究②佛经-研究-中国③佛像-研究-中国 Ⅳ.①K870.64 ②B94

中国版本图书馆 CIP 数据核字(2020)第 169827 号

敦煌文书与经像传译

尚永琪　著

出 品 人　褚超孚
总 编 辑　袁亚春
丛书策划　黄宝忠　宋旭华
责任编辑　吕倩岚
责任校对　蔡　帆　邵吉辰
封面设计　项梦怡
出版发行　浙江大学出版社
(杭州市天目山路 148 号　邮政编码 310007)
(网址:http://www.zjupress.com)
排　　版　杭州兴邦电子印务有限公司
印　　刷　浙江省邮电印刷股份有限公司
开　　本　880mm×1230mm　1/32
印　　张　15.5
字　　数　375 千
版 印 次　2021 年 10 月第 1 版　2021 年 10 月第 1 次印刷
书　　号　ISBN 978-7-308-20543-6
定　　价　78.00 元

总　序

浙江，我国"自古繁华"的"东南形胜"之区，名闻遐迩的中国丝绸故乡；敦煌，从汉武帝时张骞凿空西域之后，便成为丝绸之路的"咽喉之地"，世界四大文明交融的"大都会"。自唐代始，浙江又因丝绸经海上运往日本，成为海上丝路的起点之一。浙江与敦煌、浙江与丝绸之路因丝绸结缘，更由于近代一大批浙江学人对敦煌文化与丝绸之路的研究、传播、弘扬而令学界瞩目。

近代浙江，文化繁荣昌盛，学术底蕴深厚，在时代进步的大潮流中，涌现出众多追求旧学新知、西学中用的"弄潮儿"。20世纪初因敦煌莫高窟藏经洞文献流散而兴起的"敦煌学"，成为"世界学术之新潮流"；中国学者首先"预流"者，即是浙江的罗振玉与王国维。两位国学大师"导夫先路"，几代浙江学人（包括浙江籍及在浙工作生活者）奋随其后，薪火相传，从赵万里、姜亮夫、夏鼐、张其昀、常书鸿等前辈大家，到王仲荦、潘絜兹、蒋礼鸿、王伯敏、常沙娜、樊锦诗、郭在贻、项楚、黄时鉴、施萍婷、齐陈骏、黄永武、朱雷等著名专家，再到徐文堪、柴剑虹、卢向前、吴丽娱、张涌泉、王勇、黄征、刘进宝、赵丰、王惠民、许建平以及冯培红、余欣、窦怀永等一批更年轻的研究者，既有共同的学术追求，也有各自的学术传承与治学品格，在不同的分支学科园地辛勤耕耘，为国际“显学”敦煌学的发展与丝路文化的发扬光大作出了巨大贡献。浙江的丝绸之路、敦煌学研究者，成为国际敦煌学与丝路文化研究领域举世瞩目的富有生命力的学术群体。这在近代中国的学术史上，也是一个值得关注的现象。

始创于1897年的浙江大学，不仅是浙江百年人文之渊薮，也是近代中国社会科学与自然科学英才辈出的名校。其百年一贯的求是精神，培育了一代又一代脚踏实地而又敢于创新的学者专家。即以上述研治敦煌学与丝路文化的浙江学人而言，不仅相当大一部分人的学习、工作与浙江大学关系紧密，而且每每成为浙江大学和全国乃至国外其他高校、研究机构连结之纽带、桥梁。如姜亮夫教授创办的浙江大学古籍研究所（原杭州大学古籍研究所），1983年受教育部委托，即在全国率先举办敦煌学讲习班，培养了一批敦煌学研究骨干；本校三代学者对敦煌写本语言文字的研究及敦煌文献的分类整理，在全世界居于领先地位。浙江大学与敦煌研究院精诚合作，在运用当代信息技术为敦煌石窟艺术的鉴赏、保护、修复、研究及再创造上，不断攻坚克难，取得了举世瞩目的成就，拓展了敦煌学的研究领域。在中国敦煌吐鲁番学会原语言文学分会基础上成立的浙江省敦煌学研究会，也已经成为与甘肃敦煌学学会、新疆吐鲁番学会鼎足而立的重要学术平台。由浙大学者参与主编，同浙江图书馆、浙江教育出版社合作编撰的《浙藏敦煌文献》于21世纪伊始出版，则在国内散藏敦煌写本的整理出版中起到了领跑与促进的作用。浙江学者倡导的中日韩“书籍之路”研究，大大丰富了海上丝路的文化内涵，也拓展了丝路文化研究的视野。位于西子湖畔的中国丝绸博物馆，则因其独特的丝绸文物考析及工艺史、交流史等方面的研究优势，并以它与国内外众多高校及收藏、研究机构进行实质性合作取得的丰硕成果而享誉学界。

现在，我国正处于实施“一带一路”倡议的起步阶段，加大研究、传播丝绸之路、敦煌文化的力度是其中的应有之义。这对于今天的浙江学人和浙江大学而言，是在原有深厚的学术积累基础上如何进一步传承、发扬学术优势的问题，也是以更开阔的胸怀与长远的眼光承担的系统工程，而决非“应景”、“赶时髦”之举。近期，浙江大学创建“一带一路”合作与发展协同创新中心，举办“丝路文明传承与发展国际学术研讨会”，都是在新的历史条件下迈出的坚实步伐。现在，浙江大学组织出版这一套学术书系，正是为了珍惜与把握历史机遇，更好地回顾浙江学人的丝绸之路、敦煌学研究历程，奉献资料，追本溯源，检阅成果，总结经验，推进交流，加强互鉴，认清历史使命，展现灿烂前景。

浙江学者丝路敦煌学术书系编委会

2015 年 9 月 3 日

出版说明

本书系所选辑的论著写作时间跨度较长，涉及学科范围较广，引述历史典籍版本较复杂，作者行文风格各异，部分著作人亦已去世，依照尊重历史、尊敬作者、遵循学术规范、倡导文化多元化的原则，经与浙江大学出版社协商，书系编委会对本书系的文字编辑加工处理特做以下说明：

一、因内容需要，书系中若干卷采用繁体字排印；简体字各卷中某些引文为避免产生歧义或诠释之必需，保留个别繁体字、异体字。

二、编辑在审读加工中，只对原著中明确的讹误错漏做改动补正，对具有时代风貌、作者遣词造句习惯等特征的文句，一律不改，包括原有一些历史地名、族名等称呼，只要不存在原则性错误，一般不予改动。

三、对著作中引述的历史典籍或他人著作原文，只要所注版本出处明确，核对无误，原则上不比照其他版本做文字改动。原著没有注明版本出处的，根据学术规范要求请作者或选编者尽量予以补注。

四、对著作中涉及的敦煌、吐鲁番所出古写本，一般均改用通行的规范简体字或繁体字，如因论述需要，也适当保留了一些原写本中的通假字、俗写字、异体字、借字等。

五、对著作中涉及的书名、地名、敦煌吐鲁番写本编号、石窟名称与序次、研究机构名称及人名,原则上要求全卷统一,因撰著年代不同或需要体现时代特色或学术变迁的,可括注说明;无法做到全卷统一的则要求做到全篇一致。

书系编委会

自序:我与丝路文明史研究

将自己这些年所做烛火蚊蝑的研究工作,汇进时贤滔滔的巨流河中来观照,顿生涉海凿河或以蚊负山之感。但从综述性文章的概括视角入手,题目当然不宜过于啰嗦,因而强缀之于“丝路文明史”的般若舟身,将中古佛教、古代图像、动物历史几方面的零散研究工作做点简述。

我的学术研究起步,是读硕期间对敦煌文献的盲人摸象式使用。1998 年,我以敦煌佛经讲疏卷子等为材料,撰写了《六朝义疏的产生问题考略》这篇硕士学位论文,后来刊发在高校古委会主编的《中国典籍与文化论丛》上。

硕士研究生阶段,吉林大学古籍研究所文献研究室的传统,一般是让学生找一本体量适当的古代文集之类做个初步的综述性研究。这其实是一个相当好的基础训练,无论是对于版本知识、训诂基础的养成,还是史料来源、文献精读等的分析把握,都非常适合历史文献学硕士研究生的综合培养。而我却不太喜欢这个,当然是受限于年轻人不知轻重的眼光问题,不能理解此中的训练要义,总想做出点不同于前人的新东西来。

其时的自己读书少而杂,不分良莠,拉拉杂杂地读了一脑子的浆糊，文学、史学混在一起，一时又想不好该做点什么。同门大师兄张固也先生的硕士论文作《新唐书·艺文志》补的研究，获得一致好评，导师陈维礼先生也建议我考虑一下史料订补的方向。又因文献研究室的前辈罗继祖先生是辽史大家，有《辽史校勘记》、《辽史表订补》等名著，陈维礼老师曾郑重地同罗老探讨过我的硕士论文选题问题，希望我能在辽史文献领域做篇文章。20世纪90年代中期的罗老完全失聪，他俩笔谈此事的稿纸我还保留着，但辽史研究的打算因为我的怯阵而没能发芽长成。

1995至1998年间的吉林大学南校区，周遭还是大片荒地农田，除了窗明几净的图书馆，确实也没地方可去，就在古籍部和资料室老老实实地乱翻书，对居延新简等新材料尤其留意，期望从中发现点什么。其时正在听丛文俊老师的书法文献和《诗经》研究的课程，记得丛先生对秦汉以来的经典解释和简牍的书写格式做过一个提示。那段时间正在细翻陈维礼先生送我的《敦煌变文集》，先生也期望我在考古发现的文献中能有新收获，于是就想到了从敦煌佛经讲疏卷子和俗唱文本中追寻经典解释的脉络问题。

当时还没有研究生论文开题之类的硬性规定，当然也就没有挖空心思先去对付老师催迫的学术焦虑，可以静下心来仔细地翻阅和比对《维摩经疏》、《佛说人本欲生经注》、《金刚般若波罗蜜经宣演》、《穀梁传集解》、《论语义疏》等文献的体式，寻找先贤对经典注释问题的解说和意见。我将自己成熟的看法呈现给老师的时候，对这个问题的追寻和思考就基本成形了。经陈老师的几番修改，定题为《六朝义疏的产生问题考略》，这篇文章以“纸的大量运用与疏本的兴盛”、“释道安与佛经义疏的关系”、“佛经义疏与讲经文、因缘文及变文的关系探讨”、“义疏产生的背景问题”及“结语”这样几部分组成，基本上构成了一个自洽的体系。

当然缺陷在于，我并未置身于敦煌文献和敦煌学研究的学术中心地带，这个选题仅仅为我提供了一个起步点，并没有成为学术的生长点。2000年，再次以期刊编辑的身份在职读博士的时候，对敦煌文书的文献学研究再也没能继续下去，而换到了“佛教传播”这个完全的佛教历史领域。当然，硕士阶段对敦煌文献的引颈仰望，还是令我在此后的研究中使用相关资料文献积累了一定的经验。

博士学位论文以《3—6世纪佛教传播背景下的北方社会群体研究》为题，基本是以士、农、工、商为类进入考察，使用了一些造像记等石刻文献。这个研究得益于同导师张鹤泉先生的许多次肯定与否定和范围架构的讨论，最终以4年时间做成。在张鹤泉老师的大力推荐下，纳入吉林大学边疆考古中心的基地成果，于2008年在科学出版社出版。此书共10章43万字的篇幅，议题包括北方胡汉社会与佛教传播、早期佛经翻译集团中的知识分子、佛教寺院与农业人口的生存状态、佛事活动中的工匠阶层、佛教传播中的西域商人、佛教传播背景下的北方妇女、僧人医疗家群体与民间医疗问题、僧人的流动与中古地理视域的拓展、佛教邑义与僧官制度等。

可以说，博士论文中这些相对开阔的议题研究，在一定程度上拓展了我的研究视野，引发了持续的研究兴趣，有王羲之所谓“欣于所遇，快然自足”的兴头。不但对西域僧人传教译经历史的追索成为我博士毕业后的一个重要研究领域，而且西域与中国古代文明之间的关系，也渐渐进入我的研究视野。

对西域来华胡族僧人的研究，是在博士论文基础上最早进入的一个选题。从在《吉林大学社会科学学报》2006 年第 2 期发表《北朝胡人与佛教的传播》一文始，我以佛图澄研究为重点，开始对来华西域胡僧的资料做全面的收集、整理和分析。从时代上，以汉晋、十六国南北朝、隋唐为中心将之分类；从西域僧人的来源地域上，分为月氏、安息、康居、龟兹、罽宾、于阗、师子国、天竺僧人。在此基础上，考订来华西域胡僧的传教行迹等问题，梳理他们同诸多历史事项之间的逻辑脉络与关系，既包括实体支撑关系如与中原僧团、西域商团、译经群体、宫廷权贵的互动，也包括文化交流和生成关系如与舍利信仰、禅宗成立、密宗形成、海洋航行、幻术神异、医疗技术等方面的关系。这个工作主要是在 2009 至 2011 年断断续续进行的。下决心将之系统撰写出来的动力，来自余太山先生主持的“欧亚历史文化文库”。蒙尊敬的余先生鼓励提携，才将这些零散的成果最终整理成一本 24 万字的著作《胡僧东来：汉唐时期的佛经翻译家和传播人》，于 2012 年在兰州大学出版社出版。

随之，就水到渠成地进入对西域来华僧人个体的深入研究，我本来首选的是佛图澄，他对中国佛教的早期发展发挥了关键性的、不可替代的作用。佛图澄以神僧著称，关于他的文献记载有太多的神异描述，一时之间没有想好该如何处理和认识这些记载，对它们视而不见或简单地批驳抛弃显然是不负责任的做法。因此，虽然在2009年就跟一家出版社签过撰写《佛图澄传》的出版合同，但最终还是决定暂且放弃，转向对鸠摩罗什的研究。

对于鸠摩罗什，我在《胡僧东来：汉唐时期的佛经翻译家和传播人》一书中只是以一章的篇幅做了概括性论述，这显然是不够的。因为鸠摩罗什译经，是中国佛教和文化历史中具有划时代意义的一件大事，他第一次把印度佛学按照真正意义翻译并引进来，不但对中国佛教诸宗派的形成发挥了决定性作用，而且影响到中国乃至东亚古代思想和文化的发展走向。所以，对鸠摩罗什的全面研究，实质上是对汉唐之际中华文化流变关键点的一个具体而深度切面的观照。在搜集和排比资料的过程中，先是作了一个关于鸠摩罗什的行迹资料长编，并应云南教育出版社之约，写了个10万字的《鸠摩罗什》通俗小册子，基本上厘清了问题构建的思路。

研究一个人，往往是以时间为线索轴，展开人物的生平。而我关于鸠摩罗什的研究，并没有打算按照人物传记的那种写法去进入，而是按照现有资料的结构布局，以专题的形式进行，在纵横两个轴向上展开考察，尽可能将之放进古代中亚、东亚文化交流的时代环境中来认识问题。2011至2014年，陆陆续续做了12个专题，分别是“古龟兹国王族及帛姓僧侣与佛教东传”、“早期佛教与帝王政治的共生因缘”、“鸠摩罗什宗教生涯的理想目标与现实错位”、“鸠摩罗什的被掳掠者身份及其文化偏见”、“鸠摩罗什译经时期的长安僧团”、“鸠摩罗什和他的弟子们”、“鸠摩罗什与来华西域胡僧之关联”、“西域幻术与鸠摩罗什之传教”、“鸠摩罗什对《维摩诘所说经》的翻译与注释”、“《维摩诘所说经》与维摩诘造像考”、“优阗王旃檀瑞像流布中国考”、“鸠摩罗什对般若学及东亚文化的贡献”。这些专题问题的选择和展开，是基于对现有的鸠摩罗什文献记载和考古资料的充分利用，专题之间具有很强的互补性，坚持了在不同维度和层面的论述，对认识鸠摩罗什及其所处的时代文化背景，提供了一个具有相对深度的阐释体系。这些专题文章曾陆续在《历史研究》、《文史哲》、《学习与探索》、《史学集刊》、《中国佛学》等杂志刊出，而此研究整体完成后有30万字的篇幅，余太山先生再次慷慨将之纳入“欧亚历史文化文库”系列，为使读者对这12个专题的内在联系有清晰的了解，于是又加了一个绪论，分“对鸠摩罗什在中国文化史上地位的概括性认识”、“考察鸠摩罗什时代的路径与节点的选择”这样两部分做了总体说明，以《鸠摩罗什及其时代》为题于2014年在兰州大学出版社出版。

对于西域来华胡僧的研究，至此告一段落。一是因为对人物研究的兴趣开始减弱，二是因为兴致勃勃地追索鸠摩罗什在龟兹讲经时曾坐“金狮子座”问题，没有刹住闸，开始着迷于古代中国的狮子图像及其演变。在丝路文明史的研究中，人员的往来当然非常重要，如张骞这样的政府使者、鸠摩罗什这样的宗教僧侣、高仙芝这样的军队将军，都是我们关注的对象；而丝绸之路上物的交流，更是古代文明交流的重要事项，动物在其中也是大宗，如马匹、狮子、骆驼、鸵鸟等，都是丝绸之路上文明交流的象征性物品。尤其是狮子，它不仅仅涉及中华原来没有的动物（狮子）从印度、波斯传入的问题，更关涉着“狮子图像”如何作为一个外来文化因素融合到中华文化中，并成为中华传统文化中重要的吉祥象征物的文化流变问题。当然，狮子的传入及其图像研究的这个工作做得并不满意，搜集到大量的狮子图像，但是相关文献并不富集，所以所写的相关论文只有《曹操猎狮传说的历史学考察》这篇稍如人意。

虽然最终匆忙在商务印书馆出版了一本图文本《莲花上的狮子》，后续的专题研究却没有进一步深入，迄今尚在迁延中。不过，对于“图像证史”的兴趣却与日俱增，图像是与佛教传播史或丝路文明史密切相关的。对佛教而言，图像是同经典文本同等重要的文化传达符号，图像与经典文本有流与源的基本关系。对图像的研究，在一定程度上更利于对文献的丰富性解读。

当然，我对图像研究的学术兴趣，并不是无厘头的突然起兴，在做鸠摩罗什研究的时候，就系统梳理研究了“优阗王旃檀瑞像”问题，撰写2万多字的论文《优阗王旃檀瑞像流布中国考》——这是迄今为止关于这个问题梳理比较系统的一篇论文。在此基础上再接再厉，先后撰写了《海青冠演变为朱雀冠的图像学解释》、《对“释迦乘羊问学图”的探讨》等文章。

在撰写《佛教史研究中的图像问题》这篇小文章的时候，关于图像研究的各类理论文章在微信圈中传得正热，尤其是关于将历史图像应用在历史研究中的误区问题，正在引起越来越多学者的关注。而这也正是我需要进一步学习和思考的问题，因为我正在进入一个新的领域——动物史研究。研究要立足于中国古代文献、考古资料和图像，以古代丝绸之路上西域与中原文明交流为中心展开。无论是佛教传播史还是动物交流史，仅仅靠文献来梳理不同文明因素在古代中国的融合演变，显然相当缺乏直观性或生动性——古代文献记载完全偏重于政治性活动的性质，使得大量的文明或文化事项淹没在历史的尘埃深处。但是，出土的图像和物质性器物为我们提供了鲜活的古代生活痕迹。如何将这些在丝绸之路沿线传播、融入、流变、再生的文明遗迹纳入解读历史的体系之中，则是我们所面临的重要问题。

此时，我 2008 年初版的博士论文的修订本，被收入"欧亚备要"丛书，已改名为《慈悲众生：汉唐之际佛教传播中的北方社会群体研究》，正在商务印书馆等待出版；2018 年申请的国家重点课题"汉唐时代的动物传播与文明交流研究"成果论文也正在逐步推出。我一直所期望的那个有群体有个体、有人物有事项、有文献有图像的立体"叙事"，以文化为中心而不是以政治为中心的文明交流史小碎片，似乎正在渐渐浮现。

也可能目前研究路径的选择是在进入一种琐碎状态，但总比置身于现代体系中，却在为古代政治和统治伦理的免费道德辩护中被扭曲成麻花要幸运一点。其实，我更喜欢那个不畏生死且魔术超群的佛图澄，而于鸠摩罗什则有一点疏离感。他最有名的那个诗偈曾印在我的书封上："心山育明德，流熏万由延。哀鸾孤桐上，清音彻九天。”这是一种缺乏温度的孤冷和高大，正如孜孜于政治伦理体系的圣人们所发出的那些貌似正确的声音。在学术与生活界线模糊的混杂状态下，我所喜欢的，可能正是我写在《莲花上的狮子》封面勒口的那句话：“宁静的莲花是生息者，威严的狮子是智慧者。愿我们一起，都具有美丽的莲花之心。”可这是多么魔幻的状态啊，如何可能达到？此时最恰当的心情，来自我对《胡僧东来：汉唐时期的佛经翻译家和传播人》2012年版“后记”中一段话的再次改写：2500多年前的灵山法会上，大梵天贡献金婆罗花，释迦牟尼不发一语而拈花示众，诸菩萨弟子皆默然而立，唯有大迦叶心会佛意，破颜一笑。面对这日益逼仄的世间，面对一花一草，我们可有凡人慧心，放下那一切该放下的，温暖那一切该温暖的，心心相印，破颜一笑吗？

目　录

六朝义疏的产生问题考略

一、 纸的大量运用与疏本的兴盛

在考察义疏的产生及与之相关的诸问题之前,很有必要对"义疏"这一名词的涵义做点探讨。

义疏之"义"是文义的意思,这是没有什么争议的,关键在于对"疏"的理解。诸多文献学著作释疏为"疏通",并因之认为义疏是种疏通文义的注释方法,[①]这种看法施之后世固无不可,但从义疏的产生背景来讲,则是不符合实际情况的。

在六朝义疏产生时,"疏"在更大程度上是"疏记"、"条列"的意思。《说文·疋部》段玉裁注云:"疏与疋音义皆同,皆从疋者,疋所以通也。疏之引申,为疏阔、分疏、疏记。"据此,亦有学者认为群经注疏之疏,应以记为义[②],我是很赞成这种看法的,证之如下。

《晋书》卷92《文苑传》:

> 左思……造《齐都赋》,一年乃成。复欲赋三都……遂

---

① 关于这些说法,可参阅张舜徽:《中国文献学》,郑州:河南人民出版社,1982年;张大可:《中国历史文献学》,西安:陕西人民教育出版社,1991年;赵振铎:《训诂学史》,郑州:中州古籍出版社,1988年;杨瑞志:《训诂学》,济南:山东文艺出版社,1985年;等等。

② 牟润孙:《注史斋丛稿》,北京:中华书局,1987年,242页。

构思十年，门庭落溷皆著纸笔，遇得一句，即便疏之。

南朝宋齐间僧人释玄畅《致傅琰书》云：

辄疏《山赞》一篇，以露愚抱。[①]

此处的“疏”俱为记载、条列的意思。并且，当时又将疏记诸事的清单或文书称作疏。谢承《后汉书》卷2“应奉”条云应奉记性极好，一次去京师上计，同行者许训“密疏”沿路接待的官吏姓名，想试一下应奉的记性。返回后，许训“出疏试奉，奉省读之，云：‘前食颍川纶氏都亭，亭长胡奴名禄，以饮浆来，何不在疏？’座中皆惊”。[②] 此处，“密疏”之疏为记，而“出疏”、“何不在疏”之疏则为清单或文书之义。

《广弘明集》载姚兴《与安成侯嵩书》云：

吾曾以己所怀，疏条《摩诃衍》诸义，图与什公平详厥衷，遂有哀故，不复能断理。[③]

按，姚兴书中直书“疏条诸义”，是将“以己所怀”之《摩诃衍》义条列于纸，以与鸠摩罗什讨论。“疏”之于“义”，在于“记载”而非“疏通”，其意甚明。

敦煌卷子《大乘稻芉经随听疏》又作《大乘稻芉经随听手镜

---

① 《全齐文》卷26“玄杨”条，载严可均辑：《全上古三代秦汉三国六朝文》，北京：中华书局，1958年，5873页。

② 汪文台：《七家后汉书》，周天游校，石家庄：河北人民出版社，1987年，37页。

③ 《广弘明集》卷18《法义篇第四》，民国十三年印《频伽精舍大藏经》露字6。

记》,[1]宋僧法云编《翻译名义记·序》有"经论文散,疏记义广"[2]之句,亦可证疏义为记。在佛教义疏和《隋书·经籍志》所载经学义疏中,义疏又有"义记"之名,则明"义疏"实非"经义疏通"的意思。

所谓义疏,就是将讲经义说条列于纸,以便研习流传。其义前后有变,初为"条列"讲说的经义,后渐成讲经记录的专名。然尤可注意的是,在魏晋之际,"疏"与"义疏"是有很大差别的,疏是一种文本的通称,也是义疏、讲疏的简称。

汉世,给皇帝的奏议称作疏,是"分条陈述"之义的引申。而"疏"作为一种条列诸事或记载文论的文书的专名,在魏晋颇为盛行,其时有所谓"书疏"、"告疏"、"义疏"、"讲疏"等。

敦煌卷子 P. 4036《黄门侍郎卢藏用仪例》:

> 书疏之兴其来自久。上皇之世邻国相闻,人至老死,不相往来,则无不("不"字疑衍)贵于斯矣。□魏,宪章道广,笺记郁兴,莫不以书代词,因词见意……既齐梁通贤,颇立标统。然而古今变迁,文质不同;江南士庶、风流亦异。□学,无所取则。聊因暇日,纂述诸仪,务存简要,以裨未悟,士大夫之风范在是矣,将以传诸弟子,非敢出于户庭。古今书仪皆有单复两体。书疏之意,本以代词。苟能宣心,不在单复。[3]

此为唐人卢藏用所作《书仪》的序,大意是追述书疏产生的历史,并交代了自己纂述书仪的目的及对书仪的看法。按,"笺

① 黄永武:《敦煌宝藏》,台北:新文丰出版公司,1981 年,第 11 卷 150 页和第 26 卷 661 页,卷子号分别为 S. 1475、S. 3226。

② 法云:《翻译名义记》卷 1《序》,民国影印宋本七卷。

③ 黄永武:《敦煌宝藏》第 132 册《书仪残卷》(P. 4036)。

记郁兴”始自□魏，其要在于“以书代词”。可见，卢氏所谓“书疏”实包含在他所说的郁兴于□魏的“笺记”之中。又谓“书疏之意，本以代词”，“词”即“辞”，即口头表述，为“书”的对文。如敦煌卷子 P. 2173《金刚经疏》之“如即指法，是即定词，如斯之言，是佛所说，故言如是”①，即释“词”为“言”；S. 3702 言讲经法师“词峰电击，业该三史，善通九流，谈般若则秋月丽天，演净名则春雷骇物”②，当时善说经书的儒生又被称作“儒宗词伯”③，此犹可证“词”即“谈论之言”。因而，口头表述形于纸笔，即为“笺记”，亦谓之“书疏”。卢氏所谓“书仪”，亦即“书疏”，是包括书信和“纂述”两类的。但无论其是哪一类，都说明卢氏所谓的“疏”是一种言论记录的特称。

“疏”作为一种文字记录来讲，其功用在于“以书代词，因词见意”。也就是说，将言论或思想记录下来就是疏。疏作为一个特定名词的这一特定内涵，亦可证之于下。

现藏敦煌研究院的《大慈如来告疏》，④写于北魏兴安三年（454）五月十日，卷首有“告疏”字样，内容为宣扬弥勒信仰，且言见疏者要将其“传之不停”，“若得吾书，隐而不传者，死入地狱，无有脱期”。写此“告疏”者既称其谓“吾书”，则明“疏”即“书”，与“辞”相对。卢氏所谓“书疏”亦当含此类告疏在内，其功用在于宣传教旨。

僧睿《思益经序》云：

---

①《大正新修大藏经》卷 85，No. 2733 卷子，原件藏法国图书馆。

② 黄永武：《敦煌宝藏》卷 30，572 页，S. 3702《讲经和尚颂》6 种。

③《大正新修大藏经》卷 85，No. 2776《释肇序》。

④ 该卷现藏敦煌研究院，1977 年《文物资料丛刊》第 1 辑刊布其图版，发表号为 007。

> 予与道恒谬当传写之任，辄复疏其言，记其事。①

此处说“疏言”、“记事”，“疏”义为“记”，是对“言”来讲的，亦即对词来讲的，“疏言”即“疏辞”。

另据《释氏要览》：

> 讲律，即元魏时法聪为始。聪但手批目阅，敷扬《四分律》，有门人道覆，旋听旋抄，渐成疏焉。②

按，讲律之疏，从时间上讲，《释氏要览》以为始自元魏；从产生方式上讲，是“旋听旋抄”，积而成疏，亦含“以书代词”之意。

《全晋文》卷160释僧睿《毗摩罗诘提经义疏序》云：

> 自慧风东扇，法言流咏以来，虽日讲肆，格义迂而乖本、六家偏而不即。性空之宗，以今验之，最得其实……自提婆以前，天竺义学之僧，并无来者，于今始闻宏宗高唱，敢预希味之流，无不竭其聪而注其心。然领受之用易存，忆识之功难掌。自非般若朗其慧闻，总持铭其思府，焉能使机过而不遗，神会而不昧者哉！故因纸墨以记其文外之言，借众听以集其成事之说。繁而不简者，贵其事也；质而不丽者，重其意也。其指微而婉，其辞博而晦，自非笔受，胡可胜哉！是以即于讲次，疏以为记。冀同方之贤，不咎其烦而不要也。③

此处之“疏以为记”是义疏之“疏”为条列、疏记的明证。义疏的功用在于“因纸墨以记其文外之言，借众听以集其成事之

---

①《全晋文》卷160“释僧睿”条，见严可均辑：《全上古三代秦汉三国六朝文》，4772页。

②《大正新修大藏经》卷54，《释氏要览》之“讲僧始”条。

③《全晋文》卷160“释僧睿”条，见严可均辑：《全上古三代秦汉三国六朝文》，4773页。

说”，则义疏是记“言”与“说”的，亦含“以书代词”之意。

“疏”兴于□魏，从尺牍的演变来看，应该是曹魏。到东晋元魏时期，疏已相当流行。

敦煌卷子 P. 2149、S. 1347《维摩疏释前小序抄》云：

> 爰及魏晋创启宣传者。爰，于也；魏有四所：前魏，曹操之子曹丕睹都洛阳……金(今)举前魏也；晋有二，今言西晋也。宣为宣说，传为传通，所谓愿自我口畅之彼心为宣，流演圆通无系于一人名传通也。①

按，《维摩疏》为“什公门下四杰”之一的僧肇法师作，唐人又为之疏。肇公以为讲经宣演始于魏晋，而唐人又直指魏为曹魏，晋为西晋，则其时至少应该有讲经的记录产生。僧睿认为“自提婆以前，天竺义学之僧，并无来者，于今始闻宏宗高唱，敢预希味之流”②。按，提婆于苻氏建元中东来，东晋太元中南下讲经说法，“至隆安元年，来游京师，晋朝王公及风流名士，莫不造席致敬”，提婆讲经，“宗致既精，辞旨明析，振发义理，众咸乐悟”。③其时正当元魏，义学讲经盛行于此时，则与之相应的义疏亦随之盛行就是很自然的了，因而义疏的出现肯定早于提婆东来讲经。今存有年号纪年的敦煌卷子最早者为西晋永兴二年(305)写的《大般涅槃经第三十》，④藤枝晃先生认为是赝品。此外，最早的

---

①《大正新修大藏经》卷 85，No. 2775《维摩疏释前小序抄》。

②《全晋文》卷 160“释僧睿”条，见严可均辑：《全上古三代秦汉三国六朝文》，4773 页。

③ 释慧皎：《高僧传》卷 1《晋庐山僧伽提婆》，汤用彤校注，北京：中华书局，1992 年，38 页。

④ 薄小莹：《敦煌遗书汉文纪年卷编年》，长春：长春出版社，1990 年，1 页。

以“义记”为名者是编号为散 0191 的《维摩义记经第二》,[①]写于前秦甘露二年(360),这也是敦煌卷子中除藤枝晃认为是赝品之外的最早的年号纪年卷子。目前,由于卷子收藏散乱等情况,也不能排除在干支纪年卷子和无年号卷子中有更早的写本。就年号纪年卷子来看,义疏卷子主要是东晋北魏时期的。标有年号的以“疏”或“义记”为名的文本尚有:敦研 0007 号《大慈如来告疏》(兴安三年)、S. 2106《维摩义记》(景明元年)、[②]S. 2660《胜曼义记一卷》(正始元年)、[③]《大涅槃经义记》(大统五年)、[④]S. 524《胜曼经疏》(延昌四年)[⑤]等,俱写于北魏时期。

由此,我们可形成这样一种认识:

“疏”至少在曹魏时期已见普遍,到东晋元魏时期甚为盛行,它是与“词”亦即“辞”相对的一种表达或宣扬思想、经义的方式,是“书”,亦即将要表达或宣扬的内容条列、记载于纸上,以达到“以书代词,因词见意”的目的。不同的内容亦有其不同的名称、“纂述诸仪”者谓之“书仪”,传递宣扬者谓之“告疏”,记载经义者谓之“义疏”或讲疏。由此可见,“疏”之义并非“疏通”,而是一种知识、思想的新的交流与宣传方式。它是古代文献由简帛、口传方式向纸质文献过渡的特殊时期产生的新的传播方式。

---

① 薄小莹:《敦煌遗书汉文纪年卷编年》,长春:长春出版社,1990 年,1 页。

② 黄永武:《敦煌宝藏》卷 16,176 页,S. 2106。

③ 黄永武:《敦煌宝藏》卷 22,83 页,S. 2660,并参见《敦煌遗书汉文纪年卷编年》。

④ 薄小莹:《敦煌遗书汉文纪年卷编年》,长春:长春出版社,1990 年,12 页。

⑤ 薄小莹:《敦煌遗书汉文纪年卷编年》,长春:长春出版社,1990 年,8 页。

“疏”的主要作用是“以书代词，因词见意”，即将当时口头传递或表达的思想等记录下来，根据这些记录再理解其意。卢氏所谓的“笺记”，实即因纸墨以记言辞。所以，疏在这一时期的盛行，在一定程度上要归因于纸的大量运用。

纸在西汉已经诞生，然而它的大量运用却迟至东晋北魏时期。长沙走马楼出土大批的三国简牍，已很好地说明了这个问题。[①] 403 年，东晋权贵桓玄废晋安帝而自立为帝，改国号为楚，随即下诏：“古无纸，故用简，非主于敬也。今诸用简者，皆以黄纸代之。”[②]此为文献中废简用纸的最早记载。其时正值元魏拓跋圭天兴年间。纸的运用使人们可以将相对于经籍来讲篇幅较长的口头讲论记录下来，而在造价低廉的纸大量运用之前，笨重而书写麻烦且运输、传播都非常困难的简牍是无法达到这一目的的。在有年号纪年的敦煌文书的 1344 件卷子中，只有两件卷子是 5 世纪前的（除去藤枝晃先生认为是赝品的两件）。除去莫高窟本身的起迄年代影响外，应该说这与当时纸的普遍运用不无关系。

唐人所谓的“笺”亦指题诗或写字用的纸张，如李白《草书歌行》的“笺麻素绢排数箱”[③]及所谓“薛涛笺”即此。卢氏的“笺记郁兴”，与纸的运用大有关系。

所以，“疏”的盛行与纸的运用密切相关。“疏”这一记录、条列思想或言论的文本，其名称的形成是在汉代。至魏晋时期，由于纸的大量运用，疏更为盛行。

---

① 尹韵公：《长沙走马楼简牍与三国时代的书写材料》，《光明日报》1997 年 10 月 7 日，第 5 版。

② 徐坚：《初学记》，北京：中华书局，2004 年，第 2 版，517 页。

③ 李白：《李太白全集》卷 8《草书歌行》，王琦注，北京：中华书局，1977 年，456 页。

疏作为一个名词或者动词，起初所表达的并不是一种文献注释或解读方法，而是一种传播方式。它的含义更倾向于记录文献的手段和载体，而不是文献的解释方法。但毫无疑问的是，这种以纸的大量运用为背景的"以书代词"的传播方式，其产生与盛行，在一定程度上为一种新的诠注文献方法的产生起了推波助澜的作用。

义疏的产生就是以纸的大量运用为其物质前提的。"义"是就经文内容讲解来说的，而"疏"是就其记录、交流、传播的手段和载体而言的。随着历史的推移，义疏也进而成为一种注释方法的名称。

二、 释道安与佛经义疏的关系

义疏的产生首始于佛教的讲经。按传统的说法来讲，佛教的"疏钞之学"创始于东晋名僧释道安，近人梁启超始主此说。他在《佛教教理在中国之发展》一文中谈及道安之于中国佛教发展的贡献时说：

> 前此（指道安之前）讲经。惟循文转读。安精意通会，弘阐微言，注经十余种，自是佛教界始有疏钞之学，业盛于郑康成。①

梁任公的这一说法是非常模糊的，他说的"始有疏钞之学"是否就是佛经义疏的创制始于释道安的意思，很难确定。而后来

① 黄夏年编：《梁启超集》，北京：中国社会科学出版社，1995年，69—70页。

的文献学著作直书“义疏由释道安首创”[①]，这种说法则纯属臆测，是没有什么根据的。

在义疏的创制上，释道安无疑发挥了很大的作用，但要说义疏由他首创则不符合实际情况。

敦煌卷子中的散 0191《维摩义记经第二》写于甘露二年（360），而释道安南下注经讲经是在东晋哀帝兴宁三年（365），他的经注及三分科判式义疏的创立俱在其后，此为义疏非始于道安的一个例证。

证之文献记载，在释道安之前或至少在他所处的时代，已经早有义疏产生。

《高僧传》卷 5《晋京师瓦官寺竺僧敷》：

> 西晋末乱，移居江左，止京师瓦官寺，盛开讲席……后又著《放光》、《道行》等义疏。……竺法汰与道安书云：“每忆敷上人，周旋如昨，逝没奄复多年。与其清谈之日，未尝不相忆思。得与君共复疏其美，岂图一旦，永为异世。”……汰与安书，数述敷义，今推寻失其文制，湮没可悲。

复疏即复述讲疏。当时学习有所谓覆讲之制，儒生与僧徒皆用，也就是后代私塾中的背诵或回讲，复疏即背诵讲疏。如《梁书》卷 40《许懋传》的“十四入太学，受《毛诗》，旦领师说，晚而覆讲，座下听者常数十百人”；《高僧传》卷 6《释道融传》载道融“往村借《论语》，竟不赍归，于彼已诵。师更借本覆之，不遗一字”。所以在当时这种复习考核方法的运用是极普遍的。

---

① 参阅张舜徽：《中国文献学》，郑州：河南人民出版社，1982 年；张大可：《中国历史文献学》，西安：陕西人民教育出版社，1991 年；赵振铎：《训诂学史》，郑州：中州古籍出版社，1988 年；杨瑞志：《训诂学》，济南：山东文艺出版社，1985 年，等等。

僧敷之疏，其文制如何，连慧皎也无从得知。但从竺法汰与道安的书信来看，二人复疏僧敷的义疏，认为其美，可以传之后世。

西晋末乱之时，释道安刚刚出生，其时僧敷已经盛开讲席，著《放光》、《道行》义疏，后道安、竺法汰尝复僧敷的疏，可知义疏的首创并非始于释道安。

在这个问题上，汤用彤先生的看法是十分恰当的：

> 注疏创始，用功最勤影响最大者，仍推晋之道安。①

这是对道安之于义疏发展的中肯评价。那么，梁任公所谓的自道安"佛教界始有疏钞之学"亦当如此理解。

梁任公那段话源自《高僧传·道安》：

> （释道安）既达襄阳，复宣佛法。初，经出已久，而旧译时谬，致使深义隐没未通，每至讲说，唯叙大意转读而已。安穷览经典，钩深致远，其所注《般若》、《道行》、《密迹》、《安般》诸经，并寻文比句，为起尽之义，及析疑甄解，凡二十二卷。序致渊富，妙尽深旨。条贯既序，文理会通，经义克明，自安始也。②

慧皎这段话是指道安注释诸经，使"文理会通，经义克明"，并未言及道安首创义疏。如前所述，义疏是讲经的记录，与注是有所区分的。道安的注释工作，是为佛经的讲论作了准备工作，使当时"唯叙大意转读而已"的讲经局面有所改变，即慧皎所说"经义克明，自安始也"。此为释道安之于佛经义疏发展所作的贡献之一。在此基础上，道安又创制了佛经的"三分科判"式

---

① 汤用彤：《汉魏两晋南北朝佛教史》，北京：中华书局，1983 年，395 页。

② 释慧皎：《高僧传》卷 5《晋长安五级寺僧释道安》，179 页。

义疏。

释道安所作的这两项工作，对于义疏发展的意义是相当深远的。近人将道安的经注与义疏混在一起，直指注为疏，实在是个很大的误会。牟润孙先生曾指出这一点，[①]然少有人顾及。在此略作探讨，以明道安之功。

道安（314—385），俗姓卫，常山扶柳人，年十二出家，先后师事佛图澄、竺法济、支昙讲，历石虎、冉闵、慕容俊等政权，是中国早期佛教史上具有广泛影响的一代名僧。

释道安大半生在山西、河北一带从事佛教活动，至东晋哀帝兴宁三年（365）南下襄阳，集中精力弘传佛教。道安虽然不通梵文，但他精通当时的内外经典。他一面精注佛典，一面讲经说法。但是，他为佛经所作的注是否就是义疏呢？从现有资料来看，将二者等同起来肯定是有问题的。道安对佛经的注释主要是在到襄阳后的15年中完成的。《出三藏记集》记载了道安所注佛经目录，[②]现移录于下：

《光赞析中解》一卷。

《般若析疑准》一卷。

《般若起尽解》一卷。

《了本生死注》一卷。

《贤劫八万四千度无极解》一卷。

《安般守意解》一卷。

《阴持入注》二卷。

《义指注》一卷。

---

① 牟润孙：《注史斋丛稿》，北京：中华书局，1987年，242页。

② 释僧祐：《出三藏记集》卷12，苏晋仁、萧炼子校点，北京：中华书局，1995年，428—507页。

《三十二相解》一卷。

《光赞抄解》一卷。

《般若析疑略》二卷。

《道行集异注》一卷。

《密迹金刚持心梵天二经甄解》一卷。

《人本欲生经注撮解》一卷。

《大道地经十法句义》—卷。

《九十八结解》一卷。

以上 17 部经共 18 卷。此外,《出三藏记集》卷 5《新集安公注解及杂经志录》所载,[①]尚有:

《大十二门注》二卷。

《小十二门注》一卷。

则道安所注经,共 19 部 21 卷,现大都亡佚,仅《人本欲生经注撮解》存藏中。这些经注,从其名称看,有解、甄解、撮解、疑略、异注、析疑略、析疑准等。不同的名称是否对应不同的注释方式,因为这些注本的散佚,我们无法进行详细的排比研究。但是其大概体例,我们从道安现存的作品中还是可以窥见其仿佛的。

道安《安般注序》:魏初康会为之注义,义或隐而未显者,安窃不自量,敢因前人,为解其下,庶欲蚊翮以助随蓝,雾润以增巨壑也。

《十二门经序》:仰希古烈,滞而未究。寤寐忧悸,有若疾首。每惜兹邦,禅业替废,敢作注于句末。虽未足光融圣典,且发蒙者傥易览焉。

《大十二门经序》:天竺古文,文通尚质,仓卒寻之,时有

① 释僧祐:《出三藏记集》卷 5,428—507 页。

不达。今为略注，继前人之末，非敢乱朱，冀有以寤焉。①

由此可以看出，道安所作的注，是附于经文句末的，有“略注”，有注前人所注而“义隐而未显者”的补注。他的这种注释方式，从体例上来讲，同汉人注经的注释方式没有什么大的区别。我们从道安所注经中仅存的《佛说人本欲生经注》中，可以更清楚地看到这一点。下面移录该经注的一小节作为考察样本，经文以#表示，道安的注文以*标出，题目前的编号为《大正新修大藏经》编号，照录，以备后文论述的方便：

No. 1693《佛说人本欲生经注》②

后汉安息三藏安世高译东晋道安注

闻如是，一时佛在拘类国法治处。

*阿难所记闻圣教土也？法治处，王城也。

#是时贤者阿难，独闲处倾猗念。如是意生，未曾有，是意是微妙，生死亦微妙，中微妙，但为分明易现。

*现当为见也。是意微妙本句倒。

#便贤者阿难，夜已竟起到佛，已到为佛足下礼已讫。一处止已止一处。贤者阿难白佛：如是，我为独闲处倾猗念，如是意生，未曾有，是意是微妙本。

*本，痴也，解痴者四谤之所昭也。

#生死亦微妙，

*生死，极末也，微明之谤达于末也。

#中微妙，

---

①《全晋文》卷158“释道安”条，见严可均辑：《全上古三代秦汉三国六朝文》，第4748、4751页。

②《大正新修大藏经》卷33，亦可参看《大正新修大藏经》卷1《阿含部上》之No. 14《佛说人本欲生经》。

＊中者，本末之间。九用谛烛之，之亦甚微妙也。

#但为分明亦现。

＊现当作见也。言四谛观十一因缘，了了分明，不难知也。

很显然，这种注释方式是同汉人一脉相承的，在体例上同郑、服经注没有什么大的差别，而同今存的义疏疏本却大不相同。佛教讲经义疏在《大藏经》与敦煌卷子中俱有，写于唐代宗李豫广德二年(764)的 S. 2744 卷子《金刚般若经旨赞》卷上，[①]便采用了三分科判的体式讲解经书。佛经的三分科判讲法，由释道安首创。此卷谓"弥天法师，大判经文，以为三分"之"弥天法师"，即释道安。此外，良贲《仁王经疏》云道安"科判诸经，以为三分：序分、正宗、流通分"[②]，由此可见释道安是佛经的三分科判义疏的创立者。

下面我们录出敦煌卷子中典型的佛经义疏以作考察样本。这些卷子多有残缺，为唐中叶之前的僧人抄写。

P. 2173No. 2733《御注金刚般若波罗蜜经宣演》[③]

敕隋驾讲论沙门道氤集

叙曰：真际寥廓，理□□□□觉杳冥。本无言论，而起说于无说之域，立名于不名之境者，实由昏衢未晓，见海长沦，将以灯炬，幽关津航，庶品教之兴也，其功大哉……

赞扬经注，略起五门：一叙教兴由，二明经体性，三摄归宗旨，四所被根宜，五依文正解。

……

① 《大正新修大藏经》卷 85 之 No. 2735 卷子。

② 《大正新修大藏经》卷 85 之 No. 2745《仁王经疏》残卷。

③ 《大正新修大藏经》卷 85 之 No. 2733 卷子，原件藏法国图书馆。

经：如是。

演曰：自古多解，今叙五门：一别解如是，二合解如是，三带我闻解。初即“如是”两字，各别训释；次即总申二字之义；后将“如是”二字连我闻解，非释我闻。初别解者，唐梵道俗总有九释。一安法师云：有无不二为如如，非有无为是如无所，如是无所，是故云如是……七梁武帝云：如即指法，是即定词，如斯之言，考佛所说，故言如是……次合解如是，复有六释：一肇法师，如是者信顺之词，信则所言之理顺，顺者师资道成，词无繁约，非信不传，是故经初建言如是。二《真谛记》云：……后带我闻，以带如是复有五释：一光宅法师云：如是者，将传闻前显，举一部，如是一部，我亲从佛闻，即为我闻作呼辄耳。二惠朗云：如是者，直指之词，谓如是之经，我从佛闻，非自造也……总别凡有二十家释。

……

经：若心有住即为非住。

演曰：返遮也。余本先证无住，所以，若心有住，便是执著，非为真住。真如理，中无所住，故发心亦应顺理无住，故住。《净名经》云：“无住即无本，从无住本立一切法。”彼论云：“示不住生心义故。若心住于色等法，彼心不住佛菩提，佛菩提者即真理也。”

……

建中四年正月二十日僧义琳勘记

贞元十九年听得一遍

又至癸未年十二月一日听第二遍讫

庚寅年十一月二十八日听第三遍了

常大德法师说）义琳听

按，此卷体式，以先“经”后“演”的方式将经文与疏文明分为二，疏文篇幅较长，在解释体例上同《佛说人本欲生经注》的单释难词不同。道安的《佛说人本欲生经注》不用三分科判体式，开篇即经注并行，类似于今存藏中的《夹注胜曼经》。①

《大正新修大藏经》卷36《经疏四》收唐释澄观所述《大方广佛华严经随疏演义钞卷》(No. 1736)，将前人之疏又进行了义疏，其体式亦如上列敦煌卷子，先分门总论，后疏释正文，其开篇即云：

> 将释此疏，大分为四：一总序名意，二归命下，归敬请加；三将释下，开章释文；四疏末一偈，谦赞回向。为顺经文，有四分故。若顺序正流通判者，则合前二为序分，开章为正宗，谦赞为流通，为疏三分。

以上这几件疏钞卷子，离道安所处时代较远。但是有一点是值得注意的，那就是无论它是“四门分别”还是“五门分别”，它的解经、讲经体式却仍是“三分科判”，即序分、正宗分、流通分。P. 2173 还多出一个“叙”，其实这也是序分的组成部分。它之所以开四门、五门，都是“为顺经文”而已。所以，这些卷子可以说是道安创立三分科判义疏体式后的典型佛经义疏文本。

比照这几个经疏卷子与藏本，我们可以得出以下几点认识：

1. 释道安是佛经三分科判义疏的创制者，而不是义疏的首创者。两者是有区别的。他将已经形成的佛教讲经义疏进一步格式化、制度化，为讲经义疏在后世的盛行奠定了基础。

2. 佛经义疏又有义记、义赞、旨赞、宣演、演义等名。其实，唐代孔颖达作《五经正义》，初成时亦名之曰“义赞”而不是“正义”，正义乃后改的名称，以示正统。从卷子来看，疏的作用是

---

① 《大正新修大藏经》卷33。

“赞扬经注”，是以经文与注文为本，进一步通述经义的讲稿或听讲稿（P. 2173、S. 2744 卷子卷末题记可说明这一点）。它的最大特征有二：一是三分科判体式；二是会通文义。实际上对疏本来讲，只有序分与正宗分具有实际意义，流通分是谦赞回向的，为僧人齐声诵唱的一首或几首偈语而已。序分的内容非常丰富，一般来看，它既讲佛教史（辨教因缘）、佛经集结流布史（叙翻译），又讲该经的宗旨（定经宗旨、述经宗趣）、讲论要表达的主体思想（明经所被、明处会）等，这些都随所讲经文的不同而有所差别。正宗分就是“赞经本文”、“依文正解”，在一句经文之后以“赞曰”、“演曰”或“疏”起（如《大正新修大藏经》所载 No. 1833 唐沙门智周撰《成唯识论演秘》一疏，[①]即直接以“疏”开头，下列一句原文，空格，然后是疏文），或直接一句经文后空格，即展开疏文（F. 2159 即此例）。这种体例明显不同于道安所作的经注。No. 1693《佛说人本欲生经注》是用夹注的形式，且以释词通义为主，其注释句式简洁明快，如“生死，极末也，微明之谛达于末也”；“中者，本末之间。九用谛烛之，亦甚微妙也”。而义疏则采用了三分科判的形式，它讲解正文很有独到之处，如 P. 2173 释“如是”二字，即列出三门二十家的训释，具有集解的特征。其下释“若心有住即为非住”，又引经征论，抒发了讲经者自己的体味，又不纯是集解，是加以己意，会通文义，在一定程度上是自作一段文章。S. 2744 卷子中，[②]在“赞经本文”时，不是一句一句引经解说，而是以“由××到××句”的格式一段一段讲解经义。所以就佛教义疏来讲，经注与义疏是有很大差别的。注的作用是解释“义或隐而未显者”，而疏则是“赞扬经注”的，二者的差别并不

---

① 《大正新修大藏经》卷 85。

② 《大正新修大藏经》卷 85，S. 2744 卷子。

仅仅在于解释范围的不同,关键在于它们的解释方式也是不一样的。所谓“赞扬”、“宣演”及“演义”,它本身的含义要比“注”宽泛得多,是对经与注的敷演宣扬。

3. 从疏的产生与功用来讲,释道安的注也不能等同于疏。义疏是“因纸墨以记其文外之言,借众听以集其成事之说”的,所以,义疏之所以为义疏,就在于它能“使机过而不遗,神会而不昧”。讲论中随机而发的经义领会借疏而存,即“以书代词,因词会意”。从文献记载来看,只有讲经结束之后的经义定本,才在更大程度上是完全的义疏,如《弘赞法华传》卷3云:

> (萧瑀)深信释典,捐弃外学……手著《法华义记》,凡十卷,时于第内为子弟讲之,疏成之日,梦多宝佛塔炳耀空中。①

那么,笼统地称义疏为新注实在是不妥当的。牟润孙先生也曾提出魏晋注、疏为二的观点。② 从当时的实际情况出发,严格来说,二者确实是不一样的。在魏晋时期,“新注”是一个特定的概念,它是相对于汉人注释而言的,二者的注释精神不同。义疏不仅仅是一种注释,而是在传统注释的基础上形成的讲经记录。

三、 义疏产生的背景问题

六朝义疏的产生有其必然的时代契机和学术背景,下面试作讨论。

佛经三分科判体式义疏的创立,有以下两个背景因素在起作用:一是般若学和大乘义学的兴起,使中国早期佛教高僧讲解佛

---

① 《大正新修大藏经》卷51,《弘赞法华传》卷3《左仆射宋国公萧瑀》。

② 牟润孙:《注史斋丛稿》,北京:中华书局,1987年,242页。

经的方法无法与之相适应；二是佛教典籍从异域传来，由于语言表达、翻译、行文方式等各方面的差异，使得要理解其义，就要既疏通讲解正文，还要追溯其佛说、集结、翻译流传史及总结中心思想，这样才能达到理解深义、开启智慧的目的，实际上，这两点因素的最根本之处就在于义学的兴起，才使佛教三分科判义疏应运而生，也使得儒家经学讲解与传授亦采用义疏的方式。

佛教传入中国，始于汉代中叶，到桓、灵时期，始有兴盛之迹象。在鸠摩罗什译出新经之前，译经传法高僧有安世高、支娄迦谶、支谦、康僧会等人。他们前后译经不断，翻译方式始自汉僧安世高。安世高为安息人，精通天竺古文，尤其"特专《阿毗昙》学，其所出经，禅数最悉"[①]。数即事数，是佛教的一些基本概念。安世高在讲解佛经时，就经中的事数依次解说其义。佛家名相之学，本来就隐微难明，况且在翻译中所产生的其能指与所指的内涵、外延又无法说清道明，列不出准确的义项，所以安世高的这种讲经法实际上是支离破碎，难达通义，要让一般人听懂并理解其深义就更不容易了。现存藏中的由安世高译的《阴持入经》就是此类作品，其体式如下：

No. 1694《阴持入经》[②]

佛经所行亦教诫，皆在三部为合行。何等为三？一为五阴，二为六本，三为所无。五阴为何等？一为色，二为痛，三为想，四为行，五为识，是为五阴。色阴名为十现色入，十现色入为何等？一眼二色三耳四声五鼻六香七舌八味九身十乐，是为十现色入，是名为色种。痛种为何等？痛种为身六

① 《全晋文》卷 158"释道安"条，见严可均辑：《全上古三代秦汉三国六朝文》，第 4748 页。

② 《大正新修大藏经》卷 33《经疏部一》，No. 1694《阴持入经》卷上。

痛，一眼知痛，二耳知痛，三鼻知痛，四舌知痛，五身知痛，六心知痛，是为身六痛，名为痛种……

像这种大环套小环的解事数经，是当时的东来僧人弘扬教义的主要方式之一。当然当时也有一些其他易懂的经典，但阿毗昙为佛说纲目，乃"众经之喉襟，为道之枢极也"[①]，是理解佛经经义的基本概念。而这些繁琐细碎的连环套名相，在刚译出时是很难让人捉摸它的本义的，要将它会通成佛说大义，自然不容易。所以，在汉末讲经中又创立了"格义"之学，试图以固有的中土概念将讲解平易化。格义，按汤用彤先生的理解，有以下含义：

（1）"格义"是一种用来对弟子们教学的方法。竺法雅、康法朗以及他人就是根据这个目的来采用的，像毗浮、昙相乃至别人，于是更见广泛传播了。

（2）"格义"是用原本中国的观念对比外来佛教的观念，让弟子们以熟习的中国固有的观念去达到充分理解外来印度的学说的一种方法。

（3）什么是这种"格义"方法准确的含义呢？它不是简单的、宽泛的、一般的中国和印度思想的比较，而是一种很琐碎的处理，用不同地区的每一个观念或名词作分别的对比和等同。"格"在这里，联系上下文来看，有"比配"的或"度量"的意思；"义"的含义是"名称"、"项目"或"概念"。"格义"则是比配观念（或项目）的一种方法或方案，或者是不同观念之间的对等。[②]

---

① 《全晋文》卷58"释道安"条，见严可均辑：《全上古三代秦汉三国六朝文》，第4756页。

② 汤用彤：《论格义——最早一种融合印度佛教和中国思想的方法》，《汤用彤集》，北京：中国社会科学出版社，1995年，140—142页。

按汤先生的讲法来看，格义是种繁琐的对等比配方法，它在对比两种对等概念时并不“简单、宽泛”，是有一定的严格法则的，所以格义讲经也还是很死板的。但是与单解毗昙相比，这种比量概念的讲经法就更容易让人理解经义。也可能正是因为格义这种教学方法的出现，才使佛教讲经有了一定的发展，成熟的义疏释经体式的产生也就有了可能性前提。

两晋间的竺法雅是以“格义”训弟子的典型人物，《高僧传》卷4《晋高邑竺法雅》云：

> 竺法雅，河间人，凝正有气度，少善外学，长通佛义，义冠仕子，或附谘禀。时依雅门徒，并世典有功，未善佛理。雅乃与康法朗等，以经中事数，拟配外书，为生解之例，谓之格义。及毗浮、昙相等，亦辨格义以训门徒。

竺法雅究竟是怎样实行这种方法的，具体情况就不很清楚了。然而在汉晋之际的佛书中，印度的“四大”这一概念常被用中国的“五行”来解释，此即格义之一例，此亦可说明格义之法并非始于竺法雅。

《出三藏记集》卷5释慧睿的《喻疑论》云：

> 汉末魏初……寻味之贤，始有讲演，而恢之以格义，迂之以配说。

此处“格义”与“配说”并举。很显然，二者之间至少是有种细微差别的。格义当是相当于概念即名相亦即基本词汇的解说而言；而配说当是以中土固有事例、道理以配经书，阐述佛经大义，即“义”者“义项”，“说”者“说解”。也就是说，当时的讲演是既以格义释名相，又以配说通大义。此种方法，虽比阿毗昙的套解释经高明，但终究也是拘于事数，“迂而乖本”。尤其是随着般若类经典的翻译和大乘学的兴起，无论是毗昙还是格义就显得极不适应。自北魏孝文帝倡导佛教义学后,北方义学逐渐盛行,并且西晋名僧无罗叉、竺法护及姚秦鸠摩罗什对大乘般若经典的译释流布,使大乘义学成为佛学主流。

大乘以空无为宗,般若以体慧为旨,仅以事数套解或以格义比配已根本无法表达这种含义更加模糊的形而上思想。于是,翻译、讲解经书的义学名僧,开始寻找更能会通文理的译经释经方法。

竺佛念在译《千佛名号》时,采取的办法是“或离文而就义,或正滞而旁通,或取解于诵人,或事略而曲备”[①]。南僧支通虽以格义比附,但他受玄学家影响,讲经时已极为灵活。他讲经时:

> 每至讲肆,善标宗会,而章句或有所遗,时为守文者所陋。谢安闻而善之,曰:“此乃九方皋之相马也,略其玄黄而取其骏逸。”[②]

支遁精通内外经典,善于格义。但从这段记载来看,他也抛开了无法通解的章句,以“宗会”亦即 S. 2744 所说“宗趣”为主,是以大义通经文。道安的同学竺法汰著有义疏,并以“形解过人”而“流名四远”,至使“开讲之日,黑白观听,士庶成群”。[③] 何谓“形解”? 已无从稽考,总之这是一种独特的讲经方法,并且很能吸引人,大概有其平易通俗的地方。而道安的另一位同学释法和讲经时,“善能标明论纲,解悟疑滞”[④]。这种讲法如形于纸笔,很显然和我们前面所引的 S. 2744、F. 2159、P. 2173、No. 1736 等

---

① 《全晋文》卷 159“竺佛念”条,见严可均辑:《全上古三代秦汉三国六朝文》,4767 页。

② 释慧皎:《高僧传》卷 4《晋剡沃洲山支遁》,159 页。

③ 释慧皎:《高僧传》卷 5《晋京师瓦官寺竺法汰》,193 页。

④ 释慧皎:《高僧传》卷 5《晋蒲坂释法和》,189 页。

残卷疏本的格式非常接近，先“标明论总”，然后再讲有疑问和文义不通之处。

从以上论述可以看出，到两晋之际，扫除名相、专求大义的大乘义学的发展，相应地要求有一种更好的弘扬阐释空无形而上思想的释经方法。道安同时代的僧人在做这方面的探索，而道安本人则以其刻苦的求学精神、深厚的义学功底，成为综合继承前人及时人的成果，开创佛经“三分科判”式义疏体例的先驱。

道安精通儒释经典，在研经弘法中形成了自己的注经求义思想体系。他在《道行般若多罗蜜经序》中说：

> 考文以征其理者，昏其趣者也；察句以验其义者，迷其旨者也。何则？考异则同异每为辞，寻句则触类每为旨。为辞则丧其卒成之致，为旨则忽其始拟之义。若率初以要其终，或忘文以全其质者，则大智玄通，居可知也。从始发意，逮一切智，曲成决著，八地无染，谓之智也。①

这段精彩的论述，是道安创立三分科判义疏的绝好解说词，也是道安注经、讲经思想的典型表述，他将理义、趣旨、辞旨、初终、文质、意智这六对概念之间的关系剖析得出神入化。他认为“考文征理”与“察句验义”的弊处在于会迷失经的“旨趣”，而乖离本旨的原因在于考文则“同异为辞”，不免多生歧义，使原作丧失“卒成之致”。而一味寻句得旨，也会产生新的原书所无的义说，倒又“忽其始拟之义”，亦乖本旨。针对这两对矛盾，他认为解决的办法有二：一为“忘文以全质”，一为“率初以要终”，将二者结合起来，便是“从始发意，逮一切智”。这正是自东汉以来即

① 《全晋文》卷158“释道安”条，见严可均辑：《全上古三代秦汉三国六朝文》，4744页。

在士人中兴起的“圆通”思想的反映。并且很明显的是，道安的这种思想深受玄学言意之辩的影响。从我们在前面所引的义疏残卷、疏本来看，三分科判式义疏体例正是以这一思想为基础而创立的，序分的目的在于弥补“考文征理”与“察句验义”所产生的缺陷，所以序分是明宗趣、述经旨的，而正宗分是疏通义理的。这样，序分与正宗分互为补充，互为限制与发明，四门或五门的分述使之更为完备，以统一以上六对概念，使每个概念与它的对举者之间互作补充与修正，既不因文迷旨，亦不由句生讹，使质以补辞，文以限义，义以达意，理以贯文，意以成智。

不仅如此，当时道安所注经可以说是鸠摩罗什译出新经及其四大弟子等讲论众经之前文理最为通畅的注本。这些注本也是他以“三分科判”讲经的基础。道安注经本就是针对当时讲经时“唯叙大意，循文转读而已”的局面所作的工作，那么在注本的基础上以一种平易而力求完美的方式讲解经文，则是他所创立三分科判讲经法的动因所在。因而，佛经义疏的产生与定格，就是在以上所述的求义求智的人文背景下完成的。然而，道安创立三分科判佛经义疏的深层原因，仍然离不开当时经学发展的大背景。

对佛学来讲，如何避开繁难而又支离破碎的阿毗昙及文义不确的格义而将佛经经义以最为流畅的形式表达并传扬开来，是释道安等义学僧人着力思考的问题。而其时中国传统经学的章句之学，也比佛教格义讲经好不了多少。繁难、琐碎、曲文迂意的解说，使五经歧义纷出，令人费解。魏晋士人所谈的言意之辩，从一个侧面反映了经学讲解的尴尬境地。经学既要像先秦儒学一样保持其学统以独立发言，又要依附时政援经证今以作为干禄工具，而此二者在汉魏之际已处于两悖之地。事实上，秦代方士儒生因“援古非今”遭屠戮和西汉辕固生、黄生辩“受命放杀”遭冷遇，已历史地宣告了儒学的独立评判体系的最后终结，阐述圣人

“微言大义”的公羊学应运而生。而董仲舒的“天人感应说”就使儒学彻底成为官方化的经学，儒家的原始精神已是丧失殆尽，余下的就是如何进一步使经学的解说与专制统治的步调相一致了。经学大师夏侯胜每当讲经时，常对诸生说：“士病不明经术，经术苟明，其取青紫，如俯拾地芥耳。”[①]而桓荣更是以皇帝老师的荣宠来炫耀勉励学生。所以，五经就是在“学”与“术”的两重意义下被解说。谶纬之学更是以“术”解说经书的典型例子。援古证今、古为今用的政治神话，构筑了依附专制统治的又一途径。而章句之学，就是处于经书与纬书之间的一种释经方式。《后汉书》卷79《儒林列传·论》云：

> 自光武中年以后，干戈稍戢，专事经学，自是其风世笃焉。……其耆名高义开门受徒者，编牒不下万人，皆转相传祖，莫或讹杂。至有纷争王庭，树朋私里，繁其章条，穿求岩穴，以和一家之说。

章句既要固守家法以表其为原学，又要广搜旁求以显其经世之功而求得“绣其鞶帨”的目的，把这样互悖的两者统一在几百年前产生的五经之中，琐碎繁难、文义不通及曲文迂说自是难以避免的了。汉武帝时，司马谈给当时儒学的评价是“博而寡要，劳而少功”[②]。到西汉末年，刘歆亦讥其“分文析字，繁言碎辞”。

《后汉书》所谓“转相传祖，莫或讹杂”，实际道出了经学口耳传承的弊病，为守师法而不惜曲解文义。在这种背景下，一种会通文义、简洁平易的释经方式的产生已成了时代发展、学术发展的必然，此为义疏产生的契机之一。

---

① 班固：《汉书》卷75《夏侯胜传》，北京：中华书局，1962年，3159页。

② 司马迁：《史记》卷130《太史公自序》，北京：中华书局，1982年，3289页。

除此之外,引发义疏产生及影响其发展走向的另一个重要原因是魏晋政治的不同于前代。九品中正制的实行,使政治与门第结缘,六朝的士大夫,出自士族豪门,与庶族相对,以门第获得高官。而且至为重要的一点是,以东汉末年的清流结集为契机,以舆论与人物品评为背景,以师徒关系、婚姻关系为媒介的门阀政治宣告形成,入仕之途是在门第基础上由士族社会的舆论与品评为标准,清议与清谈成为一种发挥自我、标榜知识与品德的工具,而迅速便捷地掌握各种经典知识,就成为清谈直至玄谈的必要条件。这就更要求一种简洁的吸取助谈之资的释经方式产生,此为义疏产生的社会基础。

在此背景下,脱离经学樊笼后自我意识觉醒的魏晋士人,一反两汉经学琐碎芜杂之病,兴起了着重大义、发挥我见的义学。义学是魏晋南北朝新注与义疏产生的学术基础。魏徐干(170—217)在《中论·治学》中说:

凡学者大义为先,物名为后,大义举而物名从之。然鄙儒之博学也,务于物名,详于器械,矜于训诂,摘其章句,而不能统其大义所极,以获先主之心。

这段话可以说是当时有识学人关于文献注解的哲学思想精粹,它明白地道出了汉注与魏晋六朝新注之间的不同。前者为"务于物名",而后者是以"大义为先"。正如《朱子语类》卷 67 所言:"汉儒解经,依经演绎;晋人则不然,舍经而自作文。"此即所谓"大义举而物名从之"。但有一点要注意的是,此处的"举大义"是相对于"鄙儒之博学"而提出的,并不是笼统地指一切汉儒。这一点刘勰在《文心雕龙·论说》中讲得极为明白:

若夫注释为辞,解散论体,杂文虽异,总会是同。若秦延君之注《尧典》,十余万字;朱普之解《尚书》,三十万言,所以通人恶烦，羞学章句。若毛公之训《诗》，安国之传《书》，郑君之释《礼》，王弼之解《易》，要约明畅，可为式矣。

平实明畅的传注之学，虽然有“解散论体”之弊，但因其“杂文虽异，总会是同”，所以刘勰认为其可为式法。事实上，从毛亨到郑玄再到王弼的注经活动，就是经学典籍的注释方式由“务于物名”向“大义为先”演进的历程，清代儒生在谈及《左传》汉注时，总是批评杜预而抬高贾、服，其主要原因就在于杜注与贾、服之注相比，已有“物名”与“大义”并举的倾向，而贾、服是严守汉儒的训诂师法，致力于物名注释。到王弼注《周易》，就已经是注入己见，大义为先了。

范宁在《穀梁传集解·序》中，已提出以“据理以通经”的办法通释滞义。嵇康更为明白地说：

夫推类辨物，当先求之自然之理。理已足，然后借古义以明之耳。

此处的“理”是对“义”的新的阐释。汉儒强调“微言大义”，所谓“圣人所尚者义也”。对师法相承的经生来讲，求“义”在于守注，而非“推类辨物”。以“理”为核心的这种“推类辨物”的注释方法，使注义更为明白通畅。这种据理求义的注释精神，我们可以从汉魏注疏①中得其彷佛：

《论语·为政第二》：

子张问十世可知也，子曰：殷因于夏礼，所损益可知也；周因于殷礼，所损益可知也；其或继周者，虽百世可知也。

---

① 《知不足斋丛书》第7集皇侃《论语义疏》，并参看《景元元贞本论语注疏解经》，贵池刘氏玉海堂景宋丛书之四，光绪甲辰九月黄冈陶子麟刻本。下引几条，俱出何晏集解、皇侃疏。

马融注:所因,谓三纲五常;所损益,谓文质三统。

何晏注:物类相召,势数相生,其变有常,故可预知。

子贡欲去告朔之饩羊,子曰:赐也,尔爱其羊,我爱其礼。郑玄注:牲生曰饩,礼人君。每月告朔于庙,有祭,谓之朝享。鲁自文公始不视朔,子贡见其礼废,故欲去其羊。

包咸注:羊存犹以识其礼,羊亡礼遂废。

按,马融只是注出“所因”、“所损益”的词义;何晏则是从一种哲理意义上推论“百世可知”的道理。同样,郑玄是直解其词,直说其事;而包咸则推释文理,点出“子曰”的中心思想之所在。这种差别在汉魏注释与魏晋义疏之间又更为明显。

《论语·子罕第九》:

子绝四:毋意、毋必、毋固、毋我。

何晏注:(毋意)以道为度,故不毋意也。

皇侃疏:云毋意者,一也,此谓圣人心也。凡人有滞,故动静委曲自任用其意,圣人无心,泛若不系舟,豁寂同道,故毋意也。

按,何晏的“以道为度”已是对“毋意”的推理发挥的解释;皇侃更进一步推出“圣人心”这个概念,将何晏的“道”明确为“豁寂同道”。这个由“意”到“道”,又由“道”到“心”的索解过程,就是一步步求“理”的过程。

《论语·为政第二》:

哀公问曰:何为则民服?孔子对曰:举直,错诸枉,则民服。

包咸注:错,置也。举用正直之人,废置邪佞之人,则民服其上矣。

皇侃疏：云孔子对曰举直，错诸枉则民服者，答哀公服民法也。直谓正直之人也；错，置也；枉，委曲邪佞之人也。言若举正直之人为官位，为废置邪佞之人，则民服君德也。亦由哀公废、直用枉故也。故范宁曰：哀公舍贤任佞，故仲尼发乎此言，欲使举贤以服民也。

按，包注只讲其然，而皇疏则又讲其所以然，并且还以“言若”的形式将“民服其上”发挥为“民服君德”。

《论语·公冶长第五》：

子曰：宁武子，邦有道则智，邦无道则愚，其智可及也，其愚不可及也。

皇侃疏：此章美武子德也。云邦有道则智者，言武子若值邦君有道，则肆己知识以赞明时；云邦无道则愚者，若值国主无道，则卷智藏明详昏同愚也。云其智可及者，是其中人识量当其肆知之日，故为世人之可及也。云其愚不可及者，时人多炫聪明，故知识有及于武子者，而无敢详愚隐智如武子者，故云其愚不可及也。

王朗曰：或曰详愚，盖运智之所得，缘有此智，故能有此愚。岂得云同其智而阙其愚哉！答曰：智之为名，止于布德尚善，动而不黜者也，愚无预焉。至于详愚，韬光潜彩，恬然无用，支流不同，故其称亦殊。且智非足者之目可有，虽审其显而未尽其愚者矣。

孙绰曰：人情莫不好名，咸贵智而贱愚，虽治乱异世，而矜鄙不变。唯深达之士为能。成名者易去华，以保性者难也。

按，从皇疏到王说、孙说，“推类辨物”，以理释经，王朗辩证智与愚的关系，是离经解经，而使经义的理解在深度上有所扩展。

孙绰更是由愚智之辩推至于人情，得出“成名者易去华，以保性者难也”的这样一个更深更远的命题。嵇康的“理已足，然后借古义以明之”的解经精神，在孙、王的义说中体现得十分明显。

皇侃在《论语义疏·序》中称马融、郑玄所作为注，包咸、陈群、王朗、孙绰之解为义说，亦当包含义理变化在内。

类似上例的这种求义求理的经文注解，是魏晋注释学的普遍特征。所谓“经体有二，一文二义，文是所依，义即能依，由能诠文义得显故”①，是佛教学者对注释与文义的依存关系的阐发。《高僧传·义解论》更有“依义莫依语”的观点。由之可见当时注释学轻于名物、注重大义的风格。

这种据理求义的注释精神的培植形成，与儒家的讲经论难传统不无关系。讲经论难是中国古代传统的教学方式之一，在先秦典籍如《论语》中就多见论难的记载，其目的无非在于加强理解深度，巩固知识，精通万物事理。汉儒在讲经中多有论难。据谢承《后汉书》，郑玄就曾著有《答临孝存周礼难》，此即为答论难文；同书卷八云：“殷亮为博士，讲学大夫。诸儒论，胜者赐席，亮便八九重。”司马彪《续汉书》卷三载周磐“朝会集诸生，讲论终日”。有讲即有论，讲论结合是当时明经问学的方法。东汉时善论难的学者有宋均、刘恺、侯霸等人，其中刘恺被称作“难经伉伉刘太常”。随着讲经风气的盛行，论难也进一步发展，在义疏、论议文及谈玄中发挥了极大的作用。

《北史》卷81《李业兴传》有典型的论难记录，可资参看，兹不赘录。

讲经中的难问需要讲解经义者有会通文义的能力，既要熟悉旧注，又要辩证义理。论难发展的最终结果，就是“开释文义，标

① 《大正新修大藏经》卷43《论疏部四》，No. 1830《成唯识论述记》卷1。

明指趣”的义解注释法的出现。

当然，论难的传统不仅仅源于本土，佛教讲经在印度就有作论的遗风。南僧支遁以说理论难著于时，罗什译经之后即出论明义，即此。所以，儒释论难的结合与发展，使据理求义的注释方法的最终形成有其坚实的学术背景。

对于这种注释精神，释道安有其深刻的理解。他在《十法句义经序》中说：

> 经之大例，皆异说同行。异说者，明夫一行之归致；同行者，其要不可相无，则行必俱行，全其归致，则同处而不新，不新则顿至而不惑；俱行故丛萃而不迷也。所谓知异知同，是乃大通。既同既异，是谓大备也。以此察之，义焉庾哉！义焉庾哉！夫玄览莫美乎同异，而得其门者或寡矣；明白莫过乎辨数，而入其室者鲜矣。①

道安从探讨“经之大例”出发，提出解经的“大通”与“大备”两个概念，并反省讲“义”的不足之处，并举“合同异”与“辨事数”二者为解经大旨，这是当时在求“义”背景下注释学思想发展的高度总结，从理论的层面上为我们理解义疏的产生提供了很好的说明。从现有的儒释二家的义疏来看，也确实做到了“异说同行”。我们前面所引的 P. 2173 卷子无论在“览同异”还是“辨事数”方面都已做到了“知异知同”。皇侃的《论语义疏》也有着这方面的倾向，他在该书《叙》中说：

> 侃今之讲，先通何《集》，若江《集》中诸人有可采者，亦附而申之。其又别有通儒解释于何《集》无，好者，亦引取为

① 《全晋文》卷 58“释道安”条，见严可均辑：《全上古三代秦汉三国六朝文》，4756 页。

说，以示广闻也。[①]

当然，皇侃的引取诸说，其目的仅仅是“以示广闻”，而道安的“异说同行”，却是希望通过“明一行之归致”和“丛萃而不迷”而达到“大通”、“大备”的目的。对比皇侃、释道安二者之说，虽然他们的基本精神是一致的，但前者的“以示广闻”在更大程度上显然是继承了传统经学注解经典的机械堆砌训释的毛病，而后者却是为了更好地理解经典大义而倡导“异说同行”，是既要做到广闻（亦即“大备”），又要做到“大通”。就从注释理论上来看，晋僧释道安就远远高于后人皇侃。那么，贯注这一注释精神的佛经义疏，无论在开风气还是在体例发展的完备程度上，要比儒家经学义疏先进得多。

汤用彤先生在谈及魏晋注疏精神时说：

> 魏晋注疏恒要言不繁，自抒己意。书之大旨或备于序文，如郭象注《庄子》之序是也。学问之体要，或具分述于品目义（谓篇名下之解释）中，张湛《列子》篇名之注是也。二者均谓之‘通’，原在总论大义。至若随文作注，亦多择其证成己意处会通其旨略，未必全合于文句。[②]

汤先生对魏晋注疏的概括是非常精当的。郭象、张湛注释中的“品目义”、“篇名注”，同佛经三分科判义疏序分中的“述经宗趣”是同一学术背景下的产物，功用是一样的，其中贯注了“开释文义，标明指趣”的精神；而魏晋注释的随文作注亦以“旨略”为宗，未必全合于文句。

---

① 《知不足斋丛书》第7集皇侃《论语义疏·叙》。

② 汤用彤：《魏晋玄学论稿》之《言意之辨》，北京：人民出版社，1957年，30页。

所以无论是佛经义疏还是儒家经学义疏，它们的产生都是在以上所述的求义背景下，随着注释思想的发展和新的注释方式的最终形成而发展成熟的。“开释文义，标明指趣”是魏晋注经、讲经的最大特征，这是当时的一种普遍的释经方式，是汉与魏晋注释学的根本不同点所在。从文献记载来看，儒家经学讲经采用这种讲解方法，南方要早于北方。据《隋书·经籍志》，晋人雷次宗著有多种经学义疏，而他所著的《丧服经义疏》就是在听释慧远讲《丧服经》时所作笔记的基础上整理而成的，其时为 5 世纪上半叶。在当时，像释慧远这样的精通内外经典的名僧门下都有很多外学弟子，他们的讲经风格与体例对儒家经学义疏的形成产生了很大的影响。而北方直到 6 世纪初时，徐邈讲经时才“虽不口传章句，然开释文义，标明指趣”，“每临讲坐，先持经执疏，然后敷讲。学徒至今，漫以成俗”。[①] 摒除南学与北学的不同学风因素，最主要的原因就是佛教义学的影响。在释道安精注佛经后，佛经讲论在南方充分发展；而北方佛教义学的大兴，是在提婆来华、罗什译经之后。僧睿所谓“自提婆以前，天竺义学之僧，并无来者，于今始闻宏宗高唱，敢预希味之流”，即言此。北方的讲经之风大盛于僧肇、道融、僧睿这些义学名僧，北方儒家经疏的形成与完善与他们的讲经活动密切相关。

由于魏晋南北朝儒家经学的衰落，经学义疏直至梁武帝时才得以逐渐增多，正如赵翼在《廿二史札记》中谈及魏晋经学时说：

> 当时父兄师友之所讲求，专推究《老》、《庄》，以为口舌之助。《五经》中惟崇(易》理，其它尽阁束也。至梁武帝，始崇尚经学，儒术由之稍振。然谈义之习已成，所谓经学者，亦皆以为谈辩之资。

---

① 李延寿：《北史》卷 81《徐遵明传》，北京：中华书局，1974 年，2720 页。

赵翼所说的经学的这种成为“谈辩之资”的命运，实质也就是当时经学义疏的命运。前面我们讲过，义疏产生的契机之一是当时清谈或玄谈者需要速成的多种经典知识，尤其是《老》、《庄》的，所以在“举大义为先”的思想下产生的讲经、释经的义疏，起初的路子是以注为本，再加以发挥，求通大义的。但是由于风气使然，这种解经体式走向了空泛。南朝宋王僧虔曾告诫其子曰：

> 汝开《老子》卷头五尺许，未知辅嗣何所道，平叔何所说，马、郑何所异，《指》、《例》何所明，而便盛于麈尾，自呼谈士，此最险事。

又说：

> 谈故如射，前人得破，后人应解，不解即输赌矣……汝曾未窥其题目，未辨其指归……而终日欺人，人亦不受汝欺也。①

这说明了以下两点。(1) 讲谈经书，要求必须要辩明指归，并且既要破前人，又要使后人能解，即疏要破注。“疏不破注”始自唐孔颖达。(2) 当时的儒家义疏很多仅仅是一种讲谈经典知识的速成本、通俗本。这种情况《颜氏家训》说得更明白：“俗间儒士，不涉群书，经纬之外，义疏而已。”②义疏的这种功用，是我们理解六朝经学义疏值得特别注意的地方。许多文献学著作也说义疏受到了玄学的影响，其实，义疏这种体例从它产生的契机来看，本就是以求“大义”为主的，它更适合于讲谈哲学的形而上思想，所以它在佛教义学领域发挥了很大作用，也在关于《老》、

---

① 萧子显：《南齐书》卷22《王僧虔传》，北京：中华书局，1972年，598页。

② 王利器：《颜氏家训集解（增补本）》之《勉学第八》，北京：中华书局，1993年，183页。

《庄》的讲谈中扮演了重要角色。要认识这一点，还得把“大义”这一概念的定义弄清。汉人所说的“大义”同魏晋人所说的“大义”有很大的区别。以徐干为代表的“义学”思想，其追求的目标是要承袭汉代经生开释五经的“微言大义”，以合王政，用徐干的话说，其目的是“以获先主之心”。但是这种求义的思潮并没有就此打住，而是以王弼等人为代表，一跃而上，脱离经学樊笼，离经叛道，对日趋妖妄和繁琐的今文经学从其依附根基——六经解说上进行了彻底改造，提出“言不尽意”、“得意忘言”，认为“六籍虽存，固圣人之糠秕”，变革了汉代经生极端地发挥“六经”的“微言大义”讲解经书的方法，寻求一种可以充分输入自己见解的注经和讲经方式。前者以王弼的《易注》为代表，后者即各种经学义疏。

四、 结论

由以上论述，我们可得出以下几点结论。

1. 疏本的产生与盛行与魏晋时期的社会变化、文献转型有密切关系。其时，在思想上，佛、道影响日增而儒学衰落，各族交流频繁，思想不再单一。尤其是佛教的日益世俗化，使思想的表达不再是一个儒生集团的事，而成为一种普遍的社会行为。并且纸的大量应用，又在较大的空间范围内使人们之间的普遍的知识、思想的交流成为可能。于是，各种“以书代词，因词见意”的疏盛行起来。疏本的盛行，是中国传播史上的一个里程碑，它改变了学术传授中“别有心传，口耳转受”的知识传播方式，在纵向交流的基础上，扩大了横向交流的范围，在一定程度上打破了知识的垄断。六朝时的读书人已是以义疏为学习的主要途径。延及唐宋,更是"始学必由义疏。"①

2. 义疏是记录讲经的一种文本,它最早为佛教讲经传法所创制采用。东晋释道安使之进一步完善成"三分科判"的体式,而东晋北魏时期大乘义学的盛行和求义求理的注释学思想的发展,又使得义疏更为盛行。所以,六朝义疏产生的直接动因是佛教宣教传法活动需要以高僧讲经的记录作为学习和交流的文本。

3. 义疏至迟在西晋末年就已经在佛教讲经中产生。据文献记载,最早的佛经义疏为两晋之际的名僧僧敷为《放光》、《道行》二经所作的疏,最早的儒家经学义疏为东晋人雷次宗听释慧远的讲经后所整理而成的《丧服经义疏》。

4. 大乘义学的求义思想与魏晋儒家经学"推类辨物"的新的注释学思想的兴起,使汉儒式的名物训诂、口耳转授的解经方式受到冲击。此为义疏由一种讲经记录进而演变成一种文献注解方式的学术基础。

(原载《中国典籍与文化论丛》第6辑,北京:中华书局,2000年)

① 黄淮、杨士奇:《历代名臣奏议》卷275《苏籀论解经札子》,清文渊阁四库全书本。

佛经义疏与讲经文因缘文及变文的关系探讨

一、“表神变”与“演道教”的区别

关于变文的产生及其界定问题，学界尚存争论。本文拟从其与佛经义疏等文本的关系来进行讨论。

佛经义疏的产生，源于寺院之讲经，至东晋名僧释道安始创定制。敦煌卷子 S. 2744《金刚般若经旨赞》谓：

> 弥天法师，大判经文，以为三分。①

此弥天法师即释道安。良贲《仁王经疏》亦云道安“科判诸经，以为三分，序分、正宗、流通分”②。可见，释道安是三分科判义疏的创立者。

道安创立的三分科判法讲经体式，它的僧讲是以经注为本，演说经义。讲说经义的讲稿和记录即形成以后的佛经义疏，并历代沿袭，成为佛教研讨佛学、讲习经论的疏钞之学。但是，佛教作为一种宗教，它还要扩大其在世俗的影响，于是又依此体式形成了另一种讲经方式——俗讲。俗讲亦采用了三分科判的讲经体式及法师、都讲合作的讲经制度，它的底本就是敦煌卷子中的讲经文。同今存藏中和敦煌卷子中的三分科判义疏的体式基本一

---

① No. 2735 卷子，参见《大正新修大藏经》卷 85。

② No. 2745 卷子，参见《大正新修大藏经》卷 85。

致,即以三分科判法讲述,先列经文后加以解说。唯一不同之处在于讲经文的解说是有说有唱,其内容更为通俗,故事性、譬喻性更强。讲经文是佛经义疏的一种发展嬗变形式,将它放在佛经义疏的这一大背景下讨论,对我们理清义疏与讲经文、因缘文及变文之间的关系将不无益处。

讲经文曾一度被归入变文类,1980 年代以后,周绍良诸先生把它同变文进行了明确的划分。[①] 近年王小盾先生又进一步分出论议文等种类。[②]

周绍良先生认为,讲经文同变文的区别是前者有“经题名字唱将来”的字样。就是说,讲经文是由讲师、都讲递相唱读解说的;而变文则由一人吟诵,其特征有二:一是变文配有图画,二是变文卷子中有“若为陈说”、“道何言语”的形式作为讲唱交替时的过渡词句。这两个特征的划分,使我们对变文有了一个明确的认识,即虽同为讲唱文学,但变文在当时是一种独立的样式,并不像王重民先生所说的变文是当时讲唱文学的公名。但是这两个特征的划分是从敦煌卷子《破魔变》等八种标有“变”字样的卷子出发而得出的结论,在划分前提上不可避免地具有不全面的缺陷,因而,这一划分对敦煌卷子中的讲经文、变文、因缘文三者在名称和形式上的混用、共有现象无法解释。如《破魔变》中就有“经题名字唱将来”这样的讲经文痕迹,因缘文又有称作“因缘变”的等。最明显的事例莫过于讲悉达太子修道故事的文本,悉达太子修行成道故事,今天在敦煌变文中共有三种形式,一种以

---

① 周绍良:《唐代变文及其它(上)》,《文史知识》,1985 年第 12 期,16—18 页;白化文:《什么是变文》,载周绍良、白化文:《敦煌变文论文录》上册,上海:上海古籍出版社,1982 年,429—446 页。

② 王小盾、潘建国:《敦煌论议考》,载《中国古籍研究》第 1 卷,上海:上海古籍出版社,1996 年,169—228 页。

讲经文形式出现，即《太子成道经》，P. 9999 卷子末有“太子成道经”字样，释藏中无此经，该卷子中有“经题名字唱将来”的句子，此为讲经文的特征；第二种是《悉达太子修道因缘》，[①]此卷原藏日本龙谷大学图书馆，1981 年其复本始传入国内，其形式为讲师一人讲说太子修道故事；第三种即北京图书馆藏云字 24 卷子，[②]卷首无题，纸背有“八相变”三字，卷末亦标有“况说如来八相，三秋未尽根源，略以标名，开题示目”，它也是由一人吟诵的。

面对这种情况，周绍良诸先生所讲的变文、讲经文的特征显然无法对因缘文与变文等文体的区别何在作出合理的解释。王小盾教授从《频婆娑罗王后宫彩女功德意供养塔生天因缘变》等卷子出发，认为因缘即变，但对于变文、因缘文、讲经文三者的关系仍没给出很好的答案。[③]

可以说，所有的矛盾都集中在变文的定义及其起源上。

孙楷第先生注意到了变文应从“变”的意义上去寻求其划分标准，王重民先生注意到要将变文单独划出来，仅从形式上去区别是有一定困难的。周绍良诸先生概括出了变文的两个特征，但却忽略了对变文之“变”的意义的探讨。排比诸说，发现 1980 年代前后关于这个问题的研究有一个截然的反差，那就是以孙楷第、王重民先生为代表的从内容上来追溯什么是变文以及以周绍良、白化文先生为代表的从形式上来划分解释变文，从理论和实践来讲，二者都取得了很大进展，但由于各偏一端，忽视了变文等

① 周绍良：《悉达太子修道因缘校注并跋》，载《1983 年全国敦煌学术讨论会文集（文史、遗书编下册）》，兰州：甘肃人民出版社，1987 年，1—18 页。

② 王重民等：《敦煌变文集》卷 4，北京：人民文学出版社，1984 年，285—328 页。

③ 王小盾：《敦煌文学与唐代讲唱艺术》，《中国社会科学》，1994 年第 3 期，114—130 页。

文体的发展变化历程,从而无法解释讲经文、变文、因缘文三者之间的混同现象,对其起源与相互之间的关系也是众说纷纭,难有比较一致的意见。

诚然,在唐代中叶,变文的演唱已进入变场,是一种专门的文学演唱样式,但是,变文之所以称作“变”,同它的演唱方式无关,而是就演唱的内容而言的。下面我们从前辈学者的相关论述出发,对这一问题作探讨。

孙楷第先生认为:

> 变字之义,近时言敦煌学者皆未有明确解释,或者乃疑为译音。余按,变即神通变化之变。慧琳《一切经音义》卷53《四谛经音义·执变》下引《白虎通》曰:“变,非常也。”非常之事通谓之变,故变可兼善恶二义,如言殊变、异变、现变、变化等皆是。其专属于妖异者则谓之怪变或变怪,如《迦丁比丘说当来变经》(《大正藏》4949)云:“尔时一切众生之类见是变怪,悉共相对,举声悲哭。”宋赞宁《高僧传》卷9《唐释灵著传》云:“将终,寺中极多变怪。”其专属于灵异者则谓之神变,故书中此文例甚多。”①

孙先生多方排比论证,认为“变”即“神变”之义,实为高见。近年饶宗颐先生也指出:变的意义从化身而来,神变是佛经中关于佛的神通变化的特殊名称。② 我翻检唐以前史料,发现前人关于神变的论述可为孙先生张目,并可以之作为理解变文的一把钥匙。

晋人谢敷在《安般守意经序》中说:

---

① 孙楷第:《读变文二则》,载《敦煌变文论文录》上册,239—248页。

② 饶宗颐:《从“睒变”论变文与图绘之关系》,载《饶宗颐史学论著选》,上海:上海古籍出版社,1993年,386—403页。

> 汉之季世，有舍家开士安清，字世高，安息国王之太子也。审荣辱之浮寄，齐死生乎一贯；遂脱屣于万乘，抱玄德而游化。演道教以发朦，表神变以源之。[①]

引文的最后一句话向我们透露了关于变文的消息。其中的“演”就是“宣演”的意思，“道教”即“教之道”的意思。宣演佛教的道义，其目的在于发朦，开启愚俗，所以“演道教”显然是针对安世高的宣讲教理、演说经义而言的，是哲理亦即“道”的阐发讲述；而“表神变”之“神变”实即变文之“变”的本义所在。下面，我们就将这几点认识加以论述。

1. 谢敷用了“演”和“表”这两个不同的词来分述安世高宣扬佛教的两种主要方式，可见这两种方式的极为不同。“演”为宣演、敷衍、铺叙的意思；“表”原义为外衣，此处可理解为“显扬”，义同司马迁《报任安书》之“所以隐忍苟活，幽于粪土之中而不辞者，恨私心有所不尽，鄙陋没世而文采不表于后世也”。吕延济注：“表，见也。”佛经义疏，常以“演”、“宣演”或“演义”为标题，如《御注金刚般若波罗蜜经宣演》（P. 2173）、《大方光佛华严经随疏演义钞卷》（N. 1736）等。[②] 此处之“演”即此义。

“演”是对于义疏这个宣讲系统而言的，是求义的，可注可解，也可敷衍自己的理解，是既阐述又引申；而“表”是相对于“神变”系统而言的，是述事的，是宣扬印度佛教历史传说——固有的成形的“神变”，因而，只可表而出之而无法敷衍引申，加以己见。这正是谢敷用“演”与“表”这两个词分述安世高宣扬佛教的

① 《全晋文》卷138“谢敷”条，载严可均辑：《全上古三代秦汉三国六朝文》，北京：中华书局，1958年，4518页。

② P. 2173卷子，载《大正新修大藏经》卷85之No. 2733卷子；No. 1736卷子，参见《大正新修大藏经》卷36之《经疏四》。

两种主要方式的缘由所在。

2. 按谢敷的说法,“演道教”是演讲佛教义理,而“表神变”是追溯“道教”之源的。也就是说,“表神变”的功用在于讲佛教神的历史、经的历史、教的历史。

谨慎一点说,从现存的标有“变”字样的与佛经有关的变文卷子来看,“变”主要是讲神(佛)的历史的,讲神的种种变异以追溯教的历史、道的历史,此为“表神变”的目的。那么怎样达到这一目的呢?方法有二:一为画图,一为讲述;前者即壁画变相,后者即可目为变文。白化文先生认为变文来自于变相图画,并将榜题文与变文相对比,作了很好的探索。[①] 姜伯勤先生认为“变文”之义与文体的变换有关,说变文是以变态方式演唱经文与事缘的文本,[②]这种讲法值得进一步讨论。

我们认为,从变的意义和功用来讲,变相与变文的关系是并行的,其目的都是为了表变——讲述佛的事迹。实际上,图传与讲说并行是佛教宣扬教旨教义的一贯形式,如唐释道宣在《关中创立戒坛图经序》中说:“图传显于时心,钞疏开于有识。或注或解,引用寄于前经;时抑时扬,专门在于成务。”[③]道宣所说之“图传”,即以图画配合讲说以宣扬佛教教义,是与“疏钞”对举而言的。并且前者是应俗的,而后者是开启“有识”之士的。关于这个问题,饶宗颐先生曾经指出:

> 过去有人说“变”是“变相”的简称,这恰倒果为因。应

---

① 白化文:《变文和榜题——京洪字 62 号等几个卷子中“榜题”的录文及相关问题的讨论》,《敦煌研究》,1988 年第 1 期,41—51 页。

② 姜伯勤:《变文的南方源头与敦煌的唱导法匠》,载《华学》第 1 期,广州:中山大学出版社,1995 年,149—163 页。

③ 董诰等:《全唐文》卷 910,北京:中华书局,1983 年,9494 页。

> 该先有“变”之名，后来增益像或图，成为并列复词，称为“变相”或“图变”。演衍讲说这种“变”的故事之文字，谓之变文。专绘本生经或其他佛经中故事的，谓之“经变”。①

饶先生的这一观点当是十分正确的。

3. 自汉代僧人安世高传教时就并行使用“演道教”与“表神变”这两种手段，它们二者的功用不同，所采取的方式也当有所差异。也就是说，“表神变”在安世高传教时就有了独立于经典讲解（即“演道教”）之外的迹象。或者进一步说，变最初并不是一种文体的名称，而只是对佛教故事的一种特称，是相对于讲解佛教义理而言的。这一点对于认识变文的产生及其渊源关系是非常重要的。

由以上几方面的讨论，我们可以得出这样一个认识：“演道教”与“表神变”是属于佛教的两种宣扬系统，前者属于义学讲经系统，包含佛经义疏与讲经文；后者属于神变说法系统，包含变文与因缘文。下面，我们将分别讨论之。

二、 唱导的制度化与因缘文变文的产生

佛经中的“神变”有两部分：一是像《佛本行集经》这样的以佛的生平事迹为主的经典；二是在佛经讲论中，常要引证佛或菩萨等神的神迹以验证经文所说的事理，往往称其为因缘，其义也就是故事。

陈寅恪先生在《须达起经舍促进因缘曲跋》一文中谈及《贤愚经》时指出：

---

① 饶宗颐：《从“睒变”论变文与图绘之关系》，《梵学集》，上海：上海古籍出版社，1993 年，326 页。

《贤愚经》者,本当时昙觉等八僧听讲之笔记,今检其内容,乃一杂记印度故事之书,以次推之,可知当日中亚西亚说经,例引故事以阐经义,此风盖导源于天竺,后渐及于东方。①

是以知例引故事以阐经义的风气源于天竺,汉译佛经的讲说多有此例,如《仁王经疏》(S. 2502):

次辨过非,先以事验,后以文证。云何得知阿难是佛得道夜生?将来破我,为证此义,须知阿难立字因缘。阿难陀者,是外国语。此名欢喜,之名三因缘立。一过去因缘,如经中说,释迦行菩萨时,作一陶师,名曰大光……二现在因缘……三父母立字,父母何缘?与字欢喜?喜时生故。何者喜时?所谓如来得道夜时。……事验如此,次以文证。②

此疏以阿难的过去、现在、生时的三个与佛有既定联系的因缘来证“阿难是佛得道夜生”这一经义。

在佛经中,以因缘证经义是种常例,即如上文之“先以事验,后以文证”。就是说,在佛经中有大量的内容为神迹的因缘。何谓因缘?所谓因缘即因与缘的合称。“因”为一切事物生灭所依赖的主要条件,“缘”为辅助条件。《俱舍论》卷6:“因缘合,诸法即生。”就是对佛教因缘理论的经典解释。对佛教来讲,万事万物、是中是边、是佛是魔俱有其所为其是的因缘。而这种所谓因缘,在佛经的表述中主要是以成道者的故事为主,以此来验证经义之不虚。谢敷所说的安世高“演道教以发朦,表神变以源之”,应该就是在以这种“事验”与“文证”相结合的方法来宣扬佛教教

① 陈寅恪:《金明馆丛稿二编》,上海:上海人民出版社,1980年,172页。
② No. 2745《仁王经疏》残卷,载《大正新修大藏经》卷85。

理的基础上，有了进一步的发展，产生了“演”与“表”的区别，至少可以说，在安世高宣扬佛教的时候，佛经中故事的这一部分，也就是“事验”部分已经同“文证”有了相分离的迹象或萌芽，这是后世的典型变文产生的基础所在。

因而，神变与因缘是有区别又有联系的。就理论层面来讲，因缘是佛教最重要的一个基本理论，而神变却不具有理论的意义而只是一种理论的实证。就其实证性来讲，因缘与神变都是佛或菩萨等成道者的故事。一句话，因缘是佛教的一个具有理论与实证双重意义的经典术语，而“变”是对因缘故事的中土通俗称呼。正是因为因缘这一词的双重含义，使得“因缘”与“神变”在今天所见的敦煌俗文学卷子中有混为一体的迹象。所以，我们要讲清变文的产生及其界划，就必须讲清因缘文的产生及其界划。下面试论之。

在释道安的“三分科判”讲经中，序分之中必有“辨教因由”或“序教因缘”一节，其义就在于讲佛教或佛经的历史，而在讲解中更是多有佛的故事穿插其中。这证明了在佛教的僧讲中，讲因缘是穿插在整个义理解说中的。但是随着佛经讲论的发展，讲因缘逐渐适应化俗的需要，从佛教的僧讲中分化了出来，逐渐形成了一种单独的文学样式——因缘文。因缘文的形成与唱导的发展有着密切的联系。《高僧传·唱导论》云：

> 唱导者，盖以宣唱法理，开导众心也。昔佛法初传，于时齐集，止宣唱佛名，依文致礼。至中宵疲极，事资启悟，乃别请宿德，升座说法，或杂序因缘，或旁引譬喻。
>
> 其后庐山释慧远，道业贞华，风采秀发。每至斋集，辄自升高座，躬为导首。先明三世因果，却辨一斋大意。后代传受，遂成永则。故道照、昙颖等十余人，并骈次相师，各擅名当世。

> 夫唱导所贵，其事四焉，谓声、辩、才、博。非声则无以惊众，非辩则无以适时，非才则言无可采，非博则语无依据。①

按《高僧传》的说法，唱导起初仅仅是用来宣唱佛名的，后来发展到用来说法。僧人法事集会至夜疲倦时，就另请法师说法以调节气氛，缓解困顿，所说内容主要是“杂序因缘”或“旁引譬喻”，就是只讲故事，而不是以故事从属于经文，离开讲经义疏的讲因缘由此而生。确切说，用唱导这种方式来讲说独立于经文义理之外的因缘的讲说方法由此产生了，它为我们今天所见到的因缘文这一文学样式的产生奠定了基础。

唱导的进一步制度化是由东晋庐山释慧远来完成的，慧远是一个非常重视运用多种手段化俗宣教的僧人。《高僧传·慧严传》云：

> 慧远法师尝云：释氏之化，无所不可，适道固自教源，济俗称为要务。

由此可以看出，唱导在慧远这样一位僧人的改革下进一步变为一种化俗的手段是顺理成章的事情。此后，唱导成为一种化俗的主要手段，如南朝宋长干寺释昙颖就是有名的唱导僧，他“唯以善诱为先，故属意宣唱，天然独绝。凡要请者，皆贵贱均赴，贫富一揆。”②又齐正胜寺释法愿“善唱导，及依经说法，率自心抱，无事宫商，言语讹杂，唯以始机为要，可谓其智可及，其愚不可及也。”③所以，唱导从它的整个发展过程来看，是与“说法”离不开的。而今存敦煌卷子中的因缘文就是一种说法的底本，如现藏日

---

① 释慧皎：《高僧传》卷15《唱导论》，汤用彤校注，北京：中华书局，1992年，521页。

② 释慧皎：《高僧传》卷15《释昙颖传》，511页。

③ 释慧皎：《高僧传》卷15《释法愿传》，518页。

本龙谷大学图书馆的《悉达太子修道因缘》开篇即云："凡因讲论，法师便似乐官一般，每事须有调置曲词。"①此处讲因缘者便称法师，并且言其要像乐官一样调置曲词——也就是要善唱导。

从以上的论述不难看出，独立的讲因缘是从佛教的义学讲经中分化出来的，它是有别于"正序因缘"的"杂序因缘"。尤其引人注目的是，它在分化出来的同时就开始运用唱导这一宣扬方式来进行宣扬，从而开创了因缘文这一新的文学样式。所以，因缘文的产生时间不会迟于梁释慧皎《高僧传》的成书时间，至迟在两晋之际，因缘文就已经随着唱导的独立化而产生了。

那么是不是可以说同样运用唱导来宣扬的变文也是这一时期产生的呢？问题恐怕不是这么简单。就现存的变文卷子来讲，在内容上，既有讲世俗故事的又有讲佛教故事的；在形式上，变文却包含了文体不同的故事卷子。就是说，被称作变文的文本不一定就运用唱导来进行宣扬，如 P. 3645 卷子也是这样一个典型文本，它通卷是用白话来讲述的，卷首题"前汉刘家太子传"，卷尾却标以"刘家太子变一卷"。对这个卷子，前贤们往往以"文体与变文不同"来处理，实际上就等于把它排除在变文之外，是不太妥当的。

如我们前面所论述的，"变"是佛教传入中土后对佛教故事的一种特称，是指其内容为"神变"而言的，不论采取何种方式进行宣扬讲述，讲述的这种故事都可以称作"变"。

在安世高传教的时代，就已经"表神变"与"演道教"并行，显然，当时的"表神变"并没有运用唱导的方式，仅仅是一般的讲述佛教故事。虽然我们没有更多的文献记载来证明在东汉末期以

---

① 周绍良：《悉达太子修道因缘校注并跋》，载《1983 年全国敦煌学术讨论会文集（文史、遗书编下册）》，兰州：甘肃人民出版社，1987 年，1—18 页。

来,“表变”就作为一种相对较为独立的宣扬方式一直存在于寺院讲经中,但可以肯定的是,“变”这一名称在汉代已经产生,其含义与宣扬方法没有什么必然的联系。从《高僧传·唱导论》所讲的来看,唱导这种宣扬方式首先是在讲因缘中成熟起来的,所以,至少从汉末到释慧远改革唱导的这一段时期,“表神变”是以表白的方式进行的,今天我们见到的典型的变文——以唱导与讲说相结合进行宣扬的变文,是在因缘文的影响下,在传统表神变的基础上,采用了唱导这一方式,使变文成为一种讲唱结合的崭新的文学样式。

我们必须要注意的是,是否运用唱导,并不能成为判断是否就是变文的一个主要的必要条件。“变”是与佛教密切相关的一个对于故事的通俗称呼,只要是在此背景下讲述抄写流传的故事,世俗的也罢佛教的也罢,都可冠以此名。但毋庸置疑的是,典型的成熟的变文是以讲唱结合的方式进行的。

至此,我们对变文的产生时间及其与因缘文的关系形成以下两点看法。

(1) 至迟在两晋时期,就有了以讲述为宣扬方式的变文;到东晋后期,也就是因缘文产生并逐步成熟以后,讲唱结合的典型变文产生了。

(2) 从内容上来讲,“变”与“因缘”都是指佛教故事;从形式上来讲,典型的讲唱结合的“变文”又是受因缘文的影响而形成的一种文学样式。正是因为这两方面的原因,在敦煌俗文学卷子中,变文与因缘文才产生了在名称、形式上的混用共存现象。

三、 转读的独立化与讲经文的形成

魏晋时期是佛教化俗宣扬方式形成与发展的重要时期,梁释慧皎在《高僧传·唱导论》中谈及该书类目时说:

> 昔草创高僧，本以八科成传，却寻经道（导）二伎，虽于道为末，而悟俗可崇，故加此二条，足成十数。

慧皎《高僧传》共分十例，为译经、义解、神异、习禅、明律、遗身、诵经、兴福、经师、唱导，只有后二科是他所认为的悟俗末技。这也是当时佛教界的普遍看法，所谓经师是以转读为业者，唱导是以宣唱为业，二者虽同为悟俗之技，但其渊源关系、宣扬方式是不一样的。当时以经义研讨为主的义学僧人对这些化俗的技艺颇有异议。从慧皎的记载来看，他之所以将前代草创高僧的八科增益为十科，也正说明佛教经过魏晋的发展，已经由前期译经阶段走向了宣扬普及阶段，开始重视“悟俗”的宣教方式。魏晋时期以经论为主的翻译、研讨经典的风气开始发生变化，那么，变文、讲经文等悟俗文本的完全形成与成熟，应当是在这一时期。

关于这个问题，齐梁间僧人释僧祐在《法苑杂录原始集·序》中说的较为明白：

> 夫经藏浩汗，记传纷纶，所以导达群方，开示后学。设教缘迹，焕然备悉。训俗事源，郁尔咸在。然而讲匠英德，锐精于玄义；新进晚习，专志于转读。

这段材料，可以说把宋梁间佛教宣扬教义的风气变化讲得很清楚了，即由用“经藏”、“记传”来“导达群方，开示后学”的方法，转向了“讲匠”、“新进”二者分途的“玄义”与“转读”这两种方法。并且这两种方法的分途不仅仅是形式上的，而是有其相对应的实际内容，那就是将“经藏传论”也进行了分割。

僧祐是不满于“玄义”与“转读”二者分途的这种局面的。按僧祐的说法，经藏传论已经包含了“设教缘迹”与“训俗事源”。他在此处之所以强调此二者的“郁尔咸在”与“焕然备悉”，显然是因为它们已经从经藏传论中独立了出来，僧祐的言下之意是说将它们别立一门是多此一举。那么,这种宣讲方法与宣讲内容是如何对应分割的呢?

从内容构成来讲,佛教的经藏传论主要有经义和因缘两大部分,经义是建立在名相基础上的理论;因缘包括设教因缘和证义因缘,前者是讲佛教产生发展历史的,后者是以佛或其弟子的神迹故事来验证经义的。僧祐所说的“设教缘迹”与“训俗事源”应该就是指因缘的这两个组成部分。在佛教的传统义学讲经中,经义、因缘是并行而讲的,其大概程序是先有经师转读一段经文,然后由讲师来讲说这段;讲完后,再由经师转读一段,然后讲师再解说;如此循环往复,这样就将经义与因缘一并在讲说中随经文讲完。而僧祐所说的“玄义”与“转读”的分途,就向我们透漏了这样的信息。(1) 当时的讲匠已经放弃了经义、因缘并重的讲经方式,着重于探讨高深的佛学哲理,此即“玄义”。这大概与当时一系列的佛经翻译成熟及大乘诸“论”的集结流传有关,这种讲玄义的文本显然就是义疏的一种。(2) 新一代的僧人又借重转读这一化俗作用极大的读经方法,着重于讲说经文中的因缘部分,也就是以具有故事性的讲说来宣扬经义,此即僧祐所说的“转读”。那么,它的文本是什么呢? 是不是就是讲经文呢?

我们今天所见的讲经文文本,从宣讲形式上来看,是转读与唱导相结合而进行的;从内容上来看,是对佛经的比较通俗而又颇具故事性的解说。那么,僧祐所说的“转读”的独立化可能就意味着讲经文的产生。

下面我们就从转读的产生与应用来谈这个问题。

转读是读经文的一种技艺,《高僧传》卷 13:

> 天竺方俗,凡是歌咏法言,皆称为呗。至于此土,咏经则称为转读,歌赞则号为梵音。

既然转读与梵音有关，那么它的操作就是相当专门化的。《高僧传·经师篇总论》云：

> 自大教东流，乃译文者众，而传声盖寡。若用梵音以咏汉文，则声繁而偈迫；若用汉曲以咏梵文，则韵短而辞长。
>
> （曹植）于是删治《瑞应本起》，以为学者之宗。传声则三千有余，在契则四十有二。
>
> 其后帛桥、支籥亦祖述陈思，而爱好通灵，别感神制，裁变有声，所存止一千而已。逮宋齐之间，有昙迁、僧辩、太传、文宣等，并殷勤嗟咏，曲意音律，撰集异同，斟酌科例，存于旧法，正可三百余声。

由此看来，转读至迟在曹魏时就已经应用于诵读经文，至宋齐之间就已经相当成熟。所谓转读，就是当用汉语讽诵经文时，在汉语单音节后加以各种梵语发音，以解决汉语与梵音之间不和谐的矛盾，以发扬梵音的悠扬韵味。当然这种转读起初是顾不了文句的连贯的，是就汉文译本“或破句以全声，或分文以足韵”。到魏晋南北朝时期，由于经文翻译已基本固定成四言句的格式，自然转读时不可能再破句或连句。

佛教的义学讲经制度，源于传统的儒家讲经，即由都讲、讲师合作讲说。都讲读一段经文之后，讲师就进行讲说，如此循环交替进行。二者的不同之处在于，佛教义学讲经中的都讲，是用转读这种特殊的方法读经的。

《高僧传》卷13《晋京师祇洹寺释法平》：

> 后东安严公发讲，等作三契经竟，严徐动麈尾曰：“如此读经，亦不减发讲。”遂散席，明更开题。

像释法平这样技艺高超的转读僧人的诵经，使讲经法师都认为其功用已胜过讲经而散席不讲。在当时，这样的专门以转读为业的僧人称作经师,《高僧传》记载的经师还有释僧饶、释智宗、昙迁等,他们转读时,"梵响干云,有乖穷声韵"。而释僧饶转读时,往往"每清梵一举,道俗倾心……行路闻者,莫不息驾翻橱弹指称佛。"①正是转读这种使"道俗倾心"的悠扬韵调,才使经师成为一种专门的职业;也使转读渐渐地独立了出来,成为一种化俗的手段,即形成"新进志于转读"的局面。讲经文正是在这种背景下产生的。

讲经文在讲经形式上是三分科判讲经法的通俗翻版,是义疏的衍生形式,也是先有经师转读经文,然后再由另一专职人员进行解说,但是这种解说已经有不同于义疏之处,就是解说者已是唱导僧,是将经文大意用中土韵文唱出来。

事实上,唱导僧作为经文的解说者,既要以韵语唱经文大义,还要用散文表白对经师转读的经文进行解说。要而言之,讲经文的讲说是以转读、表白、唱导这样一个顺序递相进行的。罗振玉《敦煌零拾》所载《文殊问疾第一卷》就是这样一个典型文本。王重民等先生将其定名为《维摩诘经讲经文》,其体式如下:

> 经云:"佛告文殊师利,汝行诣维摩诘问疾。"
>
> [白]言告佛者,是佛相命之词……于是有语告文殊曰:
>
> [断诗]三千界内总闻名,皆道文殊义解精。体似莲花敷一朵,心如明镜照漂清。常宣妙法邪山碎,解演真乘障海倾。今日庭中须受敕,与吾为使广严城。
>
> [白]于是庵园会上,救唤文殊:……佛有偈告文殊:
>
> 此时便起当庭立,合掌然近宝台。由赞净名名称煞,如何白佛也唱将来。

---

① 释慧皎:《高僧传》卷13《宋京师白马寺释僧饶》,499页。

经云："文殊师利"乃至"诣彼问疾"。此唱经文，分之为三：……"①

这个讲经文卷子的特别之处在于将韵文之间的表白部分用一个小写的"白"字加以表明。我认为，这些表白部分与韵语正是唱导僧所要解说演唱的。而但凡是"经云"部分就是转读僧要转唱的部分。

P. 2418《父母恩重经讲经文》也是这样的一个典型文本。②在该卷子唱导韵语与散文过渡之处，如果散文是以"经"或"经云"开头，那么上文的韵语结句必有"……唱将来"的提示，且经文多为四字句；在经文之后，又有"此唱经文"为开头用白话对经文进行解释；而在没有"经"或"经云"的地方，上文的唱导韵语则没有"……唱将来"的提示。上列《维摩诘讲经文》亦同此例，在"经云"之前，有"如何白佛也唱将来"这样的提示。"白"字表明的那一部分是唱导法师在转读僧唱完要讲的一段经文原文之后，紧接着要用白文讲说的部分，或者是唱导僧在自己唱完一段后要用散文讲述的部分。并且，在现存的被认定为是讲经文的敦煌卷子中，只要是引经文之前，必有"当日如来亲为说，都公案上复如何"、"都讲阇黎著力气，如擎重担唱看看"③等这样的韵语，来提示都讲也就是转读僧来转唱一段经文。

在唐代声乐文学中，"转"即"啭"。罗隐《春旦》"卫娘清转遏云歌"，张咏歌"不知新弟子，谁解转喉经"，皆其证也。④

---

① 王重民等：《敦煌变文集》卷 5，517—645 页。

② P. 2418 卷子，参见王重民等：《敦煌变文集》卷 5，672—700 页。

③ P. 2133《金刚般若波罗蜜经讲经文》、北京河字 12 号卷子《父母恩重经讲经文》，参见王重民等：《敦煌变文集》卷 5，517—645 页。

④ 任二北：《敦煌曲初探·后记》之《五更转》，上海：上海文艺联合出版社，1954 年，463—471 页。

也就是说，讲经文的两部分都是用不同的韵调唱出来的，转读与唱导对于讲经文是不可或缺的。那么，弄清了义学讲经中所用的转读同唱因缘所用的唱导的结合时间，也就弄清了讲经文的产生时间。

关于唱导与转读的结合问题，周叔迦先生有过研究。按周叔迦先生的假定：

> 那演绎佛经的变文是经师用的，那叙述史事的变文是唱导用的。经导二者既在隋唐已经合流，当然二者是同时而不可缺一的东西了。①

周先生虽然把讲经文、变文、因缘文等一概都目为变文，所得出的结论也有其不当之处，但他的“经导合流”一说，却是十分有见地的。不过，“经导合流”不是在变文之中，而是在讲经文中；时间也不是在隋唐之际，而是在僧祐所处的齐梁之际。此时“新进志于转读”，而转读的内容又恰恰是佛经中的“设教缘迹”同“训俗事源”，也就是因缘。那么，义学讲经中运用的转读同讲因缘中所运用的唱导的结合就是很自然的了。因而，转读的独立于义学讲经之外，是讲经文产生的一个标志。

四、 结论

至此，我们可以得出以下几点认识：(1)因缘文至迟在两晋之际就从义学讲经的“正序因缘”中分化了出来，运用唱导这一宣唱方式进行化俗；(2)变是中国僧人对佛教故事的一种特称，约在东晋末年受因缘文的影响而成为一种以唱导为主的说唱文体。(3)在俗讲亦即讲经文产生之前，转读与唱导是分属于两个

① 周叔迦：《漫谈变文的起源》，载《敦煌变文论文录》上册，249—254页。

宣讲系统——“义学讲经系统”(义疏)与“神变说法系统”(变文、因缘文)——的两种吟诵方式。转读主要应用在义学僧人的讲经中,而唱导则用来说法,亦即“杂序因缘”和“旁引譬喻”;而讲经文就是这两个系统的宣讲体式(三分科判的义疏体式)与宣讲方式(转读与唱导)相结合的产物,时间是在齐梁之际。

(原载《社会科学战线》2000 年第 2 期)

佛舍利崇拜的地理困境与感应舍利之起源
——对佛教偶像崇拜的历史分流之认识

隋文帝时期的大规模建塔供奉佛舍利事件,在文献中有所谓的"仁寿元年,帝及后宫同感舍利,并放光明,砧碓试之宛然无损。遂散于州部,前后建塔百有余所。随有塔下皆图神尼,多有灵相"[①]之说。如何认识这一规模宏大的佛事活动,应该需要从廓清其发生的整体佛教历史背景来着手。

佛教在不同历史阶段的崇拜象征物是具有较大差距的。譬如,我们所讨论的佛舍利崇拜,就经历了早期的灵骨崇拜到墓塔崇拜直至"感应舍利"崇拜的发展历程——其间的内涵自然是有很大差别的,这是佛教传播者随着历史发展和情势变化而不断调整策略和扩大概念的一个过程。

我们总是把佛陀涅槃后的"荼毗"与中原曾盛极一时的"舍利信仰"完全用直线或等号连接起来——这在大方向上是没有错的,二者之间的继承性一目了然,然而二者之间的差异性则被我们忽略了。

对于这个发展历程,我在这里按佛经和历史文献的记载,用三个阶段来将其差异性彰显出来:(1) 佛陀涅槃"荼毗"后,"八王分舍利"的"灵骨供养"时期;(2) 阿育王建塔的"塔供养"时

---

① 道宣:《续高僧传》卷28《释道密传》,郭绍林点校,北京:中华书局,2014年,1084页;《大正新修大藏经》卷50《史传部二》。

期；(3) 中原地区的“感应舍利”时期。

在这三个不同的发展时期，“佛舍利信仰”的内涵是各有不同的。

一、“八王分舍利”之现世立意与经典依据之间的矛盾

按严格的历史学的史料标准来衡量，“八王分舍利”一般都被当做一个传说。按佛经的记载，释迦牟尼涅槃后，弟子们依据转轮圣王的葬礼，用金棺收敛释迦牟尼的圣体。据传，当时大迦叶远游在外，闻讯赶回，悲痛不已。这时佛陀从金棺中伸出足来，大迦叶顿然意会，以首顶礼佛足，誓愿担负弘扬圣教的大任。佛足随即收回金棺，并自引三昧真火荼毗。这个细节在犍陀罗石刻佛传图中都有生动细致的表现。

佛陀当时灭度于拘尸那国，佛陀荼毗后留下的舍利，为拘尸那城的末罗族王所得，不愿分与其他国王。诸国的国王得知后，商议决定以兵力强行分取，战事一触即发。经过香姓婆罗门的调解，当时参与争夺的八方：王舍城的阿阇世王，毗舍离城的离车族，迦毗罗卫城的释迦族，遮罗颇的跋利族，罗摩伽的拘利族，毗留提的大梵王，波婆的末罗族与拘尸那城的城主都推举香姓婆罗门为代表，为大家分取舍利。香姓婆罗门用金杯量取，将舍利分为八件，八国各取一份，建塔供养。

据佛经中记载，这八处建塔的地方分别是：迦毗罗卫城蓝毗尼国(佛生处)，摩揭陀国尼连禅河畔菩提树下(成道处)，迦尸国波罗奈城鹿野苑(初转法轮处)，舍卫城祇园精舍(现大神通处)，桑迦尸国曲女城(从忉利天下降处)，王舍城(化度分别声闻处)，

毗舍离城（思念寿量处），拘尸那城婆罗林双树间（入涅槃处）。[1]

这个传说无论在佛经文献还是早期的图像中，都被详细地记载和频繁地表现。文献方面，《大般涅槃经》对佛陀涅槃后的“荼毗”与“八王分舍利”有非常详细的记叙：

> 尔时韦提希子阿阇世王，闻彼力士收佛舍利置高楼上，而严四兵防卫守护，心大悲恼。又复忿怒诸力士辈，即便遣信，语力士言：“世尊在世，亦是我师。般涅槃时，恨不临见。我之族姓及与世尊，皆是刹利。汝今云何独收舍利置高楼上，而严四兵防卫守护，不分余人？汝便可以一分与我，我欲于国起妙兜婆，兴诸供养。若能见许，永通国好。不见许者，兴兵伐汝。”余七国王及毗耶离、诸离车等遣使之法，皆亦如是。
>
> ……
>
> 于时，八王既得舍利，踊跃顶戴。还于本国，各起兜婆。
>
> 彼婆罗门从诸力士乞分舍利瓶，自起兜婆。诸力士等取其一分，于阇维处，合余灰炭而起兜婆。如是凡起十处兜婆。如来从始欲般涅槃。及般涅槃后至于阇维，起诸兜婆。其事如是。其后迦叶共于阿难及诸比丘于王舍城，结集三藏。[2]

显然，无论八王还是婆罗门及诸力士，他们都是释迦在世时的弟子，其对释迦骨灰的供养，是出于对释迦佛陀的怀念和亲切。正如王舍城的阿阇世王所言，释迦既是他的导师，他们又同是刹帝利，所以他对骨灰的供养，是一种具有“纪念性”的崇拜供养——此是文献记载中最早的“佛舍利供养”的立意所在——其

---

① 玄奘、辩机：《大唐西域记校注》卷8《摩揭陀国上》，季羡林等校注，北京：中华书局，2000年，619—700页。

② 《大般涅槃经》卷下，《大正新修大藏经》卷1《阿含部上》。

实这也是早期佛教偶像崇拜的最基本立意，如最早佛像的诞生，按《增壹阿含经》的说法，佛陀的旃檀像、紫磨金像之最早制作，发生在释迦牟尼在世时期，释迦牟尼到忉利天为其母摩耶夫人说法，波斯匿王、优填王因思睹如来而产生为如来造像的念头，因而，优填王用牛头旃檀、波斯匿王以紫磨金分别制作了五尺高的如来瑞像。①

优填王与波斯匿王“思睹如来，遂得苦患”②，因而产生了造作佛像的念头，并由此开启了佛像崇拜的历史——这种说法虽然同考古学和佛教美术发展的序列有所抵牾，但是这种以基本的“思念”感情为基础的崇拜立意，应该是同“八王分舍利”的立意具有相通之处——这是此类崇拜在开启之初的基本出发点，当然，这也是我们为什么要把“八王分舍利”与后世的“佛舍利崇拜”分开来审视的原因所在。

如果我们把“八王分舍利”的供养立意与佛经中所记载的供养“佛舍利”所获得的功德福报之说相对比，就会发现二者之间的截然差别。

北凉天竺三藏昙无谶译《悲华经》是对舍利崇拜讲得较为详细的经典，最著者莫过于以下几段：

---

① 这段记载被认为是后世插入阿含部经典中的古代传记。但在印度佛教中的确有那样的记载，如在 5 世纪初法显的《法显传》及 7 世纪上半叶玄奘的《大唐西域记》卷 5、卷 6 中都记录了有关优填王和波斯匿王造像的故事，可见这个传说是很早的。参见法显：《法显传校注》卷 1《拘萨罗国舍卫城》，章巽校注，北京：中华书局，2008 年，61 页；玄奘、辩机：《大唐西域记校注》，季羡林等校注，北京：中华书局，2000 年，468—469、489 页；百濟康義：《〈旃檀瑞像中國渡來記〉のゥイグル訳とチベット訳》，森安孝夫：《中央ァジァ出土文物論叢》，京都：朋友書店，2004 年，71—74 页。

②《增壹阿含经》卷 28，《大正新修大藏经》卷 2《阿含部下》。

(1) 若我涅槃,正法贤劫俱灭尽已,我之齿骨并及舍利,悉当变化作佛形像。三十二相璎珞其身,一一相中有八十种好。次第庄严,遍至十方无量无边无佛世界。一一化佛以三乘法,教化无量无边众生悉令不退。若彼世界病劫起时无有佛法,是化佛像亦当至中,教化众生如前所说。①

(2) 我涅槃后,若有众生以珍宝伎乐供养舍利,乃至礼拜右绕一匝,合掌称叹一茎华散,以是因缘随其志愿,于三乘中各不退转。

我般涅槃后,是诸舍利作如是佛事,调伏无量无边众生,于三乘中得不退转。如是当于五佛世界微尘数等大劫之中,调伏无量无边众生,令于三乘得不退转。②

(3) 舍利散在诸方无佛世界,寻时变作摩尼宝珠,如转轮圣王所有宝珠。若有众生见触之者,悉令不堕三恶道中,乃至涅槃不受诸苦,即得舍身生于他方现在佛所咨受妙法,发阿耨多罗三藐三菩提心便不退转。所有众生若命终时,其心在定无有散乱,不受诸苦爱别离等。命终之后不堕八难无佛之世,乃至成阿耨多罗三藐三菩提。③

既然接触到舍利或崇拜舍利有如此重大的福报,那么这种说法显然与最早崇拜舍利的王舍城阿阇世王要求分舍利的动机与立意有相互矛盾之处——“八王分舍利”时期舍利的“纪念性供养”与《悲华经》所言的舍利崇拜的“灵异”差距颇大。

“八王分舍利”与《悲华经》之间的矛盾,其实应该是一种“历时性矛盾”,要理解其间差距产生的原因,就需对阿育王造塔的历史传说做一考察。

---

① 《悲华经》卷6,《大正新修大藏经》卷3《本缘部上》。

② 《悲华经》卷7,《大正新修大藏经》卷3《本缘部上》。

③ 《悲华经》卷4,《大正新修大藏经》卷3《本缘部上》。

二、 阿育王建塔分舍利与佛舍利崇拜的地理困境

佛舍利信仰之本质，是一种"灵骨崇拜"，它同一般的图像崇拜是有很大差距的。图像，只要解决了造作的宗教伦理问题和技术问题，就可以在任何地域制作出来，进行崇拜。但是佛舍利却不能随意造作，所以对"佛舍利"的"分之又分"就成了一个必然要采取的趋势——随着佛教的传播，佛舍利信仰的"佛教地理圈"也必然要随之扩大。

对于佛教崇拜的发展历程与阶段，梁代高僧慧皎在《高僧传》中说得更为清晰明了，他说：

> 昔优填初刻栴檀，波斯始铸金质，皆现写真容，工图妙相。故能流光动瑞，避席施虔。爰至发爪两塔，衣影二台，皆是如来在世已见成轨。
>
> 自收迹河边阇维林外，八王请分，还国起塔及瓶灰二所，于是十刹兴焉。其生处、得道、说法、涅槃、肉髻顶骨、四牙、双迹、钵杖、唾壶、泥洹僧等，皆树塔勒铭，标揭神异。
>
> 尔后百有余年，阿育王遣使浮海，坏撤诸塔，分取舍利。还值风潮，颇有遗落，故今海族之中时或遇者。是后八万四千因之而起，育王诸女亦次发净心，并镌石镕金，图写神状，至能浮江泛海，影化东川，虽复灵迹潜通而未彰视听。
>
> 及蔡愔、秦景自西域还至，始傅画释迦，于是凉台、寿陵，并图其相。自兹厥后，形像塔庙，与时竞列。洎于大梁，遗光粤盛。①

① 释慧皎：《高僧传》卷13《兴福论》，汤用彤校注，北京：中华书局，1992年，495—496页。

慧皎根据佛经和僧史典籍列出的佛教美术发展序列是：释迦牟尼在世时优填王、波斯匿王分别制作了旃檀和金瑞像，随后有释迦涅槃、八王分舍利、阿育王造塔、阿育王女图写佛容、佛像东来等。

但是，美术考古的结论是，佛像的出现是佛教崇拜美术发展中的最后一个序列，也就是说，崇拜的偶像序列应该是：释迦涅槃、八王分舍利、阿育王造塔、阿育王女图写佛容、佛像东来。

佛像是在1—3世纪的犍陀罗和秣菟罗地区才出现的，在此之前，为了崇拜和供养的需要，佛舍利的"分之又分"和舍利塔的崇拜就是必然的选择。

"八王分舍利"是在释迦佛陀诞生地、传法地、涅槃地这个"佛教地理"范围内兴起的最基本的"灵骨崇拜"。这种崇拜的局限性就在于只能限于这个地理范围内，将佛舍利信仰与崇拜扩大至整个印度大陆范围的转折点就是阿育王造八万四千塔遍分舍利的历史事件。①

阿育王（约前304—前232）是印度孔雀王朝的第三代君主，频头娑罗王之子，是印度历史上最伟大的一位君王。他发动了一系列统一南亚次大陆的战争，曾征服过湿婆国等，规模最大的一次是公元前261年远征孟加拉沿海的羯陵伽国的战争。这次战争使孔雀王朝基本完成了统一印度的事业，但也造成了10万人被杀，15万人被掳走的人间惨剧。这一战是阿育王一生的转折点，也是印度历史的转折点。阿育王被伏尸成山、血流成河的场面所震撼，深感痛悔，决心皈依佛门，彻底改变统治策略。阿育王向佛教僧团捐赠了大量的财产和土地，还在全国各地兴建佛教建筑，据说总共兴建了84000座奉祀佛骨的佛舍利塔。

① 玄奘、辩机：《大唐西域记校注》卷8《摩揭陀国上》，631—632页。

是否有这么多佛舍利塔被建，不得而知。但是，此后无论在印度大陆，还是远在东方的中国，都将发现的“佛舍利”归之于“阿育王”。

印度大陆将发现的佛舍利归之于阿育王塔的例子，唐玄奘在《大唐西域记》中有很多记载。根据佛经的说法与历史文献中的记载可知，阿育王所建塔是不会超出印度大陆范围的，只不过是在印度孔雀王朝疆域内的一次弘扬佛法的举措，然而，远在亚州东方的中国却发现了阿育王佛塔，可见这种“佛舍利”分之又分是一种被持续使用的策略。

阿育王建立宝塔供养舍利的传说，大约在 4 世纪以后就在中国很流行，尤其江南和山东地区，南朝刘宋的宗炳（375—443）写了《明佛论》这篇著名的文章，其中就提到了在山东临淄就有阿育王寺的遗址。唐代道宣编集的《广弘明集》则记载各地共有阿育王塔 17 处。①

僧史文献中记载有在江南发现阿育王塔的事情，见于《高僧传》卷 13《释慧达传》。

释慧达是东晋僧人，本名叫刘萨诃，并州（治所在今山西太原）西河离石人，年轻的时候喜好打猎，31 岁的时候忽然莫名死去，死去一天之后又活了过来，据说见到了地狱的种种苦厄，于是跟随一高僧出家作沙门，法号慧达。

不知道出于什么原因，慧达的老师让他到会稽（今浙江绍兴）吴郡去寻找阿育王塔和阿育王造像。东晋宁康（373—375）中，慧达来到京师建康（今江苏南京），住在长干寺。在此之前，晋简文帝在长干寺造了一座三层塔，塔成之后，每天晚上都会放

---

① 敦煌研究院：《敦煌石窟全集 12 佛教东传故事画卷》，香港：香港商务印书馆，1999 年，44 页。

光,颇具吉祥之相。而慧达则发现此塔刹最高处放出来的光色最为妙色吉祥,于是便去塔下诵经礼拜。入夜时分,当见到塔刹有瑞光发出时,就告诉寺僧,一起到塔下发掘,结果在入地一丈多的地方挖出了3块石碑。中间的那块石碑下放置着一个铁函,打开之后,铁函中又有银函,银函里放置金函,金函里有三颗舍利,还有一爪甲及一束头发,头发长数尺,卷则成螺,光色炫耀——这样的头发显然就是佛陀的螺发。高僧大德们一致认为,此处就是周敬王时期阿育王修造的八万四千塔中的一个。于是,在旧塔之西,又新造了一个塔安放佛舍利。到晋太元十六年(391),孝武帝将这个安置舍利的塔加建为三层塔。

僧史文献中关于在江南发现的阿育王塔舍利与阿育王造像,都与胡僧传道有密切联系,晋咸和中(326—334)丹阳尹高悝在张侯桥浦里掘得一铜像,缺光趺,然而制作甚工,像前面有梵文"阿育王第四女所造"的题记,此像被放置在长干寺。不料很多年以后,有个渔夫在近海海口发现了一个铜莲华光趺,正好可以安在长干寺这尊阿育王第四女所造铜像上。再后来,来了五个西域僧人,指认这尊像正是他们带到江南的阿育王造像。

"阿育王造塔"传说在地理范围上呈不断扩大的趋势,其目的就在于为"舍利信仰"拓展地理上的局限——在这个意义上,我们就可以理解为什么《悲华经》会有"舍利散在诸方无佛世界,寻时变作摩尼宝珠"这个说法。从历史发展的脉络来看,这个说法不会是指"八王分舍利"之后,而是阿育王造八万四千塔,遍分舍利之后。[①] 只有在舍利被这样无限分之后,才会使得舍利信仰的"纪念性崇拜"色彩淡化,而"灵异色彩"却逐渐增强。这就是"八王分舍利"与"阿育王造塔"这两种舍利崇拜所蕴含的不同立

① 玄奘、辩机:《大唐西域记》卷8《摩揭陀国上》,631—632页。

意所在。

而这种崇拜到了中亚甚至中原之后，因为地理范围的扩大，释迦的有限“灵骨”已经不可能再在这样广大的地域范围内继续“分”下去，于是“舍利崇拜”陷入了地理界域膨胀而“佛陀灵骨”却无法随之膨胀的困境。“供不应求”的局面使得“舍利崇拜”面临“被崇拜物”缺失的尴尬境地。于是，“感应舍利”的出现就成为必然，它横空出世般的舍利产生模式解决了“缺失”问题，却使得“舍利信仰”被赋予了更加工具化的内涵。

三、 感应舍利之起源及其对建塔立寺的正当性自证

阿育王建佛舍利塔只不过是在印度孔雀王朝疆域内的一次弘扬佛法的举措，因而，用阿育王塔与阿育王塔舍利的传说或遗迹来作为东亚中国佛舍利存在的源头，显然具有臆想的成分，这在佛教伦理与社会认可方面都无法做到天衣无缝，缺乏说服力。

因而，阿育王塔舍利在中国的佛舍利源头上并不是主流。自东晋以来，“感应舍利”才是中国所崇拜的“佛舍利”的主要源头。

通过祈请来“感获舍利”，当然其源头可能是在印度大陆，玄奘在《大唐西域记》中就有瞿萨旦那国王曾“感获舍利数百粒”[①]的记载，这说明随着地域的扩大和时间的绵延，即使在印度大陆，以释迦火化后的遗骨为“佛舍利”也已经无法满足更多的供养需求。

在中国，文献中最早的通过祈请而得到“佛舍利”的实例就是三国时期的康居僧人康僧会在建业请得“感应舍利”的记载。

康僧会祖籍康居，世居天竺，其父因商贾移居交趾。十余岁父母双亡，即出家。三国吴赤乌十年（247）至建业（今江苏南

① 玄奘、辩机：《大唐西域记》卷12《瞿萨旦那国》，1020页。

京)，在他来之前，吴地官民其实早就接触过佛教，当时来自大月氏的居士支谦在孙权的支持下于建业翻译佛经，很有社会影响力。但是当时的东吴之地，却从没见过来自异域的出家僧人，也没有专门用来崇拜佛像、诵经传道的寺庙，本土当然更不会有人出家做僧人了，所以康僧会这样一个出家僧人的到来，在当时的东吴引起了轰动。①

康僧会是职业的宗教人员、受戒的出家人，所以到建业的第一件事，就是修建了简陋的茅舍作寺庙，布设佛像，传道授经。这种传教的阵势和康僧会的剃发易服的僧人形象，是吴地人非常诧异的，觉得康僧会可能是个异数。地方官员奏闻吴主孙权："有胡人入境，自称沙门，容服非恒，事应检察。"孙权猜度说："昔汉明帝梦神号称为佛，彼之所事，岂非其遗风耶?"随后就召见了康僧会，诘问道："有何灵验?"康僧会回答说可以请来佛骨舍利，在孙权看来，康僧会这就是在虚妄夸口，于是说："若能得舍利，当为造塔。如其虚妄，国有常刑。"康僧会满口答应，以七日为期，于是洁斋静室，在几案上安置好准备接舍利的铜瓶，开始烧香礼请。结果七日之后，铜瓶内空空无也；于是又许下七日之限，期满之后，还是没请来舍利。孙权以为康僧会是在欺骗他，一怒之下要治他的罪。康僧会再三请求，孙权又答应再给他七天时间。②

在三七的最后一天，太阳落下之时，仍然一无所得，信徒弟子们当时已经是心惊胆战，惹怒孙权那是要掉脑袋的。康僧会却一点也不灰心，继续诵经祈请，到当夜五更天，忽然听到铜瓶中叮当作响，康僧会自往视，果获舍利。第二天将祈请的舍利面呈孙权，举朝集观，见那颗舍利五色光炎照耀瓶上。孙权亲自手执铜瓶将

① 敦煌研究院:《敦煌石窟全集 12 佛教东传故事画卷》，135 页。
② 敦煌研究院:《敦煌石窟全集 12 佛教东传故事画卷》，136 页。

这颗舍利倒入铜盘，结果舍利将铜盘冲碎。孙权这才异常震惊，起身连呼："希有之瑞也。"这时候的康僧会又向孙权解释说："舍利威神，岂直光相而已，乃劫烧之火不能焚，金刚之杵不能碎。"孙权命人试一下是不是这颗舍利有这么坚固神奇，于是乃置舍利于铁砧上，使力士者用锤打击，结果铁砧、铁锤都打出坑来，而舍利却毫发无损。孙权大叹服，即兑现自己的诺言，为此舍利建供养塔，并为康僧会建立佛寺，因为这是东吴有佛寺的开始，所以就把这座寺庙起名为建初寺，建初寺所在的这个区域，命名为佛陀里。

用祈请感应的方式请来舍利的不止康僧会一人，可能在当时的传教条件下，这是最能赢得统治者和皈依者信任、叹服的方式之一。所以传教的西域僧人自然会有一套这方面的知识和经验来做成这种事情。

南北朝时期来到南朝宋都城建康的罽宾（今克什米尔地区）僧人昙摩蜜多也成功地祈请过舍利。昙摩蜜多曾历龟兹、敦煌等地。元嘉元年（424）经由四川、湖北到达京师，于元嘉十二年（435）营建了有名的定林上寺。自元嘉元年至元嘉十八年（424—441），译出《五门禅要用法》、《观音贤菩萨行法经》、《禅秘要经》等 12 部 17 卷。元嘉十九年（442）七月卒于定林上寺。①

昙摩蜜多有很多神异的传说，据说他长得就有点异样，两道眉毛连在一起，所以又被称作"连眉禅师"。在龟兹的时候，龟兹王将之延请入王宫供养崇奉，但是喜好游方的他，还是谢绝了龟兹王的挽留，度流沙之地，来到燉煌，于闲旷之地建立精舍，植树千株，开园百亩，房阁池沼，极为严净。

随后，他又到了凉州（今甘肃武威），兴建佛寺，传道授经。

---

① 释慧皎：《高僧传》卷 3《宋上定林寺昙摩密多》，120—122 页。

他祈请舍利的事情发生在蜀地，南朝宋元嘉元年(424)，他来到了荆州长沙寺：

> 以宋元嘉元年展转至蜀。俄而出峡止荆州。于长沙寺造立禅阁。翘诚恳恻祈请舍利。旬有余日遂感一枚。冲器出声放光满室。门徒道俗莫不更增勇猛人百其心。①

昙摩蜜多在荆州长沙寺主持修建了禅阁，并诚心祈请舍利，用了十多天时间的作法祈请，终于请得舍利一枚，这枚舍利同康僧会在东吴建业请得的舍利一样，其突出特征就是“冲器出声，放光满室”，可见是既坚硬又光明。这次祈请舍利的成功，自然使得传教授经的影响更为深厚广大，使“门徒道俗，莫不更增勇猛，人百其心”。②

《法苑珠林》列出了东晋到隋初著名的感得舍利的典型实例，竟有十多例，如东晋初年竺长舒有舍利“投之水中，五色三匝，光高敷尺”。晋大兴中，董汪信所供奉木佛像感生舍利，“水中浮沉，五色晃昱”。东晋咸康中，建安太守孟景欲建刹立寺，于其床头“得舍利三枚，因立寺刹”。东晋义熙元年(405)，有林邑人尝有一舍利，“每斋日有光”。宋元嘉六年(429)，贾道子在采回家的芙蓉花中“寻得一舍利，白如真珠，焰照梁栋”。宋元嘉八年(431)，会稽安千载，家门奉佛，“斋食上得一舍利，紫金色，椎打不碎，以水行之，光明照发”。宋元嘉九年(432)，浔阳张须元在家中佛像前供养的鲜花上“得舍利数十”。宋元嘉十五年(438)，南郡刘凝之在佛像额下“得舍利二枚，剖击不损，水行光出”。宋元

---

① 释慧皎:《高僧传》卷3《宋上定林寺昙摩密多》,121页。

② 释慧皎:《高僧传》卷3《宋上定林寺昙摩密多》,121页。

嘉十九年(442)，高平徐椿读经后，于食物中"得二舍利"。[①]

显然，中国佛教"感获舍利"的方法自然是来自传教的西域僧人，随着"感获舍利"事情的不断出现，其方法也相应地不断创新了。从上面例举的实例可以看出，获得感应舍利的方法大概有食生、花生、佛像生等等。

"感应舍利"不但会随时而生，也会瞬间而消失，所谓"敬而得之，慢而失之"[②]。而且感应舍利最大的特征就是放光——当然，在印度大陆就有舍利放光的记载，但是此处所说的感应舍利大多是放在水中才会"五色三匝，光高敷尺"。

"感应舍利"毕竟不是佛陀"荼毗"后的遗骨本身，在传播源头上脱离了"八王分舍利"和"阿育王造塔"这两个分配与流传环节，这就决定了这种舍利的"真实性"没有了流分渠道上的保证与证明，所以佛教经典中才会出现关于如何分辨真的"佛舍利"的方法。

释道世在《法苑珠林》中对佛舍利之真假的辨认原则是：

> 若是佛舍利，椎打不碎。若是弟子舍利，椎击便破矣。[③]

"椎打不碎"是佛舍利的一个标志，但是锤打不碎的东西太多，于是，在相关的记载中，因为感应而得到的舍利就增加了另一项关键标志：放光或遇水放光。因而，人们总结出真的"佛舍利"的特征是"剖击不损，水行光出"。

---

① 释道世：《法苑珠林》卷33《舍利篇》第37，《大正新修大藏经》卷53《事汇部上》。

② 释道世：《法苑珠林》卷33《舍利篇》第37，《大正新修大藏经》卷53《事汇部上》。

③ 释道世：《法苑珠林》卷40《舍利篇》第37，《大正新修大藏经》卷53《事汇部上》。

从康僧会和昙摩蜜多祈请舍利到晋隋之际“感应舍利”的大量出现，可以看出，祈请舍利的举动至少最初是出于要解决一个传道难题，就是传道受到了阻碍或处于低迷状态，需要这样一个极度神奇的事情来作为转折点，冲破权势者的阻力，或鼓励皈依者的信念。

“感应舍利”的出现，跟“阿育王建塔”的塔崇拜又有了不同之处，那就是，祈请舍利的出发点本身既不是“纪念性灵骨供养”，也不是“塔供养”，而是出于“证信”的目的，即为了证明传播佛教的合理性与建寺造塔的合法性而采取的一种“灵异”策略。

这种策略的应用在晋隋之际应该是非常频繁的，以至于一些僧人专门从事这样的“专业性工作”：

> 释道仙，一名僧仙，本康居国人……有须舍利，即为祈请，应念即至，如其所须……举国恭敬，号为仙阇梨焉。①

释道仙能做到“有须舍利，即为祈请，应念即至，如其所须”，可见当时的舍利祈请已经做到了量身定做、有求必应，简直就达到了随心所欲的地步。

由此也就不难理解，为什么在隋代初年隋文帝会感应祈请出那样数量众多的舍利分送天下诸州建塔供养了。

综上所述，“舍利供养”在由印度大陆经过中亚传播到中国的历程中，经历了“纪念性供养”、“塔供养”和“感应舍利供养”这样三个具有不同内涵的发展过程。这个过程是随着佛教传播的地理范围的扩大，释迦作为一个历史人物的“灵骨”的不断被分，一直到了“分无可分”的地步，于是脱离了“八王分舍利”、“阿育王再分舍利”的“灵骨”分流轨道，衍生出通过感应或祈请的方式

① 《神僧传》卷5《道仙》，《大正新修大藏经》卷50《史传部二》。

得到舍利的方法。至此，“舍利崇拜”的内涵其实已经发生了潜移默化的变化，由“纪念”、“怀念”、“崇拜”发展成“证明”佛教或佛法合理性的一种工具性手段。

（原载《文史哲》2016 年第 4 期）

北朝佛教邑义与村落及地方政权之关系

邑义或法义，是中古时期信仰佛教者所组织起来的一种宗教信仰团体。这种团体，在城市与乡村都是普遍存在的。在发现的造像记中，有些邑义我们无法断定它是城市居民还是乡村居民的团体，有的标明是“村邑”，那就显然是乡村的。但是有一点不容忽视的是，由于城市有官方力量的雄厚存在，所以“邑义”这种民间团体所发挥的作用可能不是非常突出，但邑义在城市的存在应该是确定无疑的。[①]

对于7世纪之前的乡村“邑义”的认识，刘淑芬先生是这样定义的：“乡村居民因信仰佛教而组织一种叫做邑义或法义的宗教信仰团体，以便共同修习佛教的仪式或从事和佛教有关的社会活动。”[②]刘先生的这个定义显然很精到地概括出了佛教邑义的主要存在基础及社会功能。由于资料的有限性，对于7世纪之前佛教邑义的认识，我们也主要从邑义与乡村的关系来加以讨论。

---

① 由于资料的有限性和模糊性，对于早期的邑义在城市的发展和所发挥的作用，我们不能做出准确的判断。但是邑义在城市的存在是确定无疑的。据《续高僧传》卷28《释宝琼传》记载，隋唐之际的僧人释宝琼组织邑义，就是“率励坊郭，邑义为先”，他所建立邑义的地方既然有“坊郭”之设，那就肯定是在城市。

② 刘淑芬：《五至六世纪华北乡村的佛教信仰》，载《“中研院”历史语言研究所集刊》，第63本第3分，1993年，522页；又见林富士：《礼俗与宗教》，北京：中国大百科全书出版社，2005年，236页。

从现有的资料来看，北方的邑义团体在5世纪以后比较流行，并且主要存在于乡村之中。我们在各类历史文献中不能得到其面貌的大多数中底层佛教信徒，就是在这样的组织中被团结起来修建寺庙、造佛像、写经卷、做法事，甚至致力于修桥补路、挖井救助等公益活动。

这种团体的活跃，同4世纪以后北方社会的混乱有极大关系。由于整体社会结构的被打乱，国家控制力量在基层农村的影响力被削弱，民间社会组织就应运而生。尤其是北魏太武帝灭佛之际，大批僧人为逃避迫害而潜入乡村，游方传教，就为这种民间组织的产生和迅速增长提供了催化条件。

一、 邑义的组织机构与活动范围

佛教在北方的传播，除依靠官方建立僧官制度（从而取得制度性支持和国家特权资源）之外，最重要的组织形式也就是“邑义”这种民间组织了。

无论从组织结构还是产生的社会背景，邑义都是地道的传统民间社会组织形式的复活。乡里中社日的聚会，就是一种地缘性的民间自发组织。在《汉书·食货志》中，社闾尝新春秋之祠，是一般百姓家的常项开支；居延汉简中也有“社钱”这样的记载。据林甘泉先生的考察，在秦汉时代的民间社会中，除乡里这样的官方基层组织外，还存在着一些不同性质和不同形式的民间组织，这些组织的成员结合大都是基于某种实际利益的需要，或以共同的价值取向、政治主张和宗教信仰等为纽带。[①] 其中“私社”最为典型。《汉书·五行志》载：“建昭五年，兖州刺史浩赏禁民

① 林甘泉：《中国古代政治文化论稿》，合肥：安徽教育出版社，2004年，193页。

私所自立社。"注引臣瓒曰："旧制二十五家为一社，而民或十家五家共为田社，是为私社。"[①]由此可见，在汉代，"社"作为一种民间的基层组织具有一定的普遍意义。[②]

并且，汉代的民间社会组织可能并不仅仅限于"社"这种形式，而是随着某一社会群体的目的不同而结合成不同的社会组织。譬如出土于河南偃师的"汉侍廷里父老僤约束石券"，是一件二十五人购置八十二亩田的合约，这个"僤"的首领叫"祭尊"。[③] 可见这个"僤"应该就是一个为了祭奠而产生的民间团体。[④] 像这样的民间团体，一般不见于史料记载，但是它们的存在是确定无疑的。[⑤] 许倬云先生认为，两汉时期的大规模群众暴乱，其中可能有这样的基层民间团体的组织结构在起作用，如绿林、赤眉之首领有"三老"、"从事"称号，黄巾军首领有"祭酒"的

① 据林甘泉先生的考证，"臣瓒"所说的"私社"就是"田社"的说法是不正确的，但是"田社"作为一种农业生产中的互助性的民间组织，确实存在于秦汉民间社会中。参阅林甘泉：《中国古代政治文化论稿》，193 页。

② 《汉书·五行志》："建昭五年，兖州刺史浩赏禁民私所自立社。"注曰："张晏曰，民间三月九月立社，号曰私社。臣瓒曰，旧制二十五家为一社，而民或十家五家共为田社，是私社。师古曰，瓒说是。"由这个记载可以知道，汉代社的建立相当普遍，从王侯到百姓都有社，并且民间私社的建立也很多。按杨鸿年先生的研究，汉代的社不仅仅是一种祭祀机构，而且是聚会贸易和娱乐的地方。相关问题，可参阅杨鸿年：《汉魏制度丛考·社》，武汉：武汉大学出版社，2005 年，462—467 页。

③ 黄士斌：《河南偃师县发现汉代买田约束石券》，《文物》，1982 年第 12 期，17—20 页。

④ 关于僤的性质与具体情况，可参看俞伟超：《中国古代公社组织的考察——论先秦两汉的"单—僤—弹"》，北京：文物出版社，1988 年。

⑤ 关于魏晋南北朝之前中国社会中民间结社的情况及其社会意义，可以参看杨华：《战国秦汉时期的里社与私社》，载牟发松：《社会与国家关系视野下的汉唐历史变迁》，上海：华东师范大学出版社，2006 年，109—129 页。

称号,应该同上述“僤”的首领称“祭尊”相同,来自于基层民间社会团体。[①]

因而,佛教在乡村与城市的发展也正是利用了这种传统的民间组织资源。

（一）邑义的组织体系

那么邑义是如何组织起来的呢？我们从《续高僧传》记载的隋唐之际的高僧宝琼组织邑义的事迹可以得到邑义组织的一些基本情形：

> 释宝琼……历游邑洛无他方术,但劝信向尊敬佛法。晚移州治住福寿寺,率励坊郭,邑义为先。每结一邑必三十人,合诵《大品》人别一卷,月营斋集,各依次诵。如此义邑乃盈千计。四远闻者皆来造款。琼乘机授化,望风靡服。[②]

显然,释宝琼并不是依靠法术之类来劝人信仰佛教的僧人,他的主要办法就是建立邑义。他所建立的邑义是在有“坊郭”的地方,因而我们认为主要是在城市。邑义的规模以 30 人为限,为什么？因为《大品经》是 30 卷,这样一来,每个人就可以专门负责念诵其中的一卷,当到斋集念诵的时候,整个邑义里的 30 个成员就依次将 30 卷经文念诵出来。如此,既免去了单个人难以记述熟诵 30 卷《大品经》的繁难,又在每月一次的斋集上能将《大品经》念诵一遍。这样的做法,虽然是每月每人念诵的都是其中的一卷经文,但是加起来也就等于大家都念诵完了 30 卷经文,是功德迅速精进的好方法。

---

① 许倬云:《中国古代社会与国家之关系的变动》,载《许倬云自选集》,上海:上海教育出版社,2002 年,203 页。

② 道宣:《续高僧传》卷 29《释宝琼传》,郭绍林点校,北京:中华书局,2014 年,1180 页。

这种邑义的活动，一般以一月活动一次或两次，释宝琼所建邑义是“月营斋集”，即一月一次，但也有一月两次的：

> 隋开皇关壤，往往民间犹习《提谓》。邑义各持衣钵，月再兴斋。仪范正律，递相鉴检。①

显然，这是指隋代开皇年间关中地区诵习《提谓经》的邑义的相关情况。在这条史料中，来参加斋集的邑义诸人是“各持衣钵”而来，那么斋集一般是由邑义组织来提供饭食的。隋初僧人法通所建邑义的相关记载有利于我们理解这个问题：

> 多置邑义，月别建斋，但有沙门皆延村邑。或有住宿，明旦解斋，家别一盘，以为通供。此仪不绝，至今流行。河右诸州闻风服义。②

此处有“解斋”一说，综合上下文来理解，应该是指斋集的时候，由邑义这个社会团体负责解决全体成员及请来的僧人饭食，这样的活动一般进行一天就结束，此即“解斋”。一旦有僧人由于路途遥远等原因不能及时返回寺庙而住在村中，那么第二天的饭食就由本村中的邑义成员提供，每家一盘，称作“通供”。

以上所说，主要是以念诵经卷而积累功德的这种邑义组织而言，并且这几个邑义组织都是在隋唐之际的关中地区，对于了解早期邑义未免有些局限性，但是它能给我们提供相对比较完整而明晰的关于早期邑义组织的基本情形。

关于邑义或法义的组织结构及其团体成员情形，我们从大量的北朝造像记中可以得其仿佛。

邑义之组织机构，显然承袭了传统的乡村或城市会社的组织

① 道宣：《续高僧传》卷1《释昙曜传》，13页。
② 道宣：《续高僧传》卷25《释法通传》，934页。

经验和构成方式，在其首领的称呼上，往往又借用一些底层官吏的职务名称，最主要的是沿袭了僧官体系里面的职务称呼。

在造像记中，邑义的管理者主要有以下几种职衔：邑主、都邑主、维那、都维那、典坐、邑正、聚主、邑老、邑师等等。[①]

这些称谓中，邑主是邑义团体的首领，可能是佛事活动的发起者，也可能是寺院的信仰弟子中比较有威望的人或比较富有的人，有些还是地方官员。

都邑主和都维那同僧官体系中的都维那可能有同样的意思，应该是很多邑义合起来进行法事活动而产生的比邑主、维那更高一层的管理者。

典坐原来是典床坐的意思，掌理僧众礼拜的九件事情：床坐、房舍、衣物、香花、瓜果、饮水的次序，其实也就是管理一些跟法事有关的杂事。[②] 因而，佛典有"调和众僧故有维那，供养众僧故有典坐。"[③]可见典坐主要就是管僧寺后勤的。

邑正这个称谓可能来自魏晋南北朝九品官人法中的中正官之名，现存文献中，只有梁武帝《断杀绝宗庙牺牲诏（并表请）》中有上定林寺沙门僧祐和"龙华邑正柏超度"[④]请求梁武帝下诏控制打猎捕鱼行为的上书，但是这个邑正在邑义中的具体职掌和角色是什么，就不太清楚了。此外，在一些造像碑中，还有"中正"

---

① 关于邑义的首领问题，郝春文先生有很详尽的研究，参阅郝春文：《东晋南北朝佛社首领考略》，《北京师范学院学报（社会科学版）》，1991 年第 3 期，49—58 页。

② 这个说法，请参阅刘淑芬：《五至六世纪华北乡村的佛教信仰》，载林富士：《礼俗与宗教》，238 页。

③ 《敕修百丈清规》卷第六《龟镜文》，《大正新修大藏经》卷 48《诸宗部五》。

④ 梁武帝：《断杀绝宗庙牺牲诏（并表请）》，载《大正新修大藏经》卷 52《史传部四》。

这样的职衔,可能也就是邑正。

邑师是指导邑义法事活动的僧人。聚主和邑老的职能不太清楚,邑老也可能同传统的“三老”的称呼有些关系。如《北魏常岳造像碑》中,邑老有两位,其中一位邑老杨崇的政治身份是“定陵太守”,[①]也许这表明,邑老应该是由邑义中具有相当尊崇地位的人来担任。

至于邑义中的一般成员就称作“邑子”或“邑生”[②]。

邑义或法义既然是佛教信仰者的一种自发的信仰团体,那么这个团体规模的随意性也是比较强的。从北朝造像记来看,邑义之大小不一,大者上百人,[③]甚至有500多人参与的邑义,[④]小者只有十几人。

因而,邑义的首领设置和称呼的变化,同邑义的规模也有很

---

① 《北魏常岳造像碑》,出土于洛阳孟津县翟泉村,参见冯吾现:《四件北朝造像碑介绍》,《中原文物》,1994年第2期,17—20、72页。

② “邑生”这个称呼,可见北周保定元年(561)《北周豆庐子光等造佛像铭》,1984年出土于甘肃正宁县,载王素、李方:《魏晋南北朝敦煌文献编年》,台北:新文丰出版公司,1997年,246—249页。

③ 合邑一百多人以上的造像碑也比较多,如《北魏兴和四年大吴村百人造像记》,参加造像的僧俗信徒就有300多人,参见陆增祥:《八琼室金石补正》,民国十四年希鼓楼刊本,见国家图书馆善本金石组:《先秦秦汉魏晋南北朝石刻文献全编》第1册,北京:北京图书馆出版社,2003年,203—205页。东魏孝静帝元象元年在山西有《合邑诸母一百人造佛像碑》,参见刘淑芬:《五至六世纪华北乡村的佛教信仰》,载林富士:《礼俗与宗教》,239页。《正光元年杨文喜合邑一百四十人等造像》,瑞士瑞特保格美术馆藏,参见[日]石松日奈子:《北魏河南石雕三尊像》,刘永增译,《中原文物》2000年4期,48—60页。

④ 如《李道赞率邑义五百余人造像碑》,该碑原在河南淇县浮山封崇寺,民国十年碑身被截为两段盗往国外,现藏美国大都会博物馆。参见李淞:《长安艺术与宗教文明》,北京:中华书局,2002年,118—119页。

大关系。对一般村或城市建立的邑义，如果人数不是很多，那么有邑主、维那这些常设职务就可以了。但是如果很多邑义联合起来进行法事活动，那么就需要设立比邑主、维那地位更高一级的首领，就是都邑主、都维那，这方面有一个典型的造像碑就是《北齐刘碑造像铭》，[①]该造像铭题名的僧俗成员有320多人，涉及39个姓氏，人员构成庞大而复杂。显然是由不同的很多小的邑义组合而成，因而在邑主、维那和邑师之上，就产生了都邑主、都维那和大邑师这样的职衔。这个造像碑中，有都邑主3人，都维那3人，维那27人，大邑师2人，邑师1人。

在一些规模更大或级别更高的佛事活动中，邑义组织的职衔也会加上更能显示权威的修饰词语，譬如北齐河清二年的《阳阿故县造像记》[②]中，就有"大都邑主"、"大都维那"这样的称号。这次造像活动有"阳阿故县村合邑长幼"共同参与，并且其中有"长流将军"、"太学博士"、"郡中正"、"广阳令"、"高平令"、"韦城令"、"军主史"、"胡□县令"、"高都太守"、"功曹"等这些官员的妻子参加，从残存的碑文统计，至少造像20多尊以上。这样的规模和级别，在"都邑主"等之前加以"大"字，以表明其身份之不同一般。[③]

---

① 陆增祥：《八琼室金石补正》，民国十四年希鼓楼刊本，见国家图书馆善本金石组：《先秦秦汉魏晋南北朝石刻文献全编》第1册，203—205页。

② 《阳阿故县造像记》，载《山右石刻丛编》卷三，见国家图书馆善本金石组：《先秦秦汉魏晋南北朝石刻文献全编》第1册，268—270页。

③ 其实这样的标以"大"的职衔还有一些，如"大都宫主"、"大仙□主"、"大都邑中正"、"大都邑主"，等等。对于这些职衔之变化，由于资料的有限性和民间组织的随意性，我们无法很细微地区分它们之间的差别和职能之分。也可能这样的称号同世俗的好大心理有关。以上职衔见《北齐道民大都宫主马寄造像幢》，参阅冯吾现：《四件北朝造像碑介绍》，《中原文物》，1994年第2期，17—20、72页。

在这里需要推论的是，关于邑义团体组织中的职衔，除邑主、维那、邑师这样系统的、来自僧官体系的称谓外，其他的一些职衔可能随意性就相对大一点儿。譬如《北齐刘碑造像铭》中有“清静”一职，在龙门石窟古阳洞北壁北魏邑子题名中，又有“香火”、“呗匿”等称呼，而关中羌人村邑造像记中有“平望”、“录事”、“侍子”、“侍者”、“邑谓”、“弹官”这些职衔。[①] 更为奇怪的是还有“亡邑主”、“亡维那”这样的称呼，似乎邑义中的这种职衔具有终身制的意义。

此处有一点需要区分的是，在造像记题名中，除邑子、清信这些对一般成员的称呼外，有职衔的人有两类，一类是邑义本身的管理者，我们上面所列举的如邑主、维那等等这些职衔名称，就是此类；还有一类，它本身并不是邑义组织的管理者或组织者，而是在某次造像活动中的某个方面的主要捐助者，譬如像主就是造像的主要施主，斋主就是提供活动饮食的主要成员，开明主就是主要负责开光的成员，等等。他们之所以有这样的权力和称号，同他们捐助的钱物有关，而同邑义本身的组织体系没有什么关系。

（二）邑义的活动范围

从邑义活动的主体和范围来讲，邑义的构成有以家族为主而活动的，有以村为主的，有以寺庙为中心而组成的。还有一种特别情况，那就是由清一色的妇女组成的邑义。

就一般情况而言，邑义最基本的单位还是以家族为主体而建

① 见《雷树等五十人造像铭》、《邑主隽蒙凵娥合邑子川一人等造像记》，载马长寿：《碑铭所见前秦至隋初的关中部族》之附录一《关中北魏北周隋末未著录的羌村十种造像碑铭》，北京：中华书局，1985 年，90—92 页。

立的，如《邑主高树等题记》：[1]

> 景明三年五月卅日，邑主高树、维那解百都卅二人等造石像一区，愿元世父母及现世眷属，来身神腾九空，迤登十地，三有同愿。
>
> 高买奴高德子王僧宝夏侯林高留祖魏洪度
> 高乙德高文成左芝高安都高楚之高郎胡
> 司马保解百京高文绍高天保余英芝盖定王
> 张定光高南征高昙保高福高洛珍杨洪百
> 高思顺邓通生高珍宝孙山起萨文达高天生

这个由32人组成的造像邑义组织，邑主是高树，而高氏家族成员就有17人，占了全体成员的53%。所以邑主由高姓人来担任，而维那就有其他姓氏的人来承担。因而，邑义中职权的分配，同本家族成员的多少有一定程度的正相关关系。

在当时的村中，有很多邑义组织存在，不同的邑义可以单独从事佛事活动，也可以联合起来。如《北魏薛凤规造像碑》，造像记背后另有四行题记：

> 维大隋仁寿二年岁次壬戌四月午申八日乙卯，三交村合村诸邑等，为此旧像，有邑子已上空位未题名之处，共向缕化，唱发敬造佛堂一行，敬为皇帝陛下，七世所生父母、存亡眷属，俱登□□。

此处既然说“合村诸邑”，那就说明在三交村有很多不同的邑义组织，因而这次造佛堂的举动，显然是全村的各类邑义联合起来的，那么所造的佛堂显然也是公用的。

---

① 陆增祥：《八琼室金石补正》，民国十四年希鼓楼刊本，见国家图书馆善本金石组：《先秦秦汉魏晋南北朝石刻文献全编》第1册，105页。

关于邑义以寺庙为主体的事例,《北魏正光四年乐归寺邑主赵首富等造像碑》就比较典型:①

大魏正光四年八月乙卯十三日丁□,并州太原郡平□县乐归寺邑主赵首富共六人,□□然兴心□□家珍,造石一区,举高一丈,上临皇帝陛下,后为七世父母、所生父母、历劫诸师、回缘眷属、无□众生直至菩提□□等□形世□熙真□□故方伸灵庙□□域升堂之实龙跃□沙门入室之士□□。

诸昌仁妻范男王维那赵□洛
韩曹兴范小□维那韩令度
赵僧□妻张阿抱邑主赵道昌
范保国妻朱俊姜聚主范法僧
蔡文成妻赵俊姜维那蔡见攸
赵阿□妻田阿华维那赵万年
韩□生赵□奴赵买仁
赵兴洛张伏兰赵阿欢
赵昙保赵令龟赵□洛郭□□
赵元度赵显义赵荣欢郭寄欢
张令和李洛昌李阿和郭文敬
李阿宜李荣显李清郎郭买欢
武宪周张僧明郭显国郭贰保
王□宋今□郭昙恭郭□仁

这件造像碑的发起者是“乐归寺邑主赵首富”等六人,将这六位邑主归于“乐归寺”的名下,应该就与寺庙同邑义的合作有

① 郝金娥:《南京博物院藏两件北朝造像碑浅析》,《东南文化》,1998年第3期,118页。

关。在邑义造像记题名中，有的标明有邑师，有的看不出来有邑师，但造像、写经、斋集等这些佛事活动，显然少不了僧人的参与。我们从前面引的释宝琼、释法通等建立邑义的情况来看，邑师可能是固定的，譬如释宝琼“每结一邑必三十人，合诵《大品》人别一卷，月营斋集，各依次诵。如此义邑乃盈千计。四远闻者皆来造款。琼乘机授化，望风靡服。”那么，这上千的邑义，可能就都是以释宝琼为邑师的。至于这些邑义所要展开的佛事活动，释宝琼自然不可能一一参加。我想这就是为什么邑义造像题记中有的标明有邑师，有的却没有的原因所在。但是，这些佛事活动可以延请别的僧人参加或作指导，此即“但有沙门皆延村邑”的实质含义。

另外，从这个造像记中可以发现，邑义的组成是围绕寺庙这个中心而进行的，一个寺庙或者如释宝琼这样的高僧，可能联系着很多寺庙周边地区的邑义，从而构成了一个佛教传播的外围组织体系。这些不同的邑义既可以单独进行佛事活动，也会联合起来造像写经等等。

至少从这通《北魏正光四年乐归寺邑主赵首富等造像碑》来看，以寺庙为中心的周边诸邑义的组成，主要还是以同姓宗族或家族成员为主体组成的，我们看第一组分六行排列的 18 人，每行三人，从姓氏上来看，应该都属于同一家族，并且排在最后的那个似乎就是以同姓家族为主体组成的比较小的邑义的首领，即前面所说的“邑主赵首富共六人”。这竖排的六行名字，除第一行“诸昌仁”和“维那赵□洛”不是同姓外，其他五行前后都是同姓。从这个情形来推断，当时基层的邑义，有很多主要是以同姓家族成员为主体的。其实这点不难理解，虽然北朝的战乱，打破了两汉的家族聚居，但是村居的主体中同姓人口的凝聚力和自组织能力相对就比较强一些，也更易于合作。

邑义所从事的活动，一般就是斋集诵经、造像、建佛堂等等。除此之外，邑义还发挥了其作为社会团体机构的公益活动之组织者的作用——进行建义桥、掘义井等工作。[①]

出土于河北正定的东魏兴和四年(542)《李氏合邑造□像碑颂文》：[②]

> 于村中造寺一区，僧房四周讲堂已就，宝塔凌云……复于村南二里大河北，万路交过，水陆俱要，沧繁之宾攸攸，伊洛之客亦届。经春温之苦渴，涉夏暑之炎奥，愍慈行流，故于路旁造石井一口，种树两十根，以息渴乏。

这个李氏家族组成的邑义在修建村庙、造像的同时，在水陆两道交会的要道旁挖掘水井，并植树供来往行人饮水、纳凉。同此类似的还有东魏武定八年(550)《廉富等造义井颂》：“率我乡邦三十人等敬造义井……劝率邑仪，如父存焉。”[③]

在此类公益性建设活动中，邑义及相关的佛教组织确实发挥了比较重要的作用。这是一个具有自发意义的民间公共事务管理的组织体系，它的活动主体可大可小。如出土于山东微山县的隋大业二年(606)《朱贵夫妻造像碑》，朱贵夫妻二人就在岸峻水深的薛河南北建了一座桥，以便利两岸人民往来。此为单独的家庭造桥事例。也有几村的邑义共同造桥的事例，如隋开皇九年

① 相关论述，可参阅张总：《义桥、义井、邑义——造像碑铭中所见到的建义桥、掘义井之佛事善举》，《世界宗教文化》，1997 年第 4 期，32—35 页。

② 新乡市博物馆：《新乡北朝、隋唐石造像及造像碑》，载文物编辑委员会：《文物资料丛刊》5，北京：文物出版社，1981 年，124—133 页。

③ 北京图书馆金石组：《北京图书馆藏中国历代石刻拓本汇编》6，郑州：中州古籍出版社，1989 年，图 166、167。

(589)《两村法义造桥碑》："今此两村诸□人法义……造桥功讫。"①

因而，邑义不但组织乡村、城市佛教信徒进行广泛的佛事活动，而且在乡村更发挥了其公益建设组织者的作用。

二、 村落视野中的乡村力量与国家权力

——对邑义同基层政权互动关系的探讨

将邑义同基层政权的关系放在村落这个视野中来考察，是同北朝时期北方民间社会聚落形态的变化密切相关的。

我们从这样两个方面来认识这个问题：一是北朝的村落形态所提供给民众的自由空间及佛教僧人的进入；二是村落中的邑义同国家基层政权及传统意识形态的关系。

（一） 对北朝村落和佛教僧人融入村落生活的简单认识

对于六朝时代的村的认识，前贤的研究值得我们借鉴。

宫川尚志认为，六朝时代的村，乃是汉代的乡聚或者县城经魏晋战乱破坏之后，所兴建起来的受灾人民的自然聚落。② 这种聚落不但有脱离国家严密控制的迹象，而且是佛道二教活动的主要场合。事实上，我们现在发现的大量的北朝造像活动就是发生

---

① 北京图书馆金石组：《北京图书馆藏中国历代石刻拓本汇编》9，郑州：中州古籍出版社，1989 年，图 49。

② 宫川尚志：《六朝时代的村》，转引自谷川道雄：《六朝时代城市与农村的对立关系——从山东贵族的居住问题入手》，牟发松译，载武汉大学历史系魏晋南北朝隋唐史研究室：《魏晋南北朝隋唐史资料》第 15 辑，武汉：武汉大学出版社，1997 年，1 页。

在“村”这种自然聚落中的。[①]

不仅如此,学者们还认为,六朝时代的村同城市具有一定的对立性质。宫崎市定认为:曾经主要是农业城市的古代城市,在后汉至六朝时期,作为政治城市的性质浓厚起来,地方衙门也整备和充实了。又因为财政维持的需要,其作为工商业城市的性质也得到深化。到了“五胡”统治的时代,在重要的城市里配置了游牧族的军士,以致出现原居民从城市迁出的倾向。而少数民族政权的交替,导致城市居民不断地改换,由之而强化了作为军事城市的性质。成为行政官厅治所并拥有较大数量人口的城郭都市,和脱离城市而散布于田野的村落相对立的六朝社会,乃是此前的汉代所看不到的新现象。[②]

在此论述的基础上,谷川道雄认为:或许正是在六朝时期,迈出了城市和农村相分化、对立的第一步。这一问题的意义不仅仅限于聚落发展史,同时也应当与社会的统治体制问题相关联。也就是说,六朝时代的城市,乃是农村的对立物,特别是其具有政治、军事机能。所谓城民,是否就是被赋予这种机能的民众的历史存在形态呢?若是,那么,所谓城民,就应该以城郭二重构造中

① 宫川尚志对文献中北朝村名做过考证和统计,侯旭东先生在《北朝村落考》一文中又统计出 38 个北朝村名,这些村名大多都是因为佛教造像刻石而被我们所知,因而,当时的村是佛教僧人传教与民间造像活动最频繁的场合之一。《魏书·释老志》所谓“凉州自张轨后,世信佛教。敦煌地接西域,道俗交得其旧式,村坞相属,多有塔寺”,讲的也就是这个情况。侯先生的文章见《庆祝何兹全先生九十岁论文集》,北京:北京师范大学出版社,2001 年,161—182 页。

② 宫崎市定:《六朝时代华北的城市》,转引自谷川道雄:《六朝时代城市与农村的对立关系——从山东贵族的居住地问题入手》,牟发松译,载《魏晋南北朝隋唐史资料》第 15 辑,2 页。

属于城的部分的军人及其家族为主。①

因而，魏晋南北朝时期，随着北方少数民族的大规模南下和黄河流域衣冠士族的南迁，北方游牧民族的传统部落制度和中原家族制度均遭到破坏，家庭成为社会的基本单位。在3—6世纪，以家庭为单位的组织占据了社会的核心地位，并且由于政权更迭的频繁等原因，使传统农业型城市的结构被破坏，大量的农业生产人口以“村居”的形式从城市中分离了出来，出现了“村”这样的半脱离乡里组织和城市的人口聚居地。社会群体在一定程度上摆脱了国家的严密控制，又能相对自然地构建自己的社会组织。②

佛教的民间社团组织就是在这样的背景下逐渐渗透到了传统的社会体制之中。

佛教传入中国，主要走的是上层路线，同政治势力相结合。但是在这个过程中，佛教也逐渐地向村野扩张。北魏统一河西走廊之前，史载：

---

① 谷川道雄：《六朝时代城市与农村的对立关系——从山东贵族的居住地问题入手》，载《魏晋南北朝隋唐史资料》第15辑，13页。

② 魏晋隋唐之间，社会基层组织发生了重大的变化，其主要方面就是村作为具有自我保卫功能的自然聚落和组织的诞生。韩昇先生认为：村之产生，来自于魏晋时期的“坞壁及其邑里”在和平时期的转化。而坞壁的坞主一般都是强宗大族的首领，是连接乡村秩序和国家意志的贵族阶层。毛汉光先生在研究“中古家族之变动”时，将士族分为城市家族、居住在城市而有乡村根据地的家族和移居外地的家族，其中第二类家族的生命力比较长久，不容易受到政治政局变化的影响。这也说明了独立于城市之外的乡村对于上层社会和基层社会的稳定都具有重要的意义。相关论述，参阅韩昇：《魏晋隋唐的坞壁和村》，《厦门大学学报（哲社版）》，1997年第2期，99—105页；毛汉光：《中国中古社会史论》第3篇《中国家族之变动》，上海：上海书店出版社，2002年，54—56页。

> 凉州自张轨后，世信佛教。敦煌地接西域，道俗交得其旧式，村坞相属，多有塔寺。①

因而在435年之前的河西走廊，佛教在乡村的蔓延已经非常普遍，北魏平凉，"徙其国人于京邑，沙门佛事皆俱东，象教弥增矣。寻以沙门众多，诏罢年五十已下者。"②这样，河西佛教受到打击，而东迁的佛教势力，可能主要集中在城市或者城市周围。但这并不能排除在乡村有相当的佛教势力在发展，这同佛图澄等早期僧侣的传教有关，佛图澄于晋怀帝永嘉四年(310)来到洛阳，意欲在洛阳立寺传法。永嘉五年(311)匈奴人刘曜、刘粲攻陷长安，佛图澄立寺的愿望没法实现，只好"潜泽草野以观世变"，③因而这也正是佛教由洛阳这样的中心城市逐渐向乡村社会这样的"草野"之地发展的机会。

到北魏太武帝灭佛，虽然时间不长，但也逼迫一些僧人向国家专制力量相对较弱的乡村流动。因而"太武灭佛"在一定意义上加速了乡村佛教的发展进程，以致到延兴年间，国家不得不对发展势头很强的乡村佛教势力加以遏制：

> 延兴二年夏四月，诏曰："比丘不在寺舍，游涉村落，交通奸猾，经历年岁。令民间五五相保，不得容止。无籍之僧，精加隐括，有者送付州镇，其在畿郡，送付本曹。若为三宝巡民教化者，在外赍州镇维那文移，在台者赍都维那等印牒，然后听行。违者加罪。"④

---

① 魏收:《魏书》卷114《释老志》，北京:中华书局，1974年，3032页。

② 魏收:《魏书》卷114《释老志》，3032页。

③ 释慧皎:《高僧传》卷9《晋邺中竺佛图澄》，汤用彤校注，北京:中华书局，1992年，345页。

④ 魏收:《魏书》卷114《释老志》，3038页。

这道诏书的目的显然在于将僧人禁锢在以城市为中心的僧寺中。对北魏统治阶层来讲，僧人“游涉村落，交通奸猾”显然是不可容忍的，力图要将僧人到乡村传教的行为纳入到国家政治制度管理范围之内，要那些出外传教的僧人从僧官机构的维那那里领取“文移”才能合法出行。这样的规定，在北魏统治期间，可能还是具有一定效果的。但是，佛教在乡间已经有了相当的势力，在一些地区已经成为乡村生活的一部分，并影响着乡村社会结构和日常生活。尤其是早期的僧人以神异在乡间的传教，对佛教在乡村的扎根起了很大作用。如：

> 释法安，远公之弟子也。善戒行讲说众经兼习禅业。善能开化愚曚拔邪归正。晋义熙中新阳县虎灾，县有大社树下筑神庙，左右居民以百数，遭虎死者夕有一两。安尝游其县，暮逗此村。民以畏虎早闭闾。安径之树下通夜坐禅，向晓闻虎负人而至，投之树北，见安如喜如惊，跳伏安前。安为说法授戒，虎踞地不动，有顷而去。旦，村人追虎至树下，见安大惊，谓是神人，遂传之，一县士庶宗奉。虎灾由此而息。因改神庙留安立寺，左右田园皆舍为众业。①

这样的神异之事，在今天看来似乎荒唐，但是早期的僧人也许靠的就是这些或真或假的法术来赢得信任的。从这个事例中不难看出，僧人一旦得到乡村的宗奉，就会有田产等这些赖以生存的基本资产。即使没有得到田产之类，僧人也会融入乡村生活之中，如僧人慧弥“剪茅结宇，以为栖神之宅。时至则持钵入村，食竟则还室禅诵。如此者八年。”②释慧通“衣服趋尔寝宿无定。

---

① 释慧皎：《高僧传》卷6《晋新阳释法安》，235页。

② 释慧皎：《高僧传》卷12《梁上定林寺释慧弥》，473页。

游历村里饮宴食啖。”[①]就是说，这些僧人的衣食等得到了乡村社会的承担。况且，有着一定文化背景或技术背景的僧人，不但在精神上对乡村生活具有引导或安慰作用，而且还是乡村生活中不可缺少的医生或学者，如佛图澄传教后赵，就是因为其有高超的医术：“时有痼疾世莫能治者，澄为医疗应时瘳损，阴施默益者不可胜记。”[②]僧人竺法旷“遂游行村里拯救危急，乃出邑止昌原寺，百姓疾者多祈之致效。”[③]由此可见，如竺法旷这样的一些原来居住在城市的僧人，到乡村之中为村民治病，是很受欢迎的。僧人的这种“有用性”价值，显然会使得他们能快捷而深入地融入乡村社会，那么他们所主张的价值观和宗教意识，也会随之融入到乡村生活之中。

不仅如此，事实上，有一些到乡村的僧人作为有一定文化背景的社会成员，他们同乡村传统儒家知识阶层的接触也应该是非常愉快的，譬如释道融所在的寺庙同乡村儒学人物的接触就是个很好的例子，道融“汲郡林虑人”，十二岁出家做僧人，“厥师爱其神彩，先令外学。往村借《论语》竟不赍归，于彼已诵。师更借本覆之，不遗一字。既嗟而异之，于是恣其游学”。[④] 这个事例说明，乡村寺庙的知识体系传授，首先离不开对儒家经典一定程度的学习，那么身处乡村的僧人自然就只能向就近的村落儒家知识分子学习或探讨。所以其前提必须是僧人也得到了这些乡村知识分子的认可并有着良好的认同关系。

此外，在乡村传教僧人的舍身精神、慈悲胸怀，既有利于僧人

① 释慧皎：《高僧传》卷10《齐寿春释慧通》，393页。

② 释慧皎：《高僧传》卷9《晋邺中竺佛图澄》，346页。

③ 释慧皎：《高僧传》卷5《晋於潜青山竺法旷》，205页。

④ 释慧皎：《高僧传》卷6《晋彭城郡释道融》，241页。

得到村民的认可，也对乡村社会伦理道德体系的构建具有引导意义。下面的这个事例有利于我们理解这个问题：

> 时村中有劫，劫得一小儿，欲取心肝以解神。富逍遥路口，遇见劫，具问其意，因脱衣以易小儿，群劫不许。富曰："大人五藏，亦可用不？"劫谓富不能亡身，妄言亦好。富乃念曰："我幻炎之躯，会有一死。以死济人，虽死犹生。"即自取劫刀划胸至脐，群劫更相咎责，四散奔走，即送小儿还家。①

六朝时期的村，虽然一般都有"村义"等武装力量，但是乱兵对村落的屠戮和盗贼对村民的戕害还是相当频繁的。此处之僧富以自己的性命从劫匪手中来换取一个小孩子，并且倡言"以死济人，虽死犹生"，毫不迟疑地牺牲自己。这样义无反顾的举动，使得盗贼都有愧于心而不得不送孩子回家。因而，到乡村传教的僧人为保护一切生命而采取的这种迥异于常人的举动，显然对乡村的整个观念体系和伦理秩序具有一定的建设意义。这种观念的深入乡村社会，我们也许可以从北周居住在乡村的贵族张元的事迹中看到一些大致情形：

> 张元字孝始，河北芮城人也。祖成，假平阳郡守。父延俊，仕州郡，累为功曹、主簿。并以纯至，为乡里所推。元性谦谨，有孝行。微涉经史，然精修释典。村陌有狗子为人所弃者，元见，即收而养之。其叔怒曰："何用此为？"将欲更弃之。元对曰："有生之类，莫不重其性命。若天生天杀，自然之理。今为人所弃而死，非其道也。若见而不收养，无仁心

① 释慧皎：《高僧传》卷12《宋魏郡廷尉寺释僧富》，448—449页。

也。是以收而养之。”叔父感其言，遂许焉。[①]

正是有了如张元这样的乡村实力阶层对于佛教精神的理解，再加上佛教所提供给村民的帮助和愉快合作，乡村邑义组织才得以顺利地诞生并开始频繁活动。

总结以上的讨论，我们可以说，无论从乡村的生存还是伦理秩序维护及精神寄托的需要，到乡村传教的僧人都为居住在乡村不同层次的村民提供了相应的服务。确切说，佛教在逐渐融入村落的过程中，开始构建一个独立于国家专制体制之外的“小传统”。

（二）邑义组织所栖身的乡村力量与延伸至村落的国家权力之间的关系[②]

美国人类学家罗伯特·雷德菲尔德在对墨西哥乡村地区研究时，开创性地使用大传统与小传统的二元分析框架，并于1956年出版了《农民社会与文化》，首次提出大传统与小传统这一对概念，用以说明在复杂社会中存在的两个不同层次的文化传统。所谓“大传统”指的是以都市为中心，社会中少数上层士绅、知识分子所代表的文化；“小传统”则指散布在村落中多数农民所代表的生活文化。

对北朝村落而言，“大传统”的力量体现为：国家政治管理体

---

① 令狐德棻等：《周书》卷46《张元传》，北京：中华书局，1971年，832页。

② 之前我曾用“大传统”与“小传统”这样的洋理论体系来说明国家政权与乡村势力的关系，苏州大学的臧知非先生建议还是使用“国家力量”与“社会力量”比较合适，我觉得非常有道理。不过在行文中还是有一些地方交叉使用了“国家权力”、“乡村势力”、“大传统”、“小传统”这些概念，主要是最初做这项研究的时候，思路进展和行文结构是循着“大传统”、“小传统”这样的体系构建的，为了比较充分地表达最初的一些想法，所以适度保留了一些交叉的概念运用。

制在乡村的延伸。六朝时期的村是由县直接管理的，村里有最基层的管理阶层和村官的存在，南齐废帝海陵王在延兴元年（494）十月发布的与民休养生息的诏书说："诸县使村长、路都、防城、直县，为剧尤深，亦宜禁断。"[①]由此可知村中设有村长、路都、防城、直县等协助官府治理的辅助机构。关于路都，《周书》卷31《韦孝宽传》载，路侧每一里置一土候，每当道路因雨颓垍时，负责修理，则"路都"也可能是维修道路的役吏。[②]

造于北周时期的《荔非明达造像碑》，[③]是关中地区一个羌民村落的集体造像碑。该碑四面都有参与造像人的题名，其中有"典坐村正荔非仲祥"和"邑主前里正荔非熹□"的题名。[④] 此二人都应该是荔非氏所在的这个羌村的掌有实权的人物，荔非仲祥是村正，而荔非熹□是"前里正"。就是说，在这个羌村中，由国家正式管辖的基层组织"里"和自然形成的"村"都有自己的管理机构。

据侯旭东先生的研究，北朝时期的乡村，在实行三长制的同时，依然存在广泛的乡里编制。约自北魏太和年间开始，直到北朝末，除北齐时京畿地区不设乡里之外，均设有乡里编制。不同

---

① 萧子显：《南齐书》卷5《海陵王本纪》，北京：中华书局，1972年，79页。

② 宫川尚志：《六朝时代的村》，见刘俊文：《日本学者研究中国史论著选译》第4卷（六朝隋唐），中华书局，1992年，95页。

③ 马长寿先生将此碑断代为北周武成年间（559—561），陕西省博物馆将此碑断为隋代造像碑。李淞则认为，从造像图式和人物服装上来看，北周和隋不会有很大差别，因而他在仔细考察了官名和相关史事后认为，此碑造于北周武成元年至建德三年（559—574）。相关论述，分别参见马长寿：《碑铭所见前秦至隋初的关中部族》，北京：中华书局，1985年，74—75页；陕西省博物馆：《西安碑林书法艺术》，西安：陕西人民美术出版社，1983年，345页；李淞：《长安艺术与宗教文明》，北京：中华书局，2002年，346—349页。

④ 李淞：《长安艺术与宗教文明》，346页。

于前代的是，北朝的乡里具有划定的地域，这可能与实行均田制有关。乡里编制虽然普遍存在，但在实际生活中似乎未受到村民的积极认同；相反，他们对世代生活在其中的村落表现出更强的归属感，并依托“村”组织活动，官方的乡里设置在村落受到架空。① 因而，村实际上已经是掌有实权的基层组织。

村官显然在一定程度上是代表国家意志的，是村中治安、赋税等事务的管理者。但是，也不能否认，村级管理者同村民的关系可能远比“里正”同村民的关系亲密。“里”是一种正式的国家设置，可能好几个村组成一个里。“里正”是国家在乡村行使征收赋税等权力的真正代表，而“村正”则是基于民众甚至是基于有血缘关系的同姓民众而产生的村级管理者，他们在一定程度上是乡村社会生活的组织者，也代表“小传统”。确切说，他们是“小传统”和“大传统”得以友好互动的桥梁之一。葭森健介在研究“魏晋时期的中央政界与地方社会”的时候指出：支撑古代中国中央集权专制政治体制的力量，“并非仅仅是由于以皇帝为中心的中央权力的强大，其中作为地方的亲民之官，与民众保持联系的地方官员的作用绝不可忽视。他们与民众的强韧纽带正是支撑强大国家的基础”。②

至于贵族阶层和豪族在乡村的势力，是需要我们辩证地认识的。毫无疑问，国家权力在乡村的实施，离不开这些豪族和官僚贵族，从这个意义上来看，他们也是大传统的一个组成部分，譬如谷川道雄先生在考察了山东贵族的居住点后认为，北朝贵族原本

---

① 侯旭东：《北朝乡里制与村民的生活世界——以石刻为中心的考察》，《历史研究》，2001 年第 6 期，16—29、189 页。

② 葭森健介：《魏晋时期的中央政界与地方社会——围绕西晋刘弘墓的发掘问题》，载中国魏晋南北朝史学会：《魏晋南北朝史研究》，武汉：湖北人民出版社，1996 年，10 页。

是农村的居住者，在其出仕期间，他们在中央、地方行政机关所在地的城市拥有住所，但是乡村仍然是他们的根据地。[①] 因而，正是由于贵族阶层和豪族在乡村的存在，这样他们和一般农民生活在同一层次的乡村世界中，所以，国家意志在很大程度上也是通过他们的影响而在乡村才得以发挥有效作用。

但是，也许在更大或更广泛的层面上，这些居住在乡村的贵族阶层和豪族势力可能在更大程度上，会同他们的宗族乡亲站在一条线上，代表“乡村力量”与国家权力相制约、抗衡。[②] 陈启云先生对“封建”[③]与“大一统”这对概念的考察，就主要阐述了这样的观点：在明清社会这样国家专制力量膨胀的王朝建立之前，以“士族”与“儒学”等为代表的民间力量构成了对专制社会的有效制约。[④]

关于乡村社会的“小传统”，其实就是乡村社会生活与存在的“日常性”，这种日常性受两方面的影响：一是文化观念和伦理价值体系；二是日常生活必不可少的聚落制度与生存方式。古代社会尤其是中国古代社会，自汉代以来的统治者所推行的儒家文化观念和一系列礼仪制度，无疑在乡村社会生活中具有指导性意

---

① 谷川道雄：《六朝时代城市与农村的对立关系——从山东贵族的居住地问题入手》，载《魏晋南北朝隋唐史资料》第 15 辑，15 页。

② 对于这个结论的两重性，我们必须有比较清晰的认识。在元明清社会（国家专制力量强大）构建之前，乡村的贵族阶层和豪族在更大程度上应该是“乡村力量”（“小传统”）的主要代表，而非“国家权力”。但他们对于乡村的控制和同乡村的联系，正在随着城市扩大等原因而削弱和疏离。

③ 关于“封建”问题的考察，冯天瑜先生及其学术团队近年的成果值得认真研读，他为我们认识中国古代社会提供了一个相当有意义的门径。参阅冯天瑜：《“封建”考论》，武汉：武汉大学出版社，2006 年。

④ 陈启云：《封建与大一统之间：关于中国传统政体的理论与史实》，《社会科学战线》，2007 年第 3 期，123—132 页。

义。但是像生老病死等最基本的生存问题,并不能得到“大传统”的关注。于是与之相对应的乡间村落或宗族互助制度及民间社会组织就应运而生。

在佛教邑义产生之前,北方乡村中的民间社会组织或活动空间可能并不大。如果有活动空间,也主要与豪族或贵族阶层有关,并没有很切实地落实到每一个个体存在者的头上。从北朝造像记中可以看出,一个村中往往会有很多不同的姓氏,其中有大姓,有小姓,甚至还有很多多民族杂居的情况。这样的情况下,家族或宗族救助体系所发挥的社会调节作用和救助功能,就会相当有限。[①] 正是因为这种社会状况的存在,在村这样的地缘聚落中,就迫切需要一个能突破血缘社会圈层和政治等级制拘束的社会组织,来整合北方由于战乱、政权更替和多民族杂居而带来的

---

① 我们此处的结论,可能同秦晖先生对中古乡村的考察结论一致。秦晖先生考察长沙走马楼吴简后认为,走马楼简所反映的村民杂居情况是非常突出的。就是说,在国家编户制度所控制的乡村内,宗族势力的作用是非常有限的。不仅杂姓相聚的情况非常普遍,而且以“乡吏”为主的官方势力在乡村的渗透也是相当普遍的。这个考察是值得重视的。温铁军先生对传统中国乡村的概括是“国权不下县”,所以近些年许多关于乡村的考察都注重乡绅阶层对乡村的控制。在这方面,王先明先生有比较深刻而系统的研究。但是中古尤其是魏晋南北朝时期的乡村情形或许同明清以来的乡村结构有一定的差别。(参阅秦晖《传统中华帝国的乡村基层控制——汉唐间的乡村组织》,王先明《近代绅士——一个封建阶层的历史命运》)我们要强调的是,魏晋时期“强宗大族”和大量依附人口的存在,易令人忽略乡村还有完全受国家政权控制的、摆脱了宗族制约的杂居编民。北魏明令奴婢不得出家为僧尼,那么强宗大族的依附人口应该也受到了限制。那么,佛教的扩张应该就与这些杂居的“编户”有密切的关系。结合《魏书·释老志》所说的“正光已后,天下多虞,王役尤甚,于是所在编民,相与入道,假慕沙门,实避调役”,我们可以有限度地说,编户是当时佛教得以发展扩张的主要群体。这个杂居的群体是解构宗族势力的有力因子,而佛教的思想和组织结构给他们提供了突破宗族局限的有力武器。

社会结构的混乱状态。

因而，邑义之所以能很快地在制度层面和生活空间上进入传统的乡村社群体系，并在文化观念和伦理价值方面迅速同传统的观念融合在一起，其主要原因有二。

（1）邑义关注的是乡村百姓最基本的生老病死，是从精神、物质以及社会救助等方面切切实实地给了个体生命一个曾经存在、正在存在和未来存在的保障。

我们在大量造像记、写经题记上看到的也都是芸芸众生这方面的愿望：对死者的祝愿、对生者安全与病痛的祈祷，对家族和睦的祈求、对儿女的牵挂、对父母的报答、对家人去世后灵魂归宿的祝祷，等等。

（2）邑义在组织结构上借用了僧官制度和国家政治体制中的某些管理体系，但是在成员的选择上，坚持了“众生平等”的原则。作为深入民间的寺院外围组织，其成员包括官员、僧人和下层民众。他们在邑义组织内的地位，并没有随着传统的等级制度而分配相应的位置。邑义组织在专制的等级制身份社会里，在一定程度上模糊了参与者的政治身份和法律身份，赋予其成员简单的“邑子”、“佛弟子”、“清信士”、“清信女”这样很中性的身份。对于那些有政治地位的官员，也是在“邑子”、“邑生”等这样的中性名称下再加上官称，如“邑生骠骑将军都督赵和”等，[①]在造像碑名字刊刻的位置安排上，平民百姓与贵族高官也没有什么等级差别；对于那些捐钱多的邑义成员，也只是给予“像主”、“香火”、“斋主”等名称，这些名称只表明了其人在此次造像活动中所担当的角色，是自己在积累功德，并不是一个等级制身份的表示符

① 参见王素、李方：《北周豆卢子光等造佛像铭》，载《魏晋南北朝敦煌文献编年》，249页。

号。可以说,邑义组织给了底层人民一个代价很低廉的尊严。

邑义作为一种佛教信仰者的团体,就是要以慈悲情怀关注每一个成员,这个组织超越了身份地位、民族和贫富的限制,[①]但是并完全没有摆脱这些等级因素的束缚,事实上,这也是不可能的。对于邑义组织的这个性质,我觉得用刘泽华先生提出的“社会共同体”的说法来解释,可能就会表达的更为全面一些,刘先生在谈到对社会的分层研究时说:

> 基础性的社会关系即阶级关系,之外还有其他各种社会关系。是否可以这样说,社会关系大体可分为两大类:一类是基础性的阶级关系;另一类是“社会共同体”,它比阶级关系更复杂,其中既有阶级关系的内容,又超越阶级关系。共同体小到一个家庭,大至民族、国家。基础性的阶级关系是其他社会关系的基础,起着制约作用,但其他社会关系又有其存在的依据,不能全进入阶级关系之中。据此,是否可以设想一种阶级—共同体分析方法?

因而,邑义其实就是这样一个既有阶级关系内容,又超越阶级关系的、具有混合性质的“社会共同体”。毫无疑问,它必然是阶级社会不可分的一部分,又同阶级社会存在一定差别。它是“大传统”笼罩下的“小传统”,是一个缓冲地带。国家政权同底层社会的矛盾、底层社会不同文化背景和不同阶层等圈层之间的

---

① 杜继文先生在考察大乘佛教传入中国后的情形时认为:中国佛教的格性中“基于民本的超越性,在缓解社会冲突、密切不同地区和不同民族之间的关系上,有着显著作用。它在积淀中华民族的共同心理、维系中国统一的观念中,也是一种活跃的积极因素”。这是从思想的层面上对佛教之于中华民族融合形成所起作用的精当解释。参阅杜继文:《从佛教看中国文化的走向》,载《中国佛教与中国文化》,北京:宗教文化出版社,2003 年,11 页。

矛盾，都在这个缓冲地带得到了消解。而国家组织力量不能解决的很多社会问题，甚至还包括国家组织力量为底层社会制造的许多困难和矛盾，也在这个共同体中得到解决。

邑义之所以是个共同体，最大的特点就是它的职能和活动，是得到全体成员的自觉自然的推动和拥护的，在很大程度上不需要强制力量来维持，是一种群体意志，而不是首脑意志或阶层意志。

在现代社会的背景下，学者们认为：大传统与小传统在村落中的互动本身是一种文化创造的过程，是在小传统的基础上对大传统某些因素进行的选择。安东尼·吉登斯认为民族国家的成长史是以社区内部人民不断从地方性制约中解放出来，直接面对国家的全民性规范、意识形态的影响和制约的过程。[①] 而在3—6世纪的社会发展中，由于三种情况的制约，乡村的小传统不仅是同大传统进行互动，而且还自觉地整合了不同文化背景人群的小传统。

三种情况是：(1)汉代以来的社会结构被破坏，以儒家学说为主体的伦理政治体系在北方遭到打击，大传统的社会整合能力削弱；(2)北方少数民族进入农业区域，不同文化背景的民族杂居相处，不同民族或单元群体的大传统和小传统，都存在很大差别；(3)佛教作为外来宗教和知识体系进入儒家文明圈。

对3—6世纪的北方社会来讲，这三种情况都是全新的。如果打个比方的话，第一种情况说的是中国传统社会的胃坏了，消化能力不好；而第二和第三种情况就是又给了这个消化能力不好的胃两块从来没有吃过的、难以消化的食物。这是一个雪上加霜

① 郑萍：《村落视野中的大传统与小传统》，《读书》，2005年第7期，11—19页。

的历史进程,使其处在两难的境地。

因而,在这样的历史背景下,邑义的最大作用,就是将不同姓氏、不同宗族、不同民族、不同文化背景的北方人群组织在目的一致的民间团体中,通过造像、写经、斋集、诵经、修建佛堂、造桥等共同活动,将这些有差别的人"不断从地方性制约中解放出来",并创造了一种具有小传统意义的"全民规范",并且进一步面对"国家的全民性规范",①从而为北方各民族的融合,为北方社会成为一个民族共同体的社会构建了根基。

但是,关于"邑义"是否对中国中古社会的发展发挥了这么重要的意义,也是值得我们多方面考虑的。② 毫无疑问,中古社会的发展与变化很可能有许多微观的因素在发挥作用,邑义应该也是这种种力量或因素之一,但其作用的有限性是显而易见的。

三、 邑义组织对北方社会的整合作用

对于邑义发挥民族融合和社会整合作用的微观结构,我们可以从以下几方面得到理解:

(一) 从邑义的内部结构来讲

邑义的组成与角色分配至少考虑了三个方面的调和:本村落中或者不同村落中的不同家族之间的势力调和;捐钱捐物数目不

---

① 当阅读北齐北周时期那些祈愿语言、祈愿模式等都如出一辙的造像记、写经题记时,我们就会理解,在佛教的组织下,"五胡乱华"以来的北方民众,已经找到了他们共同的语言、共同的规范。单调的石刻语言所代表的并不是一个时代的单调,而是一个混乱时代的结束,是社会整合、民族融合的成功。

② 2006 年 8 月在吉林大学古籍研究所召开的"1—6 世纪中国北方社会、民族、边疆国际学术研讨会"上,侯旭东先生曾针对我对佛教邑义所发挥作用的看法提出了不同意见,这对我进一步思考问题很有启发。

同者之间的调和；对乡村中实力人物与一般邑子等成员差别的调和。下面分别作简单论述。

首先，对于家族势力的调和，可以从邑义内部管理者职位的分配看出来。前面我们引《邑主高树等题记》，指出，邑义中管理者职权的分配，同本家族成员的多少有一定程度的正相关关系。①

关于这一点，北齐天保八年的《刘碑造像铭》所体现的情况就非常典型。这个造像碑中，有都邑主 3 人，分别是刘始兴、戴恭和刘方兴；都维那 3 人，分别是刘巨富、刘贵宗和戴桃扶；维那 27 人，分别是阳显明、曹元康、戴□标、刘元早、成莫问、司马定、陈龙引、曹舍、阳买、左女生、阳树生、陈毛、阳延俊、曹伏愿、曹多侯、阳寒生、李见奴、□蛮荡、郭景明、刘老宗、阳清奴、王详连、曹社爱、阳子高、王元宗、阳遵业、戴显宾等。除去 3 个僧人外，参与这个造像活动的有 258 人，共有姓氏 41 个，其中曹姓 61 人，刘姓 48 人，阳姓 32 人，戴姓 30 人，王姓 24 人，陈姓 14 人，赵姓 11 人，其他姓氏大多只有几人参与。②

如果我们将这个《刘碑造像铭》所属邑义的职位分布同参与者的姓氏比例相比较就会发现，占邑义成员总数 66% 的曹、刘、阳、戴四大姓的成员占据了该邑义管理者职位的 70%，其他 30% 的职位也基本上是按成员比例给了其他各姓。

从这四大姓的职位分配中也可以看出这种对于家族或宗族势力的平衡或调和，刘氏家族可能是很有势力的，所以有 2 人做了都邑主，2 人做了都维那；戴氏家族有 1 个都邑主，1 个都维那，

---

① 陆增祥：《八琼室金石补正》，民国十四年希鼓楼刊本，见国家图书馆善本金石组：《先秦秦汉魏晋南北朝石刻文献全编》第 1 册，105 页。

② 陆增祥：《八琼室金石补正》，民国十四年希鼓楼刊本，见国家图书馆善本金石组：《先秦秦汉魏晋南北朝石刻文献全编》第 1 册，203—205 页。

2个维那。刘氏家族成员没有曹氏家族成员多,所以曹氏家族虽然没有占据都邑主、都维那这些最高管理者位置,但是有5人做维那,而刘氏家族只有2人做维那。阳氏家族人数多于戴氏家族,同曹氏家族一样,虽然没有得到最高管理者位置,但有维那6人。维那是邑义最基层的组织管理者,对于邑义的协调运转具有直接的作用。这个邑义的27个维那中,四大姓占据了13个位置,14个位置留给了人数占总人数34%的其他各姓氏成员。

可以肯定,在邑义中,家族或宗族势力仍然占据一定地位,邑义承认现实力量的存在,照顾到了参与成员的势力比例,但是在职位的设置上又对参与的各个团体或个人的势力进行了平衡。因此,这是一个具有"普选"意义的参与体制。由于邑义活动的目的就是"祈福",所谓"普为合生之类,咸同福庆",[①]如《邑主雷惠祖合邑子弥姐显明等造像记》:

> 愿诸邑子等老者延年,少者益寿,男孝女贞,礼仪备足,门风庠厚,恒修功德。复及法界众生,普通斯庆,等成正觉。[②]

既然邑义祈福的对象包括全体邑义成员甚至一切众生,那么这种博爱的慈悲在一定程度上就会遮蔽或模糊参与者的民族界限或宗族分别。这是在同一目的下不同背景的人群的集合,因而对不同民族或宗族的融合就具有同一文化环境(佛教的普世慈悲)里的整合作用。

其次,对于捐钱捐物数目不同者之间的调和。在任何社会,

---

① 沈铭杰:《河北武邑出土一件北齐造像》,载《文物春秋》,1997年第1期,88—89页。

② 马长寿:《碑铭所见前秦至隋初的关中部族》之附录一《关中北魏北周隋初未著录的羌村十种造像碑铭》,中华书局,1985年,96—97页。

经济地位的差别和经济利益的争端，都是社会发展的主线之一。刘泽华先生指出：

> 在社会生产力发展缓慢的历史时期，在生产力还没有突破现有的社会关系以前，社会的运动主要受日常社会利益关系矛盾的驱动。这里所说的“日常社会利益”是指形成利益的基础性的社会关系没有什么大的变化，利益的内容大体相同，利益分配和占有方式也大体相同。社会利益问题无疑有许多内容，但主要的还是经济利益。在长达数千年的中国传统社会中，经济利益问题主要不是通过经济方式来解决，而是通过政治方式或强力方式来实现的。这样，政治权力就走到历史舞台的中心，并在相当长的时期内成为社会控制和运动的主角。①

刘先生说的“日常社会利益”这个概念确实值得我们加以重视。古代社会尤其是中国古代社会，它不是一个经济中心而是一个政治中心的社会，几千年来经济分配机制并没有什么大的变化，如果有变化的话，也仅仅是政治权势取予多少的问题。因而，邑义作为一种民间宗教组织，它本身不会对“日常社会利益”的整体格局产生什么影响，但是它为经济利益取向有差别、甚至完全不同的阶层提供了同样的社会活动机会和认同体系。就是说，在邑义中，一个法律身份很低的商人或一般乡村富有者，完全可以因为捐助钱物多而取得“香火”、“像主”、“斋主”等身份，从而得到邑义成员的尊敬。

经济实力在这里超越了政治等级。但是，这种尊敬又有一定

---

① 刘泽华：《分层研究社会形态兼论王权支配社会》，《历史研究》，2000年第2期，13页。

的有限性。邑义成员无论捐钱多少,都是在同一体制下的“股东”,没有层级差别。因而,富人、穷人和占有政治资源的官员都在这个体制下同等价值存在,这对以专制政治为中心的阶级社会的不同阶级的相互认同和合作提供了一个基础。

再次,对乡村中实力人物与一般成员的调和。从造像记来看,担任邑义组织的管理阶层的人,一般都是乡村中具有一定影响力的人,无论是在经济方面[①]还是在政治影响方面。在传统的乡村治理体系中,乡村实力人物发挥作用的边界往往会自觉不自觉地靠近国家意志,而国家意志在乡村的存在主要就是为了获取赋税,这种角色很容易同乡村民众产生冲突。邑义这般不为了国家意志而存在的民间组织,其积德行善的功能,就会制约每一个成员的行为,抑制乡村实力阶层向暴力等恶行滑行的可能性,也提升了一般成员的合作意识和自信程度。这种具有集体意义的“向善”行为和合作愿望,在由最小单位的基层邑义向整个村的邑义以及很多村的邑义联合活动的过程中,不断得到普及和放大。这个过程,其实就是造像记所反映的祈福愿望由“诸邑子”的幸福到“合生之类,咸同斯福”的真实写照。

(二) 邑义同官方村级组织的权力分配。

邑义的活动所利用的资源是僧官制度之外的民间资本,无论在经济上还是政治上,都不会同官方机构产生利益冲突和权限碰撞。虽然北朝实行“三长制”,并有乡里制度的存在,但是这与村

① 关于邑义活动的经济来源,刘淑芬先生有对于“义”的个案考察,可以提供一个参考。即义的经济来源主要是施主捐赠,有的“义”还有信徒捐的土地,这样土地田园的收入也是一个重要的经济来源。参阅刘淑芬:《北齐标异乡议惠慈石柱——中国佛教社会救济的个案研究》,载梁庚尧、刘淑芬:《城市与乡村》,北京:中国大百科全书出版社,2005 年,52—86 页。

民的信仰团体邑义，应该说没有什么直接的关系。因而，在造像记上村民一般是标明“某某村”而不是“某某里”。对此，侯旭东先生有过深入研究，他认为：

> 村民利用“村”而非“三长”或“乡里”在活动中标识自己或构建组织，并记述到记文中，说明在非官方的场合，百姓并不理会作为地域概念的“乡里”与作为户口组织概念的“三长”，更谈不上用它们来界定组织与人群。他们对世代生活其中的实际聚落“村”普遍显示出强烈的认同，相形之下，对带有官方色彩的“三长”、“乡里”却是漠然乃至漠视。
>
> “村”不止是一种标识，也是百姓组织活动的依托。①

如果说从官方的制度化结构中来取得资源和特权的僧官官僚体系，同王朝政治的各层官府还有人口、赋税等方面的利益争夺的话，那么邑义同这两种官僚机构都没有什么利益之争。

可以说，邑义的产生和存在，对中国中古时期的乡村社会具有非常重要的建设性意义。在一定程度上，它在传统的族缘社会结构和地缘社会结构的基础上，又构建了一种全新的社会结构。这种社会结构在一定程度上不但摆脱了基础性的社会关系即阶级关系——在邑义或法义里，所有成员的法律身份都变得非常模糊而趋于一致性；而且邑义和法义还在一定程度上超越于乡村行政管理体制，它的职能不是为了国家之赋税等这种政治性的义务。它将不同民族、不同性别、不同家族、不同社会身份的人组织在一个具有同一目标的组织之中，并且这种组织有很大的自发意义，成员的自觉意识、合作意识都非常强烈，这是一种“自己的组

---

① 侯旭东：《北朝乡里制与村民的生活世界——以石刻为中心的考察》，《历史研究》，2001年第6期，28页。

织”。因而,对于3—6世纪这个民族大融合的时代,邑义组织起了整合北方社会的粘合剂作用。它是汉唐文明过渡过程中,我们理解社会结构转型和唐代辉煌的一个最基本的社会结构基因。可以说,如果没有邑义这样的民间小社会对民族差别、地缘差别等不同人群的底层社会基本结构作整合,也许整个历史前进的步伐就会迟缓一些。

(原载《1—6世纪中国北方边疆民族社会国际学术研讨会论文集》,北京:科学出版社,2008年)

3—6 世纪僧人的流动与地理视阈的拓展

——对华夷观念变迁与“昆仑中心论”产生的地理学考察

魏晋南北朝时期，是以黄河流域、长江流域为主体的传统中国农业文明社会同漠北草原文化社会及西域、印度、罗马等异域文明交汇融合的时期，这一点，在地理知识的增加和地理视野的拓展上，表现得尤为明显。

其实，在传统中国的知识体系和地理视野中，一直就包含丰富的“天下主义”的内容，[①]从《山海经》、《博物志》、《西域图记》直至唐代玄奘的《大唐西域记》，甚至包括《史记》、《汉书》等一系列国史中对周边民族和国家的关注、描述和研究，以及对海洋民

---

① 关于中国古代的“天下主义”视野问题，是人类学家王铭铭先生提出的(参见王铭铭:《没有后门的教室》，北京:中国人民大学出版社，2006 年，187 页)。我不知道关于这个问题是否有历史学界的其他“原创者”。无论怎样，这个问题确实非常有意思，在近些年的历史研究中，马嘎尔尼来华事件往往被作为中国传统的开放意识与接纳精神开始败落的标志。在清王朝统治的几百年中，中华民族是否丧失了古已有之的“天下主义”精神？对这个问题的思考，直接涉及对中华文明整体的认识与评价。有两方面的因素会遮蔽我们的视野:一是西学东来后，自清王朝开始的盲目排斥，已经使我们远远落后于现代文明，这就不可避免地会或隐或显地形成“中华文化劣势论”;二是受过度的学术实用主义和映射意识的影响，我们对历史上汉唐兴盛时期的扩张主义极力贬抑或低调处理、变调处理。这样其实就遮蔽了中古中国甚至上古中国的对外探索精神。

族的零星记载，都表明：在传统的地理视阈中，古人总是自觉或不自觉地以一种“他者”的眼光在审视遥远的世界和人群。这种审视与探索，随着佛教的传入达到了一个高潮。在佛教传入中国并逐步融入华夏文明和世俗化的过程中，这种地理知识的增加和视野的拓展，受以下四个因素的影响。

（1）大批异域高僧和商队的到来，不但带来了新奇的异域物质，更带来了活灵活现的关于异域各个方面的表述和相关的表演性知识，譬如幻术、杂技等等，尤其是僧人在海上的经历所提供的海洋知识，突破了传统中国海洋知识的神秘性描写。

（2）以异域知识体系和地理背景、社会背景为底色而形成的佛教经典及相关文本的翻译，扩大了包括地理知识在内的文本知识。

（3）部分中国僧人到西域、印度西行求法学习，返回后纷纷写成《游记》等，以本土文化的眼光和认知模式来描述异域的地理、风土人情、物产等等，无疑拓展了本土文化对于异域的进一步了解。

（4）僧人的脱离于封建编户体制和传教的需要，使得他们以各地的寺院为据点，能在尽可能大的范围内合法流动交流，扩展了人们对国内不同地域的认识和了解；而僧寺的进一步山林化，则使得很多荒僻的山水之地得到了一定程度的开发，作为一个坐标或知识进入人们的视野之中。

正是在这样的一个地理视阈不断开阔的背景下，传统的华夷之分和以黄河流域为中心的“华夏中心论”遭遇了外来知识的严峻挑战。

一、 僧人的传教活动与中古的海洋视阈

据《汉书·地理志》的记载，在海洋航行方面，远在公元前 2

世纪汉武帝统治时期已经有船从徐闻(今广东徐闻县)、合浦(今广西合浦县)出发,经过东南亚到达印度和锡兰。

在魏晋南北朝时期,中国人的海洋知识与视野显然有所扩展,在这个过程中,从印度等地前来传教的佛教僧人和通过海路到其他地方传教或者求取经典的本土僧人,发挥了一定的作用。

从海路来到中国传教的僧人,一般都是搭乘商船前来。古代海洋知识的扩大,同商人的关系最为密切。至少在中古时期的中国,以交趾、广州为中心的同南洋国家的商业交往,拓展了人们的海洋视阈。魏晋南北朝时期僧人在海上的航行活动,其实大都也发生在以交趾、广州为中心之一的南洋航线上。僧人虽然并不是当时海洋航行的主体,但是他们是当时商业航行中的见证者。虽然有众多的商人在海洋的风波里频繁出没,但是只有这些僧人留下了关于海洋航行的记载。

早期来到洛阳传教的僧人是否有从海路过来的,没有明确记载。3世纪中叶来到建康的康僧会,他的祖上原来是康居人,后来又到了天竺,世代经商,并移居到了中国交趾。交趾是当时的南海商人的主要聚居地,可以推断,康僧会或者其家人肯定有很丰富的海洋航行经验。西晋太康二年(280),西天竺僧人娄至来到广州,译出了《十二游经》。[①] 这个娄至是从陆路还是海路而来,由于史料记载简单,无法作出判断。就一般情况而言,娄至没有在其他地方游历驻扎的记载,这很可能预示着他是由海路来到广州的。

其实到了西晋时期,很多天竺僧人在中国活动,他们中的一些人应该就是从海路来的,只不过没有留下明确的记载罢了。当然,有海洋航行经历的僧人,不仅仅是外来传教者,一些中国本土

① 释志磐:《佛祖统纪》卷36,宋刻本。

求法僧人也是通过海路到天竺或者由海路返回中国,著名的高僧法显就是这方面的典型事例。

(一) 高僧法显所记录的海洋航行知识

晋代高僧法显是一位伟大的旅行家和佛经翻译家,他是中国历史上第一个由西域向天竺,然后由海路归国的取经者,也是第一个把梵文经典带回国内并直接翻译成汉文的人。最为重要的是,高僧法显不但是第一个用文字记述天竺取经见闻的人,而且是第一个以亲身经历记载海洋航行事件的人。

法显(335—422),俗姓龚,平阳郡武阳(今山西襄垣县)人,法显幼年多病,被父母送到寺院做小沙弥,到了 20 岁,正式出家做了僧人。法显后来到了佛教中心后秦的都城长安,研读佛教经典。但是由于当时翻译出来的佛经有些错讹较多,并且由于律部佛典的缺乏,没有统一的佛教戒律清规,僧界非常混乱。鉴于这种情况,法显决心要到天竺去求取经典。后秦弘始元年(399),已经 64 岁的法显与四位志同道合的僧人从长安出发,西行求经。[①] 法显历经千难万险,先后游历了西域及天竺诸国。公元 409 年冬天,法显从多摩梨帝国(今印度加尔各答)乘坐商人的船舶,渡海到达师子国(今斯里兰卡),在师子国停留了两年。到 411 年,法显又搭乘另一艘商船返回中国。这次航行中,商船遇到大风暴,船舱漏水,船上的人纷纷把粗重的东西抛入大海,以减轻重量。法显也将自己随身带的生活物品抛进大海,但一心祈祷,就怕商人把他求取的佛教经典和佛像抛了,好在船漏被及时堵上,避免了一场毁灭性的灾难。在随风漂流 90 多天后,停靠在了耶婆提国(今印度尼西亚爪哇岛)。在那里居留五个月后,又

---

① 参见郭鹏:《法显与〈佛国记〉》,载法显:《佛国记注译》,郭鹏译,长春:长春出版社,1995 年,11—14 页。

乘船向广州，途中遇到了狂风恶浪，由于连阴天无法看见星辰，船舶迷失了方向。同船人认为是因为搭载了法显这个僧人才招致了旅途的不顺利，商议要把法显扔进大海，好在法显的一个信徒为他说话，才躲过了这场灾难。到东晋义熙八年(412)年，法显搭乘的商船漂到了山东半岛的长广郡牢山(今山东即墨崂山)，法显历经千难万险，历经13年终于回到了祖国。

法显返回后，就开始翻译经典，并将他此次求取佛教经典的历程，写成了游记，就是我们今天见到的《佛国记》。

《佛国记》中关于海洋的文字，是中国航海史上最可宝贵的资料：

> 法显住此国二年，更求得弥沙塞律藏本，得《长阿含》、《杂阿含》，复得一部杂藏，此悉汉土所无者。得此梵本已，即载商人大舶上，可有二百余人。后系一小舶，海行艰险，以备大舶毁坏。
>
> 得好信风东下，三日便值大风，舶漏水入。商人欲趣小舶，小舶上人恐人来多，即斫絙断。商人大怖，命在须臾，恐舶水满，即取粗财货掷著水中。法显亦以君墀及澡罐并余物弃掷海中，但恐商人掷去经像，唯一心念观世音及归命汉地众僧。我远行求法，愿威神归流，得到所止。
>
> 如是大风昼夜十三日，到一岛边。潮退之后见船漏处，即补塞之，于是复前。
>
> 海中多有抄贼，遇辄无全。
>
> 大海弥漫无边，不识东西，唯望日月星宿而进。若阴雨时，为逐风去，亦无所准。当夜暗时，但见大浪相搏，晃若火色。鼋鼍水性，怪异之属。商人荒惧，不知那向。海深无底，又无下石住处。至天晴已，乃知东西，还复望正而进。
>
> 若值伏石，则无活路。如是九十许日，乃到一国，名耶婆

提。其国外道婆罗门兴盛,佛法不足言。

停此国五月日,复随他商人大舶,上亦二百许人,赍五十日粮,以四月十六日发。

法显于舶上安居,东北行趣广州。一月余日夜鼓二时,遇黑风暴雨。商人贾客皆悉惶怖。法显尔时亦一心念观世音及汉地众僧蒙威神祐。得至天晓。

晓已,诸婆罗门议言:"坐载此沙门,使我不利,遭此大苦。当下比丘置海岛边,不可为一人令我等危险。"法显檀越言:"汝若下此比丘,亦并下我,不尔便当杀我。如其下此沙门,吾到汉地当向国王言汝也。汉地王亦敬信佛法,重比丘僧。"诸商人踌躇不敢便下。

于时天多连阴,海师相望僻误。遂经七十余日,粮食水浆欲尽,取海咸水作食。分好水,人可得二升,遂便欲尽。商人议言:"常行时,政可五十日便到广州。今已过期多日,将无僻耶!"即便西北行求岸,昼夜十二日到长广郡界牢山南岸,便得好水菜。但经涉险难,忧惧积日,忽得至此岸,见藜藿菜依然,知是汉地,然不见人民及行迹,未知是何许。或言未至广州,或言已过,莫知所定。

法显所记述的海洋航行经历,①是中国古代一份最早的并且是比较完整的关于海洋的正式文本。通过这份文本,我们至少可以明了以下几点知识:

(1) 远航到广州的天竺商人的大船能乘坐 200 多人;

---

① 据云川先生的考证,法显东归的海上路线大致是从师子国过孟加拉湾,经过尼克巴群岛,东下巽他海峡,直到爪哇。再从爪哇北行,过南海,入东海,到了青州。参见云川:《法显求法东归行程考》,载《现代佛教学术丛刊·汉魏两晋南北朝篇下》,北京:北京图书馆出版社,1999 年,333 页。

（2）海商的船舶出发前，已经配备了一些较小的救生船，但是这种救生船数量有限；

（3）在当时的南海航道，海盗活动频繁，并且手段非常凶狠；

（4）商人的海船上，已经有专门的“海师”负责航海方向，海师应该主要靠日月星辰来定位，所以遇到阴雨天，就会产生“海师相望僻误”这样的情况，就只能估摸着随风前进；

（5）海底暗礁是当时航行的最大障碍之一，一旦遇到，将会船破人亡。

法显所提供的这个中国最早的海洋航行的真实情况记录文本，其知识意义相当重大。在我们今天看来，这段简短的文字所提供的只不过是一种最简单的海洋航行常识。但是对于中古时代的中国知识体系和地理视野来讲，这种来自亲身经历的海洋知识，在一定程度上打破了传统的海洋知识体系的那种怪诞式空想描述。

在传统的中国地理结构里，海洋是被排除在视阈之外的，所谓“四海”其实就是传统中国地理学结构的最清晰的边缘。[①] 所以海洋往往是同“仙人”及各种怪异的现象联系在一起的。我们应该注意到，法显作为具有神性思维的僧人，对于他所经历的可

① 关于“海洋”这个概念在中国上古时期的内涵与外延问题，我们必须有一个清晰的认识。在很多关于“海洋”问题的著作中，往往将中国的“海洋”知识与视阈上溯到《山海经》，如《海洋神灵——中国海神信仰与社会经济》（王荣国著，南昌：江西高校出版社，2003 年）。如果从此类知识的源头来讲，这是没有什么错误的，但是必须分清一个问题，那就是在隋唐及其后的大规模航海展开之前，中国古代典籍中的“海”这个词的意义，并不等同于我们今天所说的“海洋”，而是将譬如居延海、贝加尔湖等陆地湖泊都包含在“海”的义项之内。所谓“四海之内”并没有将这个“海”扩展到欧亚大陆的四围海洋的意思。

怕的海洋居然没有将之描写成有神鬼出没的地方,而是非常写实:"大海弥漫无边,不识东西,唯望日月星宿而进。若阴雨时,为逐风去,亦无所准。当夜暗时,但见大浪相搏,晃若火色。鼋鼍水性,怪异之属。"这至少说明了这种亲身经历的、以生死相搏的海洋经历,同那种道听途说、凭想象描写的海洋描写的实质性差异。

中国传统的知识体系里面,不是不讲海洋,而是讲的是"形而上"的海洋,正如王凌云先生所指出的那样:

> 在儒家那里,"海"是其非思、未思和不能思之物;而在道家那里,"海"仅仅是一种隐喻、一种空想。①

而法显的这份文本,恰恰是突破了这种空想的海洋叙述方式,将这种充满暴风雨的、没有任何浪漫或神性想象力空间的真实的海洋展现了出来。虽然法显所作的这个文本的影响范围非常有限,但是这种对海洋地理知识的拓展功绩,却是不能够抹煞的。

我们在同时代的其他文献中,再也看不到像法显这样的关于海洋的纪录,我们能阅读到的,或者能供今天的航海史家使用的海洋资料,往往还是停留在《山海经》或秦皇遣童男女入海寻仙人的那个水平。如《搜神记》卷 12 的这条材料:

> 南海之外,有"鲛人"水居,如鱼,不废织绩。其眼,泣,则能出珠。

像这样近乎奇谈怪论的海洋描述,就是我们现在能见到的用来构建当时海洋知识的文献记载,很多海洋史著作不得不引用这

① 王凌云:《元素与空间的现象学—政治学考察》,见 C. 施米特:《陆地与海洋》附录,林国基、周敏译,上海:华东师范大学出版社,2006 年,149 页。

些资料，因为确实缺乏像样的纪录。

（二）天竺僧人那伽仙在中国与扶南、林邑航道的航行

在南朝宋时期，天竺僧人竺枝曾撰有《扶南记》，该书早佚，但是在《水经注》、《艺文类聚》和《太平御览》中保存有一些零星文句，岑仲勉先生曾做过专门的辑佚，[①]存文共有 8 条，内容涉及扶南地理及其周边的林邑、顿逊、林杨、金陈、毗骞、林那、安息等国，对这些国家的具体位置、同扶南的距离及其风俗等情况作了记述。《扶南记》既然由南朝宋时期的竺枝所撰，显然可以推断竺枝应该也是同那伽仙这样的来自天竺的僧人，那么他应该有海上航行的经历，这一点可以从现存文字中得到证实，他所记述的"顿逊国"就在海上。但是，由于没有更多的资料和缺乏直接的证据，对于竺枝的航海，我们无法作出进一步的考察。

在竺枝稍后来到中国的僧人那伽仙，是以扶南国使者的身份由海路来的天竺僧人：

> 宋末，扶南王姓侨陈如，名阇耶跋摩，遣商货至广州，天竺道人那伽仙附载欲归国，遭风至林邑，掠其财物皆尽。那伽仙间道得达扶南，具说中国有圣主受命。
>
> 永明二年，阇耶跋摩遣天竺道人释那伽仙上表称扶南国王臣侨陈如阇耶跋摩叩头启曰："天化抚育，感动灵祇，四气调适。伏愿圣主尊体起居康豫，皇太子万福，六宫清休，诸王妃主内外朝臣普同和睦，邻境士庶万国归心，五谷丰熟，灾害不生，土清民泰，一切安稳。臣及人民，国土丰乐，四气调和，道俗济济，并蒙陛下光化所被，咸荷安泰。"又曰："臣前遣使

---

① 岑仲勉：《晋宋间外国地理佚书辑略》，见《中外史地考证（上）》，中华书局，2004 年，180—182 页。

赍杂物行广州货易，天竺道人释那伽仙于广州因附臣舶欲来扶南，海中风漂到林邑，国王夺臣货易，并那伽仙私财。具陈其从中国来此，仰序陛下圣德仁治，详议风化，佛法兴显，众僧殷集，法事日盛，王威严整，朝望国轨，慈愍苍生，八方六合，莫不归伏。如听其所说，则化邻诸天，非可为喻。臣闻之，下情踊悦，若暂奉见尊足，仰慕慈恩，泽流小国，天垂所感，率土之民，并得皆蒙恩祐。是以臣今遣此道人释那伽仙为使，上表问讯奉贡，微献呈臣等赤心，并别陈下情。但所献轻陋，愧惧唯深。伏愿天慈曲照，鉴其丹款，赐不垂责。"又曰："臣有奴名鸠酬罗，委臣逸走，别在余处，构结凶逆，遂破林邑，仍自立为王。永不恭从，违恩负义，叛主之愆，天不容载。伏寻林邑昔为檀和之所破，久已归化。天威所被，四海弥伏，而今鸠酬罗守执奴凶，自专很强。且林邑扶南邻界相接，亲又是臣奴，犹尚逆去，朝廷遥远，岂复遵奉。此国属陛下，故谨具上启。伏闻林邑顷年表献简绝，便欲永隔朝廷，岂有师子坐而安大鼠。伏愿遣军将伐凶逆，臣亦自效微诚，助朝廷剪扑，使边海诸国，一时归伏。陛下若欲别立余人为彼王者，伏听勑旨。脱未欲灼然兴兵伐林邑者，伏愿特赐勑在所，随宜以少军助臣，乘天之威，殄灭小贼，伐恶从善。平荡之日，上表献金五婆罗。今轻此使送臣丹诚，表所陈启，不尽下情。谨附那伽仙并其伴口具启闻。伏愿愍所启。并献金镂龙王坐像一躯，白檀像一躯，牙塔二躯，古贝二双，琉璃苏鉝二口，玳瑁槟榔柈一枚。"①

那伽仙在南朝齐永明二年（484）受扶南王阇耶跋摩的派遣

① 萧子显：《南齐书》卷 58《东南夷》，北京：中华书局，1972 年，1014—1016 页。

来到南朝齐做使者，[①]期望南朝齐能帮助扶南征讨其敌对国林邑，所以，这次航行，扶南王还带给齐武帝大批海珍宝贝，其中包括佛像等宗教珍品。

根据这段史料记载，那伽仙是在南朝宋末年搭乘扶南王派遣到中国的商船，从广州出发返回他的祖国，可是途中遇上了风暴，船只飘到了林邑国。林邑国王不仅掠夺了商船的全部货物，而且将那伽仙的私人财物也掠夺一空。后来那伽仙辗转到了扶南，并向扶南王讲述了当时中国的情况。

这个记载至少说明了如下事实。

（1）那伽仙至迟在南朝宋末年就来到了中国的广州。至于他是否从海路而来，我们不得而知，但是他返回的时候是走海路的，并且在回到扶南后又受扶南王派遣，从海路来到了广州，期望完成鼓动齐王朝帮助扶南征讨林邑的这个使命。

（2）在南朝宋的广州等地，像那伽仙这样的有过海路航行经历的天竺僧人应该是有一定数量的。

（3）从扶南王的上表来看，在那伽仙到扶南讲述中国情况之前，扶南国对中国是否信仰佛教并不太了解。当然，扶南王的这种说法或是为了同齐王朝套近乎，而用佛教作为一个两国的共同点来打动齐武帝。

关于这个问题，有两条史料有必要引起我们足够的重视。一就是那伽仙这条，可以看出扶南王对中国的佛教发展状况非常陌生，因为他对那伽仙所描述的中国佛教的发展盛况相当吃惊，在

---

① 《佛祖统纪》卷 36 有“永宁元年，扶南国王遣使，同西竺沙门那伽仙，进缕金龙座佛象牙塔”的记载，将那伽仙来华定在西晋惠帝年间，与《南齐书》的记载冲突，显然是错误的。谭中、耿引曾先生《印度与中国》一书中沿袭了这一错误，将那伽仙来华定在 300 年（《印度与中国——两大文明的交往和激荡》，北京：商务印书馆，2006 年，256 页）。

写给齐武帝的表章中用大量的溢美之词对此表示了敬仰。另一条就是法显和尚在晋义熙十二年(416)从海路返回中国时,因为遇到风暴,那些商人认为法显是引起风暴的原因,想把他丢弃在海上。当时法显的一个信徒威胁那些商人说:“汝若下此比丘,亦并下我,不尔便当杀我。如其下此沙门,吾到汉地当向国王言汝也。汉地王亦敬信佛法,重比丘僧。”由此可以推断,那些商人似乎对中国南朝皇帝信仰佛教的状况不太了解,所以这位信徒强调“汉地王亦敬信佛法”。由这两条史料,我们可以得出这样一个比较模糊的认识:当时的海洋航行者,似乎对中国佛教发展的情况并不是非常了解,这表明当时的海路确实对中国佛教的发展影响非常有限。

那伽仙随后又作为南齐的使者为扶南王带去了齐武帝的诏书,①为两国海上交往的加强做出了杰出贡献。那伽仙在中国与扶南之间的航行与出使,显然增加了当时的中国对扶南、林邑国家的政治经济状况的了解。

(三) 释慧深的跨洋航行与“扶桑国”问题

据《梁书》的记载,在5世纪末叶,有位叫慧深的僧人曾到达过“大汉国东两万余里”的“扶桑”这个地方,很多学者们认为这个“扶桑”就是今天的墨西哥。关于这个记载,确实有许多比较令人迷惑的地方,下面我们将这份资料完整列出,再作分析:

扶桑国者,齐永元元年,其国有沙门慧深来至荆州,说云:“扶桑在大汉国东二万余里,地在中国之东,其土多扶桑木,故以为名。扶桑叶似铜,而初生如笋,国人食之,实如梨而赤,绩其皮为布以为衣,亦以为绵。作板屋,无城郭。有文

① 萧子显:《南齐书》卷58《东南夷》,1017页。

字，以扶桑皮为纸。无兵甲，不攻战。其国法，有南北狱，若犯轻者入南狱，重罪者入北狱，有赦则赦南狱，不赦北狱者。男女相配，生男八岁为奴，生女九岁为婢。犯罪之身，至死不出。贵人有罪，国乃大会，坐罪人于坑，对之宴饮，分诀若死别焉。以灰绕之，其一重则一身屏退，二重则及子孙，三重则及七世。名国王为乙祁，贵人第一者为大对卢，第二者为小对卢，第三者为纳咄沙。国王行有鼓角导从。其衣色随年改易，甲乙年青，景丁年赤，戊己年黄，庚辛年白，壬癸年黑。有牛角长，以角载物，至胜二十斛。车有马车、牛车、鹿车。国人养鹿，如中国畜牛。以乳为酪。有桑梨，经年不坏。多蒲桃。其地无铁有铜，不贵金银。市无租估。其婚姻，婿往女家门外作屋，晨夕洒扫，经年而女不悦，即驱之，相悦乃成婚。婚礼大抵与中国同。亲丧，七日不食；祖父母丧，五日不食；兄弟伯叔姑姊妹，三日不食。设灵为神像，朝夕拜奠，不制缞绖。嗣王立，三年不视国事。其俗旧无佛法，宋大明二年，罽宾国尝有比丘五人游行至其国，流通佛法、经像，教令出家，风俗遂改。”

慧深又云：“扶桑东千余里有女国，容貌端正，色甚洁白，身体有毛，发长委地。至二、三日，竟入水则任娠，六七月产子。女人胸前无乳，项后生毛，根白，毛中有汁，以乳子，一百日能行，三四年则成人矣。见人惊避，偏畏丈夫。食咸草如禽兽。咸草叶似邪蒿，而气香味咸。”天监六年，有晋安人渡海，为风所飘至一岛，登岸，有人居止。女则如中国，而言语不可晓；男则人身而狗头，其声如吠。其食有小豆。其衣如布。筑土为墙，其形圆，其户如窦云。①

① 姚思廉：《梁书》卷54《东夷传》，北京：中华书局，1973年，808—809页。

这份文献给我们的信息主要的有以下几条。

（1）慧深和尚是扶桑国人，在公元 499 年不远万里来到了中国荆州，并对扶桑国的情况作了比较详细的描绘。

（2）扶桑国在中国东两万余里的地方，其国土特征可以概括为以下几点：植物多桑木，多葡萄；没有城郭；国家设有南北两种监狱；有自己特殊的法律体系；动物方面有角比较长的牛，养的鹿比较多；婚姻以女性为主体，有走婚的性质；等等。

（3）根据慧深的描述，扶桑国没有很明显的本土宗教，在宋大明二年（458）之后，有 5 位来自古印度的僧人开始了佛教的传播，此后佛教在扶桑国扎下了根；那么就是说距慧深来到荆州，佛教在扶桑国的传播已经经历了至少 40 年的时间。

应该说，以上这三点是我们读这份文献可以很清晰地得出的一些基本看法。可是 1761 年法国汉学家金勒向法国文史学院提交了《美洲海岸中国人航迹之寻究》一文，提出《梁书》所记载的这个"慧深"是中国僧人，他所到达的"扶桑国"就是今天的墨西哥。此后，围绕这段史料所展开的讨论主要围绕两个问题进行：（1）慧深到底是扶桑国人还是中国人？（2）慧深所描述的"扶桑国"是否就是今天的墨西哥？

关于慧深及其"扶桑国"，我们所能见到的史料，只有两部分，一部分就是我们上面所引的这一段，这也是被各方学者想尽办法曲折解读的主要部分；另一段史料来自《高僧传》，文字非常简单，将将 21 个字——"沙门慧深，亦基之弟子，深与同学法洪，并以戒素见重"——只是提到宋文帝时的高僧慧基有几个出类拔萃的弟子，其中一个叫慧深罢了。

很明显，《梁书》的这段资料明确说慧深是来自扶桑国的僧人，那么在没有扎实的关联证据之前，我们要推翻这个最原始的记载，将慧深推定为中国人，恐怕不是很稳妥；至于《高僧传》中所提到的那个慧深，就更不能随便安在讲述“扶桑国”的这个慧深头上，同名的僧人俯拾皆是，哪能随便将两个毫无关联迹象的人捏合在一起。当然，前贤之所以断言“慧深”应该是中国僧人，也有自己推断的道理，我们在后面会顺便讨论这个问题。

《梁书》的这段史料记载，如果说有可讨论空间的话，那就是这个“扶桑”是否是墨西哥。因为慧深列举了这个“扶桑国”的政治、刑罚制度、动植物、矿物质、婚姻习俗等方面比较独特的地方，如果作进一步深入的对比，倒是有可能做出一些建设性的判断来。

在此，对这段史料有一个小问题需要做些特别说明：

慧深所说的扶桑国的政治身份等级制度——“名国王为乙祁，贵人第一者为大对卢，第二者为小对卢，第三者为纳咄沙”。此处所提到的“大对卢”为扶桑国最尊贵的大官，而当时的高句丽，其最大的官也是“大对卢”，《周书》卷 49《异域上 · 高丽》：“大官有大对卢，次有太大兄、大兄、小兄，意俟奢、乌拙、太大使者、大使者、小使者、褥奢、医属、仙人并褥萨凡十三等，分掌内外事焉。其大对卢，则以强弱相陵，夺而自为之，不由王之署置也。”

由此，我们可以怀疑，关于慧深航行的这段史料，或有僧人为夸饰其广游博闻而结合自己的海上经验编造的嫌疑。无论如何，即使历史上曾有过文化方面的交往或联系，高句丽同远在美洲的墨西哥在官员的称呼上恐怕不会如此雷同，此其一；其二，这种现象或许也正好说明了慧深可能是来自离高句丽不太远的一个地方。

根据金健人先生的研究，在隋代之前，中国同日本之间的航线还没有形成,到日本都是要经过朝鲜半岛中转的。[①] 这就说明,当时船舶的航行能力及导航技术还不能支持这种定向性很好的远洋航行。当时的很多航行都是以近海航行为主的,这一时期,在导航方面似乎主要还是以“陆标导航”为主,如耆域来到中国,就是“自发天竺至于扶南,经诸海滨爰及交广”,完全就是沿海岸航行。即使这样,一旦遇到风或洋流,当时的船只也不得不随风而漂。我们在该时期的文献中所见到的一些外来商船有的就是遇风而“漂”来的,如天竺高僧求那跋摩原本是要从天竺出发到一个小国去,结果在海上遇到了大风,也就顺水行舟,漂到广州来了;而那伽仙本来是要从广州返回天竺,结果却漂到了林邑;高僧法显搭商人船舶回来的时候,本来商船是要去广州的,结果在海上遇到风暴和阴雨天,不得不西北行,而漂到山东半岛。

种种迹象都表明,在当时的条件下,舟船要通过这种近乎“漂流”的方式从美洲航行到中国来,应该是一件相当令人震惊的事情。那么这个“慧深”应该在佛界有一定的影响力,可是,我们在佛教著作中找不到他的踪影。此外,既然慧深提到“大对卢”这个官号,我们就不能不怀疑,慧深是不是综合了朝鲜半岛等地的一些材料和见闻编造了这些故事。还有一个疑点:当时但凡外来僧人,一般都会记载其音译的本名,可是这个来自“扶桑国”的慧深居然用的是中国僧人的法号,这就难怪学者要断定他是中国人了。

关于这段文献,我们还要讨论的一个问题就是慧深对“扶桑国”与“女国”的这种“描写方式”,同中国传统“中心主义”的描写方式完全一致。如果说对于“扶桑国”的描写还有客观的写实

① 金健人:《古代东北亚海上交流史分期》,《社会科学战线》,2007 年第 1 期,131—141 页。

作风的话，那么对于“女国”的描写，已经完全同《山海经》、《博物志》、《搜神记》等对“异域人”的描写一致了。《梁书》同卷还有一则关于海岛居民的记载，也是这类描写的典型事例：

> 天监六年，有晋安人渡海，为风所飘，至一岛，登岸，有人居止。女则如中国，而言语不可晓；男则人身而狗头，其声如吠。其食有小豆，其衣如布。筑土为墙，其形圆，其户如窦云。[①]

传统地理书对于“异域人”的记载或描写，尤其是对于那些来自传闻的“异域人”的描写，往往是相当怪诞的。按现代人类学家的研究，这种对不是自己族类的异民族的描写，实则在诠释“为何那些人不是中国人”，[②]所以在描写他们的时候，就会尽量找出那些不同的特征，站在“华”的立场上，尽可能地将“夷”同“禽兽”野物联系起来。[③] 来自“扶桑国”的慧深，可以说肯定经历了海洋风暴的生死考验，并且这种跨越远洋的航海经历，肯定要比法显的那种近乎是沿海岸的航海经历复杂惊险得多。可是慧深的描写兴趣居然同中国传统地理学偏好完全相投，而对于他所经历的海洋没有一点像样的感叹或描述，这是不可思议的。如果说是《梁书》的撰写者省去了慧深关于海洋的叙述，这也是不可

---

① 姚思廉：《梁书》卷54《东夷传》，809页。

② 相关论述，可以参阅王明珂：《华夏边缘：历史记忆与族群认同》，北京：社会科学文献出版社，2006年，185—208页。

③ 古人对于夷夏之间的区分是相当严格的，如《大宋宣和遗事·元集》的说法就很有代表性：“中国也，君子也，天理也，皆是阳类；夷狄也，小人也，人欲也，皆是阴类。阳明用事的时节，中国奠安，君子在位，在天便有甘露庆云之瑞，在地便有醴泉芝草之祥，天下百姓，享太平之治；阴浊用事底时节，夷狄陆梁，小人得志，在天便有彗孛日蚀之灾，在地便有蝗虫饥馑之变，天下百姓，有流离之厄。”

思议的,海洋在传统的中国文化中,一向就是神秘的处所,[①]如果有这方面的惊险叙述,不可能不在史料中得到体现。[②] 再者,在《高僧传》中,但凡从海路来到中国的高僧,其海洋经历都会被或多或少地描述一番,高僧法显对于海洋的描写就是很典型的例证。如果我们将慧深的记述同法显航海归来后的记述相比,就会发现前者只着力于对异域的描写,[③]而后者对于自己所经历的海洋却做了很有震撼力的描述。

(四) 对其他传教僧人海洋航行事迹的考察

以上我们考察的三位僧人,在当时的海洋航行中具有典型的代表意义,可以说他们代表了当时僧人加入海洋航行队伍所取得的最高成就。虽然他们的加入航海,其目的并不在对海洋的探索,而在于传教、取经等宗教目的。他们的航行各有特点,法显是最早的海洋航行文献的记录者,那伽仙是进入当时的国际政治外

---

① 关于海洋,可能不仅仅是古代中国人将之当作一个"仙人"出没的神奇之域,这是全球的内陆农耕或畜牧民族对于海洋认识的共同模式。德国政治哲学家施密特认为:"纯陆地性存在的民族,如那些畜牧者和耕种者,以典型的方式从陆地的角度来思考问题,而对海洋则抱着一种宗教般的敬畏。"参见 C. 施密特:《陆地与海洋——古今之"法"变》,上海:华东师范大学出版社,2006 年,204 页。

② 孙光圻先生虽然认为当时的航海条件,有可能完成中国与美洲之间的航行,但是也认为《梁书》关于慧深的这些记录,如果不是当时的僧人编造的话,那就是这些记录有遗漏的地方(参阅孙光圻:《中国古代航海史》,北京:海洋出版社,2005 年,183 页)。虽然孙先生没有说明遗漏了什么,但是关于海洋的描写应该是慧深此次航行最值得大写特写的地方,可是这样长的文字记载,恰恰没有一点点关于海洋的叙述,显然是不正常的。

③ 李露晔(Louise Levathes)在引用关于慧深的这些讲述时,用了"中国人自己编制的故事"这样的判断,显然也对这些史料的真实性有所怀疑,但未轻易否定,只是存疑。(参见李露晔:《当中国称霸海上》,邱钟麟译,桂林:广西师范大学出版社,2004 年,25 页)

交活动的航海者，而慧深则是最早的跨远洋航行者——虽然这个事实值得怀疑。

当然，当时航行在海洋上的僧人不止他们三位，除了他们之外，我们至少还可以找到下列一些由海路到中国传教或到天竺求学取经的僧人，他们分别是：天竺僧人耆域、来自北天竺的僧人佛驮跋陀罗、幽州黄龙人释昙无竭、西凉州人释智严、罽宾僧人求那跋摩、中天竺僧人求那跋陀罗、中天竺僧人求那毗地等。其中，耆域、佛驮跋陀罗的海洋航行有一定的代表意义。

（1）就现有文献记载来看，耆域是最早由海路来到中国的天竺僧人。

耆域是西晋光熙元年（306）到达洛阳的，那么他到达中国的时间也大概就在该年，《高僧传》关于耆域海洋航行的记载比较简单：

> 耆域者，天竺人也。周流华戎靡有常所，而倜傥神奇任性忽俗。迹行不恒，时人莫之能测。自发天竺至于扶南，经诸海滨爰及交广，并有灵异。既达襄阳欲寄载过江，船人见梵沙门衣服弊陋，轻而不载，船达北岸，域亦已度。前行见两虎，虎弭耳掉尾，域以手摩其头，虎下道而去。两岸见者，随从成群。以晋惠之末至于洛阳。①

耆域是从天竺到扶南，再从扶南沿着海岸线一路来到了交趾、广州，从他到达襄阳后衣衫褴褛的记载来看，耆域的海上航行确实是历经了千难万险。耆域是以“神异”著称的僧人，他既会驯化老虎等野兽，据说还善于分身术，并且又善于治病，他的这些本领也可能在帮助他搭载商船方面发挥了一定的作用。耆域在

---

① 释慧皎：《高僧传》卷9《晋洛阳耆域》，364—365页。

洛阳主要以为人治病而享有盛名,后逢“洛阳兵乱,辞还天竺。”所以,可以推定他在中国的活动时间大概在 306—316 年之间。

耆域返回天竺是从洛阳出发,取道西域,据《高僧传》,有商人曾在西域流沙碰到了西返的耆域,“贾客胡湿登者,即于是日将暮,逢域于流沙,计已行九千余里。既还西域,不知所终”。①

(2) 在来华僧人中,佛驮跋陀罗是有丰富的海洋航行经验或知识的一个僧人。

佛驮跋陀罗出生于商人之家,他原本姓释氏,迦维罗卫人,他的祖父曾经在北天竺经商,所以后来就移居到北天竺。佛驮跋陀罗皈依佛教后,以博学群经而著称,尤其在禅律方面造诣颇深,享有盛名。佛驮跋陀罗在游学罽宾的时候,正好后秦僧人智严也在罽宾,受智严邀请,于是佛驮跋陀罗决定来华传教:

> 于是舍众辞师,裹粮东逝。步骤三载,绵历寒暑。既度葱岭,路经六国。国主矜其远化,并倾心资奉。至交趾乃附舶,循海而行经一岛下,贤以手指山曰:“可止于此。”舶主曰:“客行惜日,调风难遇,不可停也。”行二百余里,忽风转吹舶还向岛下,众人方悟其神,咸师事之,听其进止。后遇便风,同侣皆发,贤曰:“不可动。”舶主乃止。既而有先发者,一时覆败。后于暗夜之中忽令众舶俱发,无肯从者。贤自起收缆,一舶独发。俄尔贼至,留者悉被抄害。顷之至青州东莱郡,闻鸠摩罗什在长安,即往从之。什大欣悦,共论法相,振发玄微,多所悟益。②

佛驮跋陀罗的来华路线,是先过葱岭,由陆路到达交趾,然后

---

① 释慧皎:《高僧传》卷 9《晋洛阳耆域》,366 页。

② 释慧皎:《高僧传》卷 2《晋京师道场寺佛驮跋陀罗》,70 页。

又从交趾搭乘商船来到广州。从《高僧传》中的记载来看，佛驮跋陀罗似乎对于海洋航行有相当丰富的经验，他不仅对交趾到广州途中的海洋风向的变化有十足的把握，而且对这一带海域海盗的活动情况似乎也了如指掌。这是一件让人很迷惑的事情，来自天竺的佛驮跋陀罗是如何掌握这一远在千里的海域的情况的？当然，僧传中之所以记录这些事情，无非是为了说明佛驮跋陀罗是如何的神异，但是事情并非如此简单。这需要我们从佛驮跋陀罗的家庭背景做一些探讨。佛驮跋陀罗出身于商人之家，虽然从三岁的时候就因为父亲早亡而沦为孤儿，但是他同商团之间应该有一些割不断的联系。这一点推测我们可以从僧传记载的佛驮跋陀罗的另一件神异的事情去了解。佛驮跋陀罗到达长安后，曾对弟子说："我昨见本乡有五舶俱发。"这样的远隔万里所作的预言，当然没人会相信，可是一年之后，佛驮跋陀罗"复西适江陵，遇外国舶至，既而讯访，果是天竺五舶先所见者也"。如果抛却其中的神异成分，是不是我们可以推断，佛驮跋陀罗同他家乡的商团之间应该是有比较密切的联系的。如果这一点确定的话，那么他对于由交趾到广州之间的航线上的海风及海盗活动情况有所了解，就可以得到解释了——可能频繁往来于这条航线上的家乡商团，应该就是佛驮跋陀罗海洋知识的来源。

佛驮跋陀罗大约是在晋义熙年间（405—418）来到长安，到元嘉六年（429）71 岁辞世，在中国佛界活动十多年。他的关于海洋的一些经历和知识及同天竺商团的关系，应该对他身边的僧人有一定的影响。如邀请佛驮跋陀罗来华的西凉僧人释智严，不仅陪伴佛驮跋陀罗从天竺来到中国，而且修习禅律的释智严，觉得自己"积年禅观而不能自了"，①所以又再次乘坐商船到天竺学习

① 释慧皎：《高僧传》卷 3《宋京师枳园寺释智严》，100 页。

禅律,最终以 78 岁的高龄在罽宾辞世。智严的两度由海路来往于天竺与中国之间,似乎应该同乃师佛驮跋陀罗的知识和相关背景有一定关系。

(3) 僧人的知识背景与海洋航行。

虽然我们只有很少的例证,但是我们无法绕过这样一个现象:由海洋来华的天竺僧人大多都具有一些神异的法术,并且是咒术的主要传授者。如耆域在华的主要行迹就是神异的法术和以咒术治病,佛驮跋陀罗本人受到长安僧人集团的排挤,最主要的一个原因也就是他做了那种神奇的预言;至于求那跋摩,从罽宾到师子国、阇婆国,再到南朝宋,最引人注目的就是他一路用咒术治病;[①]求那跋陀罗最著名的事迹也是在由天竺来华的船上以密咒降雨。除了这些僧人的密教背景外,我们是否可以推断,也许正是这样的有实用性质的技能,才使得这些僧人能很顺利地搭上商人的船只。

由于资料的有限性,我们能看到的僧人在商船上发挥明显作用的主要就是佛驮跋陀罗和求那跋陀罗这两个例子,佛驮跋陀罗的海洋风向知识和对海盗情况的了解,使得他所乘坐的那个商船避免了两次大的灾难,一次是避开了风暴的颠覆,一次是躲开了海盗的杀戮;而求那跋陀罗则是预言了海上信风雨水的到来,解决了全船的缺淡水问题。[②] 这两个事例表明,至少这两个僧人具有一定的气象知识,对于风雨有一定的预报能力。

僧人所具备的这种应付海上意外情况的知识,应该是他们能

---

① 释慧皎:《高僧传》卷 3《宋京师祇洹寺求那跋摩》,106 页。

② 释慧皎:《高僧传》卷 3《宋京师中兴寺求那跋陀罗》,131 页:"既有缘东方,乃随舶泛海,中途风止,淡水复竭,举舶忧悼。跋陀曰:可同心并力念十方佛称观世音,何往不感。乃密诵咒经,恳到礼忏。俄而信风暴至,密云降雨,一舶蒙济。"

同商人结伴而行的背景之一。此外，商人对于佛教的信仰可能也是一个主要原因。如中天竺僧人求那毗地就是这样的僧人，他不但聪慧强记，而且兼学外学典籍，明解阴阳之术，善于占卜，所以“南海商人咸宗事之”。[①]

当然，我们所讨论的这些在海洋上来往于中国与天竺等国僧人都是一些个例，但是具有一定的代表性。事实上，僧人们在这种海洋航行中所付出的生命代价也是惨重的。以下的零星史料有利于我们理解这个问题：

> （慧达）东游吴县礼拜石像，以像于西晋将末建兴元年癸酉之岁浮在吴松江沪渎口，渔人疑为海神，延巫祝以迎之，于是风涛俱盛，骇惧而还。时有奉黄老者谓是天师之神，复共往接，飘浪如初。后有奉佛居士吴县民朱应闻而叹曰：“将非大觉之垂应乎！”乃洁斋共东云寺帛尼及信者数人到沪渎口，稽首尽虔，歌呗至德，即风潮调静。遥见二人浮江而至，乃是石像，背有铭志，一名惟卫，二名迦叶。即接还，安置通玄寺。吴中士庶嗟其灵异。归心者众矣。[②]

来自海上的石像，显然同从海路而来的船舶有关，要么是遇到风浪不得已将石像抛弃，要么就是船舶覆没而致。显然，那些不远万里携带石像来传教的僧人也难免葬身大海的厄运。

二、 对佛教僧人地理学著作的探讨

《隋书·经籍志》所载地理著作 139 部，1432 卷，其中由僧人、佛教信徒撰写或与佛教有关的地理学著作就有 15 部共 51

① 释慧皎：《高僧传》卷 3《齐建康正观寺求那毗地》，139 页。

② 释慧皎：《高僧传》卷 13《晋并州竺慧达》，478—479 页。

卷,分别是释僧祐撰《世界记》5 卷,释法盛撰《历国传》2 卷,释法显撰《佛国记》1 卷,沙门释智猛撰《游行外国传》1 卷,释昙景撰《外国传》5 卷,裴矩撰《隋西域图》3 卷,《西域道里记》3 卷,《大隋翻经婆罗门法师外国传》5 卷,释道安撰《四海百川水源记》1 卷,释昙景撰《京师寺塔记》2 卷,后魏杨衒之撰《洛阳伽蓝记》5 卷,宗居士撰《衡山记》1 卷,张光禄撰《华山精舍记》1 卷,刘璆撰《京师寺塔记》10 卷,《庐山南陵云精舍记》1 卷。[①] 这些著作主要包含两类,一类是西行取经的僧人对西域诸国地理风土情况的描述,另一类是僧人或信徒对以寺庙为中心的周边地理风土的记述。但是应当引起我们注意的是,释道安撰《四海百川水源记》1 卷显然是类似于《水经注》这样的地理学著作。这种情况说明,当时的佛教僧人由于传教的需要,足迹不仅遍及大江南北;由于对佛教经典和西域语言学习的需要,又不断有人到西域诸国游历,回来后将自己行程中的所见所闻及异域的地理人文风俗撰写出来,无疑扩大了当时中国人的地域视野。

我们从《隋书·经籍志》中所看到的,仅仅是当时佛教僧人及其信徒所作的关于西域和境内地理著作的一部分。《太平寰宇记》、《艺文类聚》等地理学著作和类书里面,有一些条目引用了此类著作的内容。特别是北魏郦道元在作《水经注》的时候,关于西域诸国的地理水道、山川形势部分较多地引用了佛教僧人所作的这方面的著作。大概有以下几种为《隋书·经籍志》所不载:《佛图调传》、《释氏西域记》、支僧载《外国事》、竺枝《扶南记》。在《大藏经》中所保留的僧人或者佛教徒所作的地理学著作,还有北魏僧人惠生《使西域记》、杨衒之《洛阳伽蓝记》和法显

① 魏征、令狐德棻:《隋书》卷 33《经籍志二》,北京:中华书局,1973 年,983—987 页。

《佛国记》，这三种著作，也是佛教地理学著作中迄今为止保存最完好的。此外，郦道元在注释西域地理时还多次提到了一个熟知西域的僧人——竺法维，这也是值得我们注意的一个人物。

据岑仲勉先生的考证，在隋以前关于西域地理的著作有 27 种，分别是：

> 《穆天子传》、西汉张骞《出关志》、东汉成光子《别传》、吴康泰《扶南传》、吴朱应《扶南异物志》、《外国图》、西晋竺法护《耆阇崛山解》、西晋支僧载《外国事》、东晋《佛图调传》、东晋道安《西域志》、东晋道安《西域图》、东晋道安《四海百川水源记》、东晋宝云《游传》、东晋支昙谛《乌山铭》、东晋释法显《佛游天竺记》①、宋昙勇《外国传》、宋释智猛《游行外国传》、北魏道药《游传》、宋道普《大传》、释昙景《外国传》、宋竺枝《扶南记》、宋竺法维《佛国记》、齐法献《别记》、齐僧祐《世界记》、释法盛《历国传》、北魏释惠生《行记》、北魏宋云《行记》。②

---

① 此处指的应该是《法显传》。《二十五史补编》中文廷式《补晋书艺文志》载："《佛游天竺记》一卷，《初学记》二十九引作《释法显佛游本记》，《出三藏记集》右六部凡六十三卷，晋安帝时沙门释法显以隆安三年游西域，于中天竺师子国得梵本，归京都，住道场寺，就天竺禅师佛驮跋陀罗共译出。"郭鹏先生据此考订，《佛游天竺记》是法显从梵文翻译过来的经典，并非今传《法显传》。因而岑仲勉先生此处所说的《佛游天竺记》，其实指的是《法显传》，也可以叫做《佛国记》或《历游天竺记传》。参见郭鹏：《法显与〈佛国记〉》，载法显：《佛国记注译》，郭鹏译，11—14 页。

② 岑仲勉：《唐以前之西域及南蕃地理书》，见《中外史地考证（上）》，310—318 页。

这些著作的撰写者，大多是曾到西域求法的僧人。①

（一）对西行求法僧人所撰部分地理学著作的考察

唐代僧人释道宣所作的《释迦方志》，主要根据《高僧传》等书的记载，对于张骞通西域之后、玄奘西行取经之前的西行求法的僧人，作过比较系统的概括，现列之如下：

> （1）后汉显宗孝明皇帝，永平三年夜梦金人，身长丈余项佩日月光，飞行殿前。帝问群臣，通人傅毅曰："臣闻西域有神，其名曰佛，陛下所梦将必是乎。"帝乃遣郎中蔡愔博士秦景等，从雪山南头悬度道，入到天竺，图其形像，寻访佛法。将沙门迦叶摩腾、竺法兰等还，寻旧路而届洛阳。
>
> （2）后汉献帝建元十年，秦州刺史遣成光子，从乌鼠山度铁桥而入，穷于达傺。旋归之日，还践前途，自出《别传》。
>
> （3）晋武世，敦煌沙门竺法护，西游三十六国，大赍胡经，沿路译出。至长安青门外立寺，结众千余，教相广流东夏者。
>
> （4）东晋隆安初，凉州沙门释宝云，与释法显、释智严等前后相从，俱入天竺。而云历大夏诸国，解诸音义。后还长安及以江表，详译诸经，即当今盛行莫非云出。而乐栖幽静终于六合山。游西有《传》。
>
> （5）东晋后秦姚兴弘始年，京兆沙门释智猛，与同志十五人，西自凉州鄯鄯诸国至罽宾，见五百罗汉，问显方俗。经二十年至甲子岁，与伴一人还东，达凉入蜀。宋元嘉末卒成

① 对该时期西行求法僧人所撰写的地理学著作的情况，也可参阅向达先生《汉唐间西域及海南诸国古地理书叙录》，此文对部分地理书的佚文保存出处有较详细的叙述，可以作为一个简单的索引使用。见向达：《唐代长安与西域文明》，北京：生活·读书·新知三联书店，1957 年，565—578 页。

都，游西有《传》，大有明据，题云《沙门智猛游行外国传》，曾于蜀部见之。

(6) 后燕建兴末，沙门昙猛者，从大秦路入达王舍城。及返之日，从陀历道而还东夏。

(7) 后秦弘始二年，沙门法显，与同学慧景等，发自常安，历于填道，凡经三十余国。独身达南海师子国，乃泛海将经像还。至青州牢山，登晋地，往杨荆等州出经。所行出《传》。

(8) 朱初凉州沙门智严游西域，至罽宾受禅法。还长安，南至杨州宋都，广译诸经。然以受戒有疑，重往天竺。罗汉不决，为上天咨弥勒，告之得戒。于是返至罽宾而卒。遣弟子智羽等报征西返。

(9) 宋永初六年，黄龙沙弥释法勇，操志雄远，思慕圣迹，招集同志沙门僧猛、昙朗等二十五人，发迹雍部，西入雪山，乘索桥并传弋度石壁。及至平地，已丧十二人。余伴相携，进达罽宾，南历天竺。后泛海东还广州。所行有《传》。

(10) 宋元嘉中，凉州沙门道泰西游诸国，获大毗婆沙还。于凉都沮渠氏集众译出。

(11) 宋元嘉中，冀州沙门慧睿，游蜀之西界至南天竺，晓方俗音义，为还庐山。又入关又返江南。

(12) 后魏太武末年，沙门道药从疏勒道入，经悬度到僧伽施国。及返还寻故道。著《传》一卷。

(13) 宋世高昌沙门道普经游大夏，四塔道树，灵迹通谒。别有大《传》。又高昌法盛者。亦经往佛国。著《传》四卷。

(14) 后魏神龟元年，敦煌人宋云及沙门道生等，从赤岭山傍铁桥,至乾陀卫国雀离浮图所。及返寻于本路。①

据释道宣的这个统计,自汉明帝遣蔡愔、秦景到天竺寻访佛经始,有据可查的到西域游历、求法的有 14 次,除其中一次为道教修行者外,其余 13 次都是佛教僧徒冒死西行。在这 13 次佛教徒的西域游历中,释宝云、智猛、法显、法勇、道药、道普、法盛等都撰写了专门的著作,来记述他们的西域之行。但是由于佛教作为一种知识体系,在当时的中国并不具备主流的意识形态意义,就是说,他们的知识体系在一定程度上是被以儒家知识为主流的政治伦理知识体系所遮蔽的,因而就不可能得到及时的传播,也不可能被积极地在比较广泛的范围内作为知识被保存。这种情况所造成的后果是,这些记载西域地理风土人情的地理学著作,散佚非常严重,大多都没有被保存下来,就连《隋书·经籍志》对这类书的记载,也是非常模糊。尽管如此,从现有的材料来看,当时僧人撰写的此类地理书的规模是相当可观的。

可以说,现存的东晋高僧法显的《佛国记》、北魏僧人惠生《使西域记》和杨衒之《洛阳伽蓝记》这三部地理学著作,是 7 世纪前佛教地理学著作中的经典作品,其基本情况已经非常明了,在这里就无需多说了。

下面,我们对可以考索的佛教僧人及其地理学著作的具体情况作简单考察。

1. 僧祐与《世界记》

关于《世界记》的内容,《高僧传》只是略略提及此为僧祐著作,而僧祐本人并没有游历西域的经历,那么他撰述《世界记》,所凭的当然也是传闻口述。我们来看看僧祐的学术经历:

① 道宣:《释迦方志》卷下《游履篇》,《大正新修大藏经》卷 51《史传部三》。

> 释僧祐。本姓俞氏。其先彭城下邳人。父世居于建业。祐年数岁入建初寺礼拜，因踊跃乐道，不肯还家。父母怜其志，且许入道。师事僧范道人。年十四，家人密为访婚。祐知而避。至定林投法达法师。达亦戒德精严为法门梁栋。祐师奉竭诚。及年满具戒执操坚明。初受业于沙门法颖。颖既一时名匠，为律学所宗。祐乃竭思钻求无懈昏晓。遂大精律部有励先哲。齐竟陵文宣王每请讲律。听众常七八百人。永明中敕入吴试简五众。并宣讲十诵。更申受戒之法。凡获信施悉以治定林建初。及修缮诸寺。并建无遮大集舍身齐等。及造立经藏搜校卷轴。使夫寺庙开广法言无坠，咸其力也。祐为性巧思能目准心计。及匠人依标尺寸无爽。[①]

从师承关系来看，僧祐的佛学知识主要来自僧范、法达、法颖、法献这几位高僧。其中，僧范、法达、法颖生平行履不详，只有法献游历过西域，并且，僧祐也自称为法献弟子，所以，他的关于西域问题的知识，应该主要来自法献和尚。据《高僧传》载：

> 释法献，姓徐，西海延水人。先随舅至梁州乃出家。至元嘉十六年，方下京师止定林上寺。博通经律，志业强捍，善能匡拯众许，修葺寺宇。先闻猛公西游，备瞩灵异，乃誓欲忘身往观圣迹。以宋元徽三年发踵金陵，西游巴蜀，路出河南，道经芮芮。既到于阗，欲度葱岭，值栈道断绝，遂于于阗而反。获佛牙一枚，舍利十五身并《观世音灭罪咒》及《调达品》，又得龟兹国金锤鍱像。于是而还。其经途危阻，见其《别记》。佛牙本在乌缠国，自乌缠来芮芮，自芮芮来梁土。献赍牙还京，五十有五载，密自礼事，余无知者，至文宣感梦，

---

① 释慧皎：《高僧传》卷11《齐京师建初寺释僧祐》，440页。

方传道俗。[①]

由此可以知道,法献曾到过西域于阗,在行程中对巴蜀、河南、芮芮都有亲身见闻,并且还将自己这次西行所经历的各种危险奇异的情况写成了书,即本传所谓的《别记》。很显然,法献的《别记》有过一定程度上的流通,至少写作《高僧传》的慧皎见过这个著作。法献去世后,"弟子僧祐为造碑墓侧,丹阳尹吴兴沈约制文",那么作为像僧祐这样亲近的弟子,根据老师法献的《别记》及平时所讲的西域见闻,再整理而成《世界记》,就是顺理成章的了。至少,对没有到过西域的僧祐来讲,法献对于西域的讲述肯定是其《世界记》内容的主要来源。

2. 支僧载《外国事》与《外国图》

支僧载,《高僧传》无传,生平履历不详。

关于支僧载《外国事》与《外国图》,杨守敬指出:

> 《后汉书·东夷传·注》、《文选·郭璞〈游仙诗〉·注》、《类聚》八十九、《通典》边防门,并引《外国图》。《寰宇记·四夷部》屡引《外国图》,俱不言何时人撰。《史记·始皇本纪·正义》称吴人《外国图》,此《外国图》称大晋,则为晋人之书,是《外国图》有二矣。观后文引支僧载《外国事》云,据,晋言十里也。称晋与此条同,此岂支僧载《外国事》之图欤?[②]

按杨守敬的说法,北魏郦道元在《水经注》中所引用的《外国图》一书可能就是支僧载所撰的《外国事》一书的图集。古代地理类著作图文相分或据文作图的例子不是没有,因而不能排除这

---

① 释慧皎:《高僧传》卷 13《齐上定林寺释法献》,488 页。

② 杨守敬:《水经注疏》卷 1《河水》,北京:科学出版社,1957 年影印本。

种可能性，但是在没有确切的证据之前，我们只能认为《外国事》和《外国图》是两部没有相应关联的地理学著作。

关于支僧载的《外国事》一书，我们从类书中引用的一些条目可以大概窥探到他的具体内容。

> 支僧载《外国事》曰：佛泥洹后，天人以新白緤裹佛，以香花供养，满七日，盛以金棺，送出王宫，度一小水，水名醯兰那，去王宫可三里许，在宫北，以栴檀木为薪，天人各以火烧薪，薪了不然。大迦叶从流沙还，不胜悲号，感动天地。从是之后，他薪不烧而自然也。王敛舍利，用金作斗，量得八斛四斗。诸国王、天、龙，神王，各得少许，赍还本国，以造佛寺。阿育王起浮屠于佛泥洹处，双树及塔，今无复有也。此树名娑罗树，其树华名娑罗佉也。此花色白如霜雪，香无比也。
>
> 支僧载《外国事》曰：维邪离国，去王舍城五十由旬。城周圆三由旬。维摩诘家在大城里，宫之南，去宫七里许，屋宇坏尽，惟见处所尔。
>
> 《外国事》曰：迦维罗越国，今无复王也。城池荒秽，惟有空处。有优婆塞，姓释，可二十余家，是白净王之苗裔，故为四姓，住在故城中为优婆塞。故尚精进，犹有古风。彼曰浮图坏尽，条王弥更修治一浮图，私诃条王送物助成。阿育王以青石作后扳生太子像。昔树无复有，后诸沙门取昔树栽种之，展转相承，到今树枝如昔，尚荫石像。又太子见行七步足迹，今日文理见存。阿育王以青石挟足迹两边，复以一长青石覆上。国人今日恒以香花供养，尚见足七形，文理分明。今虽有石覆无异。或人复以数重吉贝，重覆贴著石上，逾更明也。①

---

① 郦道元：《水经注》卷1《河水》，清武英殿聚珍本。

当时僧人的西行,主要目的有二:一为学习佛法、求得佛经;二为瞻仰佛祖生活和成道的所谓灵迹。我们从《水经注》所引的《外国事》的这几条内容来看,其记述的内容主要就集中在对释迦牟尼生活地、涅槃处的境况的描写,既有对过去传说的回顾,也有对现有遗迹情况的描写,如写维摩诘家所在的维邪离国的情况,已经时过境迁,"屋宇坏尽,惟见处所尔"。而释迦牟尼出生的迦维罗越国,"今无复王也,城池荒秽,惟有空处"。整体文风还是能看出来非常写实,具有浓厚的游记风格,应该是支僧载游历佛教发源地的真实记录。

3. 竺法维与《佛国记》

竺法维其人,《高僧传》卷 1《昙无谶传》有简单记载:"时高昌复有沙门法盛,亦经往外国立传,凡有四卷。又有竺法维、释僧表并经往佛国云云",由此可知,竺法维是同昙无谶同时代的僧人。

这个竺法维虽然在《高僧传》里面记载非常简单,但是他在中国早期佛教发展史上应该是有一定地位的,隋代僧人释彦琮在《通极论》中说:"金人梦刘庄之寝,摩腾仫蔡愔之劝,遗教之流汉地,创发此焉,迄今五百余年矣。自后康僧会、竺法维、佛图澄、鸠摩什,继踵来仪,盛宣方等,遂使道生、道安之侣,慧严、慧观之徒,并能销声挂冠,翕然归向。缁门繁炽,焉可胜道。"①释彦琮将康僧会、竺法维、佛图澄、鸠摩什四人并列为中国早期佛教发展的杰出人物,可见竺法维确实是一位著名的高僧。

竺法维的《佛国记》是在西行游历的基础上撰写出来的,应该具有一定的可靠性,因而,北魏郦道元在谈及西域诸国的时候,多次征引竺法维的说法,《太平寰宇记》卷 183 也两次引了竺法

① 《广弘明集》卷 4《通极论》,《大正新修大藏经》卷 52《史传部四》。

维《佛国记》的记载，由此可以断定，北魏郦道元所引竺法维关于西域的有关描述，就是来自其著作《佛国记》。杨守敬认为，"雅"、"维"字形相近，因而竺法维可能就是《高僧传》中的竺法雅，显然是错误的。[①]

4. 释法盛与《历国记》

释法盛，《高僧传》有简单记载："时高昌复有沙门法盛，亦经往外国立传，凡有四卷。"可见这个法盛是高昌人。关于法盛的这个简单记录附在《昙无谶传》中，那么法盛与昙无谶之间应当有一些佛学渊源关系。据《隋书·经籍志》记载，法盛所撰《历国记》2卷，而《高僧传》却记载法盛往外国所立传是4卷，唐代僧人释道宣所作的《释迦方志》亦取《高僧传》的4卷之说，由此可见《隋书·经籍志》著录时，该书可能已经有所缺损。

5. 释氏《西域记》及《西域图》

《西域记》一书，郦道元称之为"释氏《西域记》"，在《水经注》中屡有征引。梁启超曾认为《西域记》的作者"释氏"就是东晋名僧释道安，但是没有提出什么坚实的证据。岑仲勉先生认为："此书为道安所撰，梁氏虽未举证，而其说则合，盖以释命氏，实始道安，故《水经注》特称曰释氏。《注》（《水经注》）又云："释云：赖得《调传》，豁然为解，乃宣为《西域图》以语法汰。"汰与道安同学，佛图调师佛图澄，亦即安之同门也。"[②]岑仲勉先生的考证解决了两个问题：一则道安就是《西域记》的作者。在郦道元引证的地理学著作中，往往会标明撰者，只有此《西域记》以"释氏"名作者，因而断定此释氏即释道安，应该是非常恰当的。二则《西域图》是释道安参考了《佛图调传》的基础上所作的关于西

① 杨守敬：《水经注疏》卷1《河水》。

② 岑仲勉：《中外史地考证（上）》，311—312页。

域地理的图籍。东晋名僧释道安并没有西行求取经典或者学习的经历,但是《西域记》中的文字主要是讲述西域各国的地理情况的,那么他这方面的知识可能就来自外来僧人等一些间接的途径。据岑仲勉先生的辑佚,现存的《西域记》的文字零星保存在《水经注》、《艺文类聚》、《太平御览》中,大概有 34 条,内容涉及天竺山川、天竺各国、于阗、疏勒、屈茨等地的情况。[①]

(二) 山林佛教与佛教地理图本的产生

佛教初传中国,走的是上层路线,并且一直也没有放弃对政治阶层的依赖。所以,早期佛教的传播势力主要集中在姑臧、长安、洛阳等比较繁华的城市及政治文化中心,但是随着佛教势力的进一步发展和统治阶层对于佛教的打击,促进了佛教的山林化趋势。佛教僧人开始寻求在一些名山大川甚至人迹罕至的地方营建寺庙,开拓自己的传教中心。

在此背景下,一些之前没有进入人们视野的山水之地,随着佛教僧人的进入,得到了一定程度的开发和认识。佛教僧人对于山水之地的开拓问题,郦道元考察水道山形,作《水经注》,对此应该有很深刻的认识。各地的山林寺院,是郦道元讲述水道山势的最好坐标。如他讲到东郡白马县的地理方位时就是以神马寺作为一个坐标点来记述的:"东郡白马县之神马亭,实中层峙,南北二百步,东西五十许步,状丘斩城也。自外耕耘垦斫,削落平尽,正南有躔陛陟上,方轨是由,西南侧城有神马寺,树木修整,西去白马津可二十许里,东南距白马县故城可五十里,疑即《开山图》之所谓白马山也。"[②]类似这样的例子很多,这说明在很多山水之地,佛教寺院已经成了标志性建筑,已经具有了地理学坐标

① 岑仲勉:《中外史地考证(上)》,171—178 页。

② 郦道元:《水经注》卷 5《河水》。

的价值。这也从一个侧面说明了佛教僧人的深入山林，拓展了新的生存环境，开阔了地理视野。

1. 佛教山林化及僧人流动引起的对域内地理的探索

从郦道元所作的记载来看，佛教寺院的进入山林，至少在以下几方面具有开拓性的意义。

（1）由于僧人的好奇心或别的原因，一些奇妙的地理现象被发现。

> 故燕地，秦始皇二十三年置上谷郡。王隐《晋书·地道志》曰：郡在谷之头，故因以上谷名焉。王莽更名朔调也。水出郡之西南圣水谷，东南流径大防岭之东首。山下，有石穴，东北洞开，高广四五丈，入穴转更崇深，穴中有水。《耆旧传》言：昔有沙门释惠弥者，好精物隐，尝篝火寻之，傍水入穴三里，有余穴分为二：一穴殊小，西北出，不知趣诣；一穴西南出，入穴经五六日方还，又不测穷深。其水夏冷冬温，春秋有白鱼出穴，数日而返，人有采捕食者，美珍常味，盖亦丙穴嘉鱼之类也。是水东北流入圣水。圣水又东径玉石山，谓之玉石口，山多珉玉、燕石，故以玉石名之。其水伏流里余，潜源东出，又东，颓波泻涧，一丈有余，屈而南流也。①

像僧人惠弥这样的来到荒山建寺的僧人，因为其好奇等原因，而对所在的山谷洞穴、河流及鱼类的情况作出了尝试性的探索。这样的探索，显然会丰富时人对大自然的认识。

（2）僧人进入荒山，开拓了适宜于人类生存的新环境。

在人口有限、开拓能力相对较弱的条件下，对一些荒山野岭的开发利用是要付出一定代价的。而佛教僧人在其宗教精神的

① 郦道元：《水经注》卷12《圣水》。

鼓励下，往往会率先到一些荒僻之地，成为这些地域的最早开拓者，逐渐适应荒山野岭的艰苦环境，为普通民众的生存和交往开拓了新的地域。

> 泷水又南历灵鹫山，山，本名虎郡山，亦曰虎市山，以虎多暴故也。晋义熙中，沙门释僧律，葺宇岩阿，猛虎远迹，盖律仁感所致，因改曰灵鹫山。①

沙门释僧律对虎郡山的改造可能就是一个相当典型的事例，他在虎郡山的居住修道，逐渐改善了该地老虎多暴的境况，自然对本地百姓是有好处的。事实上，一旦僧人在这些地方建立了僧舍，往往就会有许多僧人前来，如：

> 水之西岸有盘石，谓之石头，津步之处也。西行二十里曰散原山，叠嶂四周，杳邃有趣。晋隆安末，沙门竺昙显建精舍于山南，僧徒自远而至者相继焉。②

随着僧人数量的增加，僧人们自然就要就地生产，并广泛联系四周的居民，传播佛教，这样，随着僧人及其周边居民活动的频繁，荒山野岭往往就会慢慢变成为适宜于人类居住的地方。

当然，僧人们往往会选择自然条件相对较好的山林作为自己修道的地方，但是也有部分寺庙修建在自然条件相对恶劣的地方，如：

> 《魏土地记》曰：蓟城东北三百里有右北平城。鲍丘水又东，巨梁水注之，水出土垠县北陈宫山，西南流径观鸡山，谓之观鸡水。水东有观鸡寺，寺内起大堂，甚高广，可容千僧，下悉结石为之，上加涂塈，基内疏通，枝经脉散，基侧室

---

① 郦道元：《水经注》卷 38《泷水》。

② 郦道元：《水经注》卷 39《庐江水》。

外，四出爨火。炎势内流，一堂尽温。盖以此土寒严，霜气肃猛，出家沙门，率皆贫薄，施主卢阙道业，故崇斯构，是以志道者多栖托焉。①

像这样的处在严寒之地的僧人寺庙，往往就会因地制宜，尽力适应这样的环境，这对这些地区的开发还是有一定积极意义的。可以说，佛寺的深入山林，在很广泛的范围内确实将一些荒僻之地逐步改造成了适宜人类活动的场所，如：

天门山石自空，状若门焉，广三丈，高两匹，深丈余，更无所出，世谓之天门也。东五百余步，中有石穴西向，裁得容人，东南入，径至天井，直上三匹有余，扳蹑而升，至上平，东西二百步，南北七百步，四面险绝，无由升陟矣。上有比丘释僧训精舍，寺有十余僧，给养难周，多出下平，有志者居之。寺左右杂树疏颁。有一石泉，方丈余，清水湛然，常无增减，山居者资以给饮。②

事实上，像天门山天井这样的地方是非常不适宜人类居住的，是佛教僧人将人类活动的足迹延伸到了这些地方。

（3）一些高僧对山水形胜之地的开拓，一定程度上使得荒僻之地变成了山林文化的名胜之地。

济水又东北，右会玉水，水导源太山朗公谷，旧名琨瑞溪，有沙门竺僧朗，少事佛图澄，硕学渊通，尤明气纬，隐于此谷，因谓之朗公谷。故车频《秦书》云：苻坚时，沙门竺僧朗尝从隐士张巨和游，巨和常穴居，而朗居琨瑞山，大起殿舍，连楼累阁，虽素饰不同，并以静外致称，即此谷也，水亦谓之

① 郦道元：《水经注》卷14《鲍丘水》。

② 郦道元：《水经注》卷9《清水》。

琨瑞水也。①

像竺僧朗这样的高僧，在风景优美的山谷中修建寺庙、宣扬佛教，从而使得这些山林之地成为著名的人文胜地。

如果说佛寺的深入山林拓展了人们对于自然的认识的话，僧人的流动则在很大程度上不但拓展了人们对于不同地域的地理状况的认识，也增加了人们对于不同地域的社会人文等知识的交流。

2.《耆阇崛山解》与佛教地图绘制

佛教的地图之学，既同佛教的山林化有关，②也同对域外地理的探索有关。就目前的文献记载来看，佛教地图主要由这样三部分构成。

一是对"山志"文字的图画描绘，如北魏《耆阇崛山图》和南朝宋《灵鹫山图》就是此类典型。

二是对佛寺建筑的描绘。这有两种情况：由图而寺或由寺而图。如东晋高僧法显从天竺返回后，就带来了一份《龙华图》，这显然是由寺而图，此后他据图而创制了著名的龙华寺，就是由图而寺。

三是对佛教的世界地理观念的图像化，如将佛教经典中所描述的关于"须弥山"或"忉利天宫"的文字转化成图像描绘。目前来看，文献中记载的这方面的图本还没有发现有3—6世纪的，所以只在此处提及，不再展开讨论。

---

① 郦道元：《水经注》卷8《济水》。

② 汤用彤先生指出："僧人超出尘外，类喜结庐深山。故名山纪略，恒与佛史有关。"（汤用彤：《汉魏两晋南北朝佛教史》，北京：中华书局，1989年，418页）胡宝国先生在讲述魏晋时期的山水地志类著作的产生原因时，亦将佛僧的山林化作为一个主要原因。（参见胡宝国：《汉唐间史学的发展》，北京：商务印书馆，2003年，171页）

前两者是对现实地理现象的描绘，而后者其实是一种对虚拟世界的具有想象成分的描绘。

为了表述的方便，在此处我们需要顺便解决一个地理学方面的小问题：关于地图的定义。按现代地理学的要求，地图往往是同数学意义上的测绘等联系在一起的。前人在研究中国古地图的时候，发现把这样的要求放在古代地理学事实的研究上，就有些削足适履的感觉。如果我们不坚持精细准确的数据测绘，从对于透视技术的运用方面来看，地图与画显然是很难区分的，因而，研究地图史的学者认为，地图不可能是独立于绘画而诞生的，早期的地图其实就是画，而很多画也就是地图。[①] 在张彦远的《历代名画记》中，如《甘泉宫图》、《五岳真形图》、《区域图》、杨诠期的《洛阳图》、裴秀的《地形方丈图》和王玄策的《中天竺国图》等[②]，显然不是一般的画而是地图，可是张彦远将之列入“历代名画”之中，这说明在唐代地图也被视为画的一种。

就唐代的情况而言，由于会昌灭佛，可能很多佛教寺院的壁画遭到了破坏，但是据张彦远的记载，当时所能见到的画在寺院墙壁上的地图还是有以下两种。

（1）杨廷光画《西域记图》：

> 昭成寺西廊障日《西域记图》，杨廷光画。[③]

昭成寺创建于武则天当政时期，杨廷光是著名画家吴道子的弟子，当时长安、洛阳两京佛教寺院的许多壁画都出于杨廷光之手，从他所画在昭成寺的《西域记图》来看，当时的寺庙墙壁绘画

---

① 余定国：《中国地图学史》，姜道章译，北京：北京大学出版社，2006年，170—198页。

② 张彦远：《历代名画记》卷3，北京：中华书局，1985年影印津逮秘书本。

③ 张彦远：《历代名画记》卷3。

中,也有一些地理图的内容。

(2) 甘露寺王陀子画《须弥山海水图》:

(甘露寺)王陀子《须弥山海水》在僧伽和尚外壁。[①]

关于须弥山的描述,也是佛教地理观念表述中一个主要的方面,如《佛祖统纪》卷 31 就有《大千世界万亿须弥之图》。这种描述虽然并不是来自于现实的地理状况,但是这种图确实是一种地理意义而不是图画意义上的图本。

从上面这两幅绘在寺院之中的图本,可以推断,在 3—6 世纪的佛教寺院图画中,这种地理图的存在也是显而易见的。下面我们就对隋代之前佛教地理图的具体情况作些探讨。

关于这方面的情况,我们准备从竺法护的《耆阇崛山解》出发来讨论。

耆阇崛山,即佛教创始人释迦牟尼修行讲道的地方,也被称作“鹫峰”或“灵鹫山”。鸠摩罗什译《大智度初品中住王舍城释论第五》云:“耆阇崛山精舍,近城而山难上,以是故杂人不来。近城故乞食不疲,以是故佛多在耆阇崛山中,不在余处。”[②]沙门法显到天竺之后,曾拜谒此山的佛陀遗迹,据法显记载,此山上还有黑狮子出没,[③]可见荒凉。

由于耆阇崛山是佛教创始人讲经传道的圣地,所以历代以来到天竺取经学道的僧人往往都对该山的地理、建筑及佛教遗迹非常关注。据《出三藏记集》上卷第二记载,晋武帝时(265—290)的高僧竺法护从西域带回了《耆阇崛山解》一卷的“胡本”,将它

① 张彦远:《历代名画记》卷 3。

② 《大智度初品中住王舍城释论第五》,《大正新修大藏经》卷 25《释经论部上》。

③ 释慧皎:《高僧传》卷 3《宋江陵辛寺释法显》,88 页。

翻译了出来。竺法护翻译的这个文本，隋沙门法经等撰的《众经目录》中又称作《耆阇崛山解经》①。

《耆阇崛山解》虽然已经散佚，但是我们可以根据其题名推断，这个文本显然就是描写释迦牟尼讲经说法的佛教胜地的自然地理及建筑等情况的，是一份来自西域的“山志”或“寺塔记”。②

尤其引起我们注意的是，佛教僧人对于佛教创始人所在的佛教圣地的崇拜，又激发了善于以图像来表述教义的佛教僧人艺术家们对于地理现象的图像化描述。根据文献记载，至少有四份关于佛教圣地的地理描述的较早图本。

（1）创制于北魏天兴元年（398）的《耆阇崛山图》：

> 后魏太祖道正皇帝拓跋圭天兴元年，造耆阇崛山图一所，加以绩饰，莫不严具焉。③

北魏时期制作的这份关于耆阇崛山的图本，很可能是塑造的或者画的，至于创作这份图所依据的是什么，可能就是竺法护所翻译的《耆阇崛山解经》。我们先看看曾到过耆阇崛山的法显所记述的该地的具体情况：

> 将至天竺，去王舍城三十余里有一寺，逼冥过之。显明旦欲诣耆阇崛山，寺僧谏曰：“路甚艰阻，且多黑师子，亟经啖人，何由可至！”显曰：“远涉数万，誓到灵鹫。身命不期出息非保，岂可使积年之诚既至而废耶！虽有险难，吾不惧也。”众莫能止，乃遣两僧送之。显既至山，日将曛夕，欲遂停宿，两僧危惧，舍之而还。显独留山中，烧香礼拜。翘感旧

① 《众经目录》卷 3，见《大正新修大藏经》卷 55《目录部全》。

② 岑仲勉先生也将《耆阇崛山解》列入了西域地理学著作之列。参见岑仲勉：《唐以前之西域及南蕃地理书》，载《中外史地考证（上）》，310—318 页。

③ 《弘赞法华传》卷第一，《大正新修大藏经》卷 51《史传部三》。

迹,如睹圣仪。至夜有三黑师子来蹲显前,舐唇摇尾。显诵经不辍,一心念佛。师子乃低头下尾,伏显足前。显以手摩之,咒曰:“若欲相害,待我诵竟。若见试者,可便退矣。”师子良久乃去。①

据法显的记述,耆阇崛山至少在3—4世纪时是相当破败的,山区周围有黑狮子经常伤人,当时的本地僧人也很少到这个地方来。由此可以推定,北魏拓跋圭时期所绘制的《耆阇崛山图》,其所表现的应该是该山繁盛庄严的佛教圣地的地理图景,因而不会根据当时如法显这样的到西域求取经典的僧人们的实际描绘去绘制,而一定是根据《耆阇崛山解经》所作的图本,是将这部地理学著作的文字表述转换成了图像表述。

(2) 东晋高僧法显412年从天竺带回的《龙华图》:

泗水西有龙华寺,沙门释法显远出西域,浮海东还,持《龙华图》,首创此制。法流中夏,自法显始也。其所持天竺二石,仍在南陆东基堪中,其石尚光洁可爱。泗水又南,获水入焉,而南径彭城县故城东。②

关于《龙华图》,法显自己在《佛国记》中并没有提到,但是他在从天竺返回的商船上,因为担心那些商人会将他所带的“经像”抛入海中而暗自诵经求佛祖保佑,这说明他所带回的物品中是有图画的。郦道元说法显从天竺带回了《龙华图》,并据图在泗水之西修建了龙华寺,如果郦道元的说法有所本而不误的话,这个《龙华图》就是来自天竺佛教界的一份关于寺院建设的图本。

---

① 释慧皎:《高僧传》卷3《宋江陵辛寺释法显》,88页。

② 郦道元:《水经注》卷25《泗水》。

（3）产生于南朝宋景平元年(423)的《灵鹫山图》：

宋景平元年，瓦官寺沙门帛惠高，造灵鹫寺。有沙门释惠豪，智见通敏，巧思绝伦，于中制灵鹫山图，奇变无方，郁似睹真。其山林禽兽之形，天龙八部之状，历代未有，自兹始出。龛成之后，倾国来观。后世造龛，皆以豪为式。其龛东西深三十八丈，南北四十四丈四尺。①

关于灵鹫山的这种图画描绘，我们可以将之视为一种具有地图意义的画本，但是它所表现的内容，肯定已经远远超出了鹫峰实际的地理情况。所谓"奇变无方，郁似睹真。其山林禽兽之形，天龙八部之状，历代未有"的壮丽图景，已经有了很多的美饰成分。前面我们引述高僧法显对于灵鹫山的描述，证明其已经相当破败；到唐代高僧玄奘拜谒此山，虽然相隔200多年，但是情形跟法显所记载的差别不大：

宫城东北行十四五里至姞栗陀罗矩吒山，接北山之阳，孤標特起。既栖鹫鸟，又类高台。空翠相映，浓淡分色。如来御世垂五十年，多居此山广说妙法。频毗娑罗王为闻法故，兴发人徒，自山麓至峰岭，跨谷凌岩，编石为阶，广十余步，长五六里。中路有二小窣堵波，一谓下乘，即王至此徒行以进。一谓退凡，即简凡人，不令同往。其山顶则东西长南北狭，临崖西埵有砖精舍，高广奇制，东辟其户，如来在昔，多居说法。今作说法之像，量等如来之身。②

这说明在法显之后的近两个世纪，灵鹫山的变化不会很大，

① 《弘赞法华传》卷1，《大正新修大藏经》卷51《史传部三》。

② 《大唐西域记》卷9《摩伽陀国下》，见《大正新修大藏经》卷51《史传部三》。

那么惠高所绘制的《灵鹫山图》，在最基本的地理要素上显然同竺法护所翻译的《耆阇崛山解经》及法显的描述不会相差太远。如果有什么不同的话，就是这份图的描绘并不是忠实地坚持"地图"所要表达的地理状况的时代变化和实地情况，而是在坚持基本地理要素不变的情况下，进行了一种跨时代的、具有想象力的创作。他显然不会描绘法显所描绘的当时的灵鹫山的破败情况，而是会以《耆阇崛山解经》所述的更早时期的盛况为蓝图，然后再加上佛教经典中一些富丽夸饰的内容。这方面的内容，我们在现存的佛经中可以找到一些蓝本：

> 鹫峰山，颇梨为地，宝树行列。其上有八叶莲花，中心有七宝庄严高妙宝塔。无数幢幡万亿宝铃而严饰，四面皆出旃檀之香宝塔。内有二佛种子，各变成三昧耶形，三昧耶形变成多宝释迦，依久远愿力花台并座。八叶上弥勒文殊等八大菩萨。中院四隅有迦叶须菩提等四大声闻。第二院四摄四供并满月等八大菩萨。第三院有四大明王金刚天等乃至分身如来。于宝树下坐，尘数圣众八方周遍。[①]

像这样的描绘，应该就是《灵鹫山图》必不可少的美饰内容，这样富丽堂皇的图画，才会引起举国的轰动。

(4) 唐代之前所撰的《祇桓图经》。

祇洹精舍也写作祇桓精舍，是释迦牟尼与其弟子在舍卫城讲经说法的主要所在地。正是因为这个较早的佛教寺院在佛教发展史上的神圣地位，所以佛教徒对于该地作文字描写与图绘的热情，并不次于鹫峰。

对于祇洹精舍的描述，既有非常富丽详细的文字描写，也有

---

① 《别行第一》，见《大正新修大藏经》卷78《续诸宗部九》。

多种图本对其作了描绘，我们可以从唐代僧人道宣的记述中知道一些大致的情形：

> 余所撰《祇桓图》上下两卷，修缉所闻，统收经律。讨雠诸传，极有踪绪。然五大精舍佛所常游，祇桓一代最住经久，故二十五载弘化在兹，四藏五部咸称舍卫，故一佛化相事迹极多，备在本图，故此存略致。诸教中，树立祇桓开化元首，总而会之，大有科要。如《贤愚经》："初构祇栖，在八十顷地中布金买地，舍利弗角神通力，伏外道，六师与须达捉绳经度精舍，或喜或忧，如常闻见。"又曰："汝于毗婆尸佛乃至迦叶，为佛起寺而蚁生不绝。生死长远，唯福为要。以栴檀涂佛窟，别房住止千二百处。百二十处别打犍稚。"如是云云，广文如彼。又检《圣迹记》云："绕祇桓园有一十八寺，并有僧住。"又《别图》云："祇桓一寺，十字巷通于外院。"又云："寺有二门，一南一东。"又云："寺有五门。"又云"七日所成，大房三百口六十余院。"案北齐灵裕法师《寺诰》述《祇桓图经》，具明诸院，大有准的。又案《别传》："祇桓一寺顿结三坛，今虽荒毁，不妨初有。自尔至今千七百载，前后重造凡二十返，形相不同，不足可怪。"①

由道宣的这个记载，我们可以得到以下几点看法。

（1）关于祇洹精舍的描述，除了像《贤愚经》这样的佛教经典中的记述外，在唐之前还有多种版本不同、来源不同而内容差别较大的各种专门性的文本记述。就道宣所引用的材料来看，有《圣迹记》、《别传》、《别图》、《祇桓图经》这几种。各种版本的记述文本关于祇洹精舍的描述的差别，同记述者的知识来源有关，

---

①《关中创立戒坛图经（并序）》，《大正新修大藏经》卷45《诸宗部二》。

有的是间接知识，有的可能来自实地考察，但是由于祇洹精舍在不同时期的毁坏和重新建造等情况，就造成了记述上的很大差别。这种情况我们从《法苑珠林》的相关记述可以得到印证。据《外国记》记载，“祇桓精舍本有七层，诸国竞兴供养不绝。堂内长明灯，鼠衔灯炷，烧诸旛盖，遂及精舍，七重都尽”，[①]正是因为这种情况，才会有人记述祇洹精舍有二门，有人又记述有五门，等等。这种不同的记述，如果体现在图本上，显然就会造成极大的差异。

（2）按道宣的记载，在唐代之前，佛教寺院中曾流传过一个比较权威的《祇桓图经》，如北齐灵裕法师就在《寺诰》中提到过这个版本的《祇桓图经》。既然叫做《祇桓图经》，那么它除了文字表述外，应该是有图的。并且这种图可能并不仅仅有一种，而是有不同版本的图在流传，所以道宣还提到了《别图》。这种情形说明了，在隋唐之前流行的关于佛教圣地的地理图本应该是有一定数量的。

《祇桓图经》的流传，与律宗经典的传播有关，是建立僧伽制度的需要。所以道宣提到的北齐灵裕法师在《寺诰》中所述的《祇桓图经》，是我们从目前的文献记载中所能追溯到的最早的线索。不仅如此，灵裕法师也是道宣所引《圣迹记》一书和《寺诰》的作者，[②]所以关于祇洹精舍及唐代之前的《祇桓图经》的流

---

① 释道世：《法苑珠林》卷 33《兴福篇第二十七之一》之《修造部第五》。关于这个记载，《法苑珠林》认为是来自《外国记》，根据我们上面的考察，当时记述天竺的佛教地理学著作有《外国事》、《外国图》而无《外国记》，如果是《法苑珠林》有所本的话，这段文字也可能是《外国记》所转引的。从现存文献来看，这段文字出自法显的《佛国记》。

② 道宣在《祇洹图经序》有“案裕师《圣迹记》”的记载，见《大正新修大藏经》卷 45《诸宗部二》。

传，同灵裕法师有非常密切的关系。

现存藏中的《祇桓图经》共有上下两卷，是道宣所撰。按照《法苑珠林》卷10的说法，道宣撰《祇桓图经》2卷，其灵感来自于“南方天王第三子张玙撰述《祇桓图经》一百卷”，[①]这是一个没头没脑的说法，这个所谓的南方天王和张玙及《祇桓图经》100卷的说法，都有些子虚先生的迹象，实在无从考索。但是，可以推断，道宣《祇桓图经》一定参阅了前代的多种图经文献，而北齐灵裕法师曾引述过的《祇桓图经》的内容肯定是道宣参阅的主要文献之一。

道宣的《祇桓图经》中，大量引用了灵裕法师的《圣迹记》和《寺诰》关于祇洹精舍的文字。按道宣所说，灵裕法师关于祇洹精舍的知识，综合了到西域求取经典的僧人们的各类传记内容，其主要部分来自东晋高僧法显《佛国记》。[②] 除了《圣迹记》和《寺诰》，道宣说他并没有见到《祇桓图经》，只是在灵裕法师知识的基础上加进了自己的见闻而已。

既然从《神僧传》到《法苑珠林》都提到曾经有过《祇桓图经》100卷，而道宣也承认灵裕法师曾经引用过一种题名《祇桓图经》的文献，我们就不能不怀疑，道宣所依据的绝不仅仅是灵裕法师的那些记述，他应该见过灵裕法师曾经引用过的那个早期的《祇桓图经》。

当然，由于资料的有限性，当时存在的关于佛教寺院及山水之地的地理图本，决不会仅仅有以上我们所列举的这几种，具有

---

① 释道世：《法苑珠林》卷10《千佛篇第五之三纳妃部第九》之《灌带部第二》。

② 道宣在《中天竺舍卫国祇洹寺图经》下卷云：“裕师《圣迹记》总集诸传，以法显为本。余以近闻，亦未见诸录。”见《大正新修大藏经》卷45《诸宗部二》。

地图价值的图本的产生应该是当时的一个比较普遍的现象。南朝宋的佛教信徒宗炳在这方面就是一个典型事例：

> 宗炳字少文，南阳涅阳人也。祖承，宜都太守。父繇之，湘乡令。母同郡师氏，聪辩有学义，教授诸子。
>
> 好山水，爱远游，西陟荆、巫，南登衡岳，因而结宇衡山，欲怀尚平之志。有疾还江陵，叹曰："老疾俱至，名山恐难遍睹，唯当澄怀观道，卧以游之。"凡所游履，皆图之于室，谓人曰："抚琴动操，欲令众山皆响。"①

宗炳是南北朝时期的代表性画家，他将自己游历过的名山大川都画在自己家中，还撰有《衡山记》1 卷。那么我们可以推断，宗炳所作的关于名山大川的图本应该同他的地理学著作有一定的关联。不难看出，宗炳的山水画是在实地游历的基础上画出来的，应该是富有地图价值的较早地理学图本。

当然，宗炳的这些山水画是否具有很明晰的"地图"的价值，也是值得谨慎考量的。该时期山水画在景深层次方面的水平，可能并不能很好地体现山水画作在"地图"方面的价值。我们现在能见到的该时期壁画可以为我们提供当时山水画图本的大概情况。如敦煌莫高窟北魏第 257 窟西壁的"九色鹿本生"故事画中，斜向画出了一条大河，除了下部一列山峦外，还在中部画了两排斜向延续的山峦，造成一种纵深感，为人物情节提供了较为开阔的背景。同窟南壁的"沙弥守戒自杀缘品"中，也绘出了横向连续的山头。而在西魏 249、285 窟，山水的装饰性得到了更大程度的利用：第 249 窟窟顶四披下部绕窟一周均绘连续的山峦，山头用石青、石绿、赭红等色染出，显得明亮而活泼；山头长满了树，

① 沈约：《宋书》卷 93《宗炳传》，北京：中华书局，1974 年，2278—2279 页。

山林中又画出许多野兽，如野猪、野牛、山羊、鹿等等，还绘出了猎人射猎的场面，极富生活气息。[①] 这说明，当时一些同佛教密切相关的地理图本，在山水的表现上，也不会摆脱这种画风的影响而独立成体。

另外，关于古代地图与山水画的关系，学术界也有不同的看法。显然，山水画的笔法和基本的布局结构会深刻影响图的绘制。

我国山水画的形成，与地舆图的产生有相当密切的关系。

山水画，重在写自然风貌，或反映某处的山川景色，以有艺术性和欣赏性为主。地舆图以实用为主，在制作上，在顾及地理位置、达到实用目的的前提下，可以兼顾它的欣赏性，尽可能使其美观。

地舆图即今地图的滥觞。地舆图的制作目的，意在定地位、定方向、定距离。史载的《五岳真形图》、《禹贡地域图》及《两京图》等，都是历史上较早的地舆图。《周礼》载：周设"地宫大司徒之职，掌建邦土地之图"。周及战国、秦汉之时，绘制地舆图，其作用不只在交通与水利，还在于军事上。

地舆图，除画出山岳、城池、道路、河流的大体形状外，还注出方位、地名。发展到后来，在标注地理要素的位置外，又加强山川地形描绘的艺术性，使其在实用之外，具有观赏性。唐诗人杜甫所作《严公厅宴咏蜀道画图》诗，咏的就是一幅川蜀的地舆图。至于如晋顾恺之画的《云台山图》、南朝宋代宗炳在《画山水序》中提到的那种可供卧游的山水画，自然不是地舆图。[②] 可是在具

---

① 赵声良：《敦煌早期山水画与南北朝山水画风貌》，《敦煌研究》，1990年第4期，30—34页。

② 王伯敏：《敦煌壁画山水研究》，杭州：浙江人民美术出版社，2000年，93页。

有明确地理要素和一定比例的地图诞生之前，山水画在一定程度上具有地图的价值。[①] 这一点我们可以从敦煌壁画中保存的《五台山图》中看出来。在《五台山图》中，山、水、道路、建筑的绘制完全是同山水画的画法相一致的。

还要注意的是，在现存的佛教僧人撰写的地理学著作中，标明为图的著作也有多种，如东晋道安的《西域图》、支僧载的《外国图》，都是这方面的代表作品。

以上我们讨论了文献记载中 3—6 世纪的佛教僧人所作的地理图的大概情况，由于只是文字方面的记载，没有传下来的具体图本，所以对于这些具有地图学意义的图本的比例、地图标注方式等具体技术要素很难作出判断。不过我们可以根据以上的讨论得出以下几点基本的认识。

（1）这些具有地图意义的画本，还没有完全脱离绘画这个范畴，如宗炳作的名山大川图，可能就是写实的山水画。

（2）我们也不能排除如《西域图》、《外国图》这些著作中，所画的图样可能已经具备了早期地图的特征，有了标注西域各国地理要素的简单图例，有了按一定比例和距离关系而分布的各国的位置表示。

---

① 葛剑雄先生认为，在南北朝时期，“山水画的盛行影响到地图的绘制，形成了一种山水画形式的地图。这种地图基本上采用直观描绘的方法，比较注重表示对象的具体形状，如山峰的崎岖、河流的弯曲、建筑物的外表等，对方位、距离、比例尺这些这些对地图来说更重要的因素却不重视，甚至完全不考虑……从地图绘制的理论和实践来看，这种山水画式地图的出现是一种倒退，由此而产生的大量地图比起早期的《放马滩地图》、《马王堆地图》和裴秀绘制的地图来说都有很大的退步。但这种地图比较直观，既容易绘制，又能为大多数非专业人员所接受，所以长盛不衰，构成了中国古代地图的大部分。”参见葛剑雄：《中国古代的地图测绘》，北京：商务印书馆，1998 年，63 页。

（3）从对于那些寺庙和佛教圣地的描写来看，同类内容的图样可能采用了多种比例尺，这种图样不仅可以完整地反映建筑群落及其周边环境，还可以根据这些图样进行建筑物仿造及修建等事项。

（三）余论：佛教僧人所撰地理著作对中世地理学的影响

佛教僧人探索域外和域内地理状况而后撰写的各种地理知识文本，是否确实完全进入了当时的社会知识结构？由于这些佛教地理家的著作大多已经亡佚，所以，我们对其内容及其对后世地理学著作、地理学知识体系的影响难以作出恰当的判断。就目前的文献来看，至少北魏地理学家郦道元的《水经注》和隋代裴矩的《西域图记》曾大量引用了这些著作的内容，受到了其思想和知识的影响。

《水经注》大量引用了佛教僧人的地理学著作，并且对佛教僧人地理家所主张的地理上的"天竺中心论"有所接纳。《水经注》对于佛教僧人地理家所撰西域地理著作的征引，我们在前面已经作了讨论，在这里就不详细展开了。下面我们主要从隋代裴矩的《西域图记》的编撰来做一个简单讨论。

《西域图记》是中世关于西域地理风物的一部最为详细系统的地理学著作，关于这本著作的产生，史载：

> 炀帝即位，营建东都，矩职修府省，九旬而就，时西域诸蕃，多至张掖，与中国交市。帝令矩掌其事。矩知帝方勤远略，诸商胡至者，矩诱令言其国俗山川险易，撰《西域图记》三卷，入朝奏之。①

按《隋书》的记载，裴矩并没有直接到过西域，他在《西域图

① 魏征、令狐德棻：《隋书》卷67《裴矩传》，1578页。

记》中的描写都来自西域商人的口述。事实上,仅凭口述是无法很系统地完成这部著作的。关于该书的成书材料,裴矩在《西域图记》的序中说:

> 皇上膺天育物,无隔华夷,率土黔黎,莫不慕化。风行所及,日入以来,职贡皆通,无远不至。臣既因抚纳,监知关市,寻讨书传,访采胡人,或有所疑,即译众口。依其本国服饰仪形,王及庶人,各显容止,即丹青模写,为《西域图记》,共成三卷,合四十四国。仍别造地图,穷其要害。从西顷以去,北海之南,纵横所亘,将二万里。谅由富商大贾,周游经涉,故诸国之事罔不遍知。复有幽荒远地,卒访难晓,不可凭虚,是以致阙。而二汉相踵,西域为传,户民数十,即称国王,徒有名号,乃乖其实。今者所编,皆余千户,利尽西海,多产珍异。其山居之属,非有国名,及部落小者,多亦不载。①

很明显,裴矩编《西域图记》,应用了两种材料。一是来自西域的富商大贾的口头描述。这些商人足迹遍及西域各地,因而他们对于各国的地理风土有一定的了解。当然裴矩并不是仅仅听取一家之言,而是一旦有可疑的描述,就听不同商人关于这个问题的说法,采取他们说法相同的地方。另一就是“书传”,即文字记载。这些文字记载是什么?是西汉以来中国人关于西域的记载还是西域文字材料?不得而知。但是,以上我们所考察过的曾游历西域的僧人们所作的那些关于西域的记载文本,肯定也是裴矩《西域图记》的主要文献来源之一。

三、 佛教地理图景中的天下主义视野

如果说僧人的传教活动,在地理知识和视阈上开拓了当时中

---

① 魏征、令狐德棻:《隋书》卷 67《裴矩传》,1579 页。

国人的视野的话，我们以上所考察的实际上仅仅是就“地理”这个知识体系所包含的实际内容而言的，是对实在的山水、海洋、国别、民族等知识的拓展和认识。

可是，不能忽视的是，从人文方面来讲，佛教经典中所表述的地理观念，对中国人生存世界的影响是不可低估的。在佛教经典的地理描述中，世界的地理图景具有时间和空间上的多重性。按现代的地理学观念来看，佛教经典所构筑的那个“世界体系”显然是不求实的，但是我们不能否认，就是这个不求实的世界结构体系，给了人们一种期望。换句话说，没有这个不求实的地理知识体系，就不会有佛教的人间香火。

在佛教的地理观念传入之前，中国的地理图景主要由三部分组成：一是关于四海之内的自然地理图景模式，二是以华夏族为主体的“华夷”分布图景，三是神、人、鬼的三重居住空间观念。佛教的地理观念对于这三部分都有相当重要的影响。如果说佛教的地理观念颠覆了传统中国的“地中”观念有些过头的话，我们可以有限度地说，至少，以佛教创始人所在地域为中心的佛教地理观念，使得以黄河流域为天下之“中”的传统的中国地理观遭遇到了前所未有的挑战。

（一）主体转换：从“四海之内”到阎浮世界

我们先来看看以“四海之内”为视野所设置的传统的自然地理图景模式。

一些科学史家根据中国传统的“浑天说”，认为中国人至少在东汉时期可能就知道地球是圆形的，[①]可是另一些该领域的学者又根据中国古代地图学的绘制，指出在利玛窦到来之前，其实

① 唐如川：《张衡等浑天家的天圆地平说》，载《科学史集刊》，1962 年第 4 期。

中国古代一直是坚持“地平”观念的。[①] 但是，无论从哪个角度来讲，中国古代以黄河流域为中心的“地中”观念却是根深蒂固的。

因此，基于天象视野上的“地平”观念和地理视野上的“地中”信念，中古的中国人是以“四海”这样一个概念来确定自己的地理视阈的。

1. 华夏传统中的“四海”地理图景

对“四海”的理解，张华《博物志》中的说法是很有代表意义的：

> 漠北广远，中国人鲜有至北海者。汉使骠骑将军霍去病北伐单于，至瀚海而还，有北海明矣。
>
> 汉使张骞渡西海，至大秦。西海之滨有小昆仑，高万仞，方八百里。
>
> 东海广漫，未闻有渡者。
>
> 南海短，狄未及。西南夷以穷，携家渡南海、至交趾者，不绝也。
>
> 《史记·封禅书》云，威宣燕昭遣人乘舟入海，有蓬莱、方丈、瀛州三神山，神人所集，欲采仙药。盖言先有至之者。其鸟兽皆白，金银为宫阙，悉在渤海中，去人不远。[②]

张华作为魏晋时期颇有名气的博物学家，他的这个对四海的认识显然是具有相当扎实的知识背景的。由此我们可以发现，传统中国的地理图景中，“四海”的观念是中国人确认其文明边缘的主要表征。但是这个“四海”所表达的并不是以欧亚大陆为中

① 余定国:《中国地图学史》，姜道章译，北京：北京大学出版社，2006年，125—127页。

② 张华:《博物志》卷1《水》，唐子恒点校，南京：凤凰出版社，2017年，9—10页。

心的对于周边海洋的称呼，而是对东亚大陆濒临的部分“大海”和欧亚大陆内陆的“湖泊”而言的。具体来讲，南海指现在的南海海域，东海指的是现在的渤海、黄海、东海近海海域，而北海则是指贝加尔湖，西海这个概念就比较模糊，如果按张华在这里所说的张骞出使所经过的到达大秦的路线来看，所谓“渡西海，至大秦”的这个“西海”，其地理特征是“西海之滨有小昆仑”，那么这个“西海”显然指的是居延海。[①] 但是在汉代文献中，“西海”也另有所指，譬如班超派遣甘英出使大秦，到达了波斯湾就有“穷临西海”的说法，显然是将波斯湾称作“西海”的[②]。这种种情况说明，汉晋时期的中国人对于四海的认识其实是非常模糊的。因而，“四海”是混合了海洋与内陆湖泊的这样一个概念，其出发点是以黄河流域为文化和地理中心的。这种地理认识上的模糊性和变动性，反映了一个对于四周地理范围认识的弹性延伸过程，同样的地理名词，随着时代的变化和探索的延伸，会有不同的所指。但是一个最基本的坐标是，自先秦以来就有的这种四海观念，是以黄河流域作为地理和文化中心原点的。

而佛教的传入，就从地理视阈上打破了这种传统的“四海”地理观念。具体来说，这种以黄河流域为中心的“四海”地理观的被颠覆，受到了“天竺中心论”的冲击。这种冲击包含有三方面的地理概念的变迁，首先是佛经中所宣扬的以佛祖出生地为中

---

① 按张守节《史记正义》的说法，昆仑有酒泉小昆仑和黄河源昆仑两处。参见《史记·秦本纪》张守节“正义”：“《括地志》云：昆仑山在肃州酒泉县南八十里。《六国春秋》云前梁张骏酒泉守马岌上言：酒泉南山即昆仑之丘也，周穆王见西王母，乐而忘归，即谓此山。有石室王母堂，珠玑镂饰，焕若神宫。按：肃州在京西北二千九百六十里，即小昆仑也，非河源出处者。”

② 范晔：《后汉书》卷88《西域传》，李贤等注，北京：中华书局，1965年，2910页。

心的"天竺中心论"的确立,其次是在"天竺中心论"传播过程中,结合和汲取了传统华夏地理认知体系而产生的"昆仑中心论",再次是以"天竺中心论"和"昆仑中心论"为基础产生的"边地"观念的变迁。这三方面的佛教地理概念体系的传播与变迁,隐含着佛教在华夏大地传播中的文化和知识的融合过程。

2. 阎浮世界与佛教典籍中的"天竺中心论"

"天竺中心论"是以"阎浮世界"作为参考基点的一个佛教地理概念。

关于天竺中心论的文献,在《因果经》、《本起经》、《俱舍论》等佛教经典中,都有所反映。如《佛说太子瑞应本起经》对佛祖的诞生就说过:

> (释迦牟尼)托生天竺迦维罗卫国,父王名白净,聪睿仁贤,夫人曰妙,节义温良。迦维罗卫者,三千日月万二千天地之中央也。佛之威神,至尊至重,不可生边地。地为倾邪,故处其中,周化十方。往古诸佛兴,皆出于此。[①]

很显然,"天竺中心论"是以围绕佛祖诞生地而产生的一种地理中心论。它的所指范围非常狭窄,在佛经中,大地的中心就是释迦牟尼出生的天竺迦维罗卫国。譬如《出曜经》认为:

> 佛兴出世要在阎浮利地,生于中国不在边地。所以生此阎浮利地者,东西南北亿千阎浮利地,此间阎浮利地最在其中。土界神力胜余方,余方刹土转不如此。[②]

《阿毗达磨大毗婆沙论》也认为:

> 观世间于何方处佛应出世,即知于赡部洲中印度佛应出

① 《佛说太子瑞应本起经》卷上,《大正新修大藏经》卷3《本缘部上》。
② 竺佛念:《出曜经》卷20,《大正新修大藏经》卷4《本缘部下》。

世，非边地达絮蔑戾车中。[①]

在佛经中，阎浮洲就是以迦维罗卫为中心的，相对于这个地域，其他地方都是“边地”，都是不适合“佛”诞生的地方。显然，这样的地理理论对于佛教的传播是非常不利的，这就决定了它必然要被改造。“天竺中心论”在随着佛经东传中国的过程中得到改造的迹象，反映在两方面：一是“边地”观念的变迁；二是“昆仑中心论”的诞生。

3. “边地”观念的变迁情况

“边地”是与“天竺中心”相对举的一个概念，在佛经中，中天竺以外的地方都是“边地”。按我们前引《佛说太子瑞应本起经》的说法，“边地”是不能诞生佛的，如果佛诞生在迦维罗卫以外的地方，就会引起“地为倾斜”这样可怕的后果，所以佛只能诞生在迦维罗卫这个地理中心，这样才能“周化十方”。显然，无论对于佛本身还是佛教信仰者，如果生在了“边地”，将是非常不幸的，那是一种惩罚，正如《成实论》所言：“杂心布施则嗜不美味，非时布施则不得随意，疑悔则生边地，行不净施则从苦得报。”[②]显然，“边地”是一个充满了悖论的“概念”，既然不可能所有的佛教徒都生在“中心”，那么生在“边地”的佛教徒该如何面对这个现实？

我们不知道“边地”这个概念在印度、西域传播的时候是如何来解决其所隐含的矛盾之处的，但是从佛教传到中国始，“边地”这个概念的内在悖论在佛经翻译过程中就得到了很巧妙的消解。西晋于阗国三藏无罗叉翻译的《放光般若经》中说到对于一些不良行径的惩罚时道：“受是罪，已当复生边地无佛无法无

---

① 《阿毗达磨大毗婆沙论》卷178，《大正新修大藏经》卷27《毗昙部二》。

② 《成实论》卷8，《大正新修大藏经》卷32《论集部全》。

弟子处。作是断法者,皆当具足受是上罪。"[①]这里的所谓"边地"其实就是指的"无佛无法无弟子处",已经摆脱了同"天竺中心"相对举的意思。而姚秦时期沙门竺佛念译《出曜经》中则云:

有乐必苦生当有死不生则无死岂可避。以是义推忧为是谁乐所从来。是故说曰处忧无忧心如死灰澹然。无为尽灭一切恶趣。所已恶趣者。地狱饿鬼畜生。边地夷狄之中。亦名恶趣。是故说曰灭一切恶趣也。[②]

竺佛念在该经的翻译中将"边地"与"夷狄"连在一起,这样的译法,事实上将"边地"这个概念等同于夷狄所处的偏远野蛮之地,完全消解了"边地"这个概念的原初义项。

关于"边地"这个概念发生义项变迁的最直接的证据,来自《比丘尼传》的记载:

慧果,本姓潘,淮南人也。常行苦节不衣绵纩,笃好毗尼戒行清白……元嘉六年,西域沙门求那跋摩至。果问曰:"此土诸尼先受戒者,未有本事,推之爱道,诚有高例。未测厥后,得无异耶?"答无异。……又问:"几许里为边地?答曰:"千里之外,山海艰隔者是也。"[③]

由慧果和求那跋摩的对话来看,究竟什么地方算是"边地"是中国僧众关心的疑难问题之一。中国僧众理解"边地",是用"几许里"这样的距离来衡量的,而不是相对于"天竺"而言的。而求那跋摩的回答则完全没有提及"天竺中心"这样的原点坐

① 《放光般若经》卷 9,《大正新修大藏经》卷 8《般若部四》。

② 竺佛念.《出曜经》卷 21,《大正新修大藏经》卷 4《本缘部下》。

③ 《比丘尼传》卷 2《景福寺慧果尼传第一》,《大正新修大藏经》卷 50《史传部二》。

标，也是就地而论，认为但凡与佛教流传地“千里之外，山海艰隔者”就可以算是“边地”。这是一个相当模糊的定义，简直就是和稀泥式的回答。由此可以看出来，“边地”这个概念在佛教传播过程中发生了很大的变化。这个概念的发生变化，正是对“天竺中心论”影响的一种适度消解。

4. “昆仑中心论”对“天竺中心论”的修正

在佛教文献中，“昆仑”的地理特征往往被作为论证“天竺中心论”的主要论据之一，因而“天竺中心论”又被一些佛教地理学家修正为具有鲜明华夏特色的“昆仑中心论”。

司马迁论及中国山川地理大势时认为：“中国山川东北流，其维，首在陇、蜀，尾没于勃、碣。”[①]张守节分析司马迁的这个记载时认为：“言中国山及川东北流行，若南山首在昆仑葱岭，东北行，连陇山至南山、华山，渡河东北尽碣石山。黄河首起昆仑山，渭水、岷江发源出陇山。皆东北东入渤海也。”[②]这就提出了昆仑为华夏山川之“首”的说法。对于昆仑是中国山川走势之“首”的认识，可能不仅仅是唐代的地理观念，至迟在汉晋时期的中国传统的地理体系中就存在这样的观念。干宝在《搜神记》中就有这样的记载：

> 昆仑之墟，地首也，是惟帝之下都，故其外绝以弱水之深，又环以炎火之山。山上有鸟兽草木，皆生育滋长于炎火之中；故有“火浣布”，非此山草木之皮枲，则其鸟兽之毛也。[③]

---

① 司马迁：《史记》卷27《天官书》，北京：中华书局，1982年，1347页。

② 司马迁：《史记》卷27《天官书》，1347页。

③ 干宝：《搜神记》卷13，胡怀琛标点，北京：商务印书馆，1957年，99页。

由此可以初步断定,关于昆仑为"地首"的说法,是传统华夏地理学知识中的主要观念,而昆仑"地中"说则是随着佛教的传播而兴起的。东汉灵帝、献帝朝来洛阳传教的康居国人康孟详是我们在文献中可以见到的最早的"昆仑中心论"的传播者,他在《佛说兴起行经序》中说:

> 所谓昆仑山者,则阎浮利地之中心也。山皆宝石,周匝有五百窟,窟皆黄金,常五百罗汉居之。阿辱大泉,外周围山,山内平地,泉处其中,泉岸皆黄金,以四兽头,出水其口,各绕一匝已,还复其方,出投四海。象口所出者,则黄河是也。其泉方各二十五由延,深三厥劣,一厥劣者七里也。泉中有金台,台方一由延,台上有金莲花,以七宝为茎。如来将五百罗汉,常以月十五日,于中说戒。

干宝和唐人张守节从中国山川河流的走向上认为昆仑山是中国山川与黄河之"首",而康孟详则认为昆仑山就是如来佛出生并讲经说道的地方,是阎浮洲的中心所在。康孟详的这个说法,是将佛教经典中的"中天竺"这个地理概念用中国传统的西王母居住的"昆仑山"来代替了。

关于华夏地理传统中的"昆仑山",文献记载中有两指,一在甘肃酒泉附近,一即黄河源,从"地首"这个认识来看,主要指的就是黄河源。从康孟详开始,佛教地理家一直将黄河源的昆仑同"中天竺"捆绑在一起立论,来证明这个地域就是世界的地理中心。这方面的典型文本还可以举出唐代僧人道宣的说法:

> 窃以四海为壑水趣所极也。阎浮州中有大香山,即昆仑之别名也。此山独高,州中最极。山南有池名阿耨达,此名无热恼也,具八功德,大龙所居,名为水府。方出一河,以注四海。所以水随高势以赴下流,彼高此下,中边定矣。

此土黄河，源出于彼，故《尔雅》云：河出昆仑墟，色白。郭璞《图赞》云：昆仑三层，号曰天柱。寔维河源，水之灵府。禹贡导河自积石者，据其伏流涌出为言也，故知水随高来，高为中矣。

道宣在此处实际上是将今天的喜马拉雅山脉、冈底斯山脉及昆仑山脉一概称为“昆仑”了。按这些佛教地理家的说法，整个青藏高原的山系因为其高，是周边河流水源所出之地，所以就是“地中”。由此，我们可以发现，华夏地理知识中的昆仑“地首”的观念同佛教地理家的昆仑“地中”观念，都是基于对“昆仑”所在的这个地域的绝对高度及其在亚洲大陆水源所出的独特地理特征认识的基础上产生的。

从康孟详到释道宣，都将“天竺中心论”拓宽了范围，置换成包括天竺及青藏高原在内的“昆仑中心论”，其间的意义是很值得玩味的。昆仑作为中国传统地理知识体系中一个具有神话色彩的地域，在中国人的意识观念中具有非同一般的地位，传说中的西王母就居住在这里的石室中，因而，“昆仑”这个地域作为天竺中心论的一个证明佛教“地中”的重要证据，事实上是对佛经记载中那种绝对的以中天竺为地理中心的观念的修正，更易于让中国人接受。

5. “天竺中心论”的影响

“天竺中心论”对于当时的天文学家、博物家、地理学家及一般民众都有一定的影响。①

博物学家和天文学家对于天竺为地之中的说法，往往是从日地关系来认识这个问题的，如何承天同释慧严的争论即这方面的典型事例：

> 东海何承天以博物著名，乃问严："佛国将用何历?"严云："天竺夏至之日方中无影，所谓天中；于五行土德色尚黄；数尚五，八寸为一尺，十两当此土十二两。建辰之月为岁首。及讨核分至，推校薄蚀。顾步光影，其法甚详。宿度年纪，咸有条例。"承天无所厝难。后婆利国人来，果同严说。②

何承天是当时有名的博物学家，在天算方面也是有一定造诣的。慧严持"天竺中心论"，首先是从"天竺夏至之日方中无影"及"建辰之月为岁首"这样非常专业的天文学角度来论证，因而何承天对此难以提出辩驳意见。关于这次争论，唐代僧人法琳的分析更为明确：

> 智度论云：千千重数，故曰三千。二过复千，故曰大千，迦维罗卫居其中也。娄炭经云：葱河已东名为震旦。以日初出曜于东隅，故称震旦。诸佛出世皆在其中州，不生边邑。若生边地，地为之倾。案《法苑传》、《高僧传》、《永初记》等

---

① 关于"天竺中心论"对魏晋南北朝时期民族观念嬗变的影响，吕建福先生作过系统深入的探讨。他指出："佛教传入后出现的天竺中心论以及佛教的世界观，虽不能说被中国人普遍认同，但至少冲击了华夏中心论，使人们认识到华夏中心并非是独一无二的……佛教的传播所带来的中国人实际地理观念的变化，也是非常明显的。"参见吕建福：《魏晋南北朝时期佛教的传播与中国民族观的嬗变——以儒释道三教论争为中心》，载周伟洲：《西北民族论丛》第4辑，北京：中国社会科学出版社，2006年，99—125页。

② 释慧皎：《高僧传》卷7《宋京师东安寺释慧严》，262页。

> 云：宋何承天与智严慧观法师，共争边中。法师云：西域之地，立夏之日。一本云，夏至之日，正中时竖木无影，汉国影台立夏之日，至期去表，犹余阴在。依算经，天上一寸，地下千里，何乃悟焉，中边始定。约事为论，中天竺国则地之中，震旦自可为东。①

这样的论证，如果从地球纬度的角度来衡量，显然天竺比中国更接近赤道，更近于在南北极之间的中点上。虽然这并不能证明天竺就是世界的地理中心这样的命题，但是，就是这样的说法，在天算方面也显然要比“华夏地理中心论”更为有依据，至少这种视野已经突破了黄河流域的局限，扩展到了亚欧大陆这样的范围。

北魏著名的地理学家郦道元深受“天竺中心论”的影响，他不仅在《水经注》中大量引证了佛教地理家关于西域及天竺的一些记载，而且对于天竺为“地中”的说法并没有表示否认或批驳：

> 竺法维曰：迦维卫国，佛所生天竺国也，三千日月、万二千天地之中央也。康泰《扶南传》曰：昔范旃时，有嘾杨国人家翔梨，尝从其本国到天竺，展转流贾至扶南，为旃说天竺土俗，道法流通，金宝委积，山川饶沃，恣所欲，左右大国，世尊重之。旃问云：今去何时可到，几年可回？梨言：天竺去此，可三万余里，往还可三年踰。及行，四年方返，以为天地之中也。恒水又东径蓝莫塔，塔边有池，池中龙守护之。阿育王欲破塔，作八万四千塔，悟龙王所供，知非世有，遂止，此中空荒无人，群象以鼻取水洒地，若苍梧、会稽，象耕、鸟耘矣。②

---

① 释法琳：《辩正论》卷6，《大正新修大藏经》卷52《史传部四》。

② 郦道元：《水经注》卷1《河水》。

郦道元在这段注文中既引证了佛教僧人竺法维关于天竺为地中的说法，而且还引证了曾经出使扶南的南朝使者康泰对于天竺为地中的详细论证，这说明郦道元对“天竺中心论”是认可的。

至于一般民众所受的影响，我们可以从造像记中得到一些印象。北朝造像记中，“边地众生”往往被作为一种要拯救的对象出现，如北魏《张永洛造像碑》就是个典型：

> 大魏武定元年岁次癸亥二月辛酉朔三日合邑等敬造石像壹区，……上为皇家祚隆万代，中为师僧父母，下为边地众生，□□恙除行修果□□时见性。[①]

北周时期僧人法定的愿望也很有代表意义：

> 愿法定舍身之后，不经三途，不经八难，不生恶国，不生边地，不生邪见，不见恶王，不生贫穷，不生丑陋，生生世世，治(值)闻佛法，聪明生生世世，遇善知识，所行从心。[②]

法定将“不生边地”作为一个舍身之后的愿望来讲，可见“边地”观念对佛教徒的影响也是比较广泛的。[③] 当然，并不是所有的佛教徒都不想生在边地，在当时的观念里，到边地去传播佛教，也是一些僧人的愿望。南朝陈摄山栖霞寺沙门惠布什有这样的

---

① 《张永洛造像碑》(543)，出土于郑州。见谭淑琴：《河南博物院收藏的四件造像碑》，载《中原文物》2000 年 1 期，59—66 页。

② 《北周比丘法定造〈大般涅槃经〉卷九题记》(天和元年)，见王素、李方：《魏晋南北朝敦煌文献编年》，台北：新文丰出版公司，1997 年，258 页。

③ 对于该时期将“边地众生”列为祈福的对象，典型的例证还有河南巩县石窟寺发现的一些造像题记，如“□□三年二月□□□弟子张□为边地众生造像一区”、“河清三年二月□丘法湛上□□边地众生□生父母”。参见傅永魁：《河南巩县石窟寺发现一批石刻和造像龛》，见《文物资料丛刊》5，北京：文物出版社，1981 年，139 页。

誓愿：

> 陈摄山栖霞寺沙门惠布什，俗姓郝，广陵人，少怀远操，性度虚梗志行罕俦，为君王所重。或见诸人乐生西方者，告云：方土乃净，非吾愿也。如今所祈化度众生，如何在莲华中十劫受乐，未若三涂处苦救济也。年至七十与众别云："布命更至三五年在，但老困不能行道，住世何益？常愿生边地无三宝处，为作佛事去也。"①

从这段文献可以看出来，由于受"天竺中心论"的影响，当时的佛教徒大都希望通过修炼能尽早脱离边地，到所谓的"西方"世界去，而惠布则认为在边地无佛的地方传教更能体现他的价值，所以发愿"常愿生边地无三宝处，为作佛事去也"。

（二）寻找异域：华夷混同背景下族群文化身份的地理确认

问题讨论到这里，我们有必要回过头来再审视一下当时的华夏区域内的地理形势。前面我们讨论的是佛教僧人对西域及天竺等地的"地理状况描述"和"地理观念传播"，这种工作毫无疑问开阔了中国人的地理视野，但是我们也应该意识到，在相对封闭和文化、文明尚不能"全球化"的时代，视野的开阔往往意味着现有的知识体系的被打破和现有的社会生存秩序的受到挑战。

华夏区域内的传统秩序，在社会等级上是从皇帝到奴隶的严格的金字塔形等级体制。在地理视野上，就是以黄河流域为中心而建立的一个圈层体制，离中心越远，文明的离心力就越大，就越得不到主流文明的认同，这就是"中华"与"远夷"的天然界限。可是就是这个华夷有所分的地理秩序格局此时受到了挑战，这种挑战有以下两方面的内容。

---

① 释道世：《法苑珠林》卷65，《大正新修大藏经》卷53《事汇部上》。

1. 华夏地理框架内的华夷混同

魏晋南北朝时期是中国传统的地理知识体系中的“异域”这个概念的大洗牌阶段，曾经以长城为界限而构建的那个“非我族类”的华夷分辨体系，已经因为北方胡人的大规模内迁而变得一塌糊涂。从地理位置上来看，胡汉交错杂居在一起；从政治统治空间来讲，曾经是“异类”的胡人纷纷在黄河流域建立具有正统地位的政权，因而，胡汉两大民族集团无法再在地理空间和社会结构上很清晰地分辨你我。

但是，“族群中心意识”并不会因此而消失，而是需要调整。整个社会迫切需要找到一个答案：谁是自己人？谁是异类？

“族群中心意识”是人类的共同情结，不过由于受生产方式的影响，这种情结表现的方式和程度可能会不太一样。对于马背上的民族来讲，马蹄踏过的地方就是族群生存的地方，所以成吉思汗的铁骑奔驰到哪儿，哪儿就是家乡；对于海洋民族来讲，船舶永远也不会是定居的地方，只能是掠夺的工具。但是对于以农业为主业的民族来讲，土地及其上生长的作物需要的是长久的经验积累和稳定的耕地培植，人们不能像骑马一样骑着现成的土地东奔西跑。所以农业民族的“族群中心意识”情结是以“成熟的农业土地”的“边缘”来确定的。

长城就是自蒙恬之后构筑的一个中国北部边疆的“华夏”与“戎狄”之间的清晰的文明边缘。自秦汉以来，巩固这个文明分野边缘的最有效办法就是“屯田”，让农业文明在这道分界线的内侧扎根，让那些曾经的生荒地变成“熟地”。虽然匈奴的不断南下将两汉帝国的这个文明边缘冲击得千疮百孔，但是农业文明对于骑马民族的打击与同化也是有目共睹的。

当贾思勰费尽心力编《齐民要术》来教导人们如何耕地种植的时候，也就是以黄河流域为中心的农业文明与长城以北的游牧民族失去“族群中心”确认的时候。[①] 那些过去被视为“夷狄”的游牧民族不但开始学习耕种，而且还更加积极地诵读起“之乎者也”的儒家经典来。这方面最突出的典型是北魏孝文帝的改革，鲜卑人换上了汉族服装，改了汉姓。一系列的变化，彻底颠覆了传统的“内华夏而外夷狄”的地理和文化空间结构。因而，4 世纪以后的中原文明与因为杂居而正在融合的胡族，必须寻找新的文明疆域的“边缘”，来确认自己的身份。

事情发生了微妙的变化，在找到稳定合适的类比对象之前，族群内部区域性的差别被人们作为群体认同的标准抓在了手中。在南方士大夫阶层的分辨体系中，出现了“北人”这个概念，那些携带着无数财宝和累世荣耀而南下的达官显贵，因为来自长江以北，被南方士大夫和土财主们很轻蔑地呼作“北人”。

随后，更有意思的事情发生了，“北人”这个称呼像流行病一样迅速传染，以至于不但那些先到南方的北方人开始很轻蔑地称

---

① 《齐民要术》所记载的内容中，农耕和畜牧并举。据游修龄先生的统计，《齐民要术》中叙述马的字数占畜牧部分的 45. 45%，羊占 25. 75%，马和羊合占了 71. 2%，占绝对多数。而对马的叙述，着重点在于“相马”，如何挑选善于奔跑的军马；对于羊的叙述也很详尽，包括怎样制作乳酪等等（参见游修龄：《〈齐民要术〉成书背景小议》，《中国经济史研究》，1994 年第 1 期，157—158 页）。这反映了《齐民要术》所产生的游牧、农耕文化融合的社会背景。《齐民要术》是对胡汉杂居局面认同的一个典型事例。此外，当时与坞堡有关的自然经济也值得注意。据逯耀东先生的研究，永嘉风暴后，黄河流域盗贼横行，中原士民避走他乡，筑堡自守，必择山险水源之处，受自然环境的影响，必须在有限的土地上，生产丰富多样的物品，这样就必须改造生产技术（见逯耀东：《从平城到洛阳——拓跋魏文化转变的历程》，北京：中华书局，2006 年，106—107 页）。中原士民远走他乡，离开了本区域的生产条件，在技术和环境及生产物种方面就不能适应，这就需要一种总结各个地域（主要是黄河流域）生产技术的书籍来加以指导，让他们在不熟悉的环境下能入乡随俗地生产、生活。

呼后来者为“北人”，就是留在北方的汉人和内迁较早的胡人也开始称呼那些缘边州镇的人为“北人”了。不仅如此，身处富庶的鱼米之乡的吴人，称呼中州人曰“伧”，[①]此后这个概念不断扩大其范围，有了“伧楚”、“伧鬼”、“伧燕”这些称呼，以至于发展到但凡自己看不起的人都被斥之为“伧”。如书法家王献之慕名而去游览吴郡望族顾辟强的园林，因为不认识顾辟强，没有打招呼，就被顾辟强斥之为“伧”，赶了出来。顾氏这样数落王献之的理由是：“傲主人，非礼也。以贵骄士，非道也。失是二者，不足齿之，伧耳！”[②]由此可见，“伧”已经由对来自特定地域的人的蔑称变为一种贬低他人的通用语。

与此相对应的是，“胡”这个称呼在北方也发生了很微妙的变化。随着胡人政权的建立，“胡”成了一种忌讳的称呼，如石勒建立的后赵政权，就是这方面的一个典型事例：

> 石勒宫殿及诸门始就，制法令甚严，讳胡尤峻。有醉胡乘马突入止车门，勒大怒，谓宫门小执法冯翥曰：“夫人君为令，尚望威行天下，况宫阙之间乎！向驰马入门为是何人，而不弹白邪？”翥惶惧忘讳，对曰：“向有醉胡乘马驰入，甚呵御之，而不可与语。”勒笑曰：“胡人正自难与言。”恕而不罪。[③]

就是说，传统意识形态里的那些非我族类的“胡人”，已经不能作为一个完整的对比群体而存在了，他们不再处于“边缘”之外，不再是“荒服”的对象，甚至已经成为“华夏”，至少是占据着“华夏”的中心地理位置，并努力更像“华夏”而不是夷狄，所以他们不想听到自己被称作“胡”。

---

① 房玄龄等：《晋书》卷 58《周玘传》，北京：中华书局，1974 年，1574 页。

② 房玄龄等：《晋书》卷 80《王献之传》，2105 页。

③ 房玄龄等：《晋书》卷 105《石勒载记下》，2737 页。

但是，毫无疑问的是，此时的“胡文化”已经在北方社会无孔不入，成为一种有主流地位的文化，以致影响到了当时的绘画，史载后赵石虎当政时期，就有这样的典型实例：

> 太武殿成，图书忠臣、孝子、烈士、贞女，皆变为胡状。头缩入肩。虎大恶之。[①]

由于胡人政权的存在，画匠们笔下的忠臣、孝子、烈士、贞女等等人物居然都被画成了缩头缩脑的胡人样子。是否胡人都是“头缩入肩”？恐怕也未必，但是当时北方画匠的人物造型中，确实有“头缩入肩”的形象存在。炳灵寺169窟12龛北侧下方绘于西秦时代的姓刘的信士的画像，就有很突出的胡人特征，卷发钩鼻。尤其引人注目的是，真有一些“头缩入肩”的样子，这种造型，一方面可能跟“礼佛”这个动作造成的肩部抬升的效果有关，另一方面也很可能同当时对胡人形象表现的画风有关。

正是这种深入骨髓的胡人文化的存在，才使得“胡人”的异族形象逐步消解。所以，从石勒到拓跋宏，“胡”这个群体逐渐在传统的华夷结构中隐去。

2. “天竺中心论”的圈层体制构建的尝试

一方面是曾经存在的处于边缘地区的“夷狄”占据了“华夏”的中心地理位置，“夷狄”居然消失了；而另一方面是佛教“天竺中心论”的喧嚣，虔诚的僧人们纷纷西去求取经典、瞻仰佛迹；这两种世象的出现，都与传统的地理秩序的被打破息息相关。此二者对于中国圈层文明秩序体系的打击是相当深重的。

在天竺中心论的基础上，以佛教为中心的文明体系正如中国传统的华夷体制一样，也构建了自己的一个圈层体系，将中国纳

---

① 魏收：《魏书》卷95《石虎传》，北京：中华书局，1974年，2052页。

入了进去。这个问题可以从当时的“佛钵”流转供养的理论次序得到一些认识。

按《法显传》记载：

> 法显在此国闻天竺道人，于高座上诵经云：佛钵本在毗舍离，今在揵陀卫。竟若干百年当复至西月氏国，若干百年当至于阗国，住若干百年当至屈茨国，若干百年当复至师子国，若干百年当复来到汉地，若干百年当还中天竺已，当上兜术天上。①

这个以天竺为中心的佛钵流传体系，是东晋高僧法显在天竺听高僧讲经时所说的。“佛钵”，据说是释迦牟尼在世时所用的法器，到天竺取经求法的僧人，一般都要行顶戴佛钵的这样一项仪式，至于这种行为的意义何在，不甚清楚。但是当时但凡到天竺求法的僧人，在其记述文字中都将顶戴佛钵作为一项大事来记载。② 可见其对于佛教徒具有重要而特殊的意义。

就是这个佛钵，据说在以中天竺为中心的周边佛教流行的国

---

① 《高僧法显传》，《大正新修大藏经》卷 51《史传部三》。

② 鸠摩罗什、道普、昙无竭等东来高僧和西向求法者都有顶戴佛钵的经历，参见《高僧传》卷 2《晋长安鸠摩罗什》、《晋河西昙无谶》，卷 3《宋黄龙释昙无竭》、《宋京兆释智猛》，卷 11《宋京师中兴寺释慧览》等。

家要依次供养，这样的事实应该在天竺各国发生过，[①]因为在前后到天竺学习的中国僧人的记载中，对于佛钵所在地的记载不一样，这说明佛钵确实在这些国家轮流供养过，但是，东晋法显在天竺的时候，就听到天竺高僧讲经内容中，将中国也纳入到了这个佛钵供养国的名单中。这种现象正好说明，在佛教的知识体系和地理观念中，已经以天竺为中心构建了一个文明圈层体系，并将中国纳入了。

同样的记载我们在隋代翻译的《佛说德护长者经》中还可以见到：

> 我涅槃后，于未来世护持我法，供养如来，受持佛法，安置佛法，赞叹佛法。于当来世佛法末时，于阎浮提大隋国内，作大国王，名曰大行，能令大隋国内一切众生，信于佛法，种诸善根。时大行王，以大信心大威德力，供养我钵。于尔数年，我钵当至沙勒国，从尔次第至大隋国。其大行王，于佛钵所大设供养，复能受持一切佛法，亦大书写大乘方广经典，无量百千亿数，处处安置诸佛法藏，名曰法塔。[②]

---

① 印顺法师认为佛钵流传是一个不曾实现的理论性说法，他说："旧有《钵记经》，已失去。《法苑珠林》卷30略引说：'佛泥洹后，此钵随缘往福众生，最后遗化，兴于汉境。'这与法显传所说的'若干百千年当至于阗国；住若干百千年当至屈次国；若干百千年当复来汉地'，大抵相合。不过，除了沙勒国传说罗什曾顶戴佛钵而外，一切都是不曾实现的。"（参阅《印顺法师文集·妙云集》）从西行僧人的记载来看，这个佛钵依次供养的制度，可能在天竺各国及西域有所实现。释智猛曾云："余历寻游方沙门，记列道路时或不同，佛钵顶骨处亦乖爽，将知游往天竺非止一路，顶钵灵迁，时届异土，故传述见闻难以例也。"（《高僧传》卷3《宋京兆释智猛》）由此可见，这个佛钵流转供养体制曾实现过。

② 那连提耶舍：《佛说德护长者经》卷下，《大正新修大藏经》卷14《经集部一》。

显然,以天竺为中心所设计的这个佛钵流传圈层体制,对佛教信徒具有一定影响力,但是就其对华夏本身所构建的华夷圈层体制并不能产生实质性的影响或颠覆。但是不容否认的是,“天竺中心论”对“华夏中心论”确实构成了严峻的挑战。毫无疑问,由于佛教徒的流动及其地理探索所引起的最大后果是——在地理视野扩大的基础上,消解地理差别赋予不同地域人群的身份差别。因而,“文化之别”代替“地理之别”或“民族之别”,正是当时地理视阈扩大的一个显著的标志。

(原载《魏晋南北朝研究:回顾与探索》,武汉:湖北教育出版社,2009 年)

佛教史研究中的图像问题

对佛教而言,图像是同经典文本同等重要的文化传达符号,图像与经典文本有流与源的基本关系。无论是崇拜式的"一佛二菩萨"、"三世佛"等经典造像设置,还是叙事性强烈的佛传与本生故事及铺陈丰富的法华盛会画面,都是对经文记载的直接还原与图像表现。但是文字记载与图像表现毕竟是两种不同的文化语言系统,画面的丰富性和其创作者的创造性发挥、地域文化影响、表达与解读的向度,都远远溢出了文字的约束界限。如果说文字在一定程度上是固态的话,那么图像则是文字的液态化存在,其发展过程中总是在不断地溢出,以图像的丰富性解读和扩展了经文的有限性。以罗汉造像为例,就其经义源头,"罗汉"字面意思上是声闻四果的极果,是佛弟子中修证最高的阶段;而其图像源头,则起于以阿难、迦叶等为代表的佛陀十大弟子。在此基础上,有了十八罗汉等图像。这是一个不断变化的过程,其中之著名者如降龙伏虎罗汉,隋唐之前翻译的佛经中之沙曷比丘[①]、末田地[②]、舍那婆斯[③]、商那和修[④],都是以降龙而著称,然而伏虎罗汉则是中原之独创,二者的图像直到南宋才出现于寺庙之

---

① 法矩:《佛说沙曷比丘功德经》,《大正新修大藏经》卷14《经集部一》。

② 僧伽婆罗:《阿育王经》,《大正新修大藏经》卷50《史传部二》。

③ 僧伽婆罗:《阿育王经》,《大正新修大藏经》卷50《史传部二》。

④ 吉迦夜:《付法藏因缘传》卷2,《大正新修大藏经》卷50《史传部二》。

中，[①]并成为汉传佛教寺院的经典造像。因而，不同文化因素的影响或图像在不同场合的功用，直接决定了图像的不同性质和其丰富变化。由此，从大的框架而言，亟须关注者，有以下三方面的问题。

一、 关注佛教图像中叙事传统与崇拜传统之区分

我们以叙事传统的图像与崇拜传统的图像来总括佛教造像的主体部分。

叙事传统的造像以佛传故事、各类本生故事为主要内容，其最大特征是画面人物众多，人物之间以佛陀为中心，构成了完整的故事场景和对话关系。在犍陀罗片岩造像中，此类造像居多，画面中所有人物的目光都聚集于佛陀身上，而佛陀的目光也主要与其身前身后的弟子或信众甚至反佛者相交接。但是雕像的创作者也部分关照到了观像者的心理需求，因而一些雕像中佛陀既面对画中人物，又同时注视观像者，佛陀初转法轮或讲道的场景更是如此。

及至佛教传入中土，随着佛窟或佛寺空间内正中位置所设崇拜性造像的突出，叙事传统的故事性造像主要以菱形格子壁画、大场景壁画和龛楣浮雕的形式表现，如克孜尔石窟本生故事、敦煌经变画、云冈石窟维摩问疾及佛传故事，就是此类图像的典型代表。

而崇拜传统的造像与所谓“瑞像”则有相当密切的关系，不论是犍陀罗的单体佛陀造像，还是在中亚石窟中的巴米扬大佛，以及丝绸之路沿线的早期石窟寺庙的大像、“丈六石像”或者七世佛，都是佛陀身穿出水袈裟或 U 形衣纹袈裟的立像，并多具

---

① 陈清香:《罗汉图像研究》，台北:文津出版社，1995 年，345 页。

"行像"的姿态。这种单体造像，显然并非是要表现佛陀的故事，而是以之代替早期佛教图像传统中的法轮、佛座、佛脚印、佛塔等为象征的崇拜，直接以佛陀的形象作为崇拜的主体。此种崇拜之始，即源于佛经记载中的"瑞像"制作。"瑞像"作为佛像中一种非常特别的造像样式，其最早的源头是"优填王旃檀瑞像"，佛经认为它是完全按照释迦牟尼成道后在忉利天为其母摩耶夫人说法时的形象雕刻的，是释迦牟尼的"真容像"。按照历史学的求实原则来看，"瑞像"是一种具有"传说"性质的释迦牟尼真容像，艺术史家和考古学家从可见的图像资料和发掘出土的文物研究所得出的结论，同佛教文献关于此造像的记载在前后发展序列上完全是相反的。按马歇尔的研究，佛教艺术的发展序列是从佛陀象征性图像到佛陀事迹故事画，最后才发展到出现了佛陀的偶像。[①]

与此序列正相应，2 世纪以后佛教图像的发展则是新知胜旧知：(1)佛陀偶像日益丰富，成为石窟、寺庙等崇拜场所的主体造像，并发展出多种组合来；(2)佛陀事迹故事画日益退化，慢慢隐退到崇拜场所的壁画、龛楣等不重要的位置或装饰性的地带；(3)象征性图像从主题位置完全退化为造像中的一个个图像元素。

正是因为如此，所以在图像研究中，对崇拜性造像和故事性图像及其图像元素的研究，在理论前提上应该要有区别对待的意识，不同时期、不同地域、不同创作者对于这两类图像的创造，其心理诉求和表达基点应该是有很大差距的。

---

① 约翰·马歇尔：《犍陀罗佛教艺术》，王冀青译，兰州：甘肃教育出版社，1989 年，8 页。

二、 关注博物学传统中地理性质的图本

具有地理学性质的图本,是传统的佛教图像研究中往往容易被忽略的一个方面,它关乎佛教传播者对西域地理的认知,也关乎佛教知识体系对其想象性地理的构建。

汉唐之际,随着佛教的传播和中原僧人到西域诸国直至天竺取经求法活动的频繁,对于天竺佛教圣地及周边风俗、地理文字记述和图本描绘的著作亦随之增多,如东晋道安的《西域图》、支僧载的《外国图》,都是这方面的代表作品。佛教的地图之学,既同佛教的山林化有关,①也同对域外地理的探索有关,尤其是西行僧人对天竺寺院的图文描绘,构成了佛教地图之学的主要部份。就目前的文献记载来看,佛教地图主要有这样三部分构成:(1)对"山志"文字的图画描绘,如北魏《耆阇崛山图》和南朝宋《灵鹫山图》就是此类典型;(2)对佛寺建筑的描绘有两种情况:由图而寺或由寺而图。如东晋高僧法显从天竺返回后,就带来了一份《龙华图》,这显然是由寺而图,此后他据图而创制了著名的龙华寺,就是由图而寺;(3)对佛教的世界地理观念的图像化,如将佛教经典中所描述的关于"须弥山"或"忉利天宫"的文字转化成图像描绘。我们今天所见到的最著名的此类图本,当然就是《五台山图》了,敦煌莫高窟的《五台山图》是佛教山水画式地理图本的典型。在这幅图中,山、水、道路、建筑的绘制完全是同山

---

① 汤用彤先生指出:"僧人超出尘外,类喜结庐深山。故名山纪略,恒与佛史有关。"(汤用彤:《汉魏两晋南北朝佛教史》,北京:中华书局,1989年,418页)胡宝国先生在讲述魏晋时期的山水地志类著作的产生原因时,亦将佛僧的山林化作为一个主要原因。(参见胡宝国:《汉唐间史学的发展》,北京:商务印书馆,2003年,171页)

水画的画法相一致的。[1] 从整个图像所表现的地理要素来看，《五台山图》不仅仅是一种成熟的山水画式地图，而已经可以断其为具有一定系统图例的“地舆图”。

如果我们不坚持精细准确的数据测绘，从对于透视技术的运用方面来看，地图与画显然是很难区分的，因而，研究地图史的学者认为，地图不可能是独立于绘画而诞生的，早期的地图其实就是画，而很多画也就是地图。[2] 在张彦远的《历代名画记》中，如《甘泉宫图》、《五岳真形图》、《分区图》、杨诠期的《洛阳图》、裴秀的《地形方丈图》和王玄策的《中天竺国图》等[3]，显然不是一般的画而是地图，可是张彦远将之列入“历代名画”之中，这说明在唐代地图也被视为画的一种。

就唐代的情况而言，由于会昌灭佛，可能很多佛教寺院的壁画遭到了破坏，据张彦远的记载，当时所能见到的画在寺院墙壁上的地图还是有以下两种：(1)杨廷光画《西域记图》[4]；(2)甘露寺王陀子画《须弥山海水图》。[5] 由这两幅绘在寺院之中的图本与敦煌壁画之实例，可以推断，在3—6世纪的佛教寺院图画中，这种具有地理意义的图的存在也是显而易见的。而据《出三藏记集》上卷第二记载，晋武帝时(265—290)的高僧竺法护从西域带回了《耆阇崛山解》一卷的“胡本”，将它翻译了出来。竺法护翻译的这个文本，隋沙门法经等撰的《众经目录》中又称作《耆阇

---

① 敦煌文物研究所：《中国石窟 · 敦煌莫高窟5》，北京：文物出版社，1984年，图版第55—61。

② 余定国：《中国地图学史》，姜道章译，北京：北京大学出版社，2006年，170—198页。

③ 张彦远：《历代名画记》卷3。

④ 张彦远：《历代名画记》卷3。

⑤ 张彦远：《历代名画记》卷3。

崛山解经》[①]。《耆阇崛山解》虽然已经散佚，但是我们可以根据其题名推断，这个文本显然就是描写释迦牟尼讲经说法的佛教胜地的自然地理及建筑等情况的，是一份来自西域的“山志”或“寺塔记”。[②]

尤其引起我们注意的是，佛教僧人对于佛教创始人所在的佛教圣地的崇拜，又激发了善于以图像来表述教义的佛教僧人艺术家们对于地理现象的图像化描述。文献所见其最早的典型样本是北魏天兴元年(398)绘制的关于佛教圣地的描述图本《耆阇崛山图》：“后魏太祖道正皇帝拓跋圭天兴元年，造耆阇崛山图一所，加以缋饰，莫不严具焉。”[③]北魏时期制作的这份关于耆阇崛山的图本，很可能是塑造的或者画的，至于创作这份图所依据的是什么，可能就是竺法护所翻译的《耆阇崛山解经》，是将这部地理学著作的文字表述转换成了图像表述。

此外，东晋高僧法显 412 年返回后，从天竺带回了《龙华图》，并以之为蓝本，修建了著名的龙华寺[④]。法显据《龙华图》修建龙华寺的记载，是文献中关于天竺寺院样式影响中原寺庙修建的典型事例。

不仅如此，中原僧人对于天竺寺院的描绘，也是具有地理学或博物学意义的佛教图像的一个重要部分，如产生于南朝宋景平元年(423)的《灵鹫山图》，就是这样一个样本：“宋景平元年，瓦官寺沙门帛惠高，造灵鹫寺。有沙门释惠豪，智见通敏，巧思绝

---

① 《众经目录》卷 3，见《大正新修大藏经》卷 55《目录部全》。

② 岑仲勉先生也将《耆阇崛山解》列入了西域地理学著作之列。参见岑仲勉：《唐以前之西域及南蕃地理书》，载《中外史地考证(上)》，北京：中华书局，2004 年，310—318 页。

③ 《弘赞法华传》卷 1，见《大正新修大藏经》卷 51《史传部三》。

④ 郦道元：《水经注》卷 25《泗水》。

伦，于中制灵鹫山图，奇变无方，郁似睹真。”[①]这种图画描绘，可以视为一种具有地图意义的画本。不过它所表现的内容，已经远远超出了鹫峰实际的地理情况，其图像要素是“山林禽兽之形，天龙八部之状”，表现的中心是“佛陀说法”而不是“灵鹫山”实况。如敦煌莫高窟第 332 窟东壁北侧的初唐《灵鹫山说法图》就是这样一个典型图本——在这种绘画作品中，佛及其弟子与众菩萨、天人等形象的表现占据主要地位，而灵鹫山的地理要素则被淡化处理，仅仅用简单的山的形状来在背景上加以表示。这种状况正好说明了：佛教观念中的地理问题，在很大程度上存在两歧的发展进路，一是对佛教圣地、寺院的如实图绘，而更多的则是一种幻想地理，即对圣地作各种美饰与想象。

与此相关者还有大量的壁画，如本生故事的图像绘制在克孜尔石窟菱形画中大量存在，其对于山水、动物的描绘，为后世的佛教经变画幅提供了发展的基础；随着大乘佛教的传播和发展，大规模的华丽经变故事壁画被创作出来，复杂的人物布置、层级繁多的建筑及穿插其间的山水、鸟兽、花草等自然、地理要素，在一定程度上已经具备了绘制复杂地理图本的空间布控技艺。如敦煌莫高窟第 98 窟南壁五代《法华经变》[②]的整个绘制方法与布局同《五台山图》如出一辙，其中的河流、山脉、城池、桥梁、栈道等要素完全是一样的。

若果循此前溯，我们还要注意到的是，在文献记载中，在许多早期佛教僧人撰写的地理学著作中，标明为图的就有很多种，如东晋道安的《西域图》、支僧载的《外国图》，都是这方面的代表作品。这些地理学著作既然以“图”为题，那么至少在文字表述之

---

① 《弘赞法华传》卷 1，见《大正新修大藏经》卷 51《史传部三》。

② 敦煌文物研究所：《中国石窟 · 敦煌莫高窟 5》，图版第 5。

余,应该有大量的图存在,虽然我们今天已经见不到这些著作的完整文字,其图本更是无从追寻,但从以上的考察,可以推断,这些著作中关于西域城池、山川、河流、寺观的描绘,跟我们所考察的壁画的表现方式,应该是非常接近的。由此,佛教图像的研究,也应该关注唐宋之后佛教典籍中的部分图本及隋唐之后佛寺壁画中具有地理性质的图像,研究其所具有的地理学技术背景价值。

三、 关注金铜造像与“金人”所蕴涵的草原传统

就造像而言,不同材质的背后,可能隐含着不同的文化背景源头。以雕刻技术为主的石造像可能是一种“城邦文化传统”,因而其特征是固定、大型、系列;以铸造技术为主的金铜造像可能是一种“游牧草原传统”,其特征是移动、小型、单体。

在佛教传入中国、获得“国主”或皇家、官府贵族势力支持前,大型佛寺的建立、佛像的铸造或雕刻,无法得到政治上的认可、经济上的资助和技术上的支持。此一时期主要是后汉到十六国时期。在此期间到中国传教的西域僧人,可能随身携带小型的、可拆卸组装的“禅定”模式的金铜佛像,作为随时随地树立道场、说法传教的礼拜像,大小在7~39cm,大多在14cm左右。① 目前发现的这种小型的金铜礼拜像,主要分布在甘肃陇东与河北,其分布地点,与佛图澄及其弟子释道安传教的路线相一致,与早期西域商人活动的路线、胡人迁徙的路线相一致。小型金铜像的分布,还可能预示着西域僧人与西域商团的合作关系。佛图澄传教后赵获得“国主”支持,到鸠摩罗什在姚秦的支持下于长安开

① Roderick Whitfield,“Early Buddha Images from Hebei,” *Artibus Asiae*, Vol. 65, No. 1(2005), pp. 87-98.

场译经，是“小佛像时代”由盛行到衰落的转折时期。北魏皇家以举国之势力开凿洞窟、铸造大型铜像，使小佛像时代最后得以终结——当然，这并不排除小佛像作为一种礼拜像继续存在。

我们试图在金铜造像与草原文化之间建立一种文化联系，正是基于草原文化的金铜器物铸造传统。在整个北方欧亚草原上，对“神”或崇拜物的金铜铸造是一种传统，无论是传说中匈奴的祭天金人，还是斯基泰金羊头、金鹿、金鹰等等。这种传统的形成，一方面是因为游牧民族移动性强而形成的财富随身携带习惯，另一方面就是金光闪闪对人的感官的绝对刺激。

佛教传入中国以“汉明梦金人”为传说性起点。而在《魏书》卷114《释老志》中，则将汉明帝所梦金人同匈奴祭天金人联系了起来：“案汉武元狩中，遣霍去病讨匈奴，至皋兰，过居延，斩首大获。昆邪王杀休屠王，将其众五万来降。获其金人，帝以为大神，列于甘泉宫。金人率长丈余，不祭祀，但烧香礼拜而已。此则佛道流通之渐也……后孝明帝夜梦金人，项有白光，飞行殿庭，乃访群臣，傅毅始以佛对。”关键在于，北方边族部落中还有“铸金为己像”的王族征信传统，因此，佛教在欧亚草原南部地带金铜像的铸造，就不能不考虑草原传统中的金铜造物传统与文化背景。

以上三端，当然仅仅是一种对相关线索的简单梳理，是需要我们在现有研究基础上进一步探索思考的几个方面。佛教丰富的图像系统，是在不断吸收复杂多样的文化因素和技术传承中建立起来的，它并非机械地循照经文文本的简单对应物，也不是单线性发展的集合。因而，更需要从一些细微的地方作认真剖析。

（原载《中国史研究动态》2018年第6期）

优填王旃檀瑞像流布中国考

释迦牟尼瑞像的制作与流传是一个介于传说与史实之间的"历史事项",在僧史文献中,后汉时期,就有蔡愔从西域摹写"释迦立像"图样[①]到洛阳的记载,但是此摹写像要么被称为"释迦立像",[②]要么被称为"释迦倚像",乃"优田王栴檀像师第四作也"[③]。释迦之立像、倚像是形象截然不同的两种造像,因而关于此像之类型与性质,由于文献记载的模糊、歧异,再加上后世没有此像图样的任何流传记载,其是否属于"瑞像"尚难断定。

"瑞像"作为佛像中一种非常特别的造像样式,其最早的源头是"优填王旃檀瑞像",是完全按照释迦牟尼成道后在忉利天为其母摩耶夫人说法时的形象雕刻的,是释迦牟尼的"真容像"。在目前可见的记载中,尤其是宋代以后的文献中,一致认为中国

---

① 荣新江先生在考察敦煌于阗瑞像时,对瑞像的主要特征做过一个概括,并且指出:"到了中土仍称瑞像之佛像,多与传说中的佛像原型有关。"可参看荣新江:《敦煌"瑞像记"瑞像图及其反映的于阗》,张广达、荣新江:《于阗史丛考》,北京:中国人民大学出版社,2008 年,196 页。

② 《魏书》卷 114《释老志》:"愔又得佛经《四十二章》及释迦立像,明帝令画工图佛像,置清凉台及显节陵上。"《隋书》卷 35《经籍志四》:"帝遣郎中蔡愔及秦景使天竺求之,得《佛经四十二章》及释迦立像。"

③ 释慧皎:《高僧传》卷 1《汉洛阳白马寺竺法兰》,汤用彤校注,北京:中华书局,1992 年,3 页:"愔又于西域得画释迦倚像,是优田王栴檀像师第四作也。既至洛阳,明帝即令画工图写,置清凉台中及显节陵上,旧像今不复存焉。"由此可知,最早传入的优填王像是倚坐像,而不是立像。

传世的"优填王旃檀瑞像"是由鸠摩罗什从龟兹带到中原来的。僧史文献中甚至有更进一步的说法，认为鸠摩罗什的父亲鸠摩炎本来是从天竺送"旃檀瑞像"到中原，但中途被留在龟兹成婚，"旃檀瑞像"也在龟兹留很多年，直到鸠摩罗什东来才将瑞像带到中原。[①] 僧史文献中的一些说法，附会成分较多，当然不可能完全是信史，但鸠摩罗什从龟兹带"优填王旃檀瑞像"到中原来的说法，在中国以至东亚学术界、僧俗两界都有深远的影响。然而，宋代以前的文献记载却表明，中国传世的"优填王旃檀瑞像"是梁武帝天监年间由扶南进贡而来。到底孰是孰非，是本文所要追问的问题。

一、 作为"众像之始"的"优填王旃檀瑞像"

本文要讨论的"瑞像"，按照历史学的求实原则来看，是一种具有"传说"性质的释迦牟尼真容像，即"优填王旃檀瑞像"。关于此类"瑞像"，艺术史家和考古学家从可见的图像资料和发掘出土的文物研究所得出的结论，同佛教文献关于此造像的记载在前后发展序列上完全是相反的。如美术史家约翰·马歇尔指出："在早期印度派的作品中，不曾有佛本身的再现，如果想表示他的存在，则按一套固定的规律，用象征的手法达到目的，如足迹表示其降诞，宝座表示其降魔，菩提树表示其悟觉成道，窣堵波表示其涅槃，等等。这一规律也适应于以前诸佛，它始终为早期印度派雕刻家们所遵守，一直到此派的结束。用象征的手法表现佛陀是早期印度派区别于犍陀罗派的最主要的特征之一。"[②]

---

① 释元照：《四分律行事钞资持记》之《释僧像篇》，《大正新修大藏经》卷 40《律疏部全、经疏部一》。

② 约翰·马歇尔：《犍陀罗佛教艺术》，王冀青译，兰州：甘肃教育出版社，1989 年，8 页。

按马歇尔的研究,佛教艺术的发展序列是从佛陀象征性图像到佛陀事迹故事画,最后才发展到出现了佛陀的偶像。宫治昭也认为:“贵霜朝(1—3 世纪)的犍陀罗和秣菟罗,从开始制作佛像,释迦的各种故事就被图像化,迅速发展,佛传艺术兴盛起来。”① 就是说,佛陀偶像的出现是佛教美术发展的最后一个序列位置,是在 1—3 世纪才出现的。在此之前的佛教美术作品中,要表现佛陀的地方,都用佛足印、法轮、菩提树、墓塔或空出来的宝座来象征。② 佛是不能被表现、描绘的,这是早期印度佛教艺术家遵守的一个“创作金律”,是不可动摇的。因而,目前考古学和艺术史研究所公认的发展序列是,最早在公元 1 世纪的犍陀罗或秣菟罗才出现了佛的造像。③

然而,在此之前的僧史文献中则认为最早的佛像是在释迦牟尼在世的时候就开始制作的,这就是有名的“优填王旃檀瑞像”。关于此“优填王旃檀瑞像”的记录,从早期的阿含部经典到中国历代的僧史文献,都坚持认为“优填王旃檀瑞像”是最早的佛像,是佛教造像的“众像之始”。

《增壹阿含经》卷 28 有释提桓因请佛升三十三天说法,优填王以牛头旃檀请巧匠制释迦瑞像的说法:

> 是时,波斯匿王、优填王至阿难所,问阿难曰:“如来今日竟为所在?”阿难报曰:“大王,我亦不知如来所在。”是时,二王思睹如来,遂得苦患。尔时,群臣至优填王所……群臣

---

① 宫治昭:《宇宙主释迦佛——印度·中亚·中国》,载宫治昭:《吐峪沟石窟壁画与禅观》,贺小萍译,上海:上海古籍出版社,2009 年,139 页。

② 当然,在迟至 3 世纪的石刻作品中,仍然有此类复古性质的石雕,如塔克西拉就出土有用佛的脚印来代表佛陀本人的作品。参见约翰·马歇尔:《塔克西拉 2》,昆明:云南人民出版社,2002 年,1011 页。

③ 高田修:《仏像の誕生》,東京:岩波書店,1987 年,102—110 页。

> 白王云："何以愁忧成患？"其王报曰："由不见如来故也。设我不见如来者，便当命终。"是时，群臣便作是念："当以何方便，使优填王不令命终，我等宜作如来形像。"是时，群臣白王言："我等欲作形像，亦可恭敬承事作礼。"是时，王闻此语已，欢喜踊跃，不能自胜，告群臣曰："善哉，卿等所说至妙。"群臣白王："当以何宝作如来形像？"是时，王即敕国界之内诸奇巧师匠，而告之曰："我今欲作形像。"巧匠对曰："如是，大王。"是时，优填王即以牛头栴檀作如来形像高五尺……
>
> 波斯匿王闻优填王作如来形像高五尺而供养。是时，波斯匿王复召国中巧匠，而告之曰："我今欲造如来形像，汝等当时办之。"时，波斯匿王而生此念："当用何宝，作如来形像耶？"斯须复作是念："如来形体，黄如天金，今当以金作如来形像。"是时，波斯匿王纯以紫磨金作如来像高五尺。
>
> 尔时，阎浮里内始有此二如来形像。①

按《增壹阿含经》的说法，佛陀的旃檀像、紫磨金像之最早制作，发生在释迦牟尼在世时期，释迦牟尼到忉利天为其母摩耶夫人说法，波斯匿王、优填王因思睹如来而产生为如来造像的念头，因而，优填王用牛头旃檀、波斯匿王以紫磨金分别制作了5尺高的如来瑞像，②自此之后，阎浮世界才有了这最早的2尊如来雕

① 《增壹阿含经》卷28，《大正新修大藏经》卷2《阿含部下》。

② 这段记载被认为是后世插入阿含部经典中的。但5世纪初的《法显传》及7世纪上半叶的《大唐西域记》中都有优填王和波斯匿王造像的故事，可见这个传说是很早的。参见法显：《法显传校注》卷1《拘萨罗国舍卫城》，章巽校注，北京：中华书局，2008年，61页；玄奘、辩机：《大唐西域记校注》，季羡林等校注，北京：中华书局，2000年，468—469、489页；百濟康義：《〈旃檀瑞像中國渡來記〉のゥイグル訳とチベット訳》，森安孝夫：《中央ァジァ出土文物論叢》，京都：朋友書店，2004年，70—74页。

像。关于旃檀瑞像之产生,《外国记》[①]又有这样的说法:

> 佛上忉利天为母说法,经九十日。波斯匿王思欲见佛,刻牛头栴檀作如来像,置佛座处。佛后还入精舍,像出迎佛,佛言:"还坐。吾般涅槃后,可为四部众作诸法式。"像即还坐。此像是众像之始。[②]

此处说波斯匿王造旃檀佛像为佛教"众像之始",而其他文献都认为最早的牛头旃檀瑞像是优填王所造。因而,将"优填王旃檀瑞像"或"波斯匿王金像"作为佛教造像之始的说法,是历代僧史文献家普遍接受的观点。梁代高僧慧皎在《高僧传》中述及造像的历史时,将佛教造像的发展序列说得更为清晰明了。[③] 慧皎根据佛经和僧史典籍列出的佛教美术发展序列是:释迦牟尼在世时优填王、波斯匿王分别制作了旃檀和金瑞像,随后才是释迦涅槃、八王分舍利、阿育王造塔、阿育王女图写佛容、佛像东来等。

这个佛在世时就有"优填王旃檀瑞像"的说法,至少目前还没有考古学或美术史实物来加以支持,但是僧史文献中何以会产生这样的一种发展序列记载?目前来看,这应该是一种有意的安排,是为了突破早期印度佛教艺术中不许表现佛陀形象这个"创

---

① 释道世:《诸经要集》卷8所引《外国记》一书,不知何人所撰,按岑仲勉先生的考证,在隋以前关于西域地理的著作有28种,书名涉及"外国"者有三国吴朱应《外国图》、西晋支僧载《外国事》、南朝宋昙勇《外国传》、南朝宋释智猛《游行外国传》、释昙景《外国传》。此处之《外国记》是何人所撰,尚需进一步考证。参见岑仲勉:《唐以前之西域及南蕃地理书》,载《中外史地考证(上)》,北京:中华书局,2004年,310—318页;尚永琪:《3—6世纪佛教传播背景下的北方社会群体研究》,北京:科学出版社,2008年,204—210页。

② 释道世:《诸经要集》卷8《兴福部第十五》,《大正新修大藏经》卷54《事汇部下、外缘部全》。

③ 释慧皎:《高僧传》卷13《兴福论》,495—496页。

造金律”而制造的一种造像理论。没有这个安排，佛教发展中“造像崇拜”的需要就无法得到一个合法的立足基础。

可以确认，在佛教文献中不论是言及“波斯匿王旃檀佛像”、“波斯匿王紫磨金像”还是“优填王旃檀瑞像”，都是同“佛上忉利天为母说法”这样一个因缘连接起来，以此来为“造佛像”寻找一个合适的开始契机。

“佛上忉利天为母说法”是早期佛教美术中就相当流行的一个题材，目前所能见到的较早的此类美术作品，如在巴尔胡特出土的“三道宝阶降下”浮雕，[①]描写释迦牟尼为母说法结束后，从天宫下来的情形，宝阶上以法轮代表释迦牟尼。犍陀罗早期也有这样的典型浮雕作品，如布特卡拉Ⅰ号出土的“三道宝阶降下”的浮雕，在有菩提树的台阶上，两侧是合掌侍立的帝释天和梵天，宝阶下面有跪迎释迦的弟子，在第三节台阶上，一双佛足印代替了正在下来的释迦牟尼。布特卡拉Ⅰ是从公元前3世纪到公元10世纪的一个寺庙遗址，因而，此“三道宝阶降下”浮雕（图1）应该是此时段里较早的作品。[②]

图1　三道宝阶降下浮雕

正是因为“佛上忉利天为母说法”是早期佛教美术中就非常

① 宫治昭：《犍陀罗初期佛像》，载宫治昭：《吐峪沟石窟壁画与禅观》，贺小萍译，上海：上海古籍出版社，2009年，134页。

② 宫治昭：《犍陀罗初期佛像》，载宫治昭：《吐峪沟石窟壁画与禅观》，贺小萍译，上海：上海古籍出版社，2009年，130页。

流行的一个表现主题,[①]因而"优填王旃檀瑞像"的制作就选择了这样一个最常见的故事或美术题材来作为切入点,从而为"如来欲生人渴望"及生人"思睹如来"这两方面的"需求"找到一个恰当展现的场景,由此也为"造佛像"找到一个合适的发生场景和理由。释迦牟尼在世的时候,只有"上忉利天为母说法"这个大的事迹是离开弟子及人间的,因而,只有这时候为"生人"之渴望拜见释迦牟尼不得真身而造像才会有合理的理由。此后,佛教史家或经典理论家又安排了"优填王造像"腾空迎接说法下天的释迦的传说,从而使"优填王造像"摆脱了仅仅作为"偶"的形象,成为一个有灵验的神像,并得到释迦牟尼的认可,使得释迦牟尼许下"吾般涅槃后,可为四部众作诸法式"的允诺,这就为"优填王旃檀瑞像"的产生与流传提供了合法性基础,"佛不可以被表现"的旧例从此被打破,佛教的"像教"性质由此彰显。

因而,从《增壹阿含经》就出现的这个优填王制旃檀瑞像的传说,是在由法轮、"塔墓"崇拜向"造像崇拜"转化时期产生的一种系统的"故事杜撰",此后关于此瑞像之灵异描写及释迦牟尼本尊对其的承认及对造像功德的叙述,都是为"造像崇拜"的进一步发展张目。在《优填王作佛像形经》中,释迦牟尼在世时对于造像之功德也向优填王做出了详细解说,认为"若当有人作佛形像,功德无量不可称计"。[②]

由此,我们可以初步认为,"瑞像"这样一个特定的"像"之产生是为偶像崇拜寻找造像契机。也可以说,"瑞像"是佛教之如

---

① 如现藏于巴基斯坦斯瓦特博物馆的此类题材作品就非常典型,图版可参见默罕默德·瓦利乌拉·汗:《犍陀罗》,陆水林译,北京:五洲传播出版社,2009年,95页,图8-6。

② 释道世:《诸经要集》卷8《兴福部第十五》,《大正新修大藏经》卷54《事汇部下、外缘部全》。

来偶像崇拜产生和发展的造像起点，从这个意义上说，瑞像确实是关于佛陀塑造的“众像之始”。

二、 流传中国的三尊“优填王旃檀瑞像”考述

在汉文佛史文献中，“优填王旃檀瑞像”并不是一种泛称，而是一个特定的概念，它指的是佛经中所记载的优填王以“牛头旃檀”这种特殊材质所造的释迦为其母说法的像或后世的其他木材质的仿制像，至迟自梁武帝时代开始就是作为皇家代际传递的一个具有象征性意义的灵异佛像而存在。在传世作品中，日本京都清凉寺的樱桃木旃檀瑞像是其具有典型代表性的传世样本，①至于后世其他材质如金、铜或石质的衣纹与之相像的同类造像，需要更为细致的分析，不宜笼统地都称之为“优填王旃檀瑞像”。金申先生在考察云冈石窟20窟佛旁的立佛、龙门宾阳南洞北壁佛立像时指出，不能随意将之断为“旃檀像”，而是同“旃檀瑞像”属同一系统的出水佛像。② 此类衣纹为对称“U”形的出水像在河西石窟金塔寺东窟中心柱北凉佛龛、③永靖炳灵寺第169窟西秦造像中都有很典型的样式。④ 传世金铜像如日本东京文化厅藏

---

① 金申：《海外及港台藏历代佛像珍品纪年图鉴》，太原：山西人民出版社，2007年，598页。

② 金申：《汉藏佛教中的旃檀瑞像》，《佛教美术从考续编》，北京：华龄出版社，2010年，198页。印度地区早期的这种与旃檀瑞像类似的出水衣纹释迦牟尼立像图样，可参见Dennise Patry，Leidy：*The Art of Buddhism*：*An Introduction to Its History and Meaning*，Shambhala Boston&London，2008，p. 49，Figure2. 13.

③ 甘肃省文物考古研究所：《河西石窟》，北京：文物出版社，1987年，图版46。

④ 甘肃省文物工作队、炳灵寺文物保管所：《中国石窟·永靖炳灵寺》，北京：文物出版社、东京：株式会社平凡社，1989年，图版17。

北魏太平真君四年佛立像、纽约大都会美术馆藏弥勒佛立像，其衣纹、造型同我们所说的旃檀像非常接近。[1] 由此，本文所讨论的是历代朝廷供奉的“优填王旃檀瑞像”（图2），而非其他。[2]

图2 明永乐铜鎏金旃檀佛像

这种历代朝廷供奉传承的“优填王旃檀瑞像”，通过不同途径来华，主要有三端：一是鸠摩罗什带来的龟兹旃檀瑞像，二是南朝宋孝武帝征扶南所得旃檀瑞像，三是梁武帝遣使求取的瑞像。[3]

（一）鸠摩罗什由龟兹带来的檀像

建元二十一年（385）三月，远征龟兹的后秦大将吕光带着骏马万余匹，满载战利品凯旋，踏上了回归中原的路。吕光此次回

① 林树中：《海外藏中国历代雕塑（上）》，南昌：江西人民出版社，2006年，彩色图版第144—145。

② 如玄奘自天竺归国，所带佛像有“拟侨赏弥国出爱王思慕如来刻檀写真像刻檀佛像一躯”；在龙门石窟，有70余尊高约100cm的优填王造像。这些后期传入的优填王造像，由于影响有限，且与本文讨论问题无密切关系，本文不再涉及。分别参见慧立、彦悰：《大慈恩寺三藏法师传》卷6，北京：中华书局，1983年，126—127页；张乃翥：《龙门石窟与西域文明》，郑州：中州古籍出版社，2006年，88页。龙门石窟旃檀瑞像造型，可参见龙门文物保管所、北京大学考古系：《中国石窟·龙门石窟2》，北京：文物出版社、东京：平凡社，1992年，图版50。

③ “优填王旃檀瑞像”自传入后就仿制颇多，在故宫博物院、承德外八庙、甘肃省博物馆等保存有明清时期仿制旃檀像多尊，具体情况可参见金申：《汉藏佛教中的旃檀瑞像》，《文物春秋》，2005年第4期，31—40页。

归中原，史载其“以驼二万余头致外国珍宝及奇伎异戏、殊禽怪兽千有余品，骏马万余匹”。在这些数量惊人的掠夺自龟兹的奇珍异宝中，应该也包括佛教的珍品。尤其是鸠摩罗什被吕光挟掳东归，如此庞大的运宝队伍，能带上旃檀瑞像自是情在理中。关于罗什东来所携佛像或佛教法物的记载，早期文献中非常模糊，慧皎《高僧传》中有两个记载可供参考。

一是后秦国主姚兴赠送给庐山释慧远的“龟兹国细缕杂变像”[①]。姚兴给庐山高僧释慧远赠送“龟兹国细缕杂变像”，是在鸠摩罗什抵达长安并在同慧远书信往来的背景下发生的。可以推断，此“龟兹国细缕杂变像”很可能就是鸠摩罗什从龟兹带到凉州，然后又从凉州带到长安的佛教物品。用绢制品来绘制的佛像，从传世物品来看，一般有绢本彩绘和麻布彩绘，此处之“细缕”很可能是绢本设色彩绘佛像。

二是鸠摩罗什曾赠送给庐山释慧远“鍮石双口澡灌”。[②] 这些物品或体积较小，或便于携带，而举高五尺、八尺或丈六的旃檀造像则需要相当充足的运力，从朱士行、蔡愔到法显等从天竺或西域带回的佛像都是“图写”的麻、绢类品，因而，鸠摩罗什能带来这样规模的旃檀瑞像，显然跟吕光庞大的运宝车队有关。

在僧祐《出三藏记集》和慧皎《高僧传》中，对鸠摩罗什带来龟兹檀像的事没有记载，最早的记载来自唐人撰著的《续高僧传》卷24《释慧乘传》：

> （隋大业）十二年，于东都图写龟兹国檀像，举高丈六，即是后秦罗什所负来者，屡感祯瑞，故用传持。今在洛州净土寺。

① 释慧皎：《高僧传》卷6《晋庐山释慧远》，218页。

② 释慧皎：《高僧传》卷6《晋庐山释慧远》，217页。

大唐西明寺沙门释道宣撰《续高僧传》的时候，此檀像尚在洛阳的净土寺，是举高丈六的大佛像。道宣仅仅是简单地提到了有这样一尊像在洛阳，但是，自此之后关于鸠摩罗什负来东土的这尊“优填王旃檀瑞像”的驻留地的记载，却歧说纷呈，无法将其传承脉络前后衔接在一起。

此像的流传脉络，较早的记载来自后周显德五年（958）金陵长先精舍僧人楚南的《优填王所造旃檀释迦瑞像历记》：

> 夫旃檀佛者，即释迦牟尼佛真容也……后鸠摩罗琰法师，背负其像，来自中天。昼即僧负像，夜乃像负僧。远涉艰难，无劳险阻。至于龟兹国，缘师有儿，王纳为驸马，而有遗体子，即鸠摩罗什也。
>
> 后秦主苻坚，拜吕光为将，讨获西域，破龟兹国，夺像并师罗什，同归东土。
>
> 后至隋炀帝驾幸扬州，迁于开元寺，建阁供养。[①]

按这个后起于五代时期的说法，鸠摩罗什随吕光而带到中原的“旃檀瑞像”，是其父天竺人鸠摩罗琰先带到龟兹，然后在龟兹停留很多年后，才由鸠摩罗什带到中原。那么此像可以归结为北传佛像。

需要引起注意的是，楚南的这份记载，虽然名之曰《优填王所造旃檀释迦瑞像历记》，但是对于此像的流传脉络记得非常模糊，仅仅涉及三个流传地点：龟兹、东土、扬州开元寺。鸠摩罗什本人是未曾到过江南的，那么这尊“优填王旃檀瑞像”是如何到达扬州的？按楚南的意思，似乎是隋炀帝将此像迁到了扬州开

---

① 高楠顺次郎：《大日本佛教全书》14，京都清凉寺藏本，东京：共同印刷株式会社，1931 年，309 页。

元寺。

这尊佛像的流传脉络，到北宋僧人元照所撰《四分律行事钞资持记》的《释僧像篇》中，不但更为详细了，而且还提出“宋武帝南迁佛像”这样一桩说法：

> 时优填王思念如来，命目连引三十二匠往彼天中，以旃檀木各图一相。如是至三，方得圆足……鸠摩罗琰从西天负像欲来此方（指中国），路经四国皆被留本图写。至龟兹，国王抑令返道，以妹妻之。后生罗什，赍至姚秦。后南宋孝武破秦，躬迎此像还于江左止龙光寺（故号龙光瑞像）。至隋朝于杨州置长乐寺。[①]

按照僧人元照的记载，鸠摩罗什带来的这个佛像后来被南朝宋孝武帝迎取到了江南龙光寺，[②]到隋代才被移置扬州长乐寺，也就是楚南文本中所说的“开元寺”。

然而，关于宋孝武帝迎取的“优填王像”，唐代僧人释道宣却给我们提供了一个截然不同于楚南与元照的说法。

（二）南朝宋孝武帝南征所获扶南旃檀像

按道宣的记载，龙光寺所供奉的旃檀瑞像，并不是鸠摩罗什从西域带来的，而是来自南传系统。此像是南朝宋孝武帝时期南

---

① 释元照：《四分律行事钞资持记》之《释僧像篇》，《大正新修大藏经》卷40《律疏部全、经疏部一》。

② 龙光寺“优填王旃檀瑞像”由鸠摩罗什负来说的文献源头为龙光寺壁画题记，北宋僧人元照的记载就取材于此。他说：“（瑞像）今在帝京，此据龙光壁记所载，若《感通传》天神云非罗什将来，未详孰是。”由此可知元照虽然详细记录了鸠摩罗什负来瑞像的流传脉络，但是对于此像究竟是罗什负来还是别有途径而至，也是存疑的。参见释元照：《四分律行事钞资持记》之《释僧像篇》，《大正新修大藏经》卷40《律疏部全、经疏部一》。

征扶南所获，释道宣《道宣律师感通录》云：

> 又问："江表龙光瑞像，人传罗什将来，有言扶南所得，如何为定？"答曰："此非罗什所得，斯乃宋孝武帝征扶南获之。昔佛灭后三百年中，北天竺大阿罗汉优婆质那，以神力加工匠，后三百年中，凿大石山，安置佛窟，从上至下，凡有五重，高三百余尺。请弥勒菩萨指挥，作檀室处之。《玄奘师传》云百余尺；《圣迹记》云高八丈。足趺八尺，六斋日常放光明。其初作时，罗汉将工人上天，三往方成。第二头牛头旃檀，第三金，第四玉，第五铜像。凡夫今见止在下重，上四重闭。石窟映彻，见人脏腑。第六百年，有佛柰遮阿罗汉，生已母亡。后生扶南国，念母重恩，从上重中，取小檀像，令母供养。母终，生扬州，出家，住新兴寺，获得三果。宋孝武征扶南，获此像来都，亦是罗汉神力。母今见在，时往罗浮天台西方诸处。昔法盛、昙无谒者，再往西方，有传五卷，略述此缘。何忽云罗什法师背负而来耶？"

这段文献，至少带给我们三点清晰的认识：(1)关于龙光寺旃檀瑞像的来源，鸠摩罗什带来说在唐代僧界很流行，所以道宣在此处才以问答的形式对这一问题进行了辨析，指出此像是南朝宋孝武帝南征扶南时带回来的；(2)龙光寺的这尊檀像是取自天竺大石山佛窟中的"小檀像"，同鸠摩罗什带到中原的"举高丈六"的大佛像至少在文献记载的尺寸上有很大差别；(3)按道宣的说法，这尊扶南国"小檀像"的流传脉络是由北天竺到扶南然后再到江南建康，在法盛、昙无谒所撰的5卷西行游记中有详细的记载。

综上，唐初曾被供养在龙光寺的优填王旃檀瑞像，是南朝宋孝武帝南征扶南所获，其流传路线是从天竺传到扶南，然后由孝武帝带到建康，是一尊南传佛像。

然而，查诸正史，并无宋孝武帝征扶南的记载，由此可以断定，此“龙光瑞像”的来历是比较模糊的，至少，“龙光瑞像”由宋武帝南征扶南所获这个说法是没有史实凭据的。

（三）梁武帝天监年间（502—519）来自扶南的天竺旃檀瑞像

释道宣在《续高僧传》卷29《唐扬州长乐寺释住力》中云：

> 初梁武得优填王像，神瑞难纪，在丹阳之龙光寺。及陈国亡，道场焚毁。力乃奉接尊仪及王谧所得定光像者，并延长乐，身心供养。①

按这条记载，龙光寺的优填王像，并不是鸠摩罗什带到中原来的，而是梁武帝所得，后安置在龙光寺。南朝陈灭亡时，龙光寺道场焚毁，此像幸存。释住力是在隋开皇十七年（597）奉隋炀帝之命重新修缮建立长乐寺道场，这时的长乐寺是兵火之后的残破之地，所以释住力恭请龙光寺幸存的“优填王像”和王谧所得的“定光像”，一并供奉。“优填王旃檀瑞像”是梁武帝获自扶南的这个记载，是目前诸多说法中唯一可以从多方面得到历史文献支持的说法。

据《梁书》卷54《诸夷·海南诸国·扶南国》载：

> 天监二年，（扶南王）跋摩复遣使送珊瑚佛像，并献方物……十八年，复遣使送天竺旃檀瑞像、婆罗树叶，并献火齐珠、郁金、苏合等香。

按正史的这个记载，此像是扶南国于天监十八年（519）所供

① 《大正新修大藏经》卷50《史传部二》。

的“天竺旃檀瑞像”，但是在僧史文献中，此像是梁武帝于天监元年(502)梦见檀像入国，然后招募80人前往天竺，于天监十年(511)方还，取得此像。此记载见于《广弘明集》卷15：

荆州大明寺檀优填王像者，梁武帝以天监元年梦见檀像入国，乃诏募得八十人往天竺，至天监十年方还。及帝崩，元帝于江陵即位，遣迎至荆都，后静陵侧立寺，因以安之。[①]

这两个记载无论在时间还是传入方式上都存在一些差异，但是该像是在梁天监年间(502—519)由扶南传入南方地区，并被安置在“荆都”则是无可置疑的。尤其是官修《梁书》中“十八年，(扶南)复遣使送天竺旃檀瑞像”之记载，是确凿无疑的证据。释道宣在《道宣律师感通录》中辩驳了当时流传的龙光寺所供奉的旃檀瑞像是鸠摩罗什带来的错误说法后，又对梁武帝时期传到江南荆州大明寺的旃檀瑞像之安置、仿刻等流传过程做了阐述：

又问：荆州前大明寺栴檀像者，云是优填王所造，依传从彼漠来至梁。今京师又有，何者是本？答云：大明是其本像，梁高既崩，像来荆渚。至元帝承圣三年，周平梁后，收簿宝物，皆入北周。其檀像者，有僧珍法师，藏隐房内，多以财物赂遗使人，遂得停。隋开皇九年，文祖遣使人柳顾言往定寺僧，又求像令镇荆楚。顾是乡人，从之，令别克檀，将往恭旨。当时匠得一婆罗门僧名真达为造，即今兴善寺像是也，亦甚灵异。本像在荆，僧以漆布漫之，相好不及旧者。真本是作佛生成七日之身，令加布漆，乃与壮年相符，故殊绝异于元本。大明本是古佛住处，灵像不肯北迁故也。[②]

---

① 释道宣：《广弘明集》卷15，《大正新修大藏经》卷52《史传部四》。
② 释道宣：《道宣律师感通录》，《大正新修大藏经》卷52《史传部四》。

由此可知,梁武帝天监年间(502—519)传到江南的这尊天竺旃檀瑞像,先是被安置在荆州大明寺,太清三年(549),梁武帝萧衍去世,此瑞像被从大明寺移到金陵,这应该就是"龙光瑞像"之来历。梁元帝承圣三年(554),西魏围攻江陵,梁元帝萧绎兵败被杀,被征服者扶植起来的后梁完全成了西魏、北周之傀儡,西魏军队掳掠梁京师奇珍异宝,僧珍法师用贿赂胜利者的办法将此像藏在房内,使之摆脱了被北运过江的命运。隋开皇九年(589),在隋文帝的命令下,请一婆罗门僧人照荆州大明寺的旃檀瑞像仿刻了一尊瑞像,被安置在长安兴善寺。然而,此尊仿刻瑞像与荆州大明寺的天竺瑞像已经有了很大差别。据此段文献所说,梁末僧人僧珍等为了防备天竺旃檀瑞像被西魏、北周军队运往长安,就在旃檀瑞像身体上又"以漆布漫之",使之"相好不及旧者。真本是作佛生成七日之身,令加布漆,乃与壮年相符,故殊绝异于元本"。因而,长安兴善寺仿刻的这尊瑞像已经大失天竺旃檀瑞像之原貌。即使是这样的仿刻佛像,也在后来的火灾中被烧毁,据唐段成式《寺塔记》载:

> 靖恭坊大兴善寺,寺取大兴城两字、坊名一字为名。《新记》云:"优填像,总章初为火所烧。"据梁时,西域优填在荆州,言隋自台城移来此寺,非也。今又有旃檀像,开目,其工颇拙,犹差谬矣。①

段成式的此段记载,不但证明了释道宣在《道宣律师感通录》中关于此尊旃檀瑞像的记载是可靠的,而且进一步辨明了三个问题:(1)大兴善寺的"优填像"在唐代总章初年被火烧毁;(2)

① 段成式:《酉阳杂俎》续集卷5《寺塔记》上,《唐古代笔记小说大观》上,上海:上海古籍出版社,2000年,751页。

可能当时坊间传言被烧毁的这尊“优填像”是自金陵搬迁来的“天竺旃檀造像”,所以段成式纠正说“非也”,否定了这一传言,可见其是仿刻品无疑;(3)此仿刻像被烧毁后,大兴善寺又仿刻了一尊“旃檀像”,但是其刻工之拙劣,以致段成式给出了“犹差谬矣”的评价。

而这尊被漫上漆布的真正的“优填王旃檀瑞像”,直到唐代初年才被一个叫妙义的僧人除去漆布,显露出真实面目来。释道宣曾亲眼见过这尊像,他描写云:

> 近有妙义法师,天人冥赞,遂悟开发,剥除漆布,具容重显,大动信心。披觌灵仪,合檀所作,本无补接。光趺殊异,象牙雕刻,卒非人工所成。兴善像身一一乖本。①

由此可见,此旃檀瑞像在梁元帝承圣三年(554)被僧珍法师藏起来之后,到释道宣撰写《道宣律师通感录》之前的这段时间内,一直没有露出其真实面目。至少在梁元帝承圣三年到唐高宗麟德元年②之间,没有人见过这尊“优填王旃檀瑞像”的本来样式。

按道宣亲眼所见,此像通体由一根完整的檀木雕刻而成,没有补接的地方,只有光趺是用象牙雕刻的。整像工艺完美,以至于道宣有“卒非人工所成”的判断。这是文献中对流传中国的“优填王旃檀瑞像”最直接、详细的描写记录,此外,不论是鸠摩罗什带来的瑞像还是宋孝武帝获自扶南的瑞像,关于其形象都没有确切的记载。并且,最为重要的是,也只有这尊梁武帝“旃檀

---

① 释道宣:《道宣律师感通录》,《大正新修大藏经》卷52《史传部四》。

② 麟德元年(664)是释道宣撰写《道宣律师感通录》的时间,既然道宣有“近有妙义法师”之说,可推断妙义法师除去瑞像漆布的时间当距此书撰写完成时间不远。

瑞像”（图 3）才有清晰的早期流传脉络，各种文献记载传承有序。

图 3　传世旃檀佛像的明代铜摹刻像

故宫博物院藏

综上所考述，“优填王旃檀瑞像”来华有两个路径：（1）从天竺到扶南再到中国江南的南传路径；（2）从天竺到西域再到中原地区的西域传播路径。并且，基本可以确定的是，由梁到唐的时段里，由南传路径而来的梁武帝求取的“优填王旃檀瑞像”在中国境内的瑞像流传中有非常清晰的脉络。不论是原始“优填王旃檀”雕像还是仿刻，其流传线索至少在唐代是传承有据的。而鸠摩罗什所带来的龟兹瑞像和宋孝武帝征扶南所获旃檀佛像，其传入时间、途径及流传脉络则模糊不清。

三、 以宋代为界的两种不同的优填王旃檀瑞像传承记载

在中国正史及僧史文献中，关于优填王旃檀瑞像之流传，以宋代为界，有两种截然不同的流传记载。

从东晋到唐代的文献中，记载了来自不同途径的 3 尊“优填王旃檀瑞像”，其中宋孝武帝南征所获扶南国瑞像是一个无法求

证的记载,因为历史上不存在宋孝武帝征扶南这个史实,该像也没有进一步流传的记载;鸠摩罗什带来的龟兹瑞像,无论是《出三藏记集》还是《高僧传》等早期文献都没有任何记载,仅仅是唐代西明寺沙门释道宣在《续高僧传》中言其在当时的"洛州净土寺"供奉,此外没有任何早期文献提及这尊来自龟兹的瑞像。

(一) 宋代之前的文献中,从梁武帝到隋文帝、宋太宗所敬奉的都是扶南进贡的"天竺旃檀瑞像"

唐代及唐以前在大江南北流传的"优填王旃檀瑞像",是梁武帝天监十八年(519)由扶南国贡献的"天竺旃檀瑞像",从《梁书》关于此像被贡入的记载,到道宣《道宣律师感通录》中对此像的流传情况,一直到段成式在《寺塔记》中对该像前后两尊仿刻像的记述,表明此像之传承有序,也说明当时中国佛教界所着力尊奉的"优填王旃檀瑞像",就是这尊由扶南国进献、安置在荆州大明寺的"天竺旃檀瑞像"。西魏灭梁、隋灭陈都想将这尊旃檀瑞像移往江北,但都没有成功,后来在长安大兴善寺所供奉的仅仅是仿刻像或再次仿刻像。

到宋代,此尊天竺旃檀瑞像的原像终于被迁移到江北,《铁围山丛谈》卷5对此作了详细记述:

> 释氏有旃檀瑞像者,见于内典,谓释氏在世时说法于忉利天,而优填王思慕不已,请大目犍连运神力于他方取旃檀木,摄匠手登天,视其相好,归而刻焉。释氏者,身长丈六尺,紫金色,人间世金绝不可拟。独他方有旃檀木者,能比方故也。瑞像则八尺而已,盖减师之半。当释氏在忉利时,适休夏自西,遂由天而下,其瑞像乃从空而逆之,即得受记:"汝后于震旦度人无量。"其后藏龙宫,或出在西域,诸国援其说甚怪,语多不载。

> 至梁武帝时发兵越海求之，以天监之十有八年，扶南国遂以天竺旃檀瑞像来，因置之金陵瓦棺阁。传陈、隋、唐，至伪吴杨氏、南唐之李氏，迄本朝开宝，既降下江南，而瑞像在金陵不涉。
>
> 及太宗皇帝以东都有诞育之地，乃新作启圣禅院。太平兴国之末，始命迎取旃檀洎宝公二像自金陵，而内于启圣，置两侧殿。其中如正寝者，则熙陵之神御也。其后取熙陵神御归九禁。大观间，鲁公因奏请："愿以侧殿之瑞像，复之于正寝。"诏曰："可。"特命将作监李、内臣石寿主之。故事，奉安必太史择时日，教坊集声乐，有司具礼仪，奉彩舆而安置之焉。及乐大作，彩舆者兴，转至朵殿，将上入正寝，则朵殿横梁低，下不可度瑞像舆。又奉安时且迫，众为愕惧。李监者恃其才，笑曰："此匪难也。"亟召搭材士云集，命支撑诸栋梁，尽断之以过像。适经营间，则主事者大呼曰："勿锯，势若可度矣。"万众亟问回顾，则见瑞像如人胁肩俯，彩舆乃得行，遂达正寝。于是上下鼓舞，骇叹所未曾见，往往至泣下，因即具奏。当是时，祐陵意向浸已属道家流事，颇不肯向之，又素闻慈圣光献曹后曾礼像而于足下尝度线。且故事，奉安则翌日天子必幸之。昧爽，上自以一番纸付小珰曰："汝持此从乘舆后。"至是，上既焚香立，俟近辅拜竟，乃临视，取小珰所持纸，命左右从足下度之，则略无纤碍。于是左右侍从凡百十，咸失声曰："过矣。"上乃为之再拜。盖自神州陆沉，即不知旃檀瑞像今在否也。①

《铁围山丛谈》一书是北宋权相蔡京之幼子蔡絛所撰，全书完成于宋廷南渡之后，对北宋朝廷制度、琐闻掌故记载尤为具体。

---

① 蔡絛：《铁围山丛谈》，北京：中华书局，1983 年，82—84 页。

按蔡絛对旃檀瑞像传承的记述，其追述历史从优填王造旃檀像开始，到梁武帝天监十八年（519），旃檀瑞像从海路来到金陵瓦棺阁，此后"瑞像在金陵不涉"，此段记载同唐人释道宣、段成式的记载完全一致。此后，在太平兴国末年，此旃檀瑞像才被宋太宗从南京迁移到了东都洛阳的"启圣禅院"[①]。但是，据蔡絛所说，宋廷南渡后，此旃檀瑞像是否还在东都洛阳的启圣禅院，就不得而知了。

蔡絛关于旃檀瑞像流传的记载，是唐代释道宣之后、宋代之前关于"优填王旃檀瑞像"流传的最详细的记载。据此可知，正是在蔡京的建议下，才于大观年间将旃檀瑞像由启圣禅院侧殿移往正殿。蔡絛不但是蔡京最钟爱的儿子，而且在此后的宣和六年（1124），78岁的蔡京再次当政，"目昏眊不能事事，悉决于季子絛"，[②]既然一切军国大事悉决于蔡絛，可见宣和年间的蔡絛决断能力非常成熟。那么，大观年间（1107—1110）所发生的旃檀瑞像由启圣禅院侧殿移往正殿的事情，蔡絛不但是亲历者，还完全有可能是此一移动计划的策划者之一。还需要指出的是，此次瑞像移动之时间，虽然蔡絛只是模糊地记载是在"大观中"，大观共有4年，而蔡京在大观三年（1109）即被贬官，到杭州居住，可推断旃檀瑞像被移往启圣禅院正殿应该是1107—1109这三年间发生的事情。

由此，既然蔡絛明确指出启圣禅院的优填王旃檀像是梁武帝

---

① 启圣禅院是宋太宗神御之殿之一，《宋史》卷109《礼志十二·神御殿》、卷489《外国传五·注辇国》对此殿有简单记载，分别参见《宋史》，北京：中华书局，1977年，第2624—2625、14098页。《铁围山丛谈》卷5既然言"太宗皇帝以东都有诞育之地，乃新作启圣禅院"，可见此殿建造年份当在太平兴国年间（976—984）。

② 脱脱：《宋史》卷472《蔡京传》，北京：中华书局，1977年，13727页。

越海从扶南所获，那么这个记载的可靠性要远高于后世出现的鸠摩罗什"优填王旃檀瑞像"说，也更值得我们重视。

（二）从元代程钜夫《敕建旃檀瑞像殿记》始，流传中华的"优填王旃檀瑞像"是来自西域的龟兹，从而从传承时间上同鸠摩罗什来华密切联系在一起

宋代以后，关于旃檀瑞像最详细的记载就是元代人程钜夫所作《敕建旃檀瑞像殿记》，其关于瑞像流传的内容如下：

> 旃檀瑞像者，佛之真像也。其犹万影沉江，如如不异；孤光透隙，一一皆圆。夫岂择地而容，盖以随缘而应。望梅林而止渴，靡不同沾；泛竹叶以言归，谁堪共载。
>
> 惟我圣天子，道跻先圣，慈等觉皇。祝长乐之春秋，恒依佛地；企如来之岁月，坐阅人天。爰命集贤大学士李术及教禅耆德，叙具本末，乃云：释迦如来净饭王太子，生于甲寅四月八日，是为成周昭王二十四年。既生七日，佛母摩耶夫人往生忉利。至四十二年，太子弃位出家修道，穆王三年癸未道成。八年辛卯思报母恩，遂升忉利天为母说法。优阗王自以久失瞻仰，欲见无从，乃刻旃檀为像。目犍连虑有缺陋谬，躬以神力摄三十二匠升忉利天，谛观相好，三返乃得其真。既成，国王臣民奉之犹真佛焉。及佛自忉利天复至人间，王率臣庶同往迎佛，此像腾步空中，向佛稽首。佛为摩顶授记曰："我灭度千年之后，汝从震旦广利人天，由是西土一千二百八十五年，龟兹六十八年，凉州十四年，长安一十七年，江南一百七十三年，淮南三百六十七年，复至江南二十一年，汴梁一百七十七年，北至燕京，居今圣安寺十二年。北至上京大储庆寺二十年。南还燕宫内殿居五十四年。大元丁丑岁

> 三月,燕宫火,尚书石抹公迎还圣安寺居。今五十九年而当世祖皇帝至元十二年乙亥,遣大臣孛罗等,四众备法驾仗卫音伎奉迎万寿山仁智殿。丁丑建大圣万安寺二十六年己丑,自仁智殿奉迎于寺之后殿,世祖躬临,大作佛事。
>
> 计自优阗王造像之岁至今诏述延祐三年丙辰,凡二千三百有七年。①

这是我们目前可以见到的关于"优填王旃檀瑞像"流传的最详细的记载,这个记载,也是对此瑞像传入的途径发生变化的转折性记载。

按这个记载,此瑞像不再是梁武帝时期从海路而来、由扶南国进贡的"天竺旃檀瑞像",而是历经从天竺到西域龟兹,由龟兹到凉州,再从凉州长安到江南、淮南、江南、汴梁、燕京圣安寺这样一个过程。

如果说真有这样一尊从龟兹传到凉州,再由凉州先后传到长安、江南、燕京等地的"优填王旃檀瑞像",我们不能不问,为何在前代文献中仅有释道宣《续高僧传》卷24《释慧乘传》所记鸠摩罗什带来此像在洛州净土寺的简单记载?为何此后关于此像再也没有任何流传记录?为何宋代之前就连隋文帝、宋太宗所关心和看重的都是梁武帝天监十八年由扶南国进贡的"天竺旃檀瑞像"?

瑞像由天竺而龟兹,由龟兹而凉州,再由凉州而长安的传播

---

① 念常:《佛祖历代通载》卷22《敕建旃檀瑞像殿记》,《大正新修大藏经》卷49《史传部二》。在北京版《大藏经》中,有藏文的《旃檀瑞像传入中国记》,是贤者安藏先从汉语翻为回鹘文,然后又有贤者弹压孙翻译为藏文,可见13世纪的这个旃檀瑞像流传记录在汉藏佛教中有很深远的影响。参见百濟康義:《〈旃檀瑞像中國渡來記〉のゥイグル訳とチベット訳》,森安孝夫:《中央ァジァ出土文物論叢》,京都:朋友書店,2004年,70—74页。

路径，显然是在暗示此像之传入，与僧界自唐代以来就流传的鸠摩罗什带“旃檀瑞像”到中原的传说有关。

在《四分律行事钞资持记》之《释僧像篇》中鸠摩罗琰、鸠摩罗什父子东传佛像的记载，[①]说明唐代佛教界确实有鸠摩罗什父子相继东传“优填王旃檀瑞像”的说法，那么，如果我们将鸠摩罗什在龟兹、凉州、长安的行迹，同程钜夫所记载的瑞像在龟兹、凉州、长安停留的时间段相对比，就会发现它们相当接近：

旃檀瑞像：在龟兹 68 年→凉州 14 年→长安 17 年

鸠摩罗什：在龟兹 43 年→凉州 15 年→长安 13 年

这个时间段对比，需要稍作分析，就会更为清晰明了。

程钜夫认为“优填王旃檀瑞像”在龟兹停留了 68 年，而鸠摩罗什是在 43 岁时离开龟兹的，如果加上他出生前其父鸠摩炎在龟兹的时间，那么跟旃檀瑞像在龟兹停留 68 年的时间记载就比较接近。

程钜夫记载瑞像在凉州停留 14 年，而鸠摩罗什是东晋太元十一年（386）抵达凉州，东晋隆安五年（401）离开凉州前往长安，在凉州滞留 15 年，如果考虑到历史文献记载中时间衔接方面的误差，这两个时间段几乎是一致的。

程钜夫记载瑞像在长安停留 17 年，而从鸠摩罗什东晋隆安五年（401）抵达长安，到后秦在东晋义熙 13 年（417）为东晋刘裕所灭，正好 17 年。

因而，程钜夫所记载的“优填王旃檀瑞像”从龟兹到凉州、长安，再到江南的时间段，正好同鸠摩炎、鸠摩罗什父子的行迹与在

---

① 释元照：《四分律行事钞资持记》之《释僧像篇》，《大正新修大藏经》卷 40《律疏部全、经疏部一》。

各地的停留时间相一致。

程钜夫的记载虽然没有说明这尊供奉在圣安寺的“优填王旃檀瑞像”就是鸠摩罗什带来的，但是从其所记的瑞像流传途径与在中途的停留时间来看，已经认定这尊瑞像就是鸠摩炎从天竺带往西域龟兹，然后又由其子鸠摩罗什带往凉州、长安，并最终被东晋朝廷移至江南的。元代以后，关于此像是鸠摩罗什带来的看法已成定论。然而，这个直到元代才后起的关于鸠摩罗什带来“优填王旃檀瑞像”的详细记载，并不能为前代文献中的混乱与模糊提供更为令人信服的佐证。

（三）对宋代前后两种截然不同的“优填王旃檀瑞像”流传记载的分析

关于文献中鸠摩罗什带来“优填王旃檀瑞像”一事记载的混乱之处，前人也曾提出了质疑，元代程钜夫之后的陶宗仪曾见过供奉在圣安寺的“优填王旃檀瑞像”，并在研读程钜夫《敕建旃檀瑞像殿记》碑文的基础上，提出一个关键性的质疑，他说：

> 按翰林学士程钜夫《瑞像殿碑刻》云：“释迦如来，初为太子，生七日，母摩耶弃世，生忉利天……北至燕京，居圣安寺十二年，北至上京大储庆寺二十年，南还燕宫内殿五十四年。丁丑岁三月，燕宫火，迎还圣安寺居，今五十九年。乙亥岁，当今大元世祖皇帝至元十二年也，帝遣大臣孛罗等四众，备法驾仗卫音伎，迎奉万寿山仁智殿。丁丑，建大圣安寺。己丑岁，自仁智殿迎安寺之后殿，大作佛事。瑞像，计自优填王造始之岁，至今延祐丙辰，凡二千三百有七年。”
>
> 又《释氏感通录》云：“梁武帝遣郝骞等往天竺国迎佛旃檀像，其王模刻一像付骞。天监十年，至建康，帝迎奉太极殿，建斋度僧，大赦断杀。自是蔬食绝欲。”据此说，又与碑

文不同。即今圣安寺所安之像，抑优填之所刻欤？天竺之摹刻欤？[①]

陶宗仪将程钜夫的记载同释道宣在《道宣律师感通录》中所记梁武帝遣使求取瑞像的记载相对比，质疑当时圣安寺所供奉的瑞像是“优填之所刻欤？天竺之摹刻欤？”

事实上，陶宗仪仅仅是见到了唐与元文献记载中的这种矛盾歧异。而这种文献的混乱不但由来已久，而且在歧异中不断丰富、细化。唐代僧人道宣的记载表明，在唐代僧界就流传梁武帝南征获得扶南“优填王旃檀瑞像”和鸠摩罗什带来瑞像这样两种说法。这两种说法所针对的并非两个途径而来的2尊瑞像，而是1尊唯一的有皇家身份的传世瑞像。

程钜夫这份如此详细地历述“优填王旃檀瑞像”在各地的停留时间、并同鸠摩罗什来华驻留时间相契合的文本，并非空穴来风。关于瑞像在宋代之前的流传时段、地点的记录，其实在五代时期就已经产生了。北宋太平兴国八年（983）日本僧人奝然到扬州的时候，[②]他的弟子盛算抄录了扬州开元寺僧人十明在后唐长兴三年（932）所辑录的一份关于“优填王旃檀瑞像”流传问题的文本。在这份长达7000多字的文本中，十明罗列了当时僧界所流传的关于“优填王旃檀瑞像”来华的各种不同说法，是一个“辑录”性质的文本。[③] 十明的这份文本，有三点非常引人瞩目。

---

① 陶宗仪：《南村辍耕录》卷17《旃檀佛》，北京：中华书局，1959年，206—207页。

② 关于奝然入宋之详细历程，可参看金申：《日僧奝然在台州模刻的旃檀佛像》，载金申：《佛教美术丛考》，北京：科学出版社，2004年，135—143页。

③ 十明：《优填王所造旃檀释迦瑞像历记》，高楠顺次郎：《大日本佛教全书》14，310—319页。

(1)大段抄录梁慧皎《高僧传》卷2《鸠摩罗什传》,并在其中加入本传所没有的鸠摩罗什父子如何东传佛像的记载,甚至有鸠摩罗炎同其妻及龟兹王白纯与吕光的生动对话,这种很明显的杜撰是非常令人生疑的。尤其是其中加入的吕光"往伐龟兹,以收瑞像及罗什"的说法,是僧祐、慧皎的早期记述中所完全没有的内容。(2)第一次在文献中出现"瑞像佛约在龟兹六十余年,在西凉吕光城十四年,在长安姚兴都十七年,在江南四朝一百七十三年,在广陵长兴壬辰岁三百三十四年"的说法,这就是程钜夫文本所记前半段流传历程的早期源头。(3)十明又详细记载了梁武帝遣决胜将军郝骞到扶南求取瑞像的经过,并且发出了"汉土虽有二瑞像,骞等负来是非优填王所造真像乎"的疑问。面对歧异的文献记载和僧界传说,十明怀疑中国可能有2尊不同的"优填王旃檀瑞像",但是,唐以前即使有2尊这样的旃檀瑞像,那么宋以前皇家供奉的那尊应该不会是不同的瑞像。

与奝然一同入宋的弟子盛算在抄录了十明所辑录的这份文本后,自己又写了一段话附在该文本之后。盛算所写的这段文字,记录了奝然到扬州开元寺探访旃檀瑞像未果,并最终在北宋汴京参拜、摹刻"优填王旃檀瑞像"的详细经过:

> (太平兴国八年)十一月十八日,到淮南扬州开元寺,安下地藏院,为是礼拜旃檀瑞像也,而有阁,其像不坐。
>
> 爰就寺僧寻问之处,答曰:"瑞像始自晋代,至于大晋高祖代,数百岁安置于当寺,代代帝王供养。而至于伪吴大丞相李昱为政,吴称大唐之时迁江都南升州金陵建业城。彼时,件瑞像移以安置长先寺。即伪唐升元年中也,当大晋太祖石皇帝之代矣。至大宋太祖皇帝乾德年中,破伪唐金陵,擒伪主李昱,入京师之日,迎旃檀像,安置东京梁苑城左街开宝寺永安院中供养。大宋第二主今上皇帝迎入内里滋福殿,

每日礼拜供养。僧等到京之日，礼拜不难者。”

……

明年（雍熙元年）正月……入滋福殿，大师并一行人礼拜瑞像……心欲奉造之间，其像移以安置内里西化门外新造启圣禅院。院是今上官家舍一百万贯钱所造也。

于是，招雇雕佛博士张荣，参彼院奉礼见移造。彼朝雍熙三年，载台州客郑仁德船，奉迎请像耳。①

由盛算的这份记录，可以得到以下几点认识。首先，盛算关于瑞像的来历记叙，来自对扬州开元寺僧人的调查，僧人只是说此像“始自晋代”，并未明言是鸠摩罗什带来。其次，奝然仿刻的“优填王旃檀瑞像”——无论其前代流传是来自哪个寺院——当时供奉在汴京的启圣禅院。这一点尤为重要，因为传世的历代帝王供奉的“优填王旃檀瑞像”就是从启圣禅院供奉之后才变得扑朔迷离、难寻踪迹。从《梁书》的官方记载到唐人释道宣、段成式直到北宋高官蔡絛《铁围山丛谈》的详尽记述，都可以证明，启圣禅院所供奉的就是梁武帝获自扶南的“优填王旃檀瑞像”，那么我

图 4　日本清凉寺藏奝然仿刻樱桃木旃檀佛像

---

① 盛算:《盛算记》，高楠顺次郎:《大日本佛教全书》14《优填王所造旃檀释迦瑞像历记》，319 页。

们今天能见到的日本京都清凉寺所藏奝然仿刻的,也正是这尊像(图4)。

通过以上对文献记载所作的考察,完全可以支持以下关于中国传世"优填王旃檀瑞像"的几个结论。

(1) 所谓宋孝武帝远征扶南所获瑞像,在源头上就混乱不堪,没有事实依据。首先,释道宣认为龙光寺瑞像来自宋孝武帝远征扶南所获,而历史记载中却没有宋孝武帝远征扶南这个史实发生;其次,唐代释道宣时期,僧界就流传龙光瑞像来自鸠摩罗什,但是道宣又用"宋孝武帝远征扶南所获"这样一个不存在的事实否定了这一说法。显然,这是一个前后充满了矛盾的说法。

(2) 在宋代以前,鸠摩罗什带来"优填王旃檀瑞像"的事实非常混乱,释道宣记载此像在"洛州净土寺",而当时的僧界却流传金陵"龙光寺"的瑞像是鸠摩罗什带来者。更加令人奇怪的是,当时鸠摩罗什能带来举高丈六的旃檀瑞像,对中原佛教界应该是一件可以引起足够重视的大事,当时的凉州吕氏政权不崇信佛教,对此无声无息可以理解,然而此后倾国力支持佛教发展的后秦姚氏政权对此像也没有什么表示,就很令人意外。

从元代程钜夫的记载开始,鸠摩罗什由龟兹带来的瑞像不但有了清晰完整的流传脉络,并且同鸠摩罗什父子先后在龟兹、凉州、长安的时间段完全相呼应。应该说,这个记载够清楚的了,但是唐代僧人释道宣所记载的鸠摩罗什带来的瑞像安置在"洛州净土寺",而程钜夫的记载中,此瑞像就根本没有在"洛州"安置过。后唐僧人十明大段抄录《高僧传》卷2《鸠摩罗什传》的原文,并加入鸠摩罗炎同龟兹王白纯关于瑞像问题的栩栩如生的对话,造假痕迹昭然。

由上基本可以断言:所谓鸠摩罗什自龟兹带来"优填工旃檀瑞像"的说法,至迟从唐代开始就是一个流传在僧界的"传说"。

源于五代时期的详细流传时段，最终在程钜夫所撰的《敕建旃檀瑞像殿记》中被拼接成一份完整的流传时间、地点表。可以初步认为，程钜夫的《敕建旃檀瑞像殿记》，是一份结合前代僧界“传说”而成的文献。

（3）梁武帝天监十八年(519)由扶南国进贡的“天竺旃檀瑞像”，是在中国传世的“优填王旃檀瑞像”。此像在北宋朝廷南渡之前流传脉络清晰，正史、僧史、笔记都有相同的记载，梁武帝、隋文帝、宋太宗等历代帝王都曾供奉。此像先是被安置在梁荆州大明寺，后来曾先后供奉在龙光寺、长乐寺。隋唐时期在长安大兴善寺曾供奉过此像的仿刻像。到宋太宗太平兴国末年，此像被从金陵移至洛阳宋太宗的“神御之殿”启圣禅院侧殿供奉。到北宋大观年间(1107—1110)，旃檀瑞像由启圣禅院侧殿移往正殿，蔡京之子蔡絛是此事的亲历者，留下了详细明确的记录。但是，随着金人南下、北宋朝廷的灭亡，此像不知去向。

（4）日本僧人奝然于北宋太平兴国八年(983)八月入宋，先后巡礼天台山、五台山等佛教圣迹，随后即在汴京参拜了“优填王旃檀瑞像”，并雇工摹刻，带入日本，至今藏在京都清凉寺内的优填王旃檀瑞像，就是此尊梁武帝获自扶南的“优填王旃檀瑞像”的仿刻像。

四、 余论：历代帝王供奉“优填王旃檀瑞像”之动因

“优填王旃檀瑞像”在造型上与一般佛像的最大不同之处就在于它是“佛之真容”，是完全按释迦牟尼成道后在忉利天为母说法时的真实形象雕造的。因为这个原因，历代所传的旃檀瑞像，不论是来自天竺、西域、龟兹还是扶南，也不论是中原僧寺雕制还是东亚其他国家的摹刻、图写，都坚持了同样的造型和艺术风格。正如荣新江所指出的：“瑞像既然十分拘泥于其原型，则

瑞像反映的某些艺术风格只是时代较早的原型的摹写，并非瑞像本身时代的绝对特征。”①

显然，“瑞像”在造像风格上坚守了这种“原初性”，那么随着佛教造像的丰富化，瑞像在其宗教内涵上同一般佛像的区别何在？尤其是当瑞像同其他造型的佛像摆列在同一空间的时候，该如何来定位“瑞像”作为一种特殊造像的意义？

美术史家巫鸿先生对此问题做过一个非常富有启发性的讨论，在《再论刘萨诃——圣僧的创造与瑞像的产生》这篇文章中，巫鸿考察了敦煌莫高窟 203 窟主尊佛像的的造型，认为 203 尊主尊的形象模仿了番和瑞像的造型，由此作为被膜拜的造像，就产生了一种观念上的模棱两可：敦煌石窟中的这尊形体似“番和瑞像”的主尊，一方面被作为佛本身加以崇拜，但另一方面又是一尊业已存在的宗教偶像之翻版。② 显然，巫鸿先生是将 203 窟主尊像判定为一种身兼“瑞像”与“崇拜像”的作品。正是在此基础上，他通过对敦煌高窟第 237 窟西壁龛顶西披、东披、南披、北披都绘有成组的佛瑞像或菩萨像的考察，进一步指出：

> 到中晚唐时，对“神的表现”和对“像的表现”在观念上被清楚地区分。由此，在这两类佛像在佛教礼仪建筑中被赋予不同角色。这种变化的一个重要结果是出现了叫做“瑞像”③或“瑞像图”的新题材，通常由一排长方形画面组成，每一个画面描绘一身印度、和阗或中国的著名佛教尊像。……

① 荣新江：《敦煌“瑞像记”瑞像图及其反映的于阗》，载张广达、荣新江：《于阗史丛考》，北京：中国人民大学出版社，2008 年，192 页。

② 巫鸿：《礼仪中的美术——巫鸿中国古代美术史文编》，郑岩等译，北京：生活 · 读书 · 新知三联书店，2005 年，444—445 页。

③ 巫鸿先生所说的这种“瑞像图”，在敦煌莫高窟第 237 窟西壁龛顶西披、东披、南披、北披都有，尤其东披最为典型。

从本质上说，“瑞像图”是一种“图像的图像”（meta-image）——一种对“经典表现的再表现”（a representation of a classical representation）……它们总是在榜题中标明这是一组佛或菩萨的“像”，而不是将所绘形象称为某某佛或某某菩萨。①

巫鸿先生在将敦煌高窟第 237 窟西壁龛顶东披②一组 11 尊佛瑞像、菩萨像命名为一种特殊的“瑞像图”，并以之同 203 窟主尊相比较，提出从初唐到中晚唐，在瑞像与一般造像表现概念上发生了观念上的区分。巫鸿先生所提出的涉及瑞像与一般崇拜像在内涵上的“神的表现”和“像的表现”这两个概念，确实是对“瑞像”与一般佛教造像在功能和内涵上作区分的一个关键判断。

如果我没有理解错的话，巫鸿先生之“神的表现”显然是指对一般膜拜造像的塑造，而“像的表现”则是指在一般膜拜造像的基础上所产生的“瑞像图”之“图像的图像”，现在所涉及的问题是，在佛史文献家来看，“瑞像”恰恰不是“图像之图像”，而是“众像之始”，就是说，“瑞像”是“释迦牟尼真容”，而一般崇拜用的像则是“图像之图像”。

现在我们把这对概念前移，在唐代以前，佛教史家对于“瑞像”的认识有助于我们理解这个问题。梁代高僧慧皎在《高僧传》中述及“优填王旃檀瑞像”时说此像乃“现写真容，工图妙相”，而谈及后世所流传的佛像时则说“夫法身无像，因感故形；

---

① 巫鸿：《礼仪中的美术——巫鸿中国古代美术史文编》，郑岩等译，445 页。

② 敦煌文物研究所：《中国石窟 · 敦煌莫高窟 4》，北京：文物出版社，1987 年，图版第 109。

感见有参差故，形应有殊别”。[1] 慧皎对“优填王旃檀瑞像”与后世其他佛像的说法，显然是有所区分的，前者是“真容”，因而“如来在世已见成轨”，是固定的“像”；后者是“法身”，所以“法身无像……感见有参差故，形应有殊别”。

如果我们将慧皎的这个说法与巫鸿先生前面所举的一对概念相比较，就会发现，慧皎所谓“现写真容，工图妙相”即可视之为“像的表现”，而慧皎所谓“法身无相……感见有参差故，形应有殊别”即可视之为“神的表现”。

对于“神的表现”之美术形象，因为其表现的是一种供人膜拜的“法身”，而法身是无像的，因而就可以面目、形态各异；但是释迦牟尼的“真容”是固定的。对于这种“法身”像，宫治昭先生有一个比较新的说法，他认为：“贵霜朝以后，尤其在笈多朝时（4世纪后半—6世纪前半），佛传的释迦像趋于消失，开始追求超越他的永远相的佛陀像，在艺术上，探寻着各种图像形式。称作“宇宙主释迦佛”，就是永远相的释迦佛像。”[2]

在石窟寺中，当这种“永远相的释迦佛像”与“现写真容，工图妙相”的释迦牟尼“真容像”处于同一空间时，瑞像被布置在窟顶四披、盝形顶、龛顶等位置，明显是作为主尊的陪衬或附属图像而存在。[3] 巫鸿先生考察后指出，瑞像往往被布置在中心龛中主

---

① 释慧皎：《高僧传》卷13《兴福论》，495—496页。

② 宫治昭：《宇宙主释迦佛——印度·中亚·中国》，载宫治昭：《吐峪沟石窟壁画与禅观》，贺小萍译，上海：上海古籍出版社，2009年，139页。

③ 张广达、荣新江先生根据现有资料，对敦煌莫高窟瑞像图所在的窟号、绘制年代、绘画位置、现存简况做了全面统计，共有晚唐到五代、北宋的瑞像图27处。其中绘于甬道盝形顶的有9处，绘于甬道盝形顶披的有9处，绘于甬道顶的有1处，绘于主室壁盝顶帐形龛披有6处，前室北壁龛有1处。参见张广达、荣新江：《于阗史丛考》，179—181页，表一。

尊佛像的上方，或者在通向主室的甬道顶上。因此，巫鸿先生认为：处于主尊佛像上方的瑞像功能在于烘托主像的荣耀，处于通往主室甬道顶的瑞像，功能在于引导人们通向神圣世界。

当然，美术史家根据石窟绘画或造像所探讨的大都是晚唐、宋到五代时期的"瑞像"，其功能可能同传世的"优填王旃檀瑞像"还是有一些区别。

中国传世的"优填王旃檀瑞像"作为一种特殊造型的释迦牟尼"真容像"，有以下几方面特殊之处。

（1）从传世"优填王旃檀瑞像"来看，其以佛胸口和腿部分别为中心轴的"U"形对称衣纹为最大特征，并且这种源自"出水式"衣纹的纹样可能考虑到了牛头旃檀木造像的木纹形象，所以佛像的"U"形衣纹非常夸张，已经跟"出水式"衣纹有了很大差别，更加模式化。

（2）"优填王旃檀瑞像"是国王所造，从一开始这个像就有"腾空接佛"的"灵异"性质，因而，它是三种元素的组合：首先跟国王、皇帝联系在一起；其次是释迦牟尼"真容"；再次它具有"灵异性"。由此，在汉文文献中，关于它的定位是："旃檀佛，以灵异著闻海宇。王侯公相、士庶妇女，捐金庄严，以丐福利者，岁无虚日。故老相传云：其像四体无所倚着，人君有道，则至其国。"①正是因为这些原因，从梁武帝开始，"优填王旃檀瑞像"就一直是由帝王供奉的特殊造像，是"人君有道"的一个重要标志。

魏晋南北朝时期，胡人占据中原地区与晋廷南移，也标志着中华帝国的统治中心、文化中心和王朝正统的南迁，从东晋到宋、齐、梁、陈，并延续到隋、唐、宋，其中华帝国的正统地位被自我强

---

① 陶宗仪：《南村辍耕录》卷 17《旃檀佛》，北京：中华书局，1959 年，206—207 页。

调。因而,扶南国进贡的南传“天竺旃檀瑞像”,一直是被帝王或皇家作为“王朝正统”的一个标志来供养、传承的。

(原载《历史研究》2018 年第 2 期)

对“释迦乘羊问学图”的探讨

“释迦乘羊问学图”，是对佛传记载中释迦太子青年时代学习文学课程场景的艺术表现。

这种场景的描绘，在犍陀罗石刻和中原佛教图像中的表达有很大的差别。犍陀罗石刻中，释迦太子是骑在羊背上前去拜师学习的；南北朝时期的壁画中，释迦太子是骑在马上前往拜师的；而隋唐时期则演化为释迦太子坐在中式榻上学习的场景。

显然，随着佛教的传播，对佛传及经文内容的表达，会在不同的地域、不同的时空受到当地文化的影响，尤其是图像。所以，人物民族形象、服装、场景的演变，都是必然的。因而，本文在简要追索这种场景变化脉络的基础上，对“乘羊”这个骑乘方式做一点探讨。

一、 汉唐之际释迦太子“问学”场景的图像表达

汉唐之际，释迦太子“问学”场景的图像表达逐步中国化的过程非常明显，先看文献方面的表述。

释迦太子“问学”是佛陀传记中一个主要环节，在《佛本行集经》、《太子瑞应本起经》、《过去现在因果经》、《普曜经》中都有详细的描写。

三国时僧人支谦译《太子瑞应本起经》云：

及至七岁，而索学书，乘羊车诣师门。时去圣久，书缺二

字。以问于师，师不能达，反启其志。至年十岁，妙才益显。①

此云释迦太子“乘羊车”前往拜师学书，7 岁童子就显现出非凡的智慧。

隋天竺三藏阇那崛多译《佛本行集经》云：

> 时净饭王，复为太子多集羝羊，安置宫内。为令太子生欢喜故，真金为鞍，杂宝庄饰。种种璎珞，以严其身，金罗网覆。是时，太子乘彼羊车，至于园林。及其亲叔甘露饭等，自余诸释，各为诸子庄诸羝羊，具足如前。彼诸童子，亦乘羊车，随意游戏。②

根据此段描写，彼时的净饭王的王宫之内，释迦太子及其身边相伴的王族小伙伴都是乘羊车的，且羊为羝羊，也就是大公羊。

所谓“羊车”可以有两解：

（1）以羊当车，即《佛本行集经》卷 3 所谓“真金为鞍，杂宝庄饰”。显然，这样配有鞍子的羊不是用来拉车的，而是骑乘的。事实上，在犍陀罗雕像中，释迦王子拜师学书的造像有骑羊的图像。

（2）以羊拉车，上述文献中所谓“乘羊车”在字面意思上显然即羊与车的结合，中国古代宫廷中也有“羊车”之设与使用；在犍陀罗造像中表现释迦王子求学之场景，也有坐羊拉车的图像。

不论是“以羊拉车”，还是“以羊当车”，释迦太子前去拜师学书，都是作为一个童子乘羊而去的，所以《悲华经》以佛陀的口气云：

---

① 支谦：《太子瑞应本起经》卷上，《大正新修大藏经》卷 3《本缘部上》。

② 阇那崛多：《佛本行集经》卷 11《姨母养育品第十》，《大正新修大藏经》卷 3《本缘部上》。

> 我为童子乘羊车时，所可示现种种伎术，为悟一切诸众生故。[①]

据上引《佛本行集经》的记述，所有释迦族的王族儿童平时也都是骑羯羊的。

然而，汉唐之际的中国古代佛教图像中，释迦太子“问学”一节表现得非常少，并且略去了“骑羊”这一情节，完全中国化了。唯一可见的同“骑羊问学”相仿的，是释迦太子骑马问学的图像。

在敦煌莫高窟第290窟人字坡东坡，北周时期壁画，有“太子赴学”的壁画场景：释迦太子骑在马上，马前方有身穿中式衣冠的教师，马后有两个随从，其中一个打着华盖。[②]（图1）

此图虽然将“乘羊车”这样相对不太容易理解的内容，改为“骑马”，但是原则上遵守了佛经经文中所表达的释迦太子出宫到教师之门问学的动态场景。

而在敦煌藏经洞发现的唐代（9世纪）的绢画中，表现“太子赴学”的场景则被描绘成“于宫中与文武先生讲论”，完全是坐在王宫的中式榻上坐而论道的布局。[③]（图2）

---

① 《悲华经》卷6，载《大正新修大藏经》卷3《本缘部上》。

② 敦煌研究院：《敦煌石窟全集4佛传故事画卷》，香港：香港商务印书馆，2004年，70页，图版54。

③ 马炜、蒙中：《西域绘画：敦煌藏经洞流失海外的绘画珍品6·佛传》，重庆：重庆出版社，2010年，14—15页。

图 1　敦煌壁画太子赴学图

图 2　敦煌绢画宫中讲论

二、 犍陀罗雕塑作品中释迦太子的“乘羊问学”

正如《太子瑞应本起经》等经文所表述的那样，在犍陀罗佛教造像作品中，表现释迦太子问学的场景被忠实地塑造成“骑羊”或“乘羊车”的模式。

在犍陀罗“释迦太子问学”雕塑品中，包括两个场景：(1)太子乘羊去老师家的场景，考古学家称之为“通学”；(2)释迦太子教导学童学习的场景，称之为“勉学”。

“通学”的场景有两种：一是释迦太子坐在由羊拉的车上前往老师家；一是释迦太子骑在羊背上前往老师家。“勉学”的场景也至少有两种：一是对话的场景；一是将“书板”放在双膝之上坐着书写的场景。

关于“释迦太子问学”的两个组成部分“通学”与“勉学”，《普曜经》有着很详细的描绘：

> 佛告比丘，尔时太子厥年七岁……一切众释前导从，白净王俱行迎菩萨。
>
> 菩萨乘羊车将诣书师，适入书堂欲见其师……尔时菩萨与诸释童俱往，菩萨手执金笔、栴檀书隶，众宝明珠成其书状，侍者送之。
>
> 问师选友：“今师何书而相教乎?”其师答曰：“以梵、佉

留而相教耳，无他异书。”菩萨答曰：“其异书者有六十四，今师何书正有二种？”师问：“其六十四书，皆何所名？”太子答曰：“梵书、佉留书、佛迦罗书……皆响书。”太子谓师：“是六十四书，欲以何书而相教乎？”

时师选友欢然悦豫，弃捐自大。

时一万童子，与菩萨俱在师所学，见菩萨威德建大圣慧。

尔时菩萨为诸童子一一分别字之本末，演如是像法门诸音。在于书堂，渐开化训诲，三万二千童子劝发无上正真道意。是故菩萨往诣书堂，示从师受。①

这段文献，提示我们三个要点。(1)释迦太子乘羊车去老师选友的门庭，此即“通学”，释迦太子是与“诸释童俱往”，而这些释童，正是前引《佛本行集经》所云释迦族甘露饭王等王族之子。(2)跟释迦太子一起就学的三万二千童子其实是释迦太子的学生，是受释迦太子教导的，此即所谓“勉学”。(3)释迦太子“通学”之时携带了“金笔”和“旃檀书隶”这两样学习用具。

至此，我们可以在犍陀罗石刻造像中，来对上述文献中的“通学”、“勉学”诸要素一一对应认识了。

我们先看两个典型的“通学”的犍陀罗片岩雕塑(图3、图4)：

图3的灰色片岩石雕出土于巴基斯坦恰尔萨达地区。② 画面中释迦太子坐在两头大角羊拉的车上，驾车人手持缰绳；羊的毛皮像长形松果一样，显然是绵羊。羊车最前面，是身形略小的一个手托物品的引导侍者；车后树下，是2位跟随的侍者。在画面的上方有4人——其实表现的应该是同车驾平行的4位伴随

---

① 《普曜经》卷3《现书品第七》，载《大正新修大藏经》卷3《本缘部上》。

② Isao Kurita, *A Revisedand Enlarged Edition of Gandharan Art: The Buddha's Life Story*, Tokyo: Nigensha, 2003, p. 14.

者，他们身形大于侍从，应该是释迦族甘露饭王等王族中的儿童，是释迦王子的学伴。我们可以看到，这4人中，至少其中2人手中都握着一块很大的长方形板，类似船桨。这是一种特殊的木质书板，即《普曜经》所谓的“旃檀书隶”。它兼具书本和练习本的功能，既可以用来抄写经文，也可以用来练习书写。其功能相当于中国古代学生所使用的漆木水牌，经文内容写在上面，诵记完成后，就可以把字擦了，然后再写新的内容，可以反复使用。

图3　羊车通学石雕

图4　骑羊通学

图4的灰色片岩石雕出土地不详，英国伦敦私人收藏品。① 画面中释迦太子骑在高大的有角公羊背上，身后是一位侍者，羊头前是3位手持书写木板即“旃檀书隶”的释迦族儿童。

至此，产生的一个很有趣的问题是：图像中释迦太子的学伴所持的这种木质书写板，在今天北非的一些地区还可以见到。现代的毛里塔尼亚儿童在学习《古兰经》的时候，还是使用2000多年前释迦太子及其学伴所使用的这种书板，其形状与使用方法几乎是完全一样的（图5）。在西藏地区，被称之为“墙星”的书写板

---

① Isao Kurita, *A Revised and Enlarged Edition of Gandharan Art: The Buddha's Life Story*, Tokyo: Nigensha, 2003, p. 49.

也是抄写和学习经文常用的工具，不过在西藏地区，此种木板是横着书写的。

图 5　毛里塔尼亚儿童使用的书板

“通学”主题的犍陀罗片岩浮雕还可以举出很多例子来，其中比较典型的是下面这件片岩浮雕（图 6），维多利亚与艾伯特博物馆藏品，藏品号 H. 1040。[①] 释迦太子骑在绵羊背上，身后是打着华盖的侍者，羊头前迎面站着两人，其中一人手持书板，同释迦太子处于交谈或问答的场景中。我们可以将之同敦煌莫高窟第 290 窟北周时期“太子赴学”壁画（图 7）作一比较。虽然片岩浮雕 H. 1040 中的释迦太子骑的是公羊，北周“太子赴学”中的释迦太子骑的是马，但是二者的构图是完全一样的：相同的出场人物、面对释迦的 2 位人物同释迦太子处于交谈状态、太子身后打华盖的侍者。甚至可以推断，在构图上，二者应该有着一定的继承关系。

图 6　犍陀罗浮雕太子赴学

图 7　敦煌壁画太子赴学

关于“勉学”的场景，图 8、图 9 是最有代表性的。

① Isao Kurita, *A Revised and Enlarged Edition of Gandharan Art: The Buddha's Life Story*, Tokyo: Nigensha, 2003, p. 50.

图8片岩浮雕出土于巴基斯坦斯瓦特地区,[①]浮雕左侧是释迦太子射箭展示武艺的场景,右侧则是勉励“诸释童”学习,“发无上正真道意”[②]的场景。坐着的“诸释童”置书板于腿上,正在上面抄写正知识,旁边有拿着墨水盒的侍者。

图8　太子勉学浮雕　巴基斯坦斯瓦特地区出土

图9　太子勉学浮雕　巴基斯坦马拉坎地区出土

图9片岩浮雕出土于巴基斯坦马拉坎地区,[③]浮雕右侧是释迦太子“通学”之场景,左侧是“勉学”场景。释迦站在中间,正在

---

① Isao Kurita, *A Revised and Enlarged Edition of Gandharan Art*: *The Buddha's Life Story*, Tokyo: Nigensha, 2003, p. 54.

② 《普曜经》卷3《现书品第七》,载《大正新修大藏经》卷3《本缘部上》。

③ Isao Kurita, *A Revised and Enlarged Edition of Gandharan Art*: *The Buddha's Life Story*, Tokyo: Nigensha, 2003, p. 50.

“为诸童子一一分别字之本末，演如是像法门诸音”[①]，此即“勉学”，其身前身后有坐着在书板上记录的童子，也有协助童子学习的侍者。

关于“通学”与“勉学”的文献表述，转化成图像后，在犍陀罗地区的浮雕中有着较多的表现，而在中原地区关于佛陀的传记图像中则少之又少，这是一个值得思考的问题。

三、 扩展讨论：关于古代儿童骑羊的问题

有了以上的基础，现在我们可以稍作扩展，讨论一下古代儿童骑羊的问题了。

佛传中释迦太子在 7 岁上学时是乘羊车去见老师的，这个乘羊车，既有坐羊拉车的图像，又有骑羊的图像。关于羊拉车问题，在商代墓葬和西汉王陵中都有羊车实物、驾车之羊骨出土。[②] 中国古代宫廷中亦有羊车之设，[③]且不同时代“羊车”之义有虚有实，佛经中更以“羊车”为喻。这些问题学界讨论很多，近年来以彭卫先生所撰《“羊车”考》[④]至为详尽，就不再赘言了。但是，古代儿童骑羊则一直是一个比较模糊的问题，所以需要做一些扩展性讨论。

在古代骑乘动物的利用史方面，我将之主要分为“驯养的骑

---

① 《普曜经》卷 3《现书品第七》，载《大正新修大藏经》卷 3《本缘部上》。

② 中国社会科学院考古研究所：《安阳殷墟郭家庄商代墓葬：1982—1992 年考古发掘报告》，北京：文物出版社，1998 年，147—149 页；岳起，刘卫鹏，邓攀，骆选良：《西汉昭帝平陵钻探调查简报》，《考古与文物》，2007 年第 5 期，3—5 页。

③ 房玄龄等：《晋书》卷 36《卫玠传》，北京：中华书局，1974 年，1067 页；卷 31《胡贵嫔传》，962 页；李延寿：《南史》卷 11《潘淑妃传》，321 页。

④ 彭卫：《“羊车”考》，《文物》，2010 年第 10 期，71—75 页。

乘动物”与“想象的骑乘动物”，前者如大象、骆驼、马、牛、毛驴等，后者则有飞马、狮子、豹子等。而羊作为骑乘动物并不常见。众所周知，人类驯化羊乃是为了其皮毛与肉而非骑乘。然而在实际生活中，却又有“骑羊”这样的实例或记载存在，因而，“乘羊”确实有其值得关注的特别之处。

在历史文献或文学性作品中，我们可以见到的骑羊事例有以下几端：(1)释迦太子骑羊问学；(2)匈奴儿童骑羊射猎；(3)《荷马史诗》中的奥德修斯骑羊逃脱；(4)西藏壁画中，有骑羊的神像。

儿童骑羊的说法，最著者乃是司马迁于2000多年前在《史记》中记载的匈奴孩子的童年生活：

> 匈奴……逐水草迁徙，毋城郭常处耕田之业，然亦各有分地。毋文书，以言语为约束。儿能骑羊，引弓射鸟、鼠；少长，则射狐、兔用为食。士力能弯弓，尽为甲骑。①

此种“儿能骑羊，引弓射鸟”的生活，可以同佛经中释迦太子骑羊问学的记载做一个互相参照。匈奴儿童的骑羊射鸟鼠(图10)仅仅是一种具有游戏性质的骑射训练，所以射的仅仅是鸟与鼠这些不能解决生活问题的小动物，而这些儿童稍长大一点就可以射狐兔来作为肉食资源。由此对比可见，骑羊是不

图10　匈奴儿童骑羊射鸟鼠

① 司马迁：《史记》卷110《匈奴列传》，北京：中华书局，1982年，2879页。

能射狐兔的，那么骑羊射猎的实用性显然非常低。相比照，《佛本行集经》在提到释迦太子在宫中乘羊之事，也只是云“彼诸童子，亦乘羊车，随意游戏”，[①]由此可见儿童骑羊的游戏性质。

但是这并不能否认，一些体型巨大的羊，在特殊情况下，也是可以作为成人骑乘的驮兽的。奥德修斯是荷马史诗《奥德赛》中的主人公，是希腊人的英雄，他曾在牧人的帮助下，藏身在绵羊的肚子下成功地逃亡。约公元前 510 年的一个雅典式黑色图案的花瓶上，栩栩如生地表现了这一幕。这是一种体型巨大的绵羊，能让成人骑乘的羊，当然要有足够的体量。

唐代贞观十六年(642)，玄奘法师在从印度归国途中，[②]在从兴都库什山的塔瓦克山口翻山后，在一山村中曾见到过一种羊“大如驴”[③]，应该是此类可以供成人骑乘的绵羊。需要提及的是，在藏北地区，盐的运输是靠羊驮来完成的，这虽然不是“乘羊”，但乃是羊用于驮运的一个典型实例。

在西藏自治区的古格王国早期佛教石窟东嘎 1 号窟南壁，绘有一位身穿藏服的男人骑着公羊的画面，这位男人梳着辫子，手抓长长的缰绳，一条狗在身边疾驰，一类似猎鹰的鸟在其眼前飞翔，其前后有兽面人相伴(图 11)。

图 11　古格贵族骑羊狩猎

---

① 阇那崛多：《佛本行集经》卷 11《姨母养育品第十》，载《大正新修大藏经》卷 3《本缘部上》。

② 杨廷福：《玄奘年谱》，上海：上海古籍出版社，2011 年，211—212 页。

③ 慧立本、释彦悰笺：《大唐大慈恩寺三藏法师传》卷 5，北京：中华书局，2000 年，115 页。

托马斯·J.贝恩佳认为这应该是一位猎人。[①] 难道在12世纪的西藏高原上,还有骑羊打猎的真实事例存在吗?最大的可能性是,这应该是一位神,他的头上有头光。也有可能,这正是释迦太子“通学”传说的一个藏式版本。

在汉画像石中,有驾羊车的图像,也有骑羊的图像(图12、图13)。[②] 骑羊者有的明显具有猿猴一样的身体特征,且带有高帽,可以认定为是“胡人骑羊”;而有的则前后都有随从随之疾驰,整个图像有“御风而行”的效果。汉画像石系统当然不是社会实录或纯粹的美学表达,而是一个具有思想性的图像世界,因而,“胡人骑羊”或“骑羊御风”可能跟“仙界”或升仙有关,但是,其图像渊源可能来自游牧世界的牧羊生活实践。

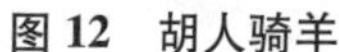

图12 胡人骑羊

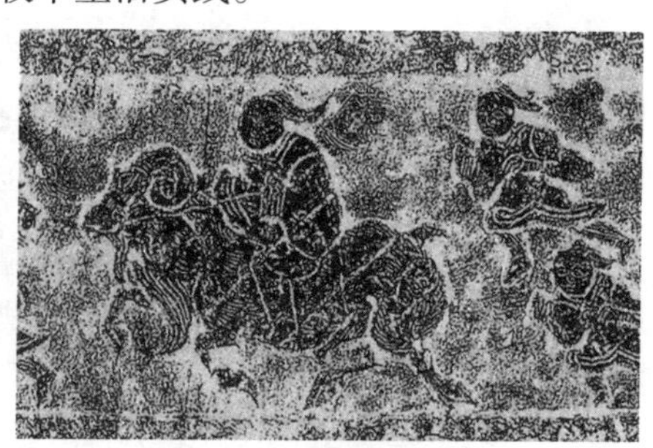

图13 汉画像石中的羊车

羊是草原游牧民族生存的根本,他们的帝国需要马背上的征服,但更需要羊背上的养育。不仅如此,羊也是农业文明定居者的重要生活资源。人类不能直接食用的野草杂树,通过羊的短期生长,迅速转化成了皮、毛、油、奶、肉等高品质的动物蛋白、胆固

① 熊文彬:《西藏艺术:1981—1997年ORIENTATIONS文萃》,北京:文物出版社,2012年,220页。

② 金维诺:《中国美术全集·画像石画像砖》,合肥:黄山书社,2010年,第1册152页、第2册262页。

醇和生活资料。羊之温顺及其对于人类生活衣食住行之资源周济，使得羊由此在华夏文明中获得“吉祥”之意，甚至成为“国之重器”的象征，商代的四羊方尊等青铜器就是典型代表。

当然，在整个欧亚大陆范围内，羊都是人类文明发展进程中的重要参与者。

在贯通欧亚大陆的北方草原上，从远古到前近代的上万年间，羊之形象都是旷野岩画的主要表现对象。在古代埃及，阿蒙神就是羊头狮身的形象。古代斯基泰人把他们身穿羊皮衣裤、挤羊奶的形象镌刻或铸造在精美的黄金艺术品上，狼噬羊的场景更是斯基泰、匈奴、突厥与蒙古族等欧亚北部草原艺术中常见的图样。

据记载，波斯国王和西亚及中亚昭武九姓诸多小国的国王，都是坐在“金羊床”上处理国家政务、接待外邦来使的。由此诸相可见，在欧亚大陆，羊的人文意蕴深厚绵长。

（原载《形象史学研究》2017 年第 10 辑）

佛陀狮子座：威震万国与护佑佛法

狮子在印度自古被尊为百兽之王，象征人中的雄杰或导师。公元前3世纪的孔雀王朝时期，阿育王征服整个印度之后，将雄狮的形象雕刻在石柱头上，象征王权和佛法。佛祖释迦牟尼出身于印度王族，又被誉为“人中狮子”，所以佛陀所坐的法座，也就被称为“狮子座”。佛教艺术造像中，一般是在法座上面刻画或蹲或立的双狮子形象作直观表现。

从十六国到隋唐时期的佛教造像中，佛陀的狮子座在中国佛教艺术中的造型主要有二狮蹲守的狮子座和三狮组合的狮子座。

我们在这里选出在壁画与造像中有代表性的狮子座图像，来看看狮子座在中华佛教中的具体样式。

第一个狮子座图像是这座禅定印的佛陀坐像（图1），是2—3世纪的作品，现藏哈佛大学艺术博物馆，是出土于中国河北地区的早期金铜佛像的代表作品。①佛陀背后有火焰纹的背光，头部

图1　中国河北早期佛陀坐像

① T. W. Rhys Davids, *1000 Buddhas of Genius*, Vietnam: Baseline Co Ltd. P. 356.

细密整齐的发丝、高高的发髻、三角形的衣领和质感很强、梳理整齐的短髭，都表明这是一个典型的犍陀罗风格的佛陀造像。

最为引人注目的是佛陀法座两侧那两个鬃毛蓬松飞扬、张口露齿的护法狮子，它们的腿如柱子般有力地挺立着，双腿呈八字形，身体微微向外倾斜，大张的口部似乎是在配合佛陀的微笑似的，也给人以笑哈哈的感觉。双狮的中间，是盛开在水瓶中的茂盛的莲花。显然，这两个狮子挺立的双腿表达的是用力扛起佛座的意思，而倾斜的身体与内伸朝向莲花的巨爪，则明显有护佑莲花的意味。

与同时期在中国华北地区出土的金铜佛像相比较，无论在造型的特殊性，还是铸造的精细程度与技术精湛方面，这尊禅定印的佛陀坐像都远高于其他作品，所以不排除这件作品从西域流入的可能性。

这个狮子座那种张嘴露齿、身体略微外倾的双狮子图样，与秣菟罗、犍陀罗地区 1 世纪的石质佛陀造像完全一致。如赵玲在《印度秣菟罗早期佛教造像研究》中发布的秣菟罗政府博物馆藏编号为 42. 2929 的禅定佛陀造像中的狮子座、西塔拉迦提出土的通肩坐佛双狮子座等，都是这样的狮子造型。而大约创作于 2—3 世纪之间的一件犍陀罗的片岩雕塑作品（图 2），[①]佛陀安祥地坐在

图 2　犍陀罗佛陀坐像

① T. W. Rhys Davids, *1000 Buddhas of Genius*, Vietnam: Baseline Co Ltd. P. 123.

狮子座上，两侧的狮子身体外倾、双腿柱立。与河北地区出土的这件金铜禅定佛座上的双狮子风格完全一致，两者的继承关系一目了然。

第二个狮子座图像来自敦煌壁画，是敦煌莫高窟272窟南壁北凉时期(397—406)《说法图》中的双狮座(图3)。

图3　敦煌壁画《说法图》中的双狮座

此图的狮子座为敦煌壁画中时代最早的狮子图像，它被绘成一只长着胡须的圆头猛兽。双狮座上的狮子是象征性的，因而消减了狮子的自然特征。其形象朴拙、简练，有几分汉代石雕的沉重感。狮子的前胸绘得强健有力，而头部则含糊地概括为椭圆形，颈部没有波斯或印度雄狮那种火焰状毛束鬃，下颚处画有一缕像辟邪那样的胡须。①

壁画中的狮子座不但有这样按照传统固定模式描绘的一边一头狮子的图样，还有几种相对比较随意的狮子座图样值得我们重视。

一个不同的特例来自莫高窟第16窟佛坛主尊彩塑佛座南侧须弥座壶门里的晚唐双狮(图4)。

① 刘玉权：《解读敦煌·中世纪动物画》，上海：上海人民出版社，2007年，31页。

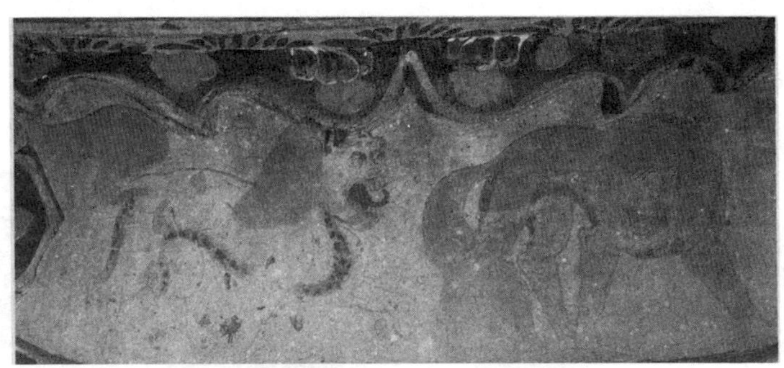

图4　敦煌须弥座壶门里的晚唐双狮座

这两头狮子，前面一头雄狮鬃毛竖起，怒目回首，呲牙咧嘴，对身后的狮子发威。后面的狮子鬃毛下垂，虽然圆瞪双眼，大张着口，却显得不够威严，倒有几分像供人玩赏的狮子狗。这两头狮子既然画于佛座上，当然有代表佛的双狮座之意义，但是完全突破了那种狮子两两相对、整齐划一的模式，从一个侧面表明了佛教艺术中国化和世俗化的迹象。①

另一个特例是榆林窟25窟内中唐时期的三个狮子组合的狮子座（图5）。

图5　榆林窟中唐三狮子座

榆林窟第25窟是吐蕃统治时期的代表性石窟之一，其壁画艺术性很高。在菩萨装的卢舍那佛像中，画着狮子座，左右各有一侧面坐狮，中央一头为正面。正面的样式极为

① 刘玉权：《解读敦煌·中世纪动物画》，上海：上海人民出版社，2007年，81页。

罕见，在壁画中完全正面构图的坐狮，处理相当困难。而这幅画的效果却很好。狮子有坚实的胸脯、强壮的四肢、卷曲茂盛的鬃毛、有神的双目、漂亮的眉毛。虽张开巨口，但却并无凶恶之相，倒有几分惹人喜爱的笑意。[①]

像这样由三头狮子组合而成的狮子座，在华夏佛教造像与壁画中非常罕见，其源头可以在秣菟罗造像中找到，如秣菟罗考古博物馆收藏的这尊高 69cm 的佛陀造像（图 6），是 2 世纪贵霜王朝的作品，它的狮子座就是由三头狮子的组合来表现的。

图 6　秣菟罗三狮座佛陀坐像

这尊用红色的带有亮点的砂石雕刻而成的佛陀坐像，乃早期秣菟罗艺术之典范。佛陀双腿屈盘，足掌朝天，结跏趺坐于由三头狮子支撑的台座之上，座上刻有铭文。碑文指出这是一尊菩萨的雕像，大抵是因为在早期，人们把在各地到处传法的佛陀称作菩萨的缘故。佛陀的体态与举止跟国王并没有什么两样，他身后所装饰的半圆形的头光便是菩提树枝。正是在此树枝下，太子悟道成佛。佛陀背后站立两位男性侍从：手持拂尘的金刚手菩萨和莲花手菩萨，飞动的天女们正往佛陀身上散花。狮子座上的碑文曰："佛图拉什塔的母亲阿莫哈西及其父母一道，将此尊菩萨像

① 敦煌研究院：《中国石窟 · 安西榆林窟》，北京：文物出版社，1997 年，图版第 38；刘玉权：《解读敦煌 · 中世纪动物画》，上海：上海人民出版社，2007 年，79 页。

置于自家的庙宇中，祈愿一切众生，吉祥如意。”①

这尊造像狮子座上的三尊狮子非常经典，中间的狮子正面蹲踞，沉静自若；两侧的狮子相背而坐，将上身尽力挺起来，像是要扛住佛陀所坐的那个台座似的。早期秣菟罗造像中的狮子座表现形式中，还有一种两个带翼狮子在佛座两侧，挺立前半身，用力扛起佛座的造型。那么这个三头狮子的狮子座，也包含着这种扛起佛座的寓意。

第三个狮子座图像来自石愚山房收藏的隋代菩萨立像（图7），这是一尊汉白玉造像，高107cm。菩萨头戴花冠，身披璎珞，手持莲花，面带微笑，站在精美的覆瓣莲台上，圆形的莲台下是长方形的狮子座，狮子座两侧是两个供养人，中间是地神手托摩尼宝珠，两边各有一个鬃毛蓬松的蹲狮，翘尾张口，举起前爪扶着摩尼宝珠，表示狮子护法的意思。

在华夏地域内的石窟寺造像、寺庙造像及考古出土的南北朝至隋唐的各种石像、金铜造像中，虽然狮子的形象各有不同，或写实逼真，或肥硕臃肿，但是大多数的狮子座都是这样两头狮子相对而蹲的模式。

图7　隋代狮子座菩萨立像

中华地域内佛教雕塑中的狮子座虽然都是两头狮子相对而

---

① Charles F. Chicarelli, *Buddbist Art*: *An Illustrated Introductio*, Thailand: Silkworm Books, 2004, pp. 65—66.

蹲的模式，但下面这两件造像中狮子座比较特别，需要我们特别注意。

一是这件藏于上海博物馆的北魏时期的菩萨与维摩诘并坐的造像（图 8），其下双狮子的造像显然是来自当时可能已经流行的狮子舞中的狮子形象。那浑身拖地的长毛、夸张变形的头部、装饰性的双耳和花朵一样分瓣而飘扬的尾巴，与在狮子舞中由人来所装扮的狮子一模一样。[①]

图 8　北魏双狮子座造像

图 9　北齐双狮子座造像

另一件也是收藏于上海博物馆的北齐时期的石质造像（图 9），是两龛并列的一佛二弟子二菩萨的造像，两个龛像下面是以摩尼宝珠为中心的二狮子与二供养人。

有趣的是，这两头狮子是分出了雌雄的。雌狮没有鬃毛，尾巴小而短；而雄狮鬃毛丰沛，尾巴不但长且大，而且像植物的大叶子般分出了三个叶片，非常张扬。

在秣菟罗、犍陀罗的狮子座中是看不出有雄狮、雌狮这种分别的，况且从对王者和佛陀的赞颂与比拟来看，他们对应的都是威武勇猛的雄狮，自然不会在狮子座上雕出雌狮来。事实上南北

---

① T. W. Rhys Davids, *1000 Buddhas of Genius*, Vietnam: Baseline Co Ltd. P. 374.

朝时期的大多数狮子座也没有这样的雌雄之分，所以这是一个特例。

显然，南北朝时期狮子座中出现的这种一对狮子分雌雄的表现模式，肯定是中国古代看门狮子分雌雄的滥觞，是中国文化讲究阴阳平衡的产物。①

将在中国发现的宋代之前的狮子座造像与秣菟罗、犍陀罗同类造像相比，我们还发现了一个有趣的现象：秣菟罗和犍陀罗的狮子座上的狮子，要么是狮头向前的正面像，要么就是双狮相背头向外侧的形象；而中国发现的同类造像，尤其是石刻雕像，大多是双狮头向中间的莲花或摩尼宝珠。这个差别，可能反映了在佛教发展的不同阶段，艺术家或工匠所秉承的观念略有差别。

双狮头向外侧的造型，也许其最早的观念源头来自阿育王柱头狮子同样的观念——雄狮远望无边无际的四方大地，有威震万国、远播佛法的含义；而中国所创作的狮子座则更多地是包含着双狮子护佑莲花、摩尼宝珠与佛法的寓意。

从狮子座佛像传入中国的时代来讲，在华北地区发现的一系列十六国时期的小型的、便于携带的金铜佛造像（图 10）是较早的。② 这些金铜佛像分布在由中原的洛阳地区沿太行山、燕山山脉山麓向华北地区直至东北地区的朝阳的古代交通线上，这同早期来华传教僧人佛图澄等人的活动路线是相重合的。说明早期的僧人就是随身携带着这些佛像，到了城市或聚落则拿出铜像来传教礼拜。僧史文献中还记载，释道安在传教时，有的弟子对他所携带的多尊佛像中的一尊铸造不甚精巧的佛像有所轻视，结果

① T. W. Rhys Davids, *1000 Buddhas of Genius*, Vietnam: Baseline Co Ltd. P. 397.

② T. W . Rhys Davids, *1000 Buddhas of Genius*, Vietnam: Baseline Co Ltd. P. 359.

释道安在这尊佛像的发髻中发现了舍利，弟子们才恍然大悟这尊佛像一定有非凡的来历。可见当时的这些金铜佛像，有部分是来自西域地区的。

然而，十六国时期的这些狮子座金铜佛像虽然是中国僧人和佛教徒最早礼拜的佛像，但并不是最早传入中国的狮子座佛像，最早的狮子座佛像至迟在三国时代就已经在南方地区的壶、魂瓶等器物上出现了——虽然这些佛像并不是用来礼拜，而仅仅是作为一种神仙化的符号或装饰出现的。

图 10　十六国时期金铜佛像

在汉末至西晋时期，在南方的云南、四川、湖南、湖北、江西等地就发现了佛教造像近 220 处，其中有一部分佛像就是佛陀坐在狮子座上的形象，是秣菟罗造像的样式。如南京雨花台长岗村出土三国时期的青瓷釉彩壶上的堆塑佛像装饰（图 11）即典型代表，佛像二尊凸出器表，佛陀高踞莲座，左右有双狮子头。①

图 11　三国青瓷釉彩壶上的堆塑佛像

显然，狮子座佛像在三国时期以装饰性图样传入中国，东晋十六

① 贺云翱等：《佛教初传南方之路文物图录》，北京：文物出版社，1993 年，图版第 38。

国时期有了供佛教徒礼拜的狮子座佛像，南北朝时期走入兴盛。

在山东青州、河北曲阳和临漳都发现了大批的北朝狮子座石像，而龙门石窟等北朝、唐代雕刻佛像中更有大量的典型图像。

（原载《文史知识》2013 年第 4 期）

海青冠演变为朱雀冠的图像学解释

对于北部草原上的古代蒙古而言,海东青当然不仅仅是一种狩猎的帮手。至为重要的是,海东青是他们敬畏崇拜的对象,是神,是王权的象征。

蒙古大汗以海东青为其王权之象征,他宠信的军队统帅或王子公主及特别派出的使臣,都持有“海青符”——这是一种上面刻画有雄鹰海东青的牌符,象征着可汗亲临,因而持此符者权力巨大。

按马可波罗的记载,蒙古人的牌符中,万夫长有狮头金符;统率10万人的大藩主或一军之统帅,使用刻有日月形的狮子符。只有可汗的牌符是“海青符”,此牌符代表可汗亲临:

> 有时给海青符于此诸大藩主。持有此符者,权势如大汗亲临。持此符之人欲遣使至某地,得取其地之良马及他物,惟意所欲。①

1290年,元世祖忽必烈下令赐婚卜鲁罕族女子阔阔真于伊儿汗国可汗阿鲁浑。当阔阔真1292年年底抵达伊儿汗国时,阿鲁浑已经于1291年去世,1293年八月,阔阔真嫁给了阿鲁浑的长子合赞。马可波罗与另外2位欧洲人参加了这次护送阔阔真

---

① 马可波罗:《马可波罗行记》,沙海昂注,冯承钧译,北京:商务印书馆,2017年,177页。

到伊儿汗国的行程，在离开伊儿汗国的时候，他说：

> 阔阔真赐以金牌四面，两面是鹰牌，一面是虎牌，一面是净面牌，上有文云："此三使者沿途所过之地，应致敬礼，如我亲临，必须供应马匹及一切费用，与夫护卫人役。"①

这种所谓的金质"鹰牌"也就是"海青符"。在以上史料中，"海青符"都代表可汗本人，是王之象征，而非其他。"海青符"反映出海东青神圣而至高无上的地位，我们从蒙古早期历史记载中可以追溯到其发展的脉络。

成吉思汗的黄金家族就有关于"白海青"预兆之传说，据《蒙古秘史》记载，也速该带铁木真去斡勒忽讷兀惕（Olkhunuud）部落，遇见了弘吉剌部的德薛禅，德薛禅对也速该说：

> 也速该亲家，我夜里做了一个梦，梦见白海青抓着太阳和月亮，飞来落在我的手臂上。我这个梦，原来是叫你带着你的儿子前来的预兆啊。梦做得好！这是什么梦呢？必是你们乞牙惕人的守护神前来指教的。②

可见，白海青是抓着太阳和月亮的神鸟，是蒙古黄金家族的守护神。这种观念当然不是仅仅始自蒙古，在北方草原民族中有其源远流长的文化传承。至少，我们可以将之追溯到战国时期的匈奴文化体系观念之中。对于这个议题，我们需要从战国时期匈奴王的海东青黄金王冠讲起。

海东青黄金王冠，1972 年出土于内蒙古鄂尔多斯市杭锦旗阿门其日格苏木阿鲁柴登匈奴墓葬。这件战国时期的金质鹰形

---

① 马可波罗：《马可波罗行记》，31 页。

② 札奇斯钦：《蒙古秘史新译并注释》卷 1，台北：联经出版事业公司，1979 年，62 页。

冠饰,是迄今为止我国仅存的2000多年前的匈奴“胡冠”。(图1)

图1 匈奴海东青黄金王冠

匈奴海东青王冠整体由冠顶和额圈二部分组成:冠顶高7.1cm,重192g,额圈直径16.5cm,重1202g,冠顶作半球面形,花瓣状,饰浅浮雕四狼吃羊图案,狼作卧伏状,盘角羊前肢弯曲,后肢被狼咬住,作反转态。冠顶中央傲立一只展翅雄鹰,鹰体由金片作成,中空,身及双翅有羽毛纹饰,鹰首、颈用绿松石作成,首颈间有花边金片相隔。尾部另作,用金丝与鹰体连接,可以活动。冠顶呈现出了雄鹰俯瞰狼咬羊的生动情景。额圈由三条半圆形的绳索式金带巧妙并合而成,前面有上下两条,中间及末端均有榫卯相合,后面一条两端有榫与前面一条连接。[①] 三条金带末端分别饰浅浮雕卧虎、卧羊、卧马。整个金冠饰构思奇特,制作精湛,纹饰精美,是一件极具北方游牧民族(匈奴族)文化特点的代表作。

傲立冠顶的海东青,俯视着狼咬羊的激烈场面,马、羊和虎在额圈上呈动态分布。可以说,草原游牧文明中的所有重要文化元素都聚于此冠。海东青在这里不仅仅表示勇猛之意,而且可能是草原生活的俯视者。

与此冠相关联者,我们还可以审视一下突厥毗伽可汗鸟型王

① 丁勇:《鹰形金冠饰》,《中国博物馆》,2010年第3期,74—75页;田广金、郭素新:《内蒙古阿鲁柴登发现的匈奴遗物》,《考古》,1980年第4期,333—338、364、368、394—396页。

冠。毗伽可汗是第二突厥汗国的可汗,734 年在一场宫廷政变中被部下毒死。早在 19 世纪末,俄国考古学家就在蒙古国首都乌兰巴托以西 450 公里的额尔浑河畔发现了毗伽可汗陵园。2001 年,土耳其和蒙古考古学家组成的联合考古队,在毗伽可汗陵园内发掘出数以千计的金银珠宝,其中就有这件浮雕有神鸟的金冠。(图 2)

图 2　突厥毗伽可汗鸟型王冠

此王冠中间的鸟形如孔雀,正面直立,展翅翘尾,尾羽似团花。林梅村先生认为此亦是“海东青”金冠,[①]但是此冠之鸟型同阿鲁柴登出土的匈奴海东青冠之鸟形有非常大的差别。阿鲁柴登匈奴海东青金冠是完全的写实之鹰,而突厥毗伽可汗鸟型王冠上的则是明显具有美术夸张和对称加工的想象之鸟。

图 3　阙特勤的鸟冠头像

此外,蒙古国阙特勤陵园出土的阙特勤头像上也有此种具有想象和美化成分的鸟的图像。阙特勤是第二突厥汗国时期的著名人物,死于开元二十年(732),其陵园位于蒙古人民共和国和硕柴达木。1958—1959 年的考古发掘中,在陵园内的一东向献殿前埋祭祀品的坑内出土了阙特勤的鸟冠头像,鸟的形象同毗伽可汗金冠完全一致。(图 3)

① 林梅村:《松漠之间:考古新发现所见中外文化交流》,北京:生活·读书·新知三联书店,2007 年,230 页。

陈凌先生将突厥毗伽可汗鸟型王冠与两汉至隋唐出土朱雀图像相对比，认为此乃“朱雀冠”。[①] 虽然从图像的系统来考察，突厥王冠中间的鸟不是写实的“海东青”形象，而完全是华夏图像系统中的“朱雀”样式。但是，将“朱雀”这样一种完全华夏化的神鸟符号认定在草原民族突厥的王冠上，还是非常突兀的，缺少草原文化因素的支撑。

“鸟冠”是一种“武冠”，这是毫无疑问的，《后汉书·舆服志下》云：

> 武冠，一曰武弁大冠，诸武官冠之，侍中、中常侍加黄金珰附蝉为文，貂尾为饰，谓之“赵惠文冠”。

王国维在其《胡服考》中就指出：“胡服之冠，汉世谓之武弁……若插貂蝉及鶡尾，则确出胡俗也。”显然，自赵武灵王“胡服骑射”之后，匈奴等北方草原民族统帅头戴鸟冠的文化才进入中原。[②]而在丝绸之路上，从西亚到中亚，战神纳伽尔、战神阿斯塔提与佛教的毗沙门天王，都有头戴鸟冠的形象，[③]而鹰是战神的象征，这是欧亚大陆上最明确的文化要素，在琐罗亚斯德圣教书《阿维斯塔》中，是这样描写化身为雄鹰或黑兀鹫的巴赫拉姆的：

> 阿胡拉创造的巴赫拉姆是矫健的雄鹰，在飞禽中速度最快，在百鸟中最善于飞行。飞禽走兽当中，唯独它能避开翎箭……

---

① 陈凌：《突厥汗国与欧亚文化交流的考古学研究》，上海：上海古籍出版社，2013 年，151—154 页。

② 田广金、郭素新：《内蒙古阿鲁柴登发现的匈奴遗物》，《考古》，1980 年第 4 期，333—338、364、368、394—396 页。

③ 陈凌：《突厥汗国与欧亚文化交流的考古学研究》，上海：上海古籍出版社，2013 年，172—173 页。

> 去找一根羽翼硕大的雄鹰的羽毛，在自己身上轻拂，即可解除敌人的法术。凡持有这种猛禽的羽毛和骨头者，任何强敌都不能整治他、杀害他。
>
> 将四根雄鹰的羽毛置于两军阵前。那率先向高大魁梧、英姿焕发的阿马和阿胡拉创造的巴赫拉姆致祭行礼、馨香祷祝的军队，必将稳操胜券。①

在这里，不再是鹰本身，仅仅是鹰的羽毛就具有这样的神奇魅力，在古代的宗教观念中，鹰作为战神的代表被推到了如此至高的位置。而在当代的象征符号里，各国空军的标识上都少不了鹰的翅膀，而美国空军更是豢养着隼作为其吉祥物。此鸟为雄鹰是毫无疑问的。

因而，突厥可汗冠饰之鸟，应该就是猛禽海东青，它不仅表示勇猛之意，也是欧亚大陆北部王权认同的一个符号。它同法老的守护神荷鲁斯，同马可波罗所说的“古昔国王诞生，右臂皆有一鹰痕为记”②之说，同《圣阿尔班之书》“这是矛隼，一只雄矛隼，它属于国王”③等记载，是一脉相承的文化因素。

然而，为什么草原文化传承的“鹰冠”图像却成了“朱雀”？恐怕这同图像演变过程中的一种“美饰”原则所起的作用相关。图像之变化并不完全遵循严格的既有模式，尤其是带有神圣光环的图像，往往是在原有基础上要不断美饰的。这种“朱雀形”的海东青应该是在形象上借鉴了朱雀的美化样式。在这方面，中国

---

① 贾利尔·杜斯特哈赫：《阿维斯塔——琐罗亚斯德教圣书》，元文琪译，北京：商务印书馆，2010 年，283、288、291 页。

② 马可波罗：《马可波罗行记》，38 页。

③ 海伦·麦克唐纳：《隼》，万迎朗、王萍译，北京：生活·读书·新知三联书店，2010 年，42 页。

传统的“三足乌”或“太阳鸟”之图像演化就是一个典型。

在典型的汉代图像系统中,日月之表示有其固定的图像符号,一般是在圆圆的日轮中描绘传说中的三足乌,汉代人完全遵循此文化要素,日轮中的鸟一定是乌鸦之形象。

然而,乌鸦无论是形象还是声誉并不完美。至迟到唐代,我们就发现,日轮中的鸟发生了变化,有传统的乌鸦形象,也有“美化的乌鸦”形象,这个美化的乌鸦更近于传统图案中凤凰或孔雀的样子。

在此处列出4世纪所绘在辽宁省朝阳前燕壁画墓所出三足乌日轮形象(图4),[①]与敦煌莫高窟所出7—8世纪所绘《释迦瑞像图》[②]中释迦太子所托日轮图像中的鸟(图5)做一对比,后图中日中“金乌”被“美饰”的演化一目了然。这种在美术创作中夸张性或想象性“美饰”的做法,我想可以为“海青冠”演变成“朱雀冠”的美术现象做出一个比较形象的解释。

① 徐光冀:《中国出土壁画全集》8,北京:科学出版社,2012年,47页。

② 马炜、蒙中:《西域绘画:敦煌藏经洞流失海外的绘画珍品1》,重庆:重庆出版社,2010年,15页。

图 4　前燕壁画墓所出三足乌日轮

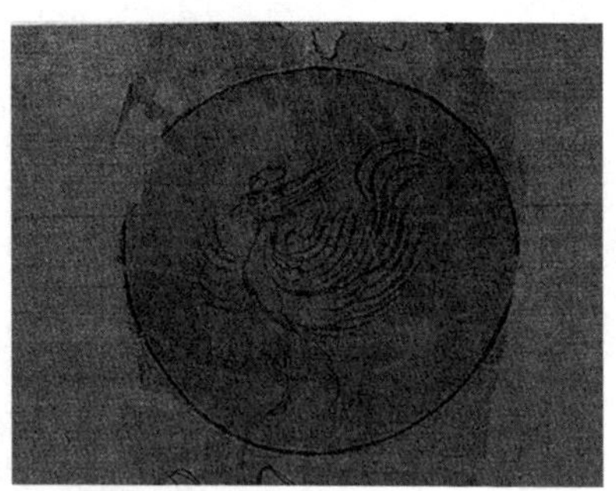

图 5　《释迦瑞像图》中的日轮

（原载《中国社会科学报》2015 年 4 月 15 日）

北朝胡人与佛教的传播

3—6世纪的中国,从思想接受与社会调适方面来讲,可以说处在一个痛苦而又欢畅的时代。痛苦来自于两个方面:一是北方少数民族进入中原,游牧文化强烈冲击成熟的农业文明,使得社会秩序混乱不堪,生存的安全系数降低;另一方面,佛教逐渐传播,它的知识体系和世界观等迅速嵌入中国社会,在思想、伦理制度等方面打乱了本土知识体系,以儒家解说为核心的社会意识形态受到前所未有的挑战。① 尤其是以儒家经典而立命的上层精英,成为这场文明冲突中精神痛苦的群体。在这个进程中,北朝佛教以民间信仰为特征,而南朝佛教则以士大夫整合改造佛教思想为特征。如果说南朝的士大夫们手执麈尾饶舌清谈深受佛教影响的话,那么研究佛教思想在北方一般民众中的接受方式和存在状态,将有利于我们认识佛教在中国社会结构中是如何扎根的。

---

①《广弘明集》中的正诬论、明佛论、喻道论、白黑论、均善论、达性论、更生论、神灭论、神不灭论、沙门不敬王者论、沙门袒服论、明报应论、释驳论、正二教论、夷夏论、戎华论、灭惑论、三破论等论难,分别就中国上古圣人、伦理概念、伦理行为、神形关系等等最基本的历史人物认识、意识形态问题、伦理体系做了新的审视和阐释。佛教理论家力图使佛教的一系列概念及神圣嵌入到中国传统的言说体系中,而儒生则希望用传统的言说体系彻底摧毁佛教的知识体系。随着西域奇异物品和各类法术的输入,这种意识形态的混战,用全新的知识体系打破了儒家知识系统的专一解说局面。

基于这样一种认识，使我们不得不关注在佛教传播中担当具体角色的那些人群，胡人同北方佛教发展的关系就是我在这里要重点考察的对象。史料表明，在3—6世纪的佛教传播过程中，北方游牧民族和来自西域等地的所谓“胡人”确实发挥了比较独特的作用，尤其是在4世纪北方佛教的发展过程中更是如此。这个问题需要从两个方面来理解：第一，胡人是较早接受和传播佛教信仰的群体，在北方尤其如此；第二，胡人南下造成的残酷的社会现实，迫使北方人民寻求一种寄托和安慰，客观上为佛教的发展提供了社会基础。①

一、 北方胡人是较早接受和传播佛教的群体

根据《高僧传》的记载，东汉到三国时期的传教译经高僧共有21人。有明确记载来自印度及西域的僧人15人，其中天竺僧人5人，安息国僧人3人，月支3人，康居国4人，占了71%；而支曜、昙果、竺大力、帛延、竺律炎5人，文献中虽没有明确记载他们来自何国，但从他们的支、竺、帛等姓氏以及他们同上列其他外籍僧人同行而至或合作译经的行迹来看，至少不会是汉族人，大多也是来自西域或天竺的僧人。只有临淮人严佛调，我们无法确定他的族属，因为在文献记载中，往往也以地望来称呼那些世居中原的外籍人物，如“竺叔兰，河南居士，本天竺人，父世避难居于

① 关于北方少数民族在中国北方佛教传播过程中所发挥的作用，杜继文先生也认为：“带动佛教在东晋南北朝的这轮大发展，有一个非常重要的原因，那就是少数民族进入中原。在此后的一个相当时期，北方少数民族成了佛教信仰并推动佛教发展的主力。”参见杜继文：《佛教在中国文化发展中的地位和意义》，载杜继文：《中国佛教与中国文化》，北京：宗教文化出版社，2003年，29页。

河南"[①]即属此例。当然我们也不能排除严佛调是汉族人的可能性。即使严佛调是汉族人,外籍僧人的比例也占95%。因而,这一时期的传教僧人主要还是来自西域的胡人和印度僧人。而尤其让我们注意的是,安玄是一位边经商边传教的安息商人,可见,西域人在此时的佛教传播中具有特殊的重要意义。

从这些胡僧的传教活动看,几乎没有关于他们同汉族僧人或中原佛教信徒的师承传授关系的记载,倒是由月支人支谶到支亮再到支谦的师徒关系提醒我们,也许这一时期佛教的师承传授主要是在西域人或与之相近的胡人之中传授。但这并不表明没有汉族信仰者,而是汉族信仰者可能囿于习俗、语言等方面的不同而没有广泛地加入到出家传道的行列。对于这种情况,从昙柯迦罗的行迹中我们也可得到比较详尽的认识:

> 昙柯迦罗,此云法时,本中天竺人,家世大富……以魏嘉平中来至洛阳,于时魏境虽有佛法而道风讹替,亦有众僧未禀归戒,正以剪落殊俗耳,设复斋忏事法祠祀。[②]

这就说得很明白了,在3世纪中期,洛阳的佛教信徒认为剃光头发不符合中原风俗,而"未禀归戒",仅仅是"设复斋忏事法祠祀"。很显然,不适应"剃发"的定是汉族人而不会是胡人,他们可能并不到西域人主持的佛寺中去出家为僧,而是照着佛寺的礼拜仪式"复斋忏事"。与这种情况相适应的是,在2—3世纪,北方很少发现有民间广泛信仰佛教的遗迹或文物。不过这种情况在以敦煌为中心的河西地区,可能又稍有不同。

---

① 释僧祐:《出三藏记集》卷13《竺叔兰传》,苏晋仁、萧炼子校点,北京:中华书局,1995年,519页。

② 释慧皎:《高僧传》卷1《魏洛阳昙柯迦罗》,汤用彤校注,北京:中华书局,1992年,12—13页。

我们来看看发现于敦煌藏经洞的《魏敦煌太守仓慈写〈佛说五王经〉题记》：

> 景初二年岁戊午九月十六日，敦煌太守仓慈，为众生供养，熏沐写已。①

仓慈，《三国志·魏书》有传，曾先后做过绥集都尉、长安令等小官，太和中(227—233)迁升为敦煌太守，他在敦煌对来自西域的商人给以保护政策，在西域诸胡中威信极高。② 他这样一位处在中原同西域交通要地的地方官员，信仰佛教，写经为众生乞福，也是情理之中的事情。该题记出自敦煌藏经洞写经，就说明仓慈写下的这个经卷，是属于寺院的藏品，那么仓慈的礼佛活动，定然是在寺院而不是在家里，这就同魏嘉平年间(249—254)洛阳的那些"设复斋忏事法祠祀"的僧人不同。作为政府官员而参与寺院的活动，说明这一时期敦煌地区的佛教传播与发展远远要比洛阳更为普遍和成熟。

事实上，从现有资料来看，佛教在北方的广泛传播，除了西域僧人和商人的前期努力外，在4—5世纪，以匈奴为主体的北方胡人广泛接受佛教，也发挥了巨大的作用。东晋吏部尚书桓玄在和中书令王谧讨论僧人是否向君主致敬的信函中，就说：

> 曩者晋人略无奉佛，沙门徒众皆是诸胡，且王者与之不接，故可任其方俗。③

---

① 王素、李方：《魏晋南北朝敦煌文献编年》，台北：新文丰出版公司，1997年，53页。

② 陈寿：《三国志·魏书》卷16《仓慈传》，裴松之注，北京：中华书局，1982年，512—515页。

③《弘明集》卷12《桓玄与王令书论道人应敬王事》，载《大正新修大藏经》卷52《史传部四》。

这正说明在早期佛教的传播过程中，北方胡人确实是信奉的主体人群。①

北方胡人大中规模接受佛教的，较早的可能是陇右的西羌。5世纪的时候，有人写了《三破论》，攻击佛教是“破国、破家、破身”的祸害，并说“今中国有奉佛之人，必是羌胡之种”，②可见羌人对佛教的信仰，确实非常早而且具有典型意义。

晋惠帝末年，长安高僧帛远鉴于中原战乱、群雄交争，决定“潜遁陇右以保雅操”，但是他还没到陇上，就因为得罪了一道同行的秦州刺史张辅而被张辅杀害。此一事件，在当时引起了很大的震动，使得“戎晋嗟恸，行路流涕”。更为引人注意的是，帛远的被害，扑灭了陇上羌人欲迎帛远西归的愿望，引起了他们的强烈不满：

> 陇上羌胡率精骑五千，将欲迎祖西归。中路闻其遇害，悲恨不及。众咸愤激，欲复祖之雠。辅遣军上陇，羌胡率轻骑逆战。时天水故涱下督富整，遂因忿斩辅。群胡既雪怨耻，称善而还，共分祖尸各起塔庙。③

张辅杀害帛远，引起陇上羌胡的怨恨，以至于出兵为其复仇，

① 关于这个问题，刘淑芬先生使用了“非汉民族”一词。她认为：“回顾中国佛教发展史，可以发现非汉民族曾扮演一个重要角色。非汉民族对佛教在中国的流布，有相当的贡献。一则早年的僧人大都不是汉人，二则一直要到五胡十六国后期后赵建武元年，氐人君主石虎方正式准许汉人出家。”参阅刘淑芬：《从民族史的角度看太武灭佛》，载《“中研院”历史语言研究所集刊》第72本第1分册，2001年3月。

② 《弘明集》卷8《灭惑论》。《三破论》这篇文章已经亡佚了，但是刘勰在写作《灭惑论》时，引用了《三破论》中的一些主要观点来一一驳斥，因而我们得以从中了解到《三破论》的一些立论要点。

③ 释慧皎：《高僧传》卷1《晋长安帛远》，27页。

可见其时陇上羌胡对佛教的信仰已是相当深。张辅被杀之后，他们又"共分祖尸各起塔庙"，表明陇上羌人诸部已经普遍信仰佛教，建立寺庙。及至"五胡乱华"之后，羌人建立的后秦政权大力提倡佛教，延请鸠摩罗什等高僧翻译佛经，为中国佛教的发展奠定了坚实的基础，实有其传统在内。

张辅被杀的时间，《晋书》的记载不太一致，有永兴二年(305)六月和永嘉初(307年左右)的说法，[①]但我们据此可以断定，"陇上羌胡"前来迎接帛远的时间，最晚也是在307年之前。派兵斩杀张辅的陇西太守韩稚，又有东羌校尉的官衔，那么张辅之被杀，完全就是因为他杀害了帛远而招致信仰佛教的羌人的愤恨，身为东羌校尉的韩稚，自然不能袖手旁观。

此处最值得注意的是，为什么信仰佛教的陇上西羌不向西迎取来自西域的高僧，而要迎接来自东方长安的帛远？对于认识北方佛教的传播历程，这个问题至为关键。

季羡林先生认为，就印度佛教的情况而言：

> 印度佛教是在城市中成长起来的一个宗教，和尚都住在城市里，同商人住在一起。[②]

那么印度佛教的这种生存惯性不会因为来到中国就很快发生变化，所以他们也同西域商人一样，主要是在城市传教。上面提到的21位僧人中，大多是以洛阳为传教的中心目标，因为那里是中原的政治文化中心。所以，在所谓的"五胡乱华"之前，由于

---

① 房玄龄等：《晋书》卷4《帝纪第四·孝惠帝》："(永兴二年)六月甲子……陇西太守韩稚攻秦州刺史张辅，杀之。"卷86《张轨传》："永嘉初，会东羌校尉韩稚杀秦州刺史张辅。"

② 季羡林：《商人与佛教》，载《季羡林文集》第7卷，南昌：江西教育出版社，1998年，179页。

西域道路的畅通和洛阳这样的政治文化中心城市的稳定，就使得东来的传教僧人要么翻越陇山直达洛阳等地，要么就在凉州、敦煌这些与西域息息相关的商业中心停留，而很难在陇上驻扎。“五胡乱华”之后，中原血雨腥风，而河西地区相对安宁，这就使得大批西域高僧聚集在这一地区，充分利用了该地区的多民族语言条件，译出了大量的佛教经典，也培养了一批通晓胡语文的高僧，为佛教的进一步东传打下了坚实的基础。

二、 西域胡僧佛图澄与北方佛教的传播

对于佛教在北方的流传兴盛，周高祖有“汉魏晋世，似有若无。五胡乱治，风化方盛”的断言，北周邺城僧人道林则以为“汉魏晋世佛化已弘，宋赵符燕久习崇盛”①，以“宋赵符燕”为佛教崇盛的主要时期，而赵、符(秦)、燕俱为胡人政权，可见当时的僧俗双方都认为，佛教在北方的兴盛同五胡政权有密切的关系。这四个王朝从建立时间顺序排列应该是赵符(秦)燕宋，因而，北周僧人所谓佛教在中原地区“久习崇盛”的开始，当开始于赵王朝的建立。从各方面的情况来推断，此处之赵乃是后赵而不是前赵。

证之文献记载，佛教作为一种信仰被北方胡族广泛接受，始于佛图澄传教于后赵。佛图澄于晋怀帝永嘉四年(310)来到洛阳，意欲在洛阳立寺传法。永嘉五年(311)匈奴人刘曜、刘粲攻陷长安，佛图澄立寺的愿望没法实现，只好“潜泽草野以观事变”②，由此可以推断前赵政权对佛教是不崇信的，否则佛图澄也不至于“潜泽草野”。

---

① 《广弘明集》卷10《周高祖巡邺除殄佛法有前僧任道林上表请开法事》周建德六年十一月四日，载《大正新修大藏经》卷52册《史传部四》。

② 释慧皎:《高僧传》卷9《晋邺中竺佛图澄》,345页。

前赵政权是匈奴建立的，关于内迁匈奴对于佛教的信仰，由于其部落的复杂性，我们很难得出较为完整或中肯的结论，不过我们可以从后来的相关记载做一个相对性的判断。《高僧传》卷10《宋伪魏长安释昙始》载：

> 晋末，朔方凶奴赫连勃勃破关中，斩戮无数。时始亦遇害，而刀不能伤。勃勃嗟之，普赦沙门悉皆不杀。始于是潜遁山泽，修头陀之行。

既然直到东晋末年，朔方赫连勃勃所部匈奴还能斩戮释昙始这样的高僧，最后因为其显示的神通之术而使得赫连勃勃大为嗟叹，才释放了释昙始并下令“沙门悉皆不杀”。即使这样，释昙始也还是得“潜遁山泽，修头陀之行”，因而赫连勃勃下令不杀沙门之后的出家人的处境还是相当危险的。如果没有性命之忧，释昙始就没必要做头陀的样子潜遁山泽之中了。这正好说明，其时的匈奴的一些部落至少是赫连勃勃所统匈奴是不信佛教的。赫连勃勃大破关中在义熙十四年(418)十一月，那么这种情况就相对性地表明，在此之前的310年，建立前赵的匈奴也可能是不信仰佛教的，至少没有上升到具有国家意义的普遍信仰的地步。

佛图澄传教后赵的历程，《高僧传》卷9《竺佛图澄》有很详尽的记载：

> 时石勒屯兵葛陂，专以杀戮为威，沙门遇害者甚众。澄悯念苍生欲以道化勒，于是杖策到军门。勒大将军郭黑略素奉法，澄即投止略家。略从受五戒崇弟子之礼。略后从勒征伐，辄预克胜负。勒疑而问曰：“孤不觉卿有出众智谋。而每知行军吉凶，何也？”略曰：“将军天挺神武，幽灵所助。有一沙门术智非常，云将军当略有区夏，已应为师。臣前后所白，皆其言也。”勒喜曰：“天赐也。”召澄问曰：“佛道有何灵

验?”澄知勒不达深理,正可以道术为徵,因而言曰:“至道虽远,亦可以近事为证。”即取应器盛水,烧香咒之。须臾生青莲花,光色曜目。勒由此信服。澄因而谏曰:“夫王者德化洽于宇内,则四灵表瑞。政弊道消,则彗孛见于上。恒象著见,休咎随行,斯古今之常徵,天人之明诫。”勒甚悦之。

佛图澄不畏生死,以其广泛深厚的知识背景和智慧以及神奇的法术,赢得了石勒的信服,确实值得佩服。

此外,很值得注意的是,在佛图澄传教后赵、接近石勒之时,他首先是找到了石勒的大将——“略素奉法”的郭黑略,通过郭黑略为石勒出谋划策,从而得到了石勒的信任,使石勒也信奉佛法,最终打开了让佛教成为国教的大门。在这个过程中,可以说郭黑略起了很大的作用,他本人就是一位佛教徒,那么他的族属也许可以加深我们对此前问题的认识。郭黑略是石勒十八骑之一[①],他肯定不是汉族。据陈连庆先生考证,郭氏是匈奴姓氏,也是屠各姓氏。[②] 由此我们应该注意到,在北方匈奴诸种中,佛教至少在个别贵族中还是有一定的信仰基础的。不过,佛教在关中得到广泛信仰并开始得到国家政权的支持,要归功于佛图澄的不畏艰险和自身素质。在佛教传扬的前期,教义的明朗化本身并不重要,关键是怎么能得到信徒的信服,所以早期传教僧人的个人知识储备和智慧程度就显得相当重要,像佛图澄这样的所谓“神僧”就为后来专门译经讲经的义学僧人开辟了道路。

《高僧传》说佛图澄“以麻油杂胭脂涂掌,千里外事皆彻见掌

① 房玄龄等:《晋书》卷104《石勒载记上》,北京:中华书局,1974年,2708页。

② 陈连庆:《中国古代少数民族姓氏研究》,长春:吉林文史出版社,1993年,31页。

中如对面焉”，这显然都是虚饰夸大之词，但是他的医术和劝谏统治者的技巧还是相当高的。石勒好杀成性，因为佛图澄的及时劝谏，使得不知多少人免于被杀。正是这一点，使得中原的胡人、汉人感念于他的慈悲，开始信奉佛法，而他的医术更为其传播佛教——尤其在一般民众中——发挥了很大作用。

到石虎当政的时期，佛教在后赵已经非常兴盛，以致引起了传统汉族士大夫的注意和排斥情绪。石虎的中书著作郎王度上书说：

> 夫王者郊祀天地，祭奉百神，载在祀典，礼有尝飨。佛出西域，外国之神，功不施民，非天子诸华所应祠奉。往汉明感梦，初传其道，唯听西域人得立寺都邑，以奉其神，其汉人皆不得出家。魏承汉制，亦修前轨。今大赵受命，率由旧章，华戎制异，人神流别。外不同内，飨祭殊礼，华夏服祀，不宜杂错。国家可断赵人悉不听诣寺烧香礼拜，以遵典礼。其百辟卿士，下逮众隶，例皆禁之。其有犯者，与淫祀同罪。其赵人为沙门者，还从四民之服。[①]

这正是传统的中国观念中的“华戎之别”的典型样本。王度的理由，就是要遵从华夏典礼，不让赵人到佛寺中烧香拜佛，禁止出家。我们在这里需要注意的是，王度说的是“赵人”不是胡人，也不是汉人。我想此处所指的恐怕还是以胡人为主的胡汉各民族，之所以称为赵人，可能与当时统治者的忌讳有关，史载石勒“制法令甚严，讳胡尤峻”[②]，到石虎时期，我想这种忌讳可能也不会有什么太大的松动。我们看看当时的石虎是怎么应对王度的

---

① 释慧皎：《高僧传》卷9《晋邺中竺佛图澄》，352页。

② 房玄龄等：《晋书》卷105《石勒载记下》，2737页。

这份表章的，石虎在诏书中说：

> 度议云：佛是外国之神，非天子诸华所可宜奉。朕生自边壤，忝当期运，君临诸夏。至于飨祀，应兼从本俗。佛是戎神，正所应奉。夫制由上行，永世作则。苟事无亏，何拘前代。其夷赵百蛮有舍其淫祀，乐事佛者，悉听为道。[①]

石虎的态度倒是蛮可爱的，他先说明佛教确实不适应于“天子诸华”，而后就欣欣然说自己生在边疆，正好可以供奉佛这种“戎神”，也算是保留了自己的一点本地风俗。并且认为那些“夷赵百蛮”只要自己乐于信仰佛教，就只好让他们自由选择了。这真是给了王度一个不大不小的软钉子，此诏一下，“慢戒之徒因之以厉”[②]，佛教在北方之发展，在胡族统治者的鼓动下，自此一发而不可收拾，并进而传遍大江南北。此后相继建立的北方诸胡人政权，都开始在国家提倡下信仰佛教，尤以凉州为中心的河西诸小国及北魏等北朝政权为代表，使中国佛教走上了一个兴盛时期。

三、 农、牧业文明的冲突及胡人政权的残酷统治

胡人之南迁，是传统的游牧文明强行嵌入农业文明区的过程，二者的冲突是非常剧烈的。这种冲突不仅仅是生活方式和生产方式方面的，也是基于其上的对于生命存在的理解方面的。

以匈奴为主体的北方游牧民族的生存和发展，主要依靠游牧业生产的畜产品和对农业区的掠夺经济，其习性也与此密切相关：

---

① 释慧皎：《高僧传》卷9《晋邺中竺佛图澄》，352页。

② 释慧皎：《高僧传》卷9《晋邺中竺佛图澄》，352页。

利则进，不利则退，不羞遁走。苟利所在，不知礼义。自君王以下咸食畜肉，衣其皮革，披旃裘。壮者食肥美，老者食其余。贵壮健，贱老弱。①

以“利”为作战的目标同推尊壮健、轻视老弱的习俗，显然是掠夺经济的需要所致，并且游牧经济又对人口控制的要求大大高于农业经济。现代农业生态学者曾做过这样的估算：

如以每人每天消耗3000千卡的热量计算，每人一年需109.5万千卡，以平均亩产400公斤粮食，每克粮食含4.15千卡能量计算，亩产能量是166万千卡，则每人只需0.66亩耕地。如再把种子和工业用粮的需要考虑在内，养活一个人的耕地面积还要大一些，需1—1.5亩。但如果把以粮食为食品改为以草食动物的肉为食品，按草食动物10%的转化效率计算，那么，每人所需的耕地要扩大10倍。实际上因为人们不能把所有食草动物在一年内利用完，还需要保持草食动物的一定群体，因此，实际需要耕地面积还要大些。②

因而，以草原为生存基地、以畜产品为食物的游牧民族对于人的生命的理解，同农业文明几乎完全是相反的。前者必须在土地有限的条件下严格控制人口，这样才能保证食物的供应；而后者则在这方面相对要宽松的多，在中古的生存条件和人口存活率背景下，农业人口的增长有利于对更多土地的开垦和耕种。从这个意义上来讲，农业文明具有比游牧文明更重视生命价值的内在基础。况且，游牧民族的掠夺经济，本身就是建立在对同质文明或异质文明人群的杀戮基础上的，所以，胡人的南下，无疑加剧了

① 司马迁：《史记》卷110《匈奴列传》，2879页。
② 杨怀霖：《农业生态学》，北京：农业出版社，1992年，73页。

农业区域内的血腥程度,我们把这种血腥作为佛教在北方得到扩张的一个重要原因来看待。

关于"五胡乱华"时期北方的血腥情况,历史学家做过精辟的总结:

> 自刘渊、石勒倾覆神州,僭逆相仍,五方淆乱,随所跨擅。□□□长,更相侵食,彼此不恒,犬牙未足论,绣错莫能比。魏定燕赵,遂荒九服,夷翦逋伪,一国一家,遗之度外,吴蜀而已。正光已前,时惟全盛,户口之数,比夫晋之太康,倍而已矣。孝昌之际,乱离尤甚。恒代而北,尽为丘墟;崤潼已西,烟火断绝;齐方全赵,死如乱麻。于是生民耗减,且将大半。永安末年,胡贼入洛,官司文簿,散弃者多,往时编户,全无追访。①

按照这一总结,从五胡十六国的建立到北魏的分裂,其间的社会形势可分为三个阶段:第一,北魏统一北方之前,匈奴、羯族等建立的北方诸政权所造成的混乱局面,是谓"五胡乱华",民不聊生;第二,北魏正光年间(520—525)之前,是北方相对稳定的时期,户口大增;第三,北魏孝昌年间(525—528)之后,各地起义增多,尔朱荣进入洛阳,杀戮臣民,这一时期北方陷入混乱,"生民耗减,且将大半"、"五胡乱华"之际,"都街杀人,朝朝不绝;思为乱者,十室而九"②的北方社会连最基本的生存安全都不能保证。游牧民族对于生命的漠视是相当令人吃惊的,尤其是羯族建立的后赵政权,更为惨烈:

> 虎于邺起台观四十余所,营长安、洛阳二宫,作者四十余

① 魏收:《魏书》卷106上《地形志二上》,北京:中华书局,1974年,2455页。

② 魏收:《魏书》卷99《张玄靖》,2197页。

万人。

又欲自邺起阁道，至于襄国。敕河南四州具南师之备，并、朔、秦、雍、严西讨之资，青、冀、幽州三五发卒。诸州造甲者五十万人。扰役黎元，民庶失业，得农桑者十室而三。船夫十七万人，为水所没，为虎所害，三分而一。课责征士，五人车一乘、牛二头、米各十五斛、绢十匹。诸役调有不办者，皆以斩论，穷民率多鬻子以充军制，而犹不足者，乃自经于道路。死者相望，犹求发无已。

太武殿成，图书忠臣、孝子、烈士、贞女，皆变为胡状。头缩入肩。虎大恶之。遣司虞中郎将贾霸率工匠四千，于东平冈山造猎车千乘，辕长三丈，高一丈八尺，置高一丈七尺；格虎车四十乘，立行楼二层于其上。南至荥阳，东极阳都。使御史监司。其中禽兽，民有犯者，罪至大辟。御史因之，擅作威福。民有美女、好牛马，求之不得，便诬以犯兽论，民死者相继，海岱、河济之间，民无宁志矣。

又发民牛二万余头，配朔州牧官。增内官二十四等，东宫十二等，诸公侯七十余国，皆为置女官九等。先是，大发民女二十已下、十三已上三万余人，为三等之第，以分配之。郡县有希旨，务于美淑。夺人妇者九千余人。民妻有美色，豪势因而协之，率多自杀。太子、诸公私令采发者，亦垂一万。①

阅读这段文献，我想只能用“瞠目结舌”来形容我们的惊讶程度，在北方气候变冷、农业减产且胡汉交错而兵疫遍地的情况下，这样大规模地对国内民众做牛马役使和动物式的调配，那么，这个社会中的民众群体该要承受多么巨大而残酷的压力。这种

① 魏收：《魏书》卷95《石勒传》，2052页。

对于生命的惨烈屠戮和役使，是不是促使北方民众接受佛教的主要因素？我们显然无法对之作出数理逻辑般的严密推论。不过，就目前人文科学和社会科学研究的一般结论而言，学者们都趋向于认同宗教的扩展和流行同现实的苦难有正相关关系。因而，我们认为，中古气候寒冷期，佛教在北方得到传播并进入国家体制之内，同该时期北方的兵灾、旱灾、疫灾等惨烈的生存环境有关。

《高僧传》在总结屠戮人口最为惨烈的后赵时期佛教被北方民众接受的原因时说，由于佛图澄对石勒的成功劝诫，使得"凡应被诛余残，蒙其益者，十有八九，于是中州胡晋略皆奉佛。时有痼疾世莫能治者，澄为医疗，应时疗损，阴施默益者，不可胜记"①。可见，民众苦难得到佛教传教僧人的关怀，至少是中古时期的高僧如慧皎这样的人物所认同的佛教被"中州胡晋"民众接受的主要原因。此外，佛教在北方得到广泛信仰，可能同这一时期苦难的"边地效应"有关，因为胡人的南侵，整个北方已经成了一个胡汉交错、战争蜂起而具有边疆效应的地带。

魏晋南北朝时期是最为冷血的时代，是中国历史上战争最多的一个时期，东晋时期的 103 年中，大小战争有 272 次，南北朝的 169 年中，战争 178 次。② 看看这些数据，我们就会明白当时社会生存环境是何等的残酷。冷兵器战争的主要目标就是从肉体上

---

① 释慧皎:《高僧传》卷 9《晋邺中竺佛图澄》,346 页。

② 中国军事史编写组:《中国军事史 · 附卷》,北京:解放军出版社,1985 年,3 页。

消灭敌人，所以历次战争都会有大批的青年人口被屠戮。[①] 我们统计了民族矛盾最为突出的“五胡乱华”前期前赵、后赵时期的战争死亡人口（主要是士卒），结果是很令人吃惊的。我们的统计依据是《晋书·载记》关于前赵、后赵的记录，统计标准是这样的：对没有确切斩杀人数的战争不统计，以模糊词语如“枕尸千里”等描述的不统计，仅仅统计记载确切的数目。即使这样，在304—352 年的 48 年中，北方因为战争而死亡的人口有 99 万多。那么此时北方有多少人口呢？按前燕末年的户数来计算，北中国九州有人口 9987935 人。[②] 那么，北方 48 年中战争死亡人口 99 万，达到了北方总人口的 10%，如果按当时的户数来计算，死亡率达到了总户数 2158969 户[③]的 40%，就是说每 100 个家庭有 40 个成丁的男人死在战场上。

这种带有浓烈血腥味的边疆苦难，已经成为当时的佛教徒和民众共同的心理沉淀。我们从下面几组文献可以得到一些具体的了解。北朝造像记中，“边地众生”往往被作为一种要拯救的对象出现，如北魏《张永洛造像碑》就是个典型：

大魏武定元年岁次癸亥二月辛酉朔三日合邑等敬造石

---

① 对于古代战争中的人口死亡率，葛剑雄先生的相关论述值得我们注意，他认为，战争中的直接伤亡仅仅是影响人口的一个方面，关键在于随战争而来的青壮年男子的参加运输以及瘟疫、粮食短缺、自然灾害都会大规模减少人口。他还认为，游牧民族的掠夺性战争和异族入侵初期，对平民的屠杀相对要多。参见葛剑雄：《中国人口史》第 1 卷《导论、先秦至南北朝时期》，上海：复旦大学出版社，2002 年，55—58 页。

② 这个数据来自《晋书·苻坚载记》，参见赵文林、谢淑君：《中国人口史》，北京：人民出版社，1988 年，106 页，表 23。

③ 这个数据来自《晋书·苻坚载记》，参见赵文林、谢淑君：《中国人口史》，北京：人民出版社，1988 年，106 页，表 23。

像壹区……上为皇家祚隆万代，中为师僧父母，下为边地众生，□□恙除行修果□□时见性。[①]

北周时期僧人法定的愿望也很有代表意义：

愿法定舍身之后，不经三途，不经八难，不生恶国，不生边地，不生邪见，不见恶王，不生贫穷，不生丑陋，生生世世，治(值)闻佛法，聪明生生世世，遇善知识，所行从心。[②]

法定将“不生边地”作为一个舍身之后的愿望来讲，可见边地苦难在所有苦难中是非常突出的。问题的关键还在于，这种血腥苦难存在的背景是：传统的社群关系被破坏，人与人之间新的社会联系的建立处在一个过渡时期，不同文化背景的“人的集群”近乎呈混乱状态分布在气候寒冷的长江以北、大漠以南的传统农业区域内。

胡、汉是两个不同文化背景的人的集群，事实上情况可能更为复杂，因为还有许多亚文化集群的存在，如羌、氐、羯、鲜卑等等民族的划分，也预示着文化类型的多样性差异。这种文化的多样性差异再加上当时人口流动迁移的频繁，很容易导致社会秩序结构的混乱。

戴维·波普诺在考察了自然灾害等变故所导致的现代社群的迁移后，认为迁移对社群的影响主要在于：“一个曾经紧密相连的社区分裂成为零散的个人和家庭，并且人们发现迁移后很难建立起新的社会联系。”[③]这样的社会具有一种“流散”的性质，它迫切需要一种共同的信仰或者说文化体系来整合社会，佛教就是

① 《张永洛造像碑》(543)，出土于郑州。参见谭淑琴：《河南博物院收藏的四件造像碑》，《中原文物》2000年1期，59—66页。

② 王素、李方：《魏晋南北朝敦煌文献编年》，258页。

③ 戴维·波普诺：《社会学》，北京：中国人民大学出版社，1999年，621页。

在这样一个恰当的历史时机担当了这个角色，它对胡、汉这两大民族集团的社会融合起到了非常重要的作用。[①] 关于这一点，魏晋南北朝时期的知识阶层有很清醒的认识，顾欢在其《答袁粲驳夷夏论》中说：

> 佛起于戎，岂非戎俗素恶邪？道出于华，岂非华风本善邪？今华风既变，恶同戎狄，佛来破之，良有以矣。佛道实贵，故戒业可遵；戎俗实贱，故言貌可弃。今诸华士女，民族弗革，而露首偏踞，滥用夷礼，云于翦落之徒，全是胡人，国有旧风，法不可变。[②]

魏晋时期的南北方社会总体上都生活在焦虑之中，整个社会已经具有了“焦虑”这一特征。南朝贵族士大夫在优裕的生活中，用“玄学”来排遣焦虑，而北方民众的焦虑感和生存危机正好同佛教相适应。综上所述，由于胡人政权的残酷统治，加剧了胡汉两种文化的冲突，也使得他们迫切需要一种共同的心理寄托和文化心态，佛教就此而成为北方各民族的一种共同的追求。

（原载《吉林大学社会科学学报》2006 年第 2 期）

---

① 杜继文先生也认为：“北朝逐步将佛教当成一种民族融合和政治统一的媒介，取得明显的成功。”参见杜继文：《从佛教看中国文化的走向》，载杜继文：《中国佛教与中国文化》，北京：宗教文化出版社，2003 年，5 页。

② 萧子显：《南齐书》卷 54《顾欢传》，北京：中华书局，1972 年，934 页。

罽宾僧人与佛经的早期传译

根据佛教经典的记载,释迦牟尼涅槃后,共有四次佛经结集的盛事,其中第四次佛经结集就是在罽宾国进行的。[①] 而说一切有部之阿毗达摩,也正是在罽宾地区集结形成:

佛灭度后五百年中有阿罗汉,名迦旃延子。母姓迦旃延,从母为名。先于萨婆多部出家,本是天竺人,后往罽宾国,罽宾在天竺之西北。与五百阿罗汉及五百菩萨,共撰集《萨婆多部阿毗达磨》,制为八伽兰他,即此间云八乾度。伽兰他译为结,亦曰节,谓义类各相结属,故云结。又摄义令不散,故云结。义类各有分限,故云节。亦称此文为《发慧论》,以神通力及愿力广宣告远近。若先闻说阿毗达磨,随所得多少可悉送来。于是若天诸龙夜叉乃至阿迦尼师吒,诸天有先闻佛说阿毗达磨,若略若广,乃至一句一偈悉送与之。迦旃延子共诸阿罗汉及诸菩萨简择其义,若与修多罗毗那耶不相违背,即便撰铭;若相违背,即便弃舍。是所取文句,随义类相关。若明慧义,则安置慧结中;若明定义,则安置定结中。余类悉尔,八结,合有五万偈。[②]

---

① 关于佛经的结集问题,佛经中的记载并不能完全当作信史来看待,佛经之结集成形,经过了一个漫长的过程,参阅刘震:《禅定与苦修》,上海:上海古籍出版社,2010 年,9—12 页。

②《婆薮槃豆法师传》,《大正新修大藏经》卷 50《史传部二》。

据《婆薮槃豆法师传》记载，释迦牟尼涅槃后500年，说一切有部僧迦旃延子往印度西北罽宾国，召集500罗汉和500菩萨，撰说一切有部《阿毗达磨大毗婆沙论》百万颂。① 罽宾由此而成为说一切有部的理论中心，中国早期佛教史上著名的西域胡僧如佛陀耶舍、佛图澄、鸠摩罗什等人，全都是罽宾说一切有部僧团的学生。

在佛教文献中，罽宾就是迦湿弥罗。迦湿弥罗位于印度东北境，喜马拉雅山的西麓，即今天的克什米尔地区，此处四面环山，交通方面比较闭塞，所以迦湿弥罗的佛教传统较少受别国的影响，有其特殊的发展历程。在佛教发展史上，罽宾具有非常重要的地位。据《莲华面经》②、《阿育王传》等记载，释迦牟尼涅槃前曾预言罽宾国将会成为佛教大兴的一个地方，如《莲华面经》云：

> 佛告阿难："我昔于彼阿波罗龙王处记罽宾国，我涅槃后，其国炽盛安隐丰乐如郁怛罗越，佛法炽盛，多有罗汉而住彼国，亦有无量如来弟子。此阎浮提所有罗汉皆往彼国，犹如兜率天处。如来所有名身、句身，谓修多罗、祇夜、鞞迦曷罗那、伽他、优陀那、尼陀那、阿波陀那、伊帝鼻利多剑伽阇多迦裴富略、阿浮陀达摩、优波提舍彼诸罗汉，结集如来十二部经广造诸论。彼罽宾国，犹如帝释欢喜之园，亦如阿耨清凉之池。③

而《阿育王传》卷4即有释迦牟尼的弟子阿难陀转述老师的嘱托说："尊者阿难语言，世尊以法付嘱于我而入涅槃，我今付嘱汝之佛法而入涅槃，尔等当于罽宾国中树立佛法。佛记：我涅槃

① 《婆薮槃豆法师传》，《大正新修大藏经》卷50《史传部二》。

② 《莲花面经》卷下，《大正新修大藏经》卷12《宝积部下、涅槃部全》。

③ 《莲花面经》卷下，《大正新修大藏经》卷12《宝积部下、涅槃部全》。

后，当有摩田提比丘，当持佛法在罽宾国。”①当然，佛经中这些说法，显然并非佛陀在世时的所谓预言，但是这种说法的产生，正好从一个方面说明了罽宾在佛教经典集结史和佛教理论系统化方面的重要作用。

佛教最早传入罽宾的时间在公元前 259 年前后，阿育王派遣摩田提比丘前去传教，据说当时信奉者 8 万人，剃度为僧者 10 万人。② 此后在历代王族的提倡下，罽宾佛教有盛有衰。到 4 世纪，罽宾同东方各国在政治、商业方面交往频繁，佛教也日渐兴盛，尤其是说一切有部的学说，在罽宾非常兴盛，很多外国的僧人都到这里学习有部知识。以佛图舍弥、佛图澄、鸠摩罗什为中心的大批印度和中亚地区的僧人，都有在罽宾求学的经历。

魏晋南北朝时期，来自罽宾地区的译经高僧，活跃在洛阳、长安、建康、寿春、江陵、广州等地，他们先后在释道安、竺佛念、鸠摩罗什、释慧远等译经僧团中担任重要角色，是晋唐之际佛经翻译的主要力量。这一时期来自罽宾地区著名的佛经翻译家有昙摩耶舍、昙摩蜜多、僧伽提婆、僧伽跋澄、佛驮什、佛陀耶舍、弗若多罗、卑摩罗叉、僧伽跋澄、僧伽罗叉、求那跋摩等人。

一、 僧伽跋澄、僧伽提婆与经论的系统初译

僧伽跋澄与僧伽提婆都是东晋名僧释道安僧团中的佛经翻译僧，是佛教东传过程中佛经翻译的开拓者，《高僧传》云：

> 僧伽跋澄，此云众现，罽宾人，毅然有渊懿之量。历寻名师，备习三藏。博览众典，特善数经。暗诵《阿毗昙毗婆沙》，贯其妙旨。常浪志游方，观风弘化。苻坚建元十七年

① 《阿育王传》卷 4，《大正新修大藏经》卷 50《史传部二》。

② 《阿育王传》卷 4，《大正新修大藏经》卷 50《史传部二》。

来入关中。①

僧伽跋澄是罽宾人，他的汉语法号叫“众现”，在西域历寻名师，精通三藏，曾诵记《阿毗昙毗婆沙》，对其经义有深刻体会。于前秦苻坚建元十七年(381)来到关中地区。

僧伽跋澄来到关中地区的时代，大乘佛典在中原还没有广泛的流传，从东汉安世高译经以来，小乘的禅数学非常盛行。安世高的小乘禅数之学，主要为流行于古印度西北部从上座部分出的说一切有部之学。代表安世高禅系思想的主要有《阴持入经》和《安般守意经》，它们的内容都是提倡通过戒、定、慧来对治各种“惑业”，通过禅定的修习而获得人生无常与苦的认识，从而离生死，得解脱。如《阴持入经》偏重于对名相概念的分析与推演，它通过对四谛、五蕴、十二因缘、三十七道品等佛教基本概念的分析来表达禅法的理论基础。《安般守意经》则比较注重对人的意识活动的控制，并指导人们按照佛教的要求而从事实际的禅修。早期的这种偏重名相概念的佛经翻译法，我们可以从《阴持入经》的行文结构得到一个很直观的印象：

> 何等为五根？信根，精进根，念根，定根，慧根，是名为五根。彼根应何义根为根义？属为根义，可喜为根义，不为同事为根义，是名为根义。何等为五力？信力，精进力，念力，定力，慧力，是名为五力。彼力应何义？无有能得坏为力义，有所益为力义，有胆为力义，能得依为力义，是名为力义。有七觉意，何等为七觉意？一念觉意，二法分别观觉意，三精进觉意，四爱可觉意，五猗觉意，六定觉意，七护觉意，是名为七

① 释慧皎：《高僧传》卷1《晋长安僧伽跋澄》，汤用彤校注，北京：中华书局，1992年，33页。

觉意。①

此种环环相套的概念名相解释法，已经无法满足十六国时期的佛教发展状态了。此时的以长安为中心的中原佛教，在佛教思想上已经有了长足、深入的发展，这种固守概念解释与意识引导的简单经籍，已经无法解决僧俗信徒在思想发展方面提出的新问题。因而，对于完整的佛教经典和饱含新思想的大乘经典的翻译就成为此时的迫切需求。

在此种佛教学术背景下抵达长安的僧伽跋澄，被长安僧界称之为“法匠”。

供养支持僧伽跋澄翻译佛经的主要人物是前秦朝廷的秘书郎赵正，此人是凉州姑臧人，曾做过凉州的地方长官，史籍中说他是个白面无须的人，大概有点女性化倾向。他非常崇信佛教，是凉州、长安很多次佛经翻译的实际支持者和组织者。在十六国时期崇信佛教并协助翻译佛经的汉族官僚、文士中，赵正是比较有名的，《法苑珠林》载：

> 秦苻坚臣武威太守赵正，立志忠政，大弘佛法。苻坚初败，群锋互起，戎妖纵暴，民流四出，而得传译大部，盖由赵正之力矣。又有正字文业，洛阳长水人，或曰济阴人，年至十八为伪秦著作郎，后迁至黄门郎、武威太守。为人无须而瘦，有妻妾而无儿，时谓阉人。然而性度敏达，学兼内外。性好讥谏，无所回避。苻坚末年，宠惑鲜卑，惰于治政，因歌谏曰：“昔闻孟津河，千里作一曲。此水本自清，是谁搅令浊？”坚动容曰：“是朕也。”又歌曰：“北园有一枣，布叶垂重荫。外虽饶棘刺，内实有赤心。”坚笑曰：“将非赵文业耶？”其调戏

① 《阴持入经》卷上，载《大正新修大藏经》卷15《经集部二》。

机捷，皆此类也。后因关中佛法之盛，愿欲出家，坚惜而未许。及坚死后，方遂其志，更名道整。因作颂曰："佛生何以晚，泥洹一何早。归命释迦文，今来投大道。"后遁迹商洛山，专精经律。晋雍州刺史郗恢，钦其风尚，逼共同游。终于襄阳，春秋六十余矣。①

文献中记载他不但做过武威太守，还是前秦的著作郎。赵正曾听说西域佛教僧俗都以学习《阿毗昙毗婆沙》为理解佛经的根本，而僧伽跋澄正好对此经论记诵熟悉，于是乃请他将之翻译出来：

先是，大乘之典未广，禅数之学甚盛。既至长安，咸称法匠焉。苻坚秘书郎赵正崇仰大法，尝闻外国宗习《阿毗昙毗婆沙》，而跋澄讽诵，乃四事礼供，请译梵文。遂共名德法师释道安等集僧宣译，跋澄口诵经本，外国沙门昙摩难提笔受为梵文，佛图罗刹宣译，秦沙门敏智笔受为晋本。以伪秦建元十九年译出，自孟夏至仲秋方讫。②

在赵正的倡议、组织与支持下，一代高僧释道安与僧伽跋澄合作宣译。僧伽跋澄口诵经本原文，西域僧人昙摩难提将之用梵文记录下来，然后由西域僧人佛图罗刹再将梵文经本翻译成汉语，长安僧人敏智再将佛图罗刹的翻译记录成汉文文本。从建元十九年(383)初夏一直这样翻译到中秋，才将《阿毗昙毗婆沙》翻译完毕。

《阿毗昙毗婆沙》是僧伽跋澄背诵下来的，所以翻译的时候

① 释道世：《法苑珠林》卷 53《秦太守赵正》，载《大正新修大藏经》卷 55《事汇部上》。

② 释慧皎：《高僧传》卷 1《晋长安僧伽跋澄》，33 页。

就要先背诵出来,记录为梵文,然后再译成汉文。在那个时代,要在万里之遥携带文字的经书不是一件简单的事情,以树皮、贝叶等材料抄写的佛经不但沉重,而且也易于损坏,所以东来传法的僧人往往就需要有超好的记忆力。

僧伽跋澄东来的时候,还随身带了一部《婆须蜜》的梵文原本,建元二十年(384),赵正又请他将这部经典译出:

> 初,跋澄又赍《婆须蜜》梵本自随,明年赵正复请出之,跋澄乃与昙摩难提及僧伽提婆三人共执梵本,秦沙门佛念宣译,慧嵩笔受,安公、法和对共校定,故二经流布,传学迄今。跋澄戒德整峻,虚靖离俗,关中僧众则而象之,后不知所终。佛图罗刹,不知何国人,德业纯粹,该览经典。久游中土,善闲汉言,其宣译梵文,见重苻世。①

此次翻译,僧伽跋澄与昙摩难提、僧伽提婆三人共同手执梵本逐句讨论,然后由长安僧人佛念翻译成汉文,慧嵩再将之记录下来,释道安和弟子法和二人再对翻译出来的汉文译本作校定。

为僧伽跋澄译经事业作宣译人的一是竺佛念,二是佛图罗刹。竺佛念出生在河西走廊的华戎交汇之地,所以对西域诸种语言及汉语都很精通;而佛图罗刹则不知是何国人,但是他长期在中原活动,精通汉语,所以能担当翻译梵文为汉文的工作。

与僧伽跋澄同时期来到前秦国都长安的罽宾僧人还有僧伽提婆,他也是释道安译经僧团中的重要成员:

> 僧伽提婆,此言众天,或云提和,音讹故也。本姓瞿昙氏,罽宾人。入道修学,远求明师。学通三藏,尤善阿毗昙心,洞其纤旨。常诵三法度论,昼夜嗟味,以为入道之府也。

① 释慧皎:《高僧传》卷1《晋长安僧伽跋澄》,33页。

为人俊朗有深鉴而仪止温恭，务在诲人，恂恂不怠。苻氏建元中来入长安，宣流法化。①

僧伽提婆，汉语法号称“众天”或“提和”。本姓瞿昙氏，罽宾人，尤善《阿毗昙心》，于前秦苻坚建元中（365—384）到达长安，他最早翻译出来的经典是《婆须蜜》：

初，僧伽跋澄出《婆须蜜》，及昙摩难提所出《二阿含》、《毗昙广说》、《三法度》等凡百余万言。属慕容之难，戎敌纷扰，兼译人造次，未善详悉，义旨句味，往往不尽。俄而安公弃世，未及改正。②

从严格的标准来看，僧伽跋澄等翻译出的《婆须蜜》、昙摩难提等翻译出的《二阿含》、《毗昙广说》、《三法度》等有百余万言的佛教经论，由于受翻译者语言水平、文化水平的局限和东晋十六国混乱时代的干扰，翻译水平非常有限。释道安曾有修正译本的想法，但他去世之后，就再也没有人可以做这项工作了。僧伽提婆来到长安后，就有心做这样的工作：

后山东清平，提婆乃与冀州沙门法和俱适洛阳，四五年间研讲前经，居华稍积，博明汉语，方知先所出经，多有乖失。法和慨叹未定，乃更令提婆出《阿毗昙》及《广说》众经。

顷之，姚兴王秦，法事甚盛，于是法和入关，而提婆渡江。先是，庐山慧远法师，翘勤妙典，广集经藏，虚心侧席，延望远宾，闻其至止，即请入庐岳，以晋太元中请出《阿毗昙心》及《三法度》等。提婆乃于般若台，手执梵文，口宣晋语。去华

① 释慧皎：《高僧传》卷1《晋庐山僧伽提婆》，37页。

② 释慧皎：《高僧传》卷1《晋庐山僧伽提婆》，37页。

存实，务尽义本，今之所传盖其文也。[①]

僧伽提婆与法和从长安共同东奔洛阳，用了近5年的时间对僧伽跋澄、昙摩难提译出的这些经论反复研读、讨论，对其中翻译不当的地方作了总结，然后又决定在适当的时候重新翻译《阿毗昙》、《毗昙广说》等这些经论。

385年，淝水之战后失利的前秦王苻坚被羌族酋长姚苌擒杀，前秦灭亡；386年，姚苌称帝，在长安建立后秦，北方佛教的发展又走上了一个新的阶段。394年，姚苌长子姚兴继位，延请西域名僧鸠摩罗什，广开译场，翻译大乘经典。法和前往长安，而僧伽提婆则应庐山慧远之邀渡江南下，来到庐山，于东晋太元年间——大约是395年，重新译出《阿毗昙心》及《三法度》等经论。

在庐山的译经完成后，僧伽提婆于东晋隆安元年（397）离开庐山，来到建康（今江苏南京），晋朝王公及风流名士莫不造席致敬，跟他交往密切的王公贵族有王珣、王弥等人：

> 至隆安元年来游京师，晋朝王公及风流名士莫不造席致敬。时卫军东亭侯琅琊王珣渊懿有深信，荷持正法，建立精舍，广招学众。提婆既至，珣即延请，仍于其舍讲《阿毗昙》。名僧毕集，提婆宗致既精，词旨明析。振发义理，众咸悦悟。时王弥亦在座听，后于别屋自讲。珣问法纲道人："阿弥所得云何？"答曰："大略全是，小未精核耳。"其敷析之明，易启人心如此。[②]

建康乃当时的政治文化中心，僧伽提婆同达官贵人、义学僧人的交往，使其声望日隆。王珣延请僧伽提婆在他的府邸开讲

① 释慧皎：《高僧传》卷1《晋庐山僧伽提婆》，37—38页。

② 释慧皎：《高僧传》卷1《晋庐山僧伽提婆》，38页。

《阿毗昙》，江南名僧毕集。397 年冬天，王珣召集在建康的义学僧人释慧持等 40 余人，请僧伽提婆重译《中阿含》等经论：

> （隆安元年）冬，珣集京都义学沙门释慧持等四十余人，更请提婆重译《中阿含》等。罽宾沙门僧伽罗叉执梵本，提婆翻为晋言，至来夏方讫。其在江洛左右所出众经百余万言，历游华戎，备悉风俗。从容机警，善于谈笑。其道化声誉，莫不闻焉。后不知所终。①

这次翻译，由罽宾僧人僧伽罗叉执梵本，而僧伽提婆本人则负责将梵文译为汉文，他在关中停留多年，又在庐山翻译佛经，所以对汉语已经相当熟练，完全可以胜任翻梵为汉的工作了。其后，僧伽提婆在江洛翻译出的佛教经论达百余万言，他还善于谈笑，后不知所终。

二、 佛陀耶舍与《四分律》、《长阿含》之翻译

罽宾高僧佛陀耶舍是鸠摩罗什的老师，他是受鸠摩罗什的邀请而来到长安的。按《高僧传》佛陀耶舍本传中的事件发生顺序来推断，大约在 402 年佛陀耶舍先到了凉州的姑臧，在那里驻留一段时间。至于佛陀耶舍到达长安的时间，按本传记载是在鸠摩罗什准备翻译《十住经》之前，也就是 410 年之前。竺佛念所作的《四分律序》说佛陀耶舍“岁在戊申，始达秦国”，那就是说在 408 年才由姚兴遣人把他请到了长安，协助鸠摩罗什翻译佛经。

佛陀耶舍是婆罗门种姓，《高僧传》云：

> 佛陀耶舍，此云觉明，罽宾人也。婆罗门种，世事

① 释慧皎：《高僧传》卷 1《晋庐山僧伽提婆》，38 页。

外道。[1]

印度的种姓制度将人分为四个不同等级:婆罗门、刹帝利、吠舍和首陀罗。婆罗门即僧侣,为第一种姓,地位最高,从事文化教育和祭祀;刹帝利即武士、王公、贵族等,为第二种姓,从事行政管理和打仗;吠舍即商人,为第三种姓,从事商业贸易;首陀罗即农民,为第四种姓,地位最低,从事农业和各种体力及手工业劳动等。后来随着生产的发展,各种姓又派生出许多等级。佛陀耶舍家世代都信仰外道而不信仰佛教,一次偶然的机会,使得婆罗门种姓出身的佛陀耶舍放弃了家族世代信奉的外道,而改信佛教:

> 有一沙门从其家乞,其父怒使人打之,父遂手脚挛癖,不能行止。乃问于巫师,对曰:"坐犯贤人鬼神使然也。"即请此沙门竭诚忏悔,数日便瘳。因令耶舍出家为其弟子,时年十三。[2]

经过这次事件,佛陀耶舍的家人对于佛教才有了敬畏之心,于是让刚刚 13 岁的佛陀耶舍皈依了佛教。

皈依后的佛陀耶舍,小小年纪就很有见地。僧传中记载了他的一些灵异事项,当然这些事项并不一定完全是历史事实,但是这些传说或僧人传记家赋予传主的"形象构建"材料,还是有助于我们今天认识这些僧人的传道特征的。

其一,关于佛陀耶舍的第一个神异事项,是其准确观察野兽的能力:

> 耶舍出家为其弟子,时年十三,常随师远行,于旷野逢虎,师欲走避,耶舍曰:"此虎已饱,必不侵人。"俄而虎去,前

① 释慧皎:《高僧传》卷 2《晋长安佛陀耶舍》,65 页。

② 释慧皎:《高僧传》卷 2《晋长安佛陀耶舍》,65 页。

行果见余残，师密异之。①

作为僧人，当然免不了四处传道、化缘，东奔西跑，所以他经常同自己的老师经过无人的旷野。而对旷野中的老虎之状态判断把握得如此精准，可见佛陀耶舍的观察力非凡。这件事情，使得佛陀耶舍的老师对自己这个少年学生刮目相看，心中暗暗认定佛陀耶舍是个出类拔萃的非凡之人。

其二，佛陀耶舍非凡的记忆力和理解能力：

> 至年十五，诵经日得二三万言。所住寺常于外分卫，废于诵习。有一罗汉重其聪敏，恒乞食供之。至年十九，诵大小乘经数百万言。②

佛陀耶舍超于常人的记忆和理解能力，使得同修的僧众们非常敬佩，其中的一个大罗汉特别敬重这个少年的聪明机警，对他照顾有加，经常自己去化缘来供养佛陀耶舍。等到佛陀耶舍19岁的时候，据说他已经记诵了大小乘经典数百万言。

佛陀耶舍直到27岁的时候，才受了具足戒，成为一名正式的僧人。他不但是一个外表举止都很唯美的人，还是一个非常善于谈笑的人，有他的地方就总会有欢喜无比的场景。正是因为这一点随喜因缘，他在僧团中虽然不受重视，但也不招人忌恨。

佛陀耶舍是个嗜书之人，在读书的过程中常常陷入沉思。慧皎在《高僧传》中描写他“恒以读诵为务，手不释牒。每端坐思义，尚云不觉虚过于时，其专精如此。”就是说，他在读书思考问题的过程中才觉得时光没有虚度。

大概是在355年之前，佛陀耶舍离开罽宾来到了疏勒国：

---

① 释慧皎：《高僧传》卷2《晋长安佛陀耶舍》，65页。

② 释慧皎：《高僧传》卷2《晋长安佛陀耶舍》，65页。

> 后至沙勒国，国王不悆请三千僧，会耶舍预其一焉。时太子达摩弗多，此言法子，见耶舍容服端雅，问所从来，耶舍酬对清辩。太子悦之，仍请留宫内供养，待遇隆厚。罗什后至，复从舍受学，甚相尊敬。什既随母还龟兹，耶舍留止。[①]

当时正值疏勒国王大兴佛法，供养着3000僧人。疏勒国的太子达摩弗多被佛陀耶舍清雅的谈吐和渊博的知识所征服，把佛陀耶舍留在了王宫中，给他极丰厚的待遇。356年，13岁的鸠摩罗什也随母亲来到了疏勒王宫，见到了佛陀耶舍，并且拜佛陀耶舍为师学习佛法，对他极为恭敬。357年，鸠摩罗什告别佛陀耶舍返回了龟兹。

据说当龟兹王城在384年遭到吕光攻打的时候，龟兹国王帛纯派使者向疏勒国求救，疏勒王接报后即安排佛陀耶舍在国内辅助太子处理政事，自己亲自带兵前往救援。可是刚刚走到半途，就听到了龟兹王城已经被攻破的消息，只好无功而返。

罽宾佛学大师佛陀耶舍是个仪表风姿俱美的男人，红色的短髭更是引人注目：

> 舍为人赤髭，善解《毗婆沙》，时人号曰"赤髭毗婆沙"。既为罗什之师，亦称大毗婆沙。[②]

在僧众弟子的眼里，他是个喜笑颜开的红胡子老头。由于他善于解说《毗婆沙》，僧众们就送给他一个很形象的绰号——"赤髭毗婆沙"。当然，这是他后来到长安后，那些听他讲经和译经的中原僧人对他的亲切称呼。

在鸠摩罗什被吕光带到凉州姑臧的这十多年里，佛陀耶舍一

---

① 释慧皎：《高僧传》卷2《晋长安佛陀耶舍》，66页。

② 释慧皎：《高僧传》卷2《晋长安佛陀耶舍》，67页。

直在疏勒国讲经传道。后来，他又到了龟兹，据说这时候远在姑臧的鸠摩罗什托人捎信要佛陀耶舍到凉州去，但是由于龟兹国王的挽留，佛陀耶舍没有成行。又在龟兹国呆了一年多后，佛陀耶舍决心要出发东行去寻找鸠摩罗什。

鸠摩罗什捎信邀请佛陀耶舍的时候，鸠摩罗什还在姑臧，一年以后，佛陀耶舍才得以从龟兹国东行，可是他到达姑臧后，才知道鸠摩罗什已经于401年十二月去了长安。从这个时间顺序来判断，鸠摩罗什是在400年前后给佛陀耶舍捎信的，而佛陀耶舍可能就是402年到姑臧的。

佛陀耶舍的到来，无论在心理安慰还是学理探讨方面，都给了鸠摩罗什一份温暖。鸠摩罗什听到老师来到姑臧的消息后，就建议姚兴派人邀请佛陀耶舍来长安，可是姚兴对此毫无兴趣，没有接受罗什的建议。

后来，当姚兴一再敦请鸠摩罗什继续翻译佛经时，鸠摩罗什说："夫弘宣法教，宜令文义圆通。贫道虽诵其文，未善其理。唯佛陀耶舍深达幽致。今在姑臧，愿下诏征之。"[①]鸠摩罗什的这番话确实道出了实际情况，鸠摩罗什虽然背诵了很多佛经，但是在佛理探讨方面可能需要博学的佛陀耶舍来帮帮他。不过，鸠摩罗什的这番话有更多托词的成分，并不是佛陀耶舍不来他就译不好佛经，罗什这么说，就是想以译经需要为借口，要挟姚兴出面邀请自己的老师来到身边。

姚兴最终答应了鸠摩罗什的要求，马上派使者带了丰厚的礼物，去姑臧邀请佛陀耶舍。在姚兴的多次邀请敦促下，佛陀耶舍于后秦弘始十年(408)之前来到了长安。按这个时间来推算，佛陀耶舍在凉州姑臧停留了将近6年。

---

① 释慧皎：《高僧传》卷2《晋长安佛陀耶舍》，66页。

佛陀耶舍到达后，姚兴亲自出来迎接他，并为他在逍遥园中单独安置了讲经说法、生活起居的院落。佛陀耶舍对于姚兴给他的丰厚完备的供养一概不受，每天只是吃一顿饭。

这时候鸠摩罗什正在酝酿翻译《十住经》，因为很多义理他也没完全闹明白，虽然已经研读斟酌了一个多月，但觉得无从下笔翻译。佛陀耶舍的到来正好解决了这个难题，鸠摩罗什同他的老师合作，一起研读讨论、疏通文义，一鼓作气将《十住经》翻译了出来。那些过去觉得费解的概念和经文，经过佛陀耶舍的阐发，顿时变得文气流畅、字义通达。佛陀耶舍初来乍到就为罗什解决了疑难问题，使得当时共同参加佛经翻译的那3000多僧人都对他佩服有加。

佛陀耶舍既然是鸠摩罗什的老师，又在翻译《十住经》时表现出了他渊博的知识和对佛理的精通，所以无论是后秦国王、大臣还是信徒们，都对他尊重异常，所奉献的供养物品、衣服器具都放满了三间屋子。这么多东西，对于粗衣麻服、一天只吃一顿饭的佛陀耶舍来说太奢侈了，他哪里用得了。于是，姚兴就命人把佛陀耶舍得到的这些供养物品都拿出去卖了，然后在长安城南为佛陀耶舍造了一座寺院。

姚兴虽然对佛陀耶舍非常照顾，但是他心底里对佛陀耶舍的佛学修养还是不信任的。当时后秦司隶校尉姚爽想请佛陀耶舍翻译《昙无德律》（就是《四分律》），姚兴怀疑佛陀耶舍记诵的这个《昙无德律》不是真经，于是就想考考佛陀耶舍的背诵记忆能力，他拿了5万多字的西羌药方，要佛陀耶舍背诵，两日后，再要求他把这个5万多字的药方默写出来，结果佛陀耶舍默写出的药方同原本一字不差，姚兴这才相信《昙无德律》是佛陀耶舍背诵下的真经。

弘始十二年（410），佛陀耶舍在姚兴的支持下，在长安译出了《四分律》、《长阿含》等经典。

在佛陀耶舍翻译《四分律》和《长阿含》的译场中，是同竺佛念合作的，佛陀耶舍一句一颂地将牢记在大脑中的经文背诵出来，竺佛念将它译成汉语，然后由僧人道含再一句一句记录下来。在这个译场中，有500僧人协助完成这项工作，花了整整3年时间，直到后秦弘始十五年（413）才翻译完成。

佛陀耶舍完成译事的413年，也是鸠摩罗什生命走到尽头的那年。可能就是在鸠摩罗什谢世后，佛陀耶舍又长途跋涉返回了罽宾国，凉州僧团的僧人们曾收到了他从罽宾捎来的一卷《虚空藏经》，此后，就再也不知道他的消息了。

三、 卑摩罗叉对《十诵律》的续译与解说

卑摩罗叉是罽宾人，他曾在龟兹国宣扬佛教的律部经典，是名扬中亚地区的佛教律学大师：

> 卑摩罗叉，此云无垢眼，罽宾人。沉靖有志力，出家履道，苦节成务。先在龟兹弘阐律藏，四方学者竞往师之，鸠摩罗什时亦预焉。及龟兹陷没，乃避地焉。①

卑摩罗叉大师，他的名字翻译成汉语就是“无垢眼”，从这个名字的含义就可以看出他澄明清净的修道追求。据说他是一个非常有毅力的人，坚守佛家的一切戒律，在修炼方面吃了不少苦。不知道是因为胎记还是其他原因，卑摩罗叉的眼部有青色印记，所以他又被僧众们亲切地称为“青眼律师”。当时西域诸国的佛教学者和僧人们都到龟兹去，跟“青眼律师”卑摩罗叉学习戒律。

363年，鸠摩罗什回到龟兹后领受了“具足戒”，并且跟卑摩

---

① 释慧皎：《高僧传》卷2《晋寿春石磵寺卑摩罗叉》，63页。

罗叉大师学习了《十诵律》。到了384年龟兹国被前秦吕光攻破,鸠摩罗什被俘虏,卑摩罗叉就离开了龟兹国的王城,至于他到哪里去了,文献没有记载。401年之后,远在西域的卑摩罗叉辗转听到了自己的学生鸠摩罗什在东土长安译经传道的确切消息,就冒着危险,不远万里地穿过流沙、戈壁,于406年到达长安。

作为佛教的律学大师,"青眼律师"东行长安自然一方面是因为有学生鸠摩罗什在这里,他来之后有个照应,更主要的是,他来长安就是要把佛教律部典籍传扬到东土来,完成自己护持佛教僧团和佛法庄严的使命。对于鸠摩罗什来讲,老师的到来肯定让他感到既兴奋又尴尬,如果是传授别的学问的老师,鸠摩罗什可能还稍微安心一点,恰恰"青眼律师"是护持佛法的戒律法师,是佛门的执法者、立法者和戒律解说者,屡屡破"四重性戒"中淫戒的鸠摩罗什,面临着怎样向老师解释的尴尬局面。

据说卑摩罗叉到达长安后,鸠摩罗什很恭敬地以弟子礼节接待自己当年的老师。相隔40多年的这次师生见面,其场景自然是非常令人唏嘘的,当年20岁的青年僧人鸠摩罗什,已经变成了60多岁的老头子。卑摩罗叉比鸠摩罗什大不了几岁,按他们的去世年龄来推断,413年鸠摩罗什去世时71岁,此后没几年,卑摩罗叉77岁去世,可能鸠摩罗什比他的老师小五六岁而已。

刚见面的时候,卑摩罗叉自然不知道鸠摩罗什破戒娶夫人的事情,就问自己的学生:"汝于汉地大有重缘,受法弟子可有几人?"卑摩罗叉认为鸠摩罗什跟中原政权非常有缘分,地位如此显赫,声名如此远扬,一定传授了不少弟子。这正好捅到了鸠摩罗什心中隐痛,所以他的回答也十分有趣,简直可以用支支吾吾来形容了。他说:"汉境经律未备,新经及诸论等,多是什所传出。三千徒众皆从什受法，但什累业障深，故不受师教耳。”①这个回答很巧妙，鸠摩罗什先说中原地区的佛教经书包括律部典籍都很不完善，言下之意是既然律部典籍都不完善，所以破戒也就是可以原谅的事情了；随后又说现在在中原尤其在长安僧界研习的佛经和大乘的诸种经论都是自己翻译出来的，这就把自己这些年来在长安所作的具体工作给老师作了一个交待；最后才含含糊糊地说，3000 多僧人都跟着自己学习佛教典籍，但是由于自己是个造孽太多的人，所以不敢以老师的身份而自居。

我们不知道卑摩罗叉听完鸠摩罗什的这番话是个什么反应，但是在 406 至 413 年的整整 8 年中，身在长安的卑摩罗叉没有翻译任何典籍，也许这段时间他是在学习汉语，也许因为鸠摩罗什的原因，他继续让这种“经律未备”的状态维持了下来。总之是，到了 413 年罗什去世后，卑摩罗叉才离开长安，先到了寿春的石磵寺，在这里开始了他传授律部典籍的讲坛生涯。

其实早在 404 年，鸠摩罗什就在西域僧人弗若多罗度的协助下，翻译《十诵律》，将近译成三分之二的时候，因为弗若多罗度的去世而停止了。到了 405 年秋天，鸠摩罗什同来到长安的西域僧人昙摩流支共续译《十诵律》，成 58 卷。也可能是晚年的罗什在精力等方面顾不过来，卑摩罗叉来到后，他们师生没有合作完成这项工作。因而，等鸠摩罗什去世后，卑摩罗叉把这个鸠摩罗什等人未完成的《十诵律》58 卷带到了寿春石磵寺。关于鸠摩罗什去世后卑摩罗叉的行迹，《高僧传》云：

及罗什弃世，叉乃出游关左，逗于寿春，止石磵寺。律众云聚，盛阐毗尼。罗什所译《十诵》本五十八卷，最后一诵谓明受戒法及诸成善法事，逐其义要名为《善诵》。叉后赍往

① 释慧皎：《高僧传》卷 2《晋长安鸠摩罗什》，54 页。

石硼,开为六十一卷,最后一诵改为《毗尼诵》,故犹二名存焉。顷之,南适江陵,于辛寺夏坐,开讲《十诵》。既通汉言,善相领纳。无作妙本,大阐当时。析文求理者其聚如林,明条知禁者数亦殷矣。律藏大弘,叉之力也。道场慧观深括宗旨,记其所制内禁轻重,撰为二卷,送还京师,僧尼披习,竞相传写,时闻者谚曰:"卑罗鄙语,慧观才录。都人缮写,纸贵如玉。"今犹行于世,为后生法矣。①

在石硼寺,卑摩罗叉续译《十诵律》,在罗什译本的基础上续成 61 卷,他的这个译本同鸠摩罗什译本比较而言,除了卷数增加、内容完善外,还将鸠摩罗什译本的最后一诵由"善诵"改为"毗尼诵"。

卑摩罗叉可能是在 413 年秋冬时节在石硼寺完成《十诵律》的翻译工作的,414 年夏天他又来到了江陵的辛寺,在这里"夏坐开讲《十诵》"。卑摩罗叉的这次讲《十诵律》,是中国佛教史上律部典籍宣扬的一个关键性讲座。当时的僧人慧观将卑摩罗叉所讲的内容要旨记录整理了出来,分作两卷行世。当时把这两卷讲稿送到长安后,据说长安的高僧大德、尼姑居士等佛教信徒竞相传写。从这种近乎洛阳纸贵的轰动效应,可以看出来在卑摩罗叉之前,中原地区律部经典的翻译与研习确实是非常薄弱的,那么鸠摩罗什所说的"汉境经律未备"也确实不仅仅是为自己找借口的托词,而是实际情况。

对卑摩罗叉讲说《十诵律》与慧观和尚记录讲稿这件事情,当时的僧界流传着一个很有趣的歌谚:"卑罗鄙语,慧观才录,都人缮写,纸贵如玉。"这个歌谚中的"鄙语"是说卑摩罗叉的讲经通俗易懂,而慧观的记录也很有才气和匠心,这样一个人人都能

① 释慧皎:《高僧传》卷 2《晋寿春石硼寺卑摩罗叉》,63—64 页。

读懂的文本是很受欢迎的，所以传到长安去，自然就抄录研习者纷纭而至了。

据僧传记载，卑摩罗叉是个非常喜欢清静的人，可是当时的江陵辛寺也是一个大寺，来来往往的四方僧众很多，并且江陵达官贵人云集，所以他在414年夏秋讲完《十诵律》后，就返回到了寿春石磵寺，这一年的冬天，卑摩罗叉在石磵寺去世，终年77岁。

四、鸠摩罗什长安僧团中的罽宾译经僧

鸠摩罗什到达长安，在后秦姚兴的支持下开场译经，以其为中心的长安僧团随之形成。在这个僧团和译场中，不但有鸠摩罗什的老师佛陀耶舍、卑摩罗叉等参与其中，以弗若多罗、昙摩流支、昙摩耶舍、昙摩掘多等为代表的一批罽宾僧人也纷纷抵达长安。

（一）弗若多罗和昙摩流支

十六国时期的长安僧团中，弗若多罗和昙摩流支是在译经方面同鸠摩罗什合作比较默契的两位高僧。

弗若多罗是罽宾高僧，他也是很年轻的时候就出家为僧了，他的特长是在戒律方面坚守很严，自然对戒律经典也很有研究，尤其非常精通《十诵律》，在罽宾的时候也是一代律学宗师：

> 弗若多罗，此云功德华，罽宾人也。少出家，以戒节见称。备通三藏而专精《十诵》律部，为外国师宗，时人咸谓已阶圣果。以伪秦弘始中振锡入关，秦上姚兴待以上宾之礼。罗什亦挹其戒范，厚相宗敬。先是，经法虽传，律藏未阐。闻多罗既善斯部，咸共思慕。以伪秦弘始六年十月十七日，集义学僧数百余人于长安中寺，延请多罗诵出《十诵》梵本，罗什译为晋文，三分获二，多罗构疾，菴（奄）然弃世。众以大

业未就而匠人殂往，悲恨之深有逾常痛。①

后秦弘始五年(403)前后，弗若多罗来到长安，后秦国王姚兴待以上宾之礼。当时，鸠摩罗什的律部老师卑摩罗叉尚没有来到中原，律部典籍非常缺乏。鸠摩罗什听说弗若多罗精研律部经典，就请他参与译场，共同翻译律部典籍。

弘始六年(404)十月十七日，鸠摩罗什同弗若多罗合作，在长安大寺开译《十诵律》。参与此次翻译的有义学僧人数百人，由弗若多罗背诵念出《十诵律》的梵本经文，再由鸠摩罗什翻译成汉文，可是在将近翻译出《十诵律》全本经文的三分之二时，弗若多罗因病不治谢世而去，这样，翻译工作不得不停顿了下来。

远在庐山的慧远大师听说了这件事情，也感到很是可惜。当时由于律部典籍的缺乏，对于寺院的管理和僧人的戒行方面影响很大，无论南北僧界自然都希望能尽快译出一部完整的律部经典来。

到了弘始七年(405)秋天，精通律部经典的罽宾名僧昙摩流支来到了关中地区，带来了梵文本的《十诵律》：

昙摩流支，此云法乐，西域人也。弃家入道，偏以律藏驰名。以弘始七年秋达自关中。初，弗若多罗诵出《十诵》，未竟而亡。庐山释慧远闻支既善《毗尼》，希得究竟律部，乃遣书通好曰："佛教之兴，先行上国。自分流以来四百余年，至于沙门德式，所阙尤多。顷西域道士弗若多罗，是罽宾人，甚讽《十诵》梵本。有罗什法师，通才博见，为之传译。《十诵》之中，文始过半，多罗早丧，中途而寝，不得究竟大业，慨恨良深。传闻仁者赍此经自随，甚欣所遇。冥运之来，岂人事而

① 释慧皎：《高僧传》卷2《晋长安弗若多罗》，60—61页。

已耶！想弘道为物，感时而动。叩之有人，必情无所吝。若能为律学之徒毕此经本，开示梵行，洗其耳目，使始涉之流不失无上之津，参怀胜业者日月弥朗。此则慧深德厚，人神同感矣。幸愿垂怀，不乖往意一二，悉诸道人所具。"①

慧远大师听说昙摩流支随身就带有《十诵律》的梵文本，欣喜异常，赶忙修书一封，敦请昙摩流支能为中原僧界译出《十诵律》，慧远的这封信写的很有感情，希望能早日译出《十诵律》的心情非常迫切，他认为，译出《十诵律》，可以使得那些刚刚进入佛门的人避免走错修道修身的门径，使得那些已经学佛有成的人更加风清月明、明心见性。

在慧远大师的这种迫切请求下，后秦国王姚兴也向昙摩流支提出了邀请，于是昙摩流支与鸠摩罗什合作，很快就在弗若多罗翻译的基础上，全本译出了《十诵律》。这次翻译显然是非常成功的，但是由于时间仓促，鸠摩罗什对整个译文的简练程度还不是十分满意。

可惜的是，由于鸠摩罗什还在同时做其他翻译工作，直到他去世前也没有腾出充足的时间来对《十诵律》译本作进一步删繁就简的工作，这个工作后来由鸠摩罗什的老师卑摩罗叉完成了。

《十诵律》是说一切有部的根本戒律，昙摩流支与鸠摩罗什合作，将之译为 58 卷，此后，鸠摩罗什的老师卑摩罗叉来到中原后，又接续他们的工作，将之整理补充成了 61 卷。昙摩流支虽然是坚守戒律的大律师，但是对于鸠摩罗什的破戒没有提出任何异议，可见在他心中佛学义理与寺院主义之间还是有分别的。

昙摩流支当时住在长安的大寺，关中名僧慧观想请他到洛阳

① 释慧皎:《高僧传》卷 2《晋长安昙摩流支》,61—62 页。

去,他推辞说:“彼土有人有法,足以利世。吾当更行无律教处。”[①]后来他就离开长安四处游历,最后不知道去哪里了,也有人说他最终是在丝绸之路上的凉州谢世的。

(二) 昙摩耶舍与昙摩掘多

来到长安的那些罽宾僧人,他们之间也有各种密切的关系,譬如弗若多罗同昙摩耶舍认识就很早,据说昙摩耶舍14岁的时候,弗若多罗就认识他:

> 昙摩耶舍,此云法明,罽宾人。少而好学,年十四为弗若多罗所知。[②]

昙摩耶舍在律藏方面修为较高,是一个非常好学的人,并且可能性格孤僻,不太合群,这在一定程度上影响到了他在西域的声望:

> 长而气干高爽,雅有神慧,该览经律,明悟出群。陶思八禅,游心七觉,时人方之浮头婆驮。孤行山泽,不避豺虎;独处思念,动移宵日。尝于树下每自克责:“年将三十尚未得果,何其懈哉!”于是累日不寝不食,专精苦到,以悔先罪,乃梦见博叉天王,语之曰:“沙门当观方弘化,旷济为怀,何守小节独善而已。道假众缘,复须时熟。非分强求,死而无证。”觉自思惟欲游方授道,既而逾历名邦,履践郡国,以晋隆安中初达广州,住白沙寺。[③]

僧传记载中关于他勤勉修道而竟不能证悟的记载非常有意思,梦见博叉天王,点化他应该不拘苦修小节,要以传播佛教为己

① 释慧皎:《高僧传》卷2《晋长安昙摩流支》,62页。
② 释慧皎:《高僧传》卷1《晋江陵辛寺昙摩耶舍》,41页。
③ 释慧皎:《高僧传》卷1《晋江陵辛寺昙摩耶舍》,41—42页。

任的说辞，也可能来自昙摩耶舍自己的讲述，这在东来传法僧人的传法动机的传说中是颇有特色的。这个传说也可能表明，昙摩耶舍本人并没有像佛陀耶舍、鸠摩罗什这些僧人一样在西域僧界获得修道方面的认可。

昙摩耶舍大概是在东晋隆安年间到达广州，住在白沙寺，当时的昙摩耶舍已经85岁高龄：

> 耶舍善诵《毗婆沙律》，人咸号为大毗婆沙。时年已八十五，徒众八十五人。时有清信女张普明咨受佛法，耶舍为说佛生缘起，并为译出《差摩经》一卷。[①]

《毗婆沙律》是小乘律部五论之一，卷帙繁重，而以勤学独思而见长的昙摩耶舍则善于念诵《毗婆沙律》，这一点赢得信众僧人们的无比尊敬，都称呼他为“大毗婆沙”。他听说在长安建立政权的后秦国王姚兴大兴佛法，于是在后秦弘始九年（407）初从广州来到了长安：

> 至义熙中来入长安，时姚兴僭号，甚崇佛法。耶舍既至，深加礼异。会有天竺沙门昙摩掘多来入关中，同气相求，宛然若旧，因共耶舍译《舍利弗阿毗昙》，以伪秦弘始九年初书梵书文，至十六年翻译方竟，凡二十二卷。伪太子姚泓亲管理味，沙门道标为之作序。[②]

昙摩耶舍到长安后，另一个著名的戒律僧人昙摩掘多也到了长安。在后秦太子姚泓的组织和支持下，昙摩耶舍、昙摩掘多与长安僧团的僧人道标等人共同合作，翻译《舍利弗阿毗昙》。弘始九年（407），昙摩耶舍同昙摩掘多把《舍利弗阿毗昙》的梵文原

---

① 释慧皎：《高僧传》卷1《晋江陵辛寺昙摩耶舍》，42页。

② 释慧皎：《高僧传》卷1《晋江陵辛寺昙摩耶舍》，42页。

本书写了出来，翻译工作一直持续到弘始十六年（414）方告完成，共译成22卷。这场持续八年的翻译工作，是在鸠摩罗什僧团的支持下完成的，鸠摩罗什本人虽然没有参与翻译工作，但是他同这两位罽宾僧人的关系应当是比较融洽的。

《舍利弗阿毗昙》的翻译工作结束后，昙摩耶舍又到江南传教：

> 耶舍后南游江陵，止于辛寺，大弘禅法。其有味靖之宾，披榛而至者三百余人。凡士庶造者，虽先无信心，见皆敬悦。自说有一师一弟子，修业并得罗汉，传者失其名。又尝于外门闭户坐禅，忽有五六沙门来入其室。又时见沙门飞来树端者，往往非一。常交接神明而俯同蒙俗。虽道迹未彰，时人咸谓已阶圣果。至宋元嘉中辞还西域，不知所终。[①]

昙摩耶舍南下先是到了江陵的辛寺，有300多僧人跟随他学习佛法。据说昙摩耶舍最终还是又返回西域去了，按僧传的记载来推算，他回到西域的时候已经是90多岁的高龄老人了。

昙摩耶舍的弟子中，有个比较有名的弟子法度：

> 耶舍有弟子法度。善梵汉之言，常为译语。度本竺婆勒子，勒久停广州往来求利，中途于南康生男，仍名南康，长名金迦，入道名法度。度初为耶舍弟子，承受经法，耶舍既还外国，度便独执矫异，规以摄物，乃言："专学小乘，禁读方等。唯礼释迦，无十方佛。食用铜钵，无别应器。"又令诸尼相捉而行，悔罪之日但伏地相向。唯宋故丹阳尹颜瑗女法弘尼、交州刺史张牧女普明尼，初受其法。今都下宣业弘光诸尼习

---

① 释慧皎：《高僧传》卷1《晋江陵辛寺昙摩耶舍》，42页。

其遗风，东土尼众，亦时传其法。①

法度此人善梵汉两种语言，经常在译场担任译语人。他的父亲竺婆勒原本是天竺人，因为经常往来于天竺、南海诸国与广州间经商，所以这个法度是在中国出生的，自然精通梵汉两种语言文字。

昙摩耶舍返回罽宾后，文献中说法度"独执矫异，规以摄物"，可能就是指其在一定程度上违反或背离了昙摩耶舍的佛学方向，而走入一个比较偏狭的佛学路径，用法度自己所声称坚持的原则就是："专学小乘，禁读方等。唯礼释迦，无十方佛。食用铜钵，无别应器。"这完全就是一种很偏狭的小乘修炼法，但是他又对江南的尼寺教育有所影响。

五、 活跃在江南的罽宾僧人

昙摩密多与求那跋摩主要是活跃在南朝时期江南地区的译经、传道僧人。

（一）昙摩密多

昙摩密多是来自罽宾地区的精于禅法的僧人：

> 昙摩密多，此云法秀，罽宾人也。年至七岁，神明澄正。每见法事，辄自然欣跃。其亲爱而异之，遂令出家。罽宾多出圣达，屡值明师，博贯群经，特深禅法。所得门户，极甚微奥。为人沉邃有慧解，仪轨详正。生而连眉，故世号连眉禅师。②

这位"连眉禅师"少年出家，其所有佛学根基完全是在罽宾

---

① 释慧皎：《高僧传》卷1《晋江陵辛寺昙摩耶舍》，42—43页。

② 释慧皎：《高僧传》卷3《宋上定林寺昙摩密多》，120—121页。

地区养成。

关于他东来传教的动机,文献记载与一连串的梦有关:

少好游方,誓志宣化,周历诸国,遂适龟兹。未至一日,王梦神告王曰:"有大福德人,明当入国,汝应供养。"明旦,即敕外司:"若有异人入境,必驰奏闻。"俄而蜜多果至,王自出郊迎,延请入宫,遂从禀戒,尽四事之礼。①

龟兹王之梦是昙摩密多走出罽宾,在龟兹得到王室供养的机缘。这当然只能姑妄听之,而龟兹王的第二个梦则是昙摩密多继续东行的铺垫:

蜜多安而能迁,不拘利养。居数载,密有去心,神又降梦曰:"福德人舍王去矣!"王惕然惊觉,既而君臣固留,莫之能止。遂度流沙,进到燉(敦)煌,于闲旷之地建立精舍,植柰千株,开园百亩。房阁池沼,极为严净。②

昙摩密多的行事风格是"安而能迁,不拘利养",那就是说没有什么富贵荣华之类的东西能引诱得了他。他在龟兹王宫居住了几年,就产生了离开的念头。据说这时候神又降梦给龟兹王说:"福德人舍王去矣!"王惕然惊觉,再三挽留,但昙摩密多去意已决,于是度过流沙之地,来到敦煌,在闲旷之地建立精舍,植柰树千株,开园百亩,房阁池沼,极为严净。

在敦煌停留不久,昙摩密多又东到凉州,并且将凉州官府荒废了的房屋修修补补,权作佛寺,弘传禅业:

顷之,复适凉州,仍于公府旧事更葺堂宇,学徒济济禅业

① 释慧皎:《高僧传》卷3《宋上定林寺昙摩密多》,121页。

② 释慧皎:《高僧传》卷3《宋上定林寺昙摩密多》,121页。

甚盛。[①]

宋元嘉元年(424)，昙摩密多辗转入蜀，然后沿江而下到荆州，在长沙寺造立禅阁，祈请舍利，诚恳祈祷，到第12天获得一枚舍利，放光满室：

常以江左王畿，志欲传法，以宋元嘉元年展转至蜀。俄而出峡止荆州，于长沙寺造立禅阁，翘诚恳恻，祈请舍利，旬有余日，遂感一枚。冲器出声，放光满室。门徒道俗，莫不更增勇猛，人百其心。[②]

祈求感应舍利而获得成功这样的传教技艺，似乎并没有使得昙摩密多在蜀地获得更多的机遇，于是他东下建康，寻求机遇：

顷之沿流东下，至于京师，初止中兴寺，晚憩祇洹。密多道声素著，化洽连邦。至京甫尔，倾都礼讯。自宋文哀皇后及皇太子公主，莫不设斋桂宫，请戒椒掖。参候之使，旬日相望。即于祇洹寺译出《禅经》、《禅法要》、《普贤观虚空藏观》等，常以禅道教授，或千里咨受四辈，远近皆号大禅师焉。[③]

昙摩密多到达建康(今江苏南京)后，先后在中兴寺、祇洹寺驻锡。由于昙摩密多道声素著，宋文帝皇后及皇太子与公主，都纷纷设斋宫中，请他讲经说法。昙摩密多在祇洹寺译出《禅经》、《禅法要》、《普贤观虚空藏观》等佛经，常以禅道教授，所以获得"大禅师"的称号。

昙摩密多在江南最重要的成果是营建了定林寺下寺：

---

① 释慧皎：《高僧传》卷3《宋上定林寺昙摩密多》，121页。
② 释慧皎：《高僧传》卷3《宋上定林寺昙摩密多》，121页。
③ 释慧皎：《高僧传》卷3《宋上定林寺昙摩密多》，121页。

> 元嘉十年还都，止钟山定林下寺。密多天性凝靖，雅爱山水，以为钟山镇岳，埒美嵩华，常叹下寺基构，临涧低侧。于是乘高相地，揆卜山势，以元嘉十二年斩石刊木，营建上寺。士庶钦风，献奉稠叠。禅房殿宇，郁尔层构。于是息心之众，万里来集。讽诵肃邕，望风成化。定林达禅师即神足弟子，弘其风教，声震道俗，故能净化久而莫渝，胜业崇而弗替，盖密多之遗烈也。爰自西域至于南土，凡所游履，靡不兴造檀会，敷陈教法。①

元嘉十年(433)，昙摩密多驻锡钟山定林下寺，并于元嘉十二年(435)斩石刊木，营建了定林上寺。关于昙摩密多本人，有一些神奇的传说：

> 初，密多之发罽宾也，有迦毗罗神王卫送，遂至龟兹。于中路欲反，乃现形告辞密多曰："汝神力通变，自在游处。将不相随，共往南方。"语毕，即收影不现。遂远从至都，即于上寺图像著壁，迄至于今，犹有声影之验。洁诚祈福，莫不享愿。以元嘉十九年七月六日卒于上寺，春秋八十有七。道俗四众，行哭相趋，仍葬于钟山宋熙寺前。②

说他当初从罽宾出发东来的时候，有迦毗罗神王护送他到了龟兹，并且身影相随，同他一起来到南方，所以昙摩密多在定林上寺的墙壁上绘制了这尊天王像，据说经常能听到天王的声音。元嘉十九年(442)，昙摩密多卒于定林上寺，享年87岁。

(二) 求那跋摩

在南朝宋都城建康活动的另一个著名的罽宾僧人求那跋摩，

---

① 释慧皎：《高僧传》卷3《宋上定林寺昙摩密多》，122页。

② 释慧皎：《高僧传》卷3《宋上定林寺昙摩密多》，122页。

是从海上乘船来到江南的。此人不是一般僧侣，据说是罽宾国王之后：

> 求那跋摩，此云功德铠，本刹利种，累世为王，治在罽宾国。祖父呵梨跋陀，此言师子贤，以刚直被徙。父僧伽阿难，此言众喜，因潜隐山泽。跋摩年十四便机见俊达，深有远度。仁爱泛博，崇德务善。其母尝须野肉，令跋摩办之。跋摩启曰："有命之类，莫不贪生。夭彼之命，非仁人矣。"母怒曰："设令得罪，吾当代汝。"跋摩他日煮油，误浇其指，因谓母曰："代儿忍痛。"母曰："痛在汝身，吾何能代？"跋摩曰："眼前之苦尚不能代，况三途耶？"母乃悔悟，终身断杀。至年十八，相公见而谓曰："君年三十当抚临大国，南面称尊。若不乐世荣，当获圣果。"至年二十，出家受戒。洞明九部，博晓四含，诵经百余万言，深达律品，妙入禅要。时号曰三藏法师。①

求那跋摩因为出身刹帝利，据说他家世代在罽宾国为王。他18岁出家为僧，30岁的时候，罽宾王去世，没有儿子继承王位，大臣们恳劝求那跋摩还俗继承王位，然他不为所动，遁迹山林多年。

后来他先后到师子国、阇婆国游方传教。就是在阇婆国，求那跋摩才声名鹊起，其原因跟其他罽宾僧人在异国得到王室尊崇的说法完全一致，就是王室人物做梦梦见神异，而阇婆国国王的母亲梦见"一道士飞舶入国"，从而开启了求那跋摩的异国声望：

> 后至阇婆国，初未至一日，阇婆王母夜梦见一道士飞舶入国，明旦果是跋摩来至。王母敬以圣礼，从受五戒。母因劝王曰："宿世因缘，得为母子。我已受戒而汝不信，恐后生

① 释慧皎：《高僧传》卷3《宋京师祇洹寺求那跋摩》，105页。

之因永绝今果。”王迫以母敕,即奉命受戒,渐染既久,专精稍笃。顷之,邻兵犯境,王谓跋摩曰:“外贼恃力欲见侵侮,若与斗战,伤杀必多。如其不拒,危亡将至。今唯归命师尊,不知何计?”跋摩曰:“暴寇相攻,宜须御捍。但当起慈悲心,勿兴害念耳。”王自领兵拟之,旗鼓始交,贼便退散。王遇流矢伤脚,跋摩为咒水洗之,信宿平复。王恭信稍殷,乃欲出家修道,因告群臣曰:“吾欲躬栖法门,卿等可更择明主。”群臣皆拜伏劝请曰:“王若舍国,则子民无依。且敌国凶强,恃险相对,如失恩覆,则黔首奚处。大王天慈,宁不愍念?敢以死请,申其悃愊。”王不忍固违,乃就群臣请三愿,若许者当留治国。一愿凡所王境同奉和上,二愿尽所治内一切断杀,三愿所有储财赈给贫病。群臣欢喜,佥然敬诺,于是一国皆从受戒。王后为跋摩立精舍,躬自引材,伤王脚指。跋摩又为咒治,有顷平复。导化之声播于遐迩,邻国闻风,皆遣使要请。①

这个神奇的故事是求那跋摩被请到中国来的前奏。南朝宋京城建邺(今江苏南京)的慧观、慧聪听说了求那跋摩在阇婆国,就于元嘉元年(424)九月面启宋文帝,求迎请求那跋摩到江南来。于是宋文帝帝即敕令交州刺史发船前去迎请,并且派遣高僧法长、道冲、道俊等随船出海祈请。这是一次官方组织的大的外事行动,所以宋文帝还专门致书于求那跋摩及阇婆国国王婆多加等,希望求那跋摩一定到华夏江南来。

但是还没等祈请的船只出发,求那跋摩就乘商人竺难提的船来到了广州。原来,求那跋摩乘坐的船只本来是要到南海的另一个小国去传教,不料遇上了顺风,就一路将船只吹达广州。

---

① 释慧皎:《高僧传》卷3《宋京师祇洹寺求那跋摩》,106页。

宋文帝得知求那跋摩已至南海(今广东广州),于是又颁下敕命,令州郡筹办资费盘缠,送求那跋摩到建邺去。

元嘉八年(431)正月,求那跋摩到达建邺。宋文帝劳问殷勤,并向求那跋摩求教作为帝王如何获得果报,求那跋摩于是告诉他:"夫道在心不在事,法由己非由人。且帝王与匹夫所修各异,匹夫身贱名劣,言令不威,若不克己苦躬,将何为用？帝王以四海为家,万民为子,出一嘉言则士女咸悦,布一善政则人神以和。刑不夭命,役无劳力,则使风雨适时,寒暖应节;百谷滋繁,桑麻郁茂。如此持斋,斋亦大矣;如此不杀,德亦众矣。宁在阙半日之餐,全一禽之命,然后方为弘济耶?"[①]求那跋摩的这番话,讲帝王与匹夫的身份不同,敬佛果报的方式也应该不同。敦促宋文帝从国计民生的大视角去考虑问题,而不要局限于一点点小善而忽略了帝王"以四海为家,万民为子"的责任。

对于求那跋摩的这番话,宋文帝也深表认同,认为是"开悟明达"的妙言。于是,奉请求那跋摩住祇洹寺,供给隆厚,王公贵族都纷纷供养宗奉。求那跋摩于是在祇洹寺开讲《法华》及《十地》,讲法之日,冠盖相拥,达官贵人、僧徒信众,摩肩接踵前来听经。求那跋摩还译出了《菩萨善戒》、《四分羯磨》、《优婆塞五戒略论》、《优婆塞二十二戒》等经共26卷。

宋元嘉十一年(434)九月二十八日中,食未毕,求那跋摩在祇洹寺谢世,享年65岁。

(三) 佛驮什

南朝宋时期,译经传教的罽宾僧人还有佛驮什:

> 佛驮什,此云觉寿,罽宾人。少受业于弥沙塞部僧,专精

① 释慧皎:《高僧传》卷3《宋京师祇洹寺求那跋摩》,108页。

律品，兼达禅要。以宋景平元年七月届于扬州。先沙门法显，于师子国得《弥沙塞律》梵本，未被翻译而法显迁化。京邑诸僧闻什既善此学，于是请令出焉。以其年冬十一月集于龙光寺，译为三十四卷，称为《五分律》。什执梵文，于阗沙门智胜为译，龙光道生、东安慧严共执笔参正，宋侍中琅琊王练为檀越。至明年四月方竟，仍于大部抄出戒心及羯磨文等，并行于世。什后不知所终。①

佛驮什，汉语法号是"觉寿"，少年时期受业于弥沙塞部僧，精于戒律，对禅法也很有心得。他是在宋景平元年(423)七月到达江南的，在该年冬天的十一月，就开始着手翻译《弥沙塞律》。《弥沙塞律》的梵本是东晋高僧法显取经，得之于师子国。法显于义熙八年(412)回国后就一直没能将之翻译出来。而佛驮什受业于弥沙塞部僧，自然善于此律学，于是就请他来翻译，在龙光寺将之译成34卷，称为《五分律》。此次翻译，佛驮什执梵文，于阗沙门智胜翻译，龙光寺高僧道生、东安寺高僧慧严共同执笔参正，到宋景平二年(424)四月方才完成。佛驮什后不知所终。

(原载《丝路文明的传承与发展》，杭州：浙江大学出版社，2017年)

① 释慧皎：《高僧传》卷3《宋建康龙光寺佛驮什》，96页。

北朝时期的职业佣书人与佛经抄写

北朝时期，纸张开始大量使用，但是印刷术还没有被广泛应用，抄写就成了传播书籍知识的最佳途径。当时社会上有一个职业抄书阶层，他们或被称作“经生”，或被称作“佣书人”，都是靠给别人写字、抄书谋生的人。抄书这个职业具有很好的商业前景，尤其是随着佛教的传播，抄写佛经不但能满足迅速传扬佛教思想和教义的需要，也是僧人和佛教徒积累功德的重要手段，因而，有大批底层知识分子和僧人在寺院从事抄书工作。

我们从敦煌文书中可以找到一些非常专业的书籍抄写人。据统计，在现有的敦煌写经题记中，可以找到抄写人 100 多人，其中专业书工就有 34 人，这 34 个专业书工的活动年代，从北魏时期一直延伸到唐代。其中，北魏时期的敦煌令狐家族是这种专业抄写佛经底层知识分子集团中最具代表性的一个群体。

一、 敦煌令狐家族与佛经之抄写

令狐家族是敦煌大族，《氏族略》：“汉有令狐迈，避王莽乱，居敦煌。”西汉末年令狐家族就在敦煌扎根了。在东阳王元荣做瓜州刺史及其后很长的历史时段内，令狐家族的势力在敦煌政治、社会生活中具有决定性意义。从敦煌佛经卷子题记和出土石塔铭文的记载中，从 426 年到 537 年，从事佛教活动而被记录的敦煌令狐家族成员有 11 人：令狐飒□、令狐广嗣、令狐廉嗣、令狐弄、令狐君儿、令狐崇哲、令狐礼太、令狐永太、令狐世康、令狐陀咒、令狐休宝。在这 11 个敦煌令狐氏家族成员中,除令狐陀咒是以佛教信徒“清信女”的身份出现外,其他 10 人都是以佛经抄写人或者碑铭书写人的身份出现的。他们的职业称呼不一样,有经生、官经生、典经帅、经生帅和官经生帅等,这可能就反映了他们各自在佛经抄写活动中所扮演的角色和发挥的作用是不同的,其地位也应当是有明显差别的。

从 512 年到 514 年的三年中,令狐崇哲一直是敦煌的典经帅,又叫经生帅。从写经题记中的记载来看,作为典经帅的令狐崇哲虽然也抄写佛经,但大多时候他并不是抄写人,他的称呼和名字往往写在题记中“经生”和“校经道人”之间,可见他可能是处于抄经的经生同寺院之间的一个连接环节。具体来说,应该是经生对典经帅负责,而典经帅又对寺院负责。这是一个非常完整的社会经济链条,寺院用来抄写佛经的钱,正是通过典经帅而层级传递到经生手中,经生赖此而谋生。经生具有一技之长,他们中的一部分人还被称作“官经生”。所谓的官经生可能是具有官方性质的抄写人,而典经帅也应该具有官方背景,而不会仅仅是民间人物。那么,典经帅所掌控的经生集团,应该是具有官方背景的一个依附于佛教寺院的底层文人集团。

在敦煌地区,令狐家族作为抄经人的职业,是得到官方认可的,是具有世袭性质或者说具有“家学性质”的职业。显然,这个家族的成员在敦煌佛教活动中扮演着文化人或者是书法家的角色。

二、 佛教寺院中的职业抄经人——经生

从有纪年的敦煌卷子来统计,除了令狐家族成员外,敦煌卷子中记载的北朝敦煌镇经生还有曹法寿、刘广周、马天安、张显昌、张乾护,他们都是官经生,可见北朝敦煌的佛经抄写规模是不

小的，存在一个比较固定且职业化的、由底层知识分子组成的具有官方背景的佛经抄写集团，当然在以凉州为中心的其他地区以及佛教传播所达到的广大北方，佛经抄写的职业化知识阶层的存在也是毫无疑问的，如在麦积山 78 窟就有北魏“仇池镇经生王□供养佛时”的题记。敦煌卷子中所见的经生如张凤鸾、汜亥仁、李道胤及张阿宜、尚生、翟安德等人，都是从事佛经抄写的底层知识分子。

经生有官经生和职业经生两种，官经生主要为寺院服务，而一般经生应该比较自由，他们可能受雇于各类佛教信徒。从经济关系来讲，官经生通过抄经而得到生活的钱物，主要来自寺院，要通过典经帅这样的管理者来组织工作和分配工钱，他们的生活比较有保障。一般经生或职业抄写人的生活保障就相对不太稳定。从抄经题记的不同书写体式中，我们可以对该经书抄写的情况做出大致判断：一般由寺院或官经生集团抄写的正规的经书，往往都表明抄写年月、用纸数量、抄写人和校对者，很多还有典经帅的签字或盖印之类；由佛教信徒做功德而请人抄写的经书，往往有做功德的人的姓名，有的是很多人，这样的经卷，有的署有抄写人的姓名，有的干脆就不署。

官经生或职业抄经人的生活状况，在敦煌写经题记中也有一些反映。譬如在官经生抄写的经书题记中，一般都要表明使用了多少纸。可见，经生的收入是同用纸的成本相挂钩的。

关于写经问题，需要说明的是，除由令狐家族这样具有官方背景的经生集团抄写的外，还有僧人和信徒自己抄写的佛经。

因而，当时抄写的佛经可分为两种类型：一种出自专业抄手。如经过培训的寺院僧人和经生；另一种出自非专业人员之手。如信徒或粗通文字的僧人，所以后者的抄写就相对比较粗糙，在题记中抄写人也常常以“手拙,见者莫笑也”[1]等简单的语句加以说明。这方面的资料是比较多的,如后凉王相高写《维摩诘经》卷上题记:

> 麟嘉五年六月九日,王相高写竟。疏(手)拙,见者莫笑也。

西凉比丘德佑等写《十诵比丘戒本》题记:

> 建初元年岁在乙巳十二月五日戌时,比丘德佑于敦煌城南受具戒写到戒讽之趣,成具拙字而已。手拙用愧,见者但念其义,莫笑其字也,故记之。

这几条材料,在一定程度上代表当时粗通文墨的僧俗抄经人的书写状况。

在佛经的书写方面,那些偏僻小寺院的要求并不是很高的,因为偏僻地区要找到书写工整的抄书者是比较艰难的。

此外,书体的粗鄙也可能同写经的目的有关:写经是为了便于流通,所谓“存本”,也是为了积累功德,字体的好看可能是相对弱化的一个要求,而文字的精确性可能是第一位的。

抄写佛经对佛教徒和寺院来讲都是重要而庄严的事情,所以寺院和那些可以请得起抄手的信徒,对抄写人的学识修养和书法水平还是有很高要求的,一般信徒往往都是雇文人阶层来写。如北魏张宝护所供养的《大般涅槃经》,就是“减割资分之余,雇文士敬写《大般涅槃》一部”。

至于那些有文化的僧人和专门以抄写佛经为生的官经生,除本人有一定儒学和佛学修养外,还要接受寺院或经生集团的培

---

① 《后凉王相高写〈维摩诘经〉卷上题记》,载王素、李方《魏晋南北朝敦煌文献编年》,台北:新文丰出版公司,1997 年,102 页。

训。我们在敦煌卷子中发现了两条关于“课”的资料，可能就是这方面的记载。

其一，敦研113：北魏令狐君儿等写《维摩经》题等题记，天安二年(467)八月二十三日：

> 天安二年八月廿三日，令狐君儿课。王三典、张演虎等三人共作课也。①

其二，北魏宗庆等写《大智度论》卷卅题记，永平三年(510)：

> 宗庆写，用纸十七张。永平三年，课姚宋安写。②

显然，上引第一条文献中的令狐君儿、王三典、张演虎都是抄写佛经的经生集团的成员，他们抄写《维摩经》是“作课”，就是按照寺院或经生集团的要求进行佛经抄写的学习和训练。这种学习或训练肯定还是由老师来指导的。第二条文献中的宗庆就是这样的人物，他写《大智度论》，目的是“课姚宋安”，可见宗庆是老师，而姚宋安是跟随宗庆学习如何抄写佛经的新的经生。

三、 职业“佣书人”与佛经的抄写

在正史记载中，有许多人就曾以“佣书”为业。如北魏的蒋少游、崔亮、崔光、房景伯、刘芳及北齐的赵彦深都曾卖字为生。

蒋少游是平城有名的建筑设计师，在建筑绘图方面有高超的技艺，由于是被北魏军队从青州俘获到平城的，所以他在平城就以“佣写书”为业。③ 崔亮也是同蒋少游一样的平齐户，他“年十

① 1944年敦煌莫高窟土地庙残塑像中发现，现藏敦煌研究院，卷子号113。参见王素、李方：《魏晋南北朝敦煌文献编年》，136页。

② 《北魏宗庆等写〈大智度论〉卷卅题记》，见王素、李方：《魏晋南北朝敦煌文献编年》，168页。

③ 魏收：《魏书》卷91《蒋少游传》，北京：中华书局，1974年，1970页。

岁，常依季父幼孙，居家贫，佣书自业”[①]。崔光也是平齐户，“家贫好学，昼耕夜诵，佣书以养父母”[②]。房景伯也是平齐民出身，他“生于桑乾，少丧父，以孝闻。家贫，佣书自给，养母甚谨”[③]。

由这些事例来看，当时在北魏平城中，佣书还是一个具有相当前景的社会职业，对于这些生活陷入困顿的读书人来讲，“佣书”不仅可以自济，而且还可以此收入来孝养父母。当然这些能载诸史籍的“佣书者”，并不是一直从事这份职业，而是进入了官吏阶层，我们才能见到他们的事迹。

从这些“佣书者”的事迹可以推断，当时一定有一个比较庞大的职业抄书阶层，他们的实际生活具体如何，真相淹没在历史的深处，我们就不得而知了。但是，我们也可以从现有的史例得到一些个案认识。

在正史所载的“佣书者”中，刘芳是一个比较幸运的人，史载：

> 刘芳……昼则佣书，以自资给，夜则读诵，终夕不寝。至有易衣并日之弊，而淡然自守，不汲汲于荣利，不戚戚于贱贫，乃著《穷通论》以自慰焉。
>
> 芳常为诸僧佣写经论，笔迹称善，卷直以一缣，岁中能入百余匹，如此数十年，赖以颇振，由是与德学大僧多有还往。[④]

从刘芳的佣书生涯来看，生活有时候是极不稳定的，以至于有“易衣并日之弊”，那就是吃了上顿没下顿，也有不得不当衣卖

---

① 魏收：《魏书》卷66《崔亮传》，1476页。

② 魏收：《魏书》卷67《崔光传》，1487页。

③ 魏收：《魏书》卷43《房法寿传》，977页。

④ 魏收：《魏书》卷55《刘芳传》，1219页。

衫糊口的时候。但是传中又说他善于给僧人们抄写经论，由于他的书法好，抄一卷佛经就可以得到一匹缣，半年就能得到百余匹，这样的收入应该是不低的，并且持续了十多年，这说明为寺院抄写佛经的报酬还是相当高的。所以抄书人的抄书取值，一方面跟他的书法功底有关，字写得好、抄得快就可能得到较高的报酬；另一方面也可能同服务的对象有关，寺庙抄经或者信徒雇用抄经的报酬也可能比一般的其他抄书要高一点。

北齐"佣书人"赵彦深的史例，也可以对此做补充说明：

> 赵彦深……初为尚书令司马子如贱客，供写书。子如善其无误，欲将入观省舍。隐靴无毡，衣帽穿弊，子如给之。用为尚书令史，月余，补正令史。①

这个善于"书计"的赵彦深，曾做司马子如的"贱客"，专门为司马子如抄写书籍，这样的生活也是免不了"隐靴无毡，衣帽穿弊"的落魄样，可见像他这样为权贵抄书的人，经济状况是不会很好的。这也可以理解，这种抄书完全是为求得仕途而依附于别人。而为寺院抄经则是一种市场交换行为，自然报酬就比较合理了。

鸠摩罗什的弟子、佛教理论家僧肇，也是"佣书人"出身。正是靠着为人抄书的便利条件，僧肇熟读经史子集各种经典，尤其对于老庄思想有深刻的见解，为他以后的佛学研究打下了深厚的学问基础。

抄写佛经是功德无量的事情，据《大集经》的说法：

> 菩萨有四种施具足智慧。何等为四，一以纸笔墨与法师

---

① 李百药：《北齐书》卷38《赵彦深传》，北京：中华书局，1972年，505页。

令书写经。二种种校饰庄严妙座以施法师。三以诸所须供养之具奉上法师。四无谄曲心赞叹法师。[①]

这就将“写经”提到了一个很高的地位,激起了善男信女抄写佛经的热情。当然佛经的抄写也有善男信女自己抄的,但可能大多佛经都是由这些专门的职业“佣书人”抄写的。

魏晋南北朝抄经人是如何工作的,由于资料的限制,我们难以详细描述。但当时的“佣书人”所抄写的经卷,可以为我们提供一个直观的认识,敦煌卷子中北魏人所写《佛说佛藏经》就是其中的精品。该经卷淡墨乌丝栏,栏高228毫米,栏距27毫米左右,每栏墨书两行字,书写中脱漏之字皆用朱笔添加于脱漏之处的旁边。书写者未署名款和书写年月,但是经中国古代书画鉴定组审定,断为北魏人所书。该经卷的书法将楷法和行法融为一体,用笔爽利流畅,结构极紧。笔划横向取势,气贯通篇。[②] 由这幅作品,可以断定书写者对于佛教经卷抄写的虔诚和严谨的态度。

此外,唐人关于佛经抄写工作的记载,也可以为我们认识北朝时期的佛经抄写提供一个参考性的认识。

唐代僧人德圆不仅抄写佛经的纸是自己制造的,抄写佛经的过程也极为庄严神圣:

释德圆,不知氏族,天水人也。少出家,常以华严为业。读诵禅思,用为恒准。周游讲肆,妙该宗极。钦惟奥典,希展殷诚。遂修一净园,树诸谷楮,并种香草杂华,洗濯入园,溉灌香水。楮生三载……别造净屋,香泥壁地。洁檀净器浴具

① 释道世:《法苑珠林》卷81。

②《北魏人书佛说佛藏经》,上海:上海书画出版社,2000年。

新衣。匠人齐戒，易服入出必盥口熏香。剥楮取皮，浸以沉水，护净造纸，毕岁方成。别筑净基，更造新室，乃至材梁椽瓦，并濯以香汤。每事严洁。堂中安施文柏牙座，周布香华，上悬缯宝盖，垂诸铃佩，杂以流苏白檀紫沉，以为经案，并充笔管。经生日受斋戒，香汤三浴，华冠净服，状类天人。将入经室，必夹路焚香，梵呗先引。圆亦形服严净，执炉恭导，散华供养，方乃书写。

这样的写经活动已经非常复杂，参与者既有僧人，又有造纸和修建经室的匠人，还有抄写经卷的“经生”。在这些抄写经卷的活动中，僧人已经仅是组织者了，善于书法的“经生”或“佣书人”被重金请来抄写佛经，如：

释法诚，俗姓樊氏，雍州万年县人……召当时工书之人弘文馆学士张静，每事清净，敬写此经。诚亦亲执香炉，专精供养。乃至一点一书，住目倾心。然施慧殷重，两纸酬钱五百。

又如：

唐定州中山禅师释修德者……于永徽四年，踌诚方广，因发大心，至精抄写……召善书人妫州王恭，别院斋戒洗，浴净衣，焚香布华，悬诸幡盖，礼经忏悔，方升座焉。下笔含香，举笔吐气。每日恒然，精勤无怠。禅师躬自入净，运想烧香。笔翰之间，并专心目。因修若是，迄于终始。每写一卷，施缣十匹。迄成一部，总施六百余段。恭因发心，并皆不受，劳诚竭虑，筋力都尽，写经才毕。①

①《华严经传记》卷5，见《大正新修大藏经》卷51《史传部三》。

像这样用重金请来抄写佛经的不仅有一般工书的“佣书者”,也有当时有名的文士。显然,唐代的抄经经生和“佣书者”的境况不能代表魏晋南北朝时期的历史事实,但是可以为我们认识这个群体的工作情况提供一个参考性的认识基点。

(原载《文史知识》2009年第12期)

佛教传播过程中的北朝工匠阶层

工匠阶层是参与佛教传播出力最多的人群之一，大量佛寺的建造、石窟的开凿和数以万计的佛像的铸造、雕刻和装饰，都离不开他们的艰辛劳动和高超技艺。但是，由于工匠这个阶层身份的特殊性，在历史文献中很少能看到他们与佛教传播关系的踪影。不过，我们可以根据与之相关联的文献记载和一些出土材料，对其在佛教传播过程中的生存状态和作用，做一个简单的考察。

可以说，魏晋南北朝时期，围绕佛教的传播和发展，中国的工匠也在技艺、工程量等方面接受了新的挑战。这种挑战所引起的变化至少包含三方面的内容：一是对外来艺术和技艺的学习、吸收与消化；二是在大量工作如建筑建造、石窟开凿、佛像塑造、园林布置等工程的基础上，他们积累了丰富的经验；三是佛教的工程与制作在一定程度上培植了大批富有的工匠，也使得相当数量的工匠遭受到严苛的盘剥。

需要说明的是，由于传统的文献记载是"描述式"的，并且不是穷尽式描述，也不可能是穷尽式描述，所以在没有现代意义的严格"统计"的基础上，我们对工匠阶层生活状态的分析其实也是描述式的。这就决定了，我们所讲的这几方面的问题，只能当作是对历史事实重建的一种努力。

一、 工匠阶层的身份问题

对于工匠阶层在四民阶层结构中的定位，《汉书·食货志》

说的比较明确:“士农工商,四民有业。学以居位曰士,辟土殖谷曰农,作巧成器曰工,通财鬻货曰商。”这当然是一个大体的划分。实际上,工匠阶层是一个身份比较复杂的群体。[①]

从从事的职业来看,不但那些从事“作巧成器”的社会成员属于工匠行列,就是今天归属于艺术人才的如画师、雕塑家,以及一些具有科技才能的人才,都在古代广义的工匠范围之列。这种情况,同中国古代社会“以农为本”的传统有关。自春秋战国开始,相对于农业生产而言,手工业和商业往往被并称为“末业”。正是在这个基础上,才将士、农、商人三者之外的一些从事非农技术生产者[②]都归入“工”的行列。[③]

不过,据前贤的考察,作为手工业生产者,中国古代的工匠阶层从来就没有完全与土地脱离过。[④] 如《汉书·食货志》有“士工商受田,五口乃当农夫一人”的记载,在北魏施行均田制时,工匠也会得到一定数量的土地。[⑤]

---

① 唐长孺先生对魏晋南北朝至隋唐的工匠阶层有很细致的研究,他认为北朝的杂户和伎作户都属于工匠阶层,此外还有一些刑徒等手工业奴隶在官府的控制下从事手工业劳作。参见唐长孺:《魏晋至唐官府作场及官府工程的工匠》,载唐长孺:《魏晋南北朝史论丛续编》,北京:生活·读书·新知三联书店,1959年,41—51页。

② 这个划分不是很好掌握,譬如医卜也是技术人才,就显然不能归入“工匠”,所以还是主要以参与工程或器物制作的技术人才为界线。

③ “百工”中被称作“巧手”、“伎巧”、“伎作”等等的这部分人,主要是有技术的工匠阶层。此外“百工”还包括在工程修筑中一些因罪而服苦役的“工徒”或官奴隶。我们要考察的工匠,是一个广义的范畴,主要是指那些具有技术的工匠,但也包括这些服苦役的工徒在内。

④ 魏明孔:《中国前近代手工业经济的特点》,《文史哲》,2004年第6期,79 85页。

⑤ 譬如北魏太武帝就曾下诏给伎巧户“各给耕牛,计口授田”。见魏收:《魏书》卷110《食货志》,北京:中华书局,1974年,2850页。

从工匠的归属来看，主要分为官府直接控制的“百工户”①和一般民间小手工业者。“百工户”作为官府手工业者，其劳作职能主要分两部分，一是直接为皇帝、贵族、政府和军队的特殊需要而服务，行业涉及纺织、瓷器、金银器、建筑、兵器、钱币铸造等；一是从事与国计民生密切相关的盐、铁、酒、茶等行业。

从法律和政治地位上来看，工匠阶层作为整个社会的技术主体，其地位一般要比编户齐民低，尤其是由官府直接控制的“百工户”，在政治上他们属于“贱口”，因而受到的盘剥是非常深重的。② 当然，这主要是就隶属于官府的那些工匠的生存状态而言。一般的民间工匠，生存状态可能要好一些。单就经济状况而言，民间的工匠阶层可能要相对具有一些经济实力。《史记·货殖列传》云：

> 用贫求富，农不如工，工不如商，刺绣文不如依市门。

这是对现实生活的生动总结，工匠阶层虽然不如商人那样容易致富，但是要比从事土地耕作的人好得多。

也许正是这种工匠阶层所处的法律地位的“低贱”与其经济地位上升迅速之间的巨大反差，使得这个阶层的实际生活状况可能有些复杂，如北魏王朝曾下令：

> 今制皇族、师傅、王公侯伯及士民之家，不得与百工、伎

---

① “百工户”是属于农奴式的劳动者，是国家征调服役的技术阶层，由国家在尚书台特设的机构管理。关于这方面的详细情形，可参阅熊德基《六朝的屯、牧、官商、伎作和杂户》，载熊德基《六朝史考实》，中华书局，2000年，399—406页。

② 朱大渭：《魏晋南北朝阶级结构试析》，《六朝史论》，北京：中华书局，1998年，137—140页。

巧、卑姓为婚，犯者加罪。[①]

这样的禁令，恰恰是针对已经存在的严重的社会现实而发的，即所谓“中代以来，贵族之门多不率法，或贪利财贿，或因缘私好，在于苟合，无所选择，令贵贱不分，巨细同贯”[②]。那么一些工匠阶层凭借自己的技艺迅速致富，以至于突破法律的界限，同法律地位比自己高的阶层结成婚姻，从而来达到提高自己地位的目的；而那些达官贵人又通过同工匠的联姻，来改善自己的经济状况。

从一些个别事例来看，情况可能还要比这严重得多。北魏太宗时期，“并州所部守宰，多不奉法。又刺史擅用御府针工古彤为晋阳令，交通财贿，共为奸利。”[③]工匠阶层通过自己的技术聚敛财富，并与地方官吏相互利用，竟然完全突破了对于工匠作为“贱口”的法律禁锢，像此条史料中的“针工古彤”显然是属于官府所属的工匠阶层，因为在经济上同刺史利益相关，就能得到“晋阳令”这样的任命，可见当时工匠阶层的生存状态确实是千差万别的。

因而，工匠阶层所包含的人群，[④]既有属于官府直接控制的“百工户”，也有属于编户的具有一技之长的民间工匠，甚至还有一些具有较高地位的工匠管理阶层，他们属于统治者阶层，但是

---

① 魏收：《魏书》卷5《高宗纪第五》，122页。

② 魏收：《魏书》卷5《高宗纪第五》，122页。

③ 魏收：《魏书》卷30《安同传》，713页。

④ 关于工匠的阶级从属关系，可以参阅熊德基《魏晋南北朝时期阶级结构研究中的几个问题》一文，户籍、阶级、阶层是一些不同的概念，阶级的划分并不同职业或者阶层正相对应，工匠阶层也有不同的等级，甚至属于不同的阶级。熊先生的文章见中国社会科学院历史研究所：《魏晋隋唐史论集》第1辑，19—28页。

他们往往也都是有祖传的手工手艺和技术的专门人才。譬如北魏的蒋少游，就是北魏建筑史上比较典型的一位建筑设计师。此人出身于山东士族，在魏宋战争中被俘虏，成为平齐户，北魏孝文帝在营建平城的宫殿建筑的时候，蒋少游就是因为其出色的设计才能而参与了其事。[①] 北齐的辛术也是这样的人物，史载其"少明敏，有识度，解褐司空胄曹参军。与仆射高隆之共典营构邺都宫室，术有思理，百工克济"。[②] 当然，这些人物属于管理者或上层，与我们所考察的工匠也有一定的密切关系。

工匠的技艺一般都是代代相传的，具有很强的家族性和封闭性。因而历代封建政府总是用独立的户籍体制来管理工匠，并且工匠的子孙也很难脱离工匠户籍。如北魏王朝即规定：

> 自王公已下至于卿士，其子息皆诣太学；其百工、伎巧、驺卒子息，当习其父兄所业，不听私立学校；违者师身死，主人门诛。[③]

这样的措施，就是从户籍制度和知识传授两方面来限制工匠，不让他们有受儒学教育的权利，从而剥夺工匠的子孙通过学习而在社会上上升的可能性，以保持工匠阶层的绝对稳定性；让工匠家庭世代相传其技艺，既可以保证专门技艺的连续性传授和经验水平的不断提高，又可以相对保持工匠整体的稳定性，便于国家控制。

正是因为工匠阶层的这种家庭式或家族式技艺相传的模式，就使得工匠这一群体的知识传授体系非常封闭；而他们的低贱身份，又使得这一群体在历史上几乎没有什么声音。即使在历代的

---

① 魏收：《魏书》卷91《蒋少游传》，1970—1971页。

② 李百药：《北齐书》卷38《辛术传》，北京：中华书局，1972年，501页。

③ 魏收：《魏书》卷4《世祖纪第四下》，97页。

农民起义等突发性的事件中,农业生产群体往往占据主流地位。所以,直到今天,其实对于古代尤其是中古的工匠群体的研究也显得相当艰难。

总体而言,古代的工匠阶层作为技术主体,具有以下三个群体特点:(1)人身依附关系强,身份地位低下;(2)身份世袭,职业固定;(3)组织封闭,群体失语。[①]

二、 参与佛寺修建、装饰的工匠类型

在佛教的传播过程中,工匠阶层是一个至关重要的参与者。我们如果看看当时同佛教有关的建筑和工艺造作的相关数据就会对这个问题有直观的了解了。就《魏书·释老志》的记载来看,仅北魏王朝的统计,正光以后就有佛教寺院“三万有余”。[②]到了隋代初年,这个数据有增无减,况且据唐代僧人法琳的统计,隋初新造佛寺 3792 所,“造金、铜、檀香、夹纻、牙、石像等,大小一十万六千五百八十躯;修治故像一百五十万八千九百四十许躯。”[③]至于像云冈石窟、敦煌莫高窟等这些石窟寺的开凿修建,也需要大量的具有不同专业技术的工匠阶层参与其事。

因而,在隋代之前,无论是佛寺修建还是佛像的雕刻、塑造,其数量都是非常巨大的。这就表明,工匠阶层对佛教活动的参与是相当广泛的。

---

① 余同元:《传统工匠及其现代转型界说》,载《史林》,2005 年第 4 期,57—66、124 页。

② 据《魏晋南北朝社会生活史》一书中的统计数据,在北齐、北周时期,北齐境内有寺院 3 万所,北周境内有寺院 1 万所。就是说,在隋初应该至少有寺庙 4 万余所。参见朱大渭、刘驰、梁满仓等:《魏晋南北朝社会生活史》,北京:中国社会科学出版社,2005 年,227 页。

③ 法琳:《辩正论》卷 3《十代奉佛篇》,《大正新修大藏经》卷 52《史传部四》。

马德先生在《敦煌莫高窟史研究》中，对参与莫高窟营造的唐代工匠作了比较系统的考察，直接参加石窟营造的工匠主要有以下几类：(1)打窟人，主要是开凿石窟的工匠；(2)石匠，从事石窟开凿、建筑石料加工、石质工具的制造和修理的工匠；(3)泥匠，从事土木建筑的工匠；(4)木匠，从事土木建筑及木质器具制造、加工、修理的工匠；(5)塑匠，从事泥塑敷彩的工匠；(6)画匠，从事绘画的工匠。此外，还有一些同时库建造密切相关的工匠，如金银匠、纸匠、玉匠、灰匠、染布匠等。[1]

我们不能将唐代参与佛寺修建活动的工匠的情况等同于魏晋南北朝时期的情况，但是其间的差别应该是不会很大的。只能说，在工艺方面和组织方面，也许后代比前代更为完善。但是在史料有限的情况下，作为一个回溯性的证据，还是有利于我们认识问题的。

事实上，魏晋南北朝参与佛寺修建的工匠类型，同马德先生所列出的唐代工匠的类型是相当一致的。《续高僧传》卷 21 列举隋初修建佛寺的工匠主要有“土、木、瓦、石”这四大类，显然修建木构寺院比开凿石窟寺又多了一个瓦匠。至于以上所列的其他的匠人，显然也是少不了的。如北魏王朝大力建造的云冈石窟以高大的洞窟和圆雕、浮雕造像为主，并对雕像施以彩绘；而同一时期的敦煌莫高窟，不但有石胎彩塑，也有大量精美的壁画。[2]那么这些石窟寺修建所用的工匠，无论在数量还是种类上都是相当庞大繁复的。至于像永宁寺、瑶光寺、景明寺等这些以木构为

---

① 马德：《敦煌莫高窟史研究》，兰州：甘肃教育出版社，1996 年，169—173 页。

② 参阅阎文儒：《中国石窟艺术总论》，桂林：广西师范大学出版社，2003 年，179—193 页；阎文儒：《云冈石窟》，桂林：广西师范大学出版社，2003 年，13—45 页。

主体的土木建筑，无论是建筑技巧还是装饰水平方面，所需要的工匠的种类及其技术要求，自然也是相当多且高的。

在佛寺修建过程中，根据不同的工种和技术的高低，工匠阶层的技术等级也是非常鲜明的。在敦煌莫高窟的工匠中，按其技术可以分为都料[①]、博士、师、匠、工等等级。都料是具备高级技艺的师傅，其职责是从事本行业工程规划和组织实施，并负责行内事务；博士是能承担本行业高难度技术劳动的高级工匠，譬如"上仰泥博士"就是往洞窟顶上敷泥的高级工匠。此外，师和先生是对塑像、壁画工匠的尊敬性称呼，其地位同其他行业的博士是一样的；匠是对各行业能独立从事技术性工作的一般工匠的统称。[②]

显而易见，工匠的级别既同其技术有关，也同其专业种类有关。一般来讲，出笨力气的可能等级就比较低，如上面所列的"打窟人"，他就是在山崖上凿开洞窟的苦力工，地位就比较低；而石匠则是在洞窟开凿完的基础上作雕刻和精工工作的技术较高的人，其地位自然就相对高一点。画匠和雕塑师工作的技术含量和文化水平应该比较高，其地位自然也是比较受尊敬的。

谢和耐先生对大历十年(775)的一件寺院建造的账单作了考察，认为雇用高度熟练的劳力以从事粗笨劳动、土方工程和运

---

① 据马德先生的研究，敦煌文献中的都料、都师、都匠都是同一级别的工匠。近年郑炳林、邢艳红二先生经过详细研究，证明"都师"是佛教寺院负责仓库保管和伙食管理的低级僧职，并不是工匠阶层的一种。参见郑炳林、邢艳红：《晚唐五代宋初敦煌文书所见都师考》，《西北民族学院学报(哲学社会科学版)》，1999年第3期，96—100页。

② 马德：《敦煌莫高窟史研究》，173—177页。

输等并不十分昂贵，而专业技术的索价则很高。[①] 虽然谢和耐先生的考察是针对唐代社会的情况而言，但是我们认为这样的考察对我们认识3—6世纪北方社会的类似情况也具有相对性的参考意义。

三、 佛教工程中的工匠阶层的经济与生存状况

关于工匠的收入问题，有三方面的情况值得注意：一是修建佛寺、雕刻佛像这样的事情，往往会被视为一种功德积累，所以工匠会降低对工钱的要求，甚至可能为寺院修建贡献义务性劳动；敦煌卷子中有这样的记载："马都料方□且空，绳墨不道师难。若得多少工价，尽行布施与□"（S. 3905）；二是由于佛教传播所引起的寺庙修建和造像雕刻在北方社会已经成为汹涌的社会浪潮，庞大的工程量使得商品化趋势非常明显，工匠阶层也因此而获得了丰厚的回报。三是由于皇权等国家势力的介入，很多工匠可能就是没有报酬的苦役或者说报酬很低的"百工户"，他们的生活状态非常糟糕。如北魏修建晋阳十二院和凿刻晋阳大佛，"百工困穷，无时休息，人牛死者不可胜纪"，[②]就是这种情况。下面，我们从三方面来考察当时参与佛寺修建的工匠的生存状态。

（一）佛寺修建中工匠的招募情况

对于工匠阶层因为积累功德而少要工钱或不要工钱的比例，由于资料的有限性，具体很难断定。但这种现象应该也是普遍存在的。但是一般来讲，佛寺使用的工匠大多都是雇用而来的，并且佛教建筑是当时最为奢华和最具技术性的建筑，其造像、装饰

---

① 谢和耐：《中国5—10世纪的寺院经济》，耿升译，上海：上海古籍出版社，2004年，20页。

② 李百药：《北齐书》卷8《帝纪·幼主》，113页。

与整体布局都需要相当的匠心，所以必须招募到技艺精良的工匠。下面的这则故事有利于我们理解这个问题：

> 元造之时，有一外客来告大众云："我闻募好工匠造像，我巧能作此像。"大众语云："所须何物？"其人云："唯须香及水及料灯油支料。"既足，语寺僧云："吾须闭门营造，限至六月，慎莫开门，亦不劳饮食。"其人一入，即不重出。唯少四日，未满六月。大众平章不和，各云："此塔中狭迮，复是漏身？因何累月不开见出？"疑其所为，遂开塔门。乃不见匠人，其像已成。唯右乳上有少许未竟。后空神惊诫大众云："我是弥勒菩萨！"①

在这里，将能造作精妙的佛像的工匠功绩归之于"弥勒菩萨"，一方面是宣教的需要，另一方面也说明工匠的精湛技艺对于佛寺修建和佛像雕刻的重要性。那么要招募到技术好的工匠，就存在个竞争问题和优选问题，同时也就要有优厚的工钱和好的待遇。在这方面，敦煌文书中有一些记载：

> 乃召巧匠、选工师，穷天下之橘诡，尽人间之丽饰。P. 2551
> 遂千金贸工，百堵兴役。P. 3608
> 遂罄舍房资，贸工兴役……宏开虚洞。P. 4640

由此可见，对于工匠的招募，确实是寺庙修建和佛像雕刻、铸造的一个关键环节，所以一般都会用"千金"、"罄舍房资"这样的重金来吸引好的工匠。在出土的大量北朝民众造像碑和造像题记中，一般都说明造像之费用来自民众"各割家珍"，并且都要选良匠，也说明对于工匠的工钱是不会很低的。

即使是在修建的过程中，一些寺庙或造像的捐助者对于工匠

---

① 释道世：《法苑珠林》卷29《圣迹部第二》。

的生活状况也是比较重视的。如隋初高僧玄鉴负责佛寺修建，其情形是：

> 数有缮造，工匠繁多。豪族之人或遗酒食。鉴云："吾今所营，必令如法。乍可不造，理无饮酒。"遂即止之。时清化寺修营佛殿，合境民庶同供崇建。泽州官长长孙义，素颇奉信，闻役工匠其数甚众，乃送酒两舆以致之。鉴时检校营造，见有此事，又破酒器狼籍地上。告云："吾之功德，乍可不成，终不用此非法物也。"①

这段史料说明，对于寺院修建的监工僧人来讲，工匠饮酒是属于非法的，同佛教的清静与戒律相矛盾。但是对于像地方豪族和地方官员而言，他们给工匠以酒食，自然是希望工匠能愉快地发挥自己的技艺，将工程修建得更好。这个事例表明了工匠阶层在佛寺修建的过程中，其待遇应该是相当不错的。

（二）地位较高的技术工匠的经济状况

在参与各类营造的过程中，一些工匠阶层因此而积累了雄厚的经济实力，如隋初的李清家族，就是典型的事例：

> 李清，北海人也，代传染业……家富于财，素为州里之豪民，子孙及内外姻族，近数百家，皆能游手射利于益都。每清生日，则争先馈遗，凡积百余万。②

像李清这样的因为世代从事专门的手工业的巨富家族，显然也是有一定数量的。据魏明孔先生的考证，在唐代，有些手工业

① 道宣：《续高僧传》卷15《释玄鉴传》，郭绍林点校，北京：中华书局，2014年，524页。

②《太平广记》卷36"李清"条引《集异记》。

家族其高超的技艺已经传了300多年而不衰,[①]其经济实力应该是相当可观的。

据《洛阳伽蓝记》的记载,北魏时期的洛阳:

> 市东有通商、达货二里。里内之人,尽皆工巧、屠贩为生,资财巨万。有刘宝者,最为富室。州郡都会之处皆立一宅,各养马十匹。车马服饰,拟于王者。[②]

当时这些所谓“工巧”的工匠阶层的经济实力由此可见一斑。

显然,部分工匠阶层的富有,同社会上各类公私营建的频繁与商业化有关。其中一个重要的因素,就是佛教建筑的奢华和统治者的极力崇奉,显然刺激了工匠阶层聚敛财富的市场的扩大。

那些建筑宏伟、装饰富丽堂皇的皇家大寺、贵戚名庙的一掷千金使得工匠阶层从中分得了比较丰厚的份额。而风起云涌的民间建寺、造像活动也给具有一技之长的民间工匠提供了广阔的获得回报的机会。

就寺庙而言,工匠的水平——尤其是一些高级工匠的水平——就决定了寺庙建筑的成功与否,那么寺庙或者说皇家势力等捐助者显然就会招募最好的工匠来从事修建,其报酬应该也是相当可观的。从《洛阳伽蓝记》的记载来看,皇家和贵戚出资修建的寺庙主要追求的就是宏伟的建筑、高大的塔和巨型造像及富丽堂皇的奢华布置和装饰。可以断言,民间修建佛寺也是追求这样的标准的。

---

① 魏明孔:《唐代工匠与农民家庭规模比较》,《西北师大学报(社会科学版)》,2004年第1期,12—16页。

② 杨衒之:《洛阳伽蓝记校释》卷4《城西·法云寺》,周祖谟校释,北京:中华书局,2010年,141页。

因而佛教寺庙的修建，对于工匠阶层的技术要求也是一个挑战。譬如修建永宁寺的九层佛图，对于当时的建筑技术来讲就是一个高峰。杨衒之这样描绘它：

> 架木为之，举高九十丈。上有金刹，复高十丈。合去地一千尺。去京师百里，已遥见之……殚土木之功，穷造形之巧。佛事精妙，不可思议。绣柱金铺，骇人心目。[①]

这样的木构佛塔，已经是当时洛阳城内最奢华的第一高层建筑，其修建规模和装饰的富丽已经远远超出了皇家宫廷的标准。所以，这个木构佛塔的主要设计者和建造人也被有幸简单地载入史册：

> 世宗、肃宗时，豫州人柳俭、殿中将军关文备、郭安兴并机巧。洛中制永宁寺九层佛图，安兴为匠也。[②]

史书中关于此三位高级工匠的记述是如此简单，可见他们能被记载在史册，完全是因为郭安兴主持修造了永宁寺塔的原因。可以推断，柳俭、关文备和郭安兴是北魏世宗、肃宗时期最有名的木构建筑工匠和设计师。并且可以肯定，像郭安兴这样的工匠，之所以有“殿中将军”这样的“官称”，也同他们出色的建筑技术有关。2004 年在洛阳出土了郭安兴的兄长河间太守郭定兴的墓志，志文提及郭安兴时说他“智出天然，妙感灵授。所为经建，世莫能传。论功酬庸，以授方伯”[③]。因而，对于佛寺建造的工匠而言，高超的技艺不但有助于得到丰厚的回报，也使得他们能够在

① 杨衒之：《洛阳伽蓝记校释》卷 1《城内 · 永宁寺》，3 页。

② 魏收：《魏书》卷 91《蒋少游传》，1972 页。

③ 严辉：《北魏永宁寺建筑师郭安兴事迹的新发现及相关问题》，《中原文物》，2004 年第 5 期，40—42、88 页。

一定范围内得到政治上的地位。

就佛寺造像而言，由于佛寺争相铸造或雕刻巨大的佛像，并对佛像施以工艺复杂的装饰，所以对工匠的选择也非常重要，这无疑有利于各级各类好的工匠从佛寺取得更大的经济收益。

4—6世纪，北方民间造像风气盛行，造像的数量庞大，显然增加了工匠阶层收入。隋初"修治故像一百五十万八千九百四十许躯"，[1]这样的数据可能只是对佛寺造像的统计，并不包括数量庞大的民间佛教团体或一般信徒的造像。如果加上数量庞大的民间造像，数目是相当巨大的。这样数量庞大的造像，对于从事雕刻和修治佛像的工匠来讲，就意味着宽阔的谋生市场和丰厚的回报甚至巨大的商机。当时的许多造像和造像碑都是工匠之家商品化的产物，他们刻好或雕凿好各种材质、不同形象的佛像、碑等，等待佛教信徒来购买。这样的情况当时是相当普遍的，佛史载：

> 佛道形像，事极尊严。伎巧之家，多有造铸。供养之人，竞来买赎。品藻工拙，揣量轻重。买者不计因果，止求贱得。卖者本希利润，唯在价高。[2]

这种完全商业化的操作，显然同当时社会的整体风气有关。佛教信仰已经成了一种日常生活中的存在符号之一，而不仅仅是一种严肃的信仰。在发现的北朝造像碑和造像题记中，很多并没有标明他们造的是什么像，只是刻上了"某某造像一躯"这样很

① 法琳：《辩正论》卷3《十代奉佛篇》，载《大正新修大藏经》卷52《史传部四》。

② 《广弘明集》之《启福篇·序卷》，载《大正新修大藏经》卷52《史传部四》。

含糊的题记。[1] 不管是菩萨还是佛，也不管是什么佛，只称之为“像”。因而，北方社会广泛的造像、建寺的风气，显然促进了那些具有相关技能的工匠的迅速致富。而工匠技艺的封闭型传授使得他们具有了相对优势的掌握市场的权力。

（三）底层工匠所遭受的盘剥和艰难生活

由于工匠在法律上属于“贱口”，所以虽然有一部分技艺高超的工匠因为有宽阔的技术需求，而成为像李清这样的富人，也有部分工匠如郭安兴这样的取得了一定政治地位，但是，大多工匠的生活还是非常穷困的。

因为工匠阶层要为封建国家的各种各类的工程修造等出力，所以他们往往被常年征调，从事繁重的劳役。关于这方面的情况，唐长孺先生在《魏、晋至唐官府作场及官府工程的工匠》一文中作了详尽的考证和叙述。我们在这里主要就工匠阶层在佛教工程修建过程中的困苦情况作个简单探索。

北魏王朝兴建大宝林寺等工程，参与其事的大多数工匠的境遇就非常悲惨：

> 于晋阳起十二院，壮丽逾于邺下。所爱不恒，数毁而又复。夜则以火照作，寒则以汤为泥，百工困穷，无时休息。凿晋阳西山为大佛像，一夜然油万盆，光照宫内。又为胡昭仪起大慈寺，未成，改为穆皇后大宝林寺，穷极工巧，运石填泉，劳费亿计，人牛死者不可胜纪。[2]

对于佛寺修建中对工匠的这种残酷役使，亲历其事的唐代官

---

① 侯旭东：《五、六世纪北方民众佛教信仰》，北京：中国社会科学出版社，1998 年，279—282 页。

② 李百药：《北齐书》卷 8《帝纪 · 幼主》，113 页。

员也有过很翔实的描述：

> 役鬼不可，惟人是营。通计工匠，率多贫寠。朝欧莫役，劳筋苦骨，箪食瓢饮，晨炊星饭。饥渴所致，疾疹交集。岂佛标徒行之义愍畜产而不忍苦其力乎？又营筑之役，僧尼是税。虽展转乞丐，穷乏尤多。州县徵输，星火逼迫。或谋计靡所，或粥卖以充，怨声载路，和气不洽。岂佛标喜舍之义愍愚蒙而不忍夺其产乎？①

这就将问题说得很清楚了，佛寺的修建，所浪费的往往就是民脂民膏，为了修建佛寺，多少从事农业生产的家庭背负了沉重的负担，多少工匠在工地上贫病交加。

很明显，像佛寺修建这样的大规模工程，在工地上劳作的除了一些具有设计和管理职责的管理型工匠外，还有一些技术比较高超的技术性高等级工匠，这两部分人应该具有一定的经济基础。而大多数工匠和那些因为有罪来劳作的"工徒"，生活状况是非常悲惨的。

综上所述，工匠阶层是一个复杂的群体。佛教的传播和发展，使得佛寺修建和佛像铸造风气盛行于北方，这样就为一部分技术高超的工匠开拓了借以聚敛财富的渠道。而那些占工匠群体的绝大多数底层工匠，生活状态仍然十分悲惨。

（原载《北朝研究》第 7 辑，北京：科学出版社，2010 年）

① 《佛祖历代通载》卷 12，《大正新修大藏经》卷 49《史传部二》。

释道安与中古时期学问僧的培养
——以长安为中心的考察

东晋孝武帝太元四年(379),前秦苻坚的大军攻破襄阳,一代高僧释道安被俘,后被送到长安,苻坚将其安置在长安的五重寺,奉他为国师。

释道安在长安活动的时期,是中原佛教史上一个转折期,他所号召和培养的一批僧人,既接续了竺法护、竺佛念译经僧人中的中坚力量,又培养了一批以"义学"著称的学问僧,为后秦时期鸠摩罗什翻译佛经奠定了人才基础。

一、 释道安到达长安之前的竺法护、竺佛念译经

西晋时期,长安已成为佛教中心之一,见于记载的活动频繁的佛教高僧有竺法护、帛远。竺法护在晋武帝时代曾随其老师天竺僧人竺高座到西域求法,取得多种胡本佛经东归,自敦煌至长安,沿路传译。其在长安译经有以下几种:泰始二年(266)译出《须真天子经》,太康七年(286)译出《持心经》、《正法华经》、《光赞般若经》,元康七年(297)译出《渐备一切智德经》。

从泰始二年(266)到永嘉二年(308)的42年中,法护辗转于长安、洛阳、敦煌等地翻译佛经,在敦煌翻译佛经的助手主要有法乘、月支人法宝及李应荣、承索乌子、剡迟时、通武、支晋、支晋宝、

荣携业、侯无英等30余人,[1]而在长安、洛阳译经的"笔受人"及"劝助者"先后主要有安文惠、帛元信、聂承远、张玄泊、孙休达、竺德成、竺文盛、严威伯、续文承、赵叔初、张文龙、陈长玄、竺力、孙伯虎、聂道真、折显元、赵文龙、刘元谋、傅公信、侯彦长等[2]。

以上参与译经者的具体身份虽然文献没有非常明确地记载,但是从姓名来看,他们中的大多数都是世俗信仰者而不是出家僧人。

东晋时期,竺佛念在长安开展译经活动。竺佛念是凉州僧人,在少年时代就出家为僧,对于西域语言比较精通,在苻氏前秦和姚氏的后秦时代,他是中原译经僧人中的一代宗师。

至于他是什么时间到长安的,文献记载中不太一致。《出三藏记集》说他是前秦建元中开始译经的,但什么时候到长安,没有明确记载。[3]《古今译经图纪》卷3却认为竺佛念是在建元元年(365)同西域僧人僧伽跋澄一起来到了长安,开始了合作翻译佛经的工作。[4] 这显然是错误的。按《高僧传》和《出三藏记集》的记载,西域僧人僧伽跋澄是建元十七年(381)才到达长安的[5]。他参与佛经的翻译工作,也就是从此年开始的。

即使从建元十七年(381)算起,就译经的时间而言,从建元十七年(381)到弘始十五年(413),在32年的译经生涯中,竺佛

① 汤用彤:《汉魏两晋南北朝佛教史》,北京:北京大学出版社,1997年,111页。

② 释僧祐:《出三藏记集》,苏晋仁、萧炼子校点,北京:中华书局,1995年,卷7《须真天子经记》,267页;卷8《正法华经记》,304页;卷7《魔逆经记》,274页;卷7《贤劫经记》,268页;卷7《文殊师利净律经记》,278页。

③ 释僧祐:《出三藏记集》卷15《佛念法师传》,572页。

④《大正新修大藏经》卷55《史传部》。

⑤ 释慧皎:《高僧传》卷1《晋长安僧伽跋澄》,汤用彤校注,北京:中华书局,1992年,33页。

念主持翻译或参与翻译的佛经共有以下诸部：

《耀论》20 卷,《菩萨璎珞经》12 卷,《十住断结经》11 卷,《鼻柰耶经》10 卷,《十地断结经》10 卷,《菩萨处胎经》5 卷,《大方等无相经》5 卷,《持人菩萨经》3 卷,《菩萨普处经》3 卷,《菩萨璎珞本业经》2 卷,《王子法益坏目因缘经》1 卷,《中阴经》2 卷,《十诵比丘尼戒所出本末》1 卷,《四分律》60 卷,《增壹阿含经》50 卷,《阿毗昙八犍度》30 卷,《长阿含经》22 卷,《摩诃般若波罗蜜钞经》5 卷,《中阿含经》59 卷。总 19 部合 311 卷。

竺佛念的佛经翻译,慧皎在《高僧传》中作了两方面的评价,一是说其翻译"质断疑义,音字方明",[①]一个"质"字,指出了竺佛念翻译的不精纯;二是"在苻姚二代为译人之宗"[②],指出了竺佛念在鸠摩罗什译经之前所具有的无人可以匹敌的译师地位。

竺佛念在长安译经 32 年,同他合作译经的僧人有明确记载的就有 18 人。其中域外僧人 7 位:昙摩持、昙摩卑、僧伽跋澄、毗婆沙佛图罗刹、鸠摩罗佛提、昙摩难提、僧伽提婆。中原僧人 11 位:释僧纯、慧常、僧导、僧睿、道安、慧详、昙究、慧嵩、法和、慧力、僧茂。西域、天竺僧人同竺佛念完全是合作关系。11 位中原僧人中,释道安是竺佛念后期译经的合作者,而其他僧人同竺佛念既没有师承关系,其佛学修养也各有千秋,如慧常是凉州名僧,僧纯曾求法西域,面见龟兹佛寺的最高统领者、鸠摩罗什的启蒙老师、小乘学大师佛图舍弥,并取得比丘尼戒本。

很明显,同竺法护的译经团体不一样,协助竺佛念译经的已经都是出家的僧人,而不再是世俗信徒,这至少说明,在长安存在以竺佛念为中心的一个译经僧团。

---

① 释慧皎:《高僧传》卷 1《晋长安竺佛念》,40 页。

② 释慧皎:《高僧传》卷 1《晋长安竺佛念》,40 页。

作为一个译师，竺佛念由于出身当时西域商人、使者、僧人云集的凉州，对西域语言非常精熟，但是佛学、儒学修养都相当欠缺，《高僧传》谓其“讽习众经，粗涉外典，其苍雅诂训，尤所明达。少好游方，备观风俗。家世西河，洞晓方语，华戎音义莫不兼解。故义学之誉虽阙，洽闻之声甚著。”①正是因为他在“义学”方面的缺陷，所以可以推定其在当时的环境下，对长安及其周边地区僧人的影响力和号召力是有限的，所以不能形成大规模的僧团组织。

对于僧团而言，译经和讲经是凝聚僧人成为一个成规模修习僧团的两种主要方式。对于当时的僧界来讲，有能力参与译经的人毕竟是少数，所以仅仅翻译佛经并不具有凝聚大批僧人的优势，而讲经由于涉及对于经文的传播和讨论，所以不仅能吸引部分学问僧参与讨论，还能吸引大批僧俗信徒前来学习。因而，竺佛念译经时期，长安显然不具备组成大规模僧团的条件，当时的长安僧团应该是比较松散的，并没有形成一种团聚核心。但是他们的译经活动，在一定程度上为释道安培养义学僧人提供了一个相对扎实的经典基础。

二、 释道安对义学僧人的培养

长安僧团真正形成一个具有“义学”学术凝聚力的共同体，始于释道安。

东晋孝武帝太元四年(379)，前秦苻坚的大军攻破襄阳，僧释道安被俘后被送到长安，苻坚将其安置在长安的五重寺，奉他为国师。释道安的到来，使得原来的长安僧团又加强了力量。道安到长安后，同竺佛念多次合作，翻译佛经。

---

① 释慧皎:《高僧传》卷1《晋长安竺佛念》,40页。

可以想见，来到长安的释道安既然被苻坚称之为“圣人”、奉为国师，他又是佛图澄的受业弟子，早在邺（今河南临漳）的时候，就有数百僧人追随释道安，其在僧界的地位远在竺佛念之上，所以他对长安僧团的号召力自然非竺佛念所可匹敌。如僧契、僧睿、僧导等人此时就是释道安僧团的得力助手，他们也构成了后来鸠摩罗什僧团的主体。

道安抵达长安后，长安僧界发生的一个最大变化，就是道安深厚的佛学修养和儒学根基，加强了长安僧团的凝聚力。前秦国王苻坚明确敕令“学士内外有疑，皆师于安”[①]，用政治威权的力量确立了道安的学僧领袖地位，僧睿等一批僧人在佛经义学方面成长了起来，为鸠摩罗什译经传道奠定了坚实基础。

不仅如此，释道安在邺、襄阳等地传教讲学多年，成为当时佛经研究解说的权威。又因始终有数百僧人追随他，所以在襄阳的时候，他就制定了明确的僧团戒律仪轨[②]：“安既德为物宗，学兼三藏。所制僧尼轨范佛法宪章，条为三例：一曰行香定座上讲经上讲之法；二曰常日六时行道饮食唱时法；三曰布萨差使悔过等法。天下寺舍，遂则而从之”[③]。显然，他来到长安后，长安僧团也完全遵守这些仪轨。

据僧传，当年释道安在新野分张僧众后，尚有 400 余人随他

① 释慧皎：《高僧传》卷 5《晋长安五级寺释道安》，181 页。

② 关于释道安戒律仪轨的制定，汤用彤先生将其时间定在道安在襄阳时，许理和亦认同这个判断。分别参阅汤用彤：《汉魏两晋南北朝佛教史》，北京：北京大学出版社，1997 年，151 页；许理和：《佛教征服中国：佛教在中国中古早期的传播与适应》，李四龙、裴勇等译，南京：江苏人民出版社，2003 年，240 页。

③ 释慧皎：《高僧传》卷 5《晋长安五级寺释道安》，183 页。

到达襄阳[①],他在襄阳讲经15年,其僧团成员应该有所增长。及至襄阳之破,危难之时,道安弟子再次被分遣各处,但也应有相当数量的僧人随他来到了长安,因而,《高僧传》说道安在长安五重寺有“僧众数千,大弘法化”。[②] 这个数千的说法,显然是一个略显夸大的约数,这从其同后来的鸠摩罗什僧团的数量对比就能看出来。道安去世后16年,鸠摩罗什抵达长安,奉后秦国王姚兴敕令随鸠摩罗什译经的长安学僧有800人,当然,在当时的长安僧团中的僧人远不止此数,但肯定也没有数千。然而,当四方僧人听说鸠摩罗什在关中译经,纷纷前来学习,一时僧人数量大增,人数才达到3000之众,这已经可以说是当时僧团的一个顶峰了。由此推断,释道安时期的长安僧团成员有上千人是可能的,但不致于有数千之多。

上千人的僧团,需要有一定之规加以管理。释道安时期的僧团管理由于尚没有建立官方意义上的僧官、僧制,因而,主要靠戒律和领导者的修行与道德权威来加以规范。王永会先生在研究中国佛教僧团的发展与管理时指出:“魏晋虽为佛教传入中国的早期阶段,但成形的中国化佛教僧团已经出现。其时之佛教僧团,在组织形态上仍然一如原始佛教,依靠的是领导者的修行与道德权威。在管理制度上主要宗依佛制戒律,拥有高度的僧团依律自治的能力。同时,在并不完备的内律与中国本土思想和宗教习俗的调适融合中,因时因地因对象对旧规进行调整与创新,形成了初具规模的中国化的教团体制。”[③]这个论断是符合实际情

---

① 释慧皎:《高僧传》卷5《晋长安五级寺释道安》,178页。

② 释慧皎:《高僧传》卷5《晋长安五级寺释道安》,181页。

③ 王永会:《中国佛教僧团发展及其管理研究》,四川大学博士学位论文,2001年,20页。

况的。襄阳城破前避地东下的释道安弟子法遇维护僧团纪律的事例可以为此提供例证：

> 后襄阳被寇，遇乃避地东下，止江陵长沙寺，讲说众经，受业者四百余人。时一僧饮酒废夕烧香，遇止罚而不遣。安公遥闻之，以竹筒盛一荆子，手自缄封，题以寄遇。遇开封见杖，即曰："此由饮酒僧也。我训领不勤，远贻忧赐。"即命维那鸣槌集众，以杖筒置香橙上。行香毕，遇乃起出众前，向筒致敬，于是伏地，命维那行杖三下，内杖筒中，垂泪自责。时境内道俗莫不叹息，因之励业者甚众。[①]

法遇在江陵长沙寺维护僧团纪律的这个事例，一方面可以为我们认识释道安时期长安僧团的管理提供一个生动的例证，另一方面正如严耀中先生所指出的那样："魏晋时僧团的维持主要靠自觉，僧团领导人也多以自身的模范来带动戒律的遵守。"[②]

综上所述，释道安在学问修养上是长安僧俗之师，在僧团的模范带领及仪轨的制定与执行方面，已经建立制度化纪律。这是区别于之前的长安僧团的最主要的两个方面。因而，明确的学术趋向或修习目标的确立、严格的僧团仪轨的制定，这是成规模僧团产生并发展的最基本的两个基础。

释道安培养起来的义学僧人，在后秦时期的鸠摩罗什译经活动中担当了重要的学术任务，这些人主要有僧契、僧肇、僧睿、僧楷、道融、道生、昙影、慧严、慧观、道恒、道标、慧睿、昙鉴、慧安、昙无成、僧导、道温、僧业、慧询、僧迁、慧斌、法钦、道流。他们中的多数有的直接同释道安学习或合作过，有的受过他的影响。

---

① 释慧皎：《高僧传》卷5《晋荆州长沙寺释法遇》，201页。

② 严耀中：《佛教戒律与中国社会》，上海：上海古籍出版社，2007年，147页。

如果我们从前到后审视在长安先后译经的竺法护、竺佛念、释道安僧团,就会发现一个明显的规律,那就是在他们的僧团成员中,竺法护、竺佛念译经主要依靠的是世俗知识分子和信徒及部分西域僧人。从释道安僧团开始,世俗信徒或知识分子已经退出了佛经翻译的译场,而像僧睿这样的一些汉族学问僧开始逐渐发挥重要作用——这正说明,中古中国佛教发展过程中"义学"学问僧的出现,释道安发挥了承前启后的作用。

(原载《湖北文理学院学报》2013 年第 6 期)

竺道生“慧解”、“通情”考论

自慧皎《高僧传》始，佛史文献中记载了时人对于义学或禅修高僧佛学特长的评价语词，如“神骏”①、“风流标望”、“心要”②、“清悟”③、“四海标领”④等等，这些评价大多都非常精要地把握住了这些高僧的佛学精神，因而从时人对于高僧的评价入手来理解他们在中国佛教史上的地位和作用，应该是一种探迹求真的法门。

鸠摩罗什的弟子竺道生以“慧解”、“通情”著称，并在精研《涅槃》诸经典的基础上，体悟倡导“一阐提皆得成佛”，开创了中国佛教修炼中的“顿悟”法门，为佛教的发展做出了重要贡献。

---

① 释慧皎：《高僧传》卷2《晋长安鸠摩罗什》，汤用彤校注，北京：中华书局，1992年，46页。

②《大正新修大藏经》卷70《定宗论》云：“什法师以三论为心要也。”

③ 释慧皎：《高僧传》卷6《晋吴台寺释道祖》，238页。

④ 释慧皎：《高僧传》卷6《晋长安释僧睿》，244页。

前贤的研究非常精微地讨论了他的“顿悟成佛”等立义,[①]而对于其“慧解”佛学特征或理路的探讨或有所阙。

至关重要的是,《高僧传》及历代僧史都将竺道生列为鸠摩罗什弟子中的“关中四子”,而净土宗文献又将其列入以慧远为首的“莲社十八贤”,其中存在一些理论与史实上的认识不清:首先,竺道生所孜孜以求的“慧解”学术趋向显然同鸠摩罗什所追求的“慧学”目标是不同层面的追求;其次,竺道生最突出的学术特征表明他主要是一个在思想立义方面的“抢跑者”,而不是“克心重精叠思,以凝其虑”[②]的禅修者。

因而,竺道生在学术上的“求新求异”冲动使其既貌似继承了鸠摩罗什的“义学”衣钵,[③]又迹近释慧远所倡导的禅修世界。

---

① 前贤研究成果主要有汤用彤:《汉魏两晋南北朝佛教史》,北京:北京大学出版社,1997 年,425—480 页;任继愈:《中国佛教史》第 3 卷,北京:中国社会科学出版社,1988 年,330—367 页。杜继文:《佛教史》,南京:江苏人民出版社,2006 年,178—179 页。对竺道生生平及思想研究最精微而细致的首推汤用彤《汉魏两晋南北朝佛教史》一书,此外,尚有果宗《竺道生思想之考察》,载张曼涛主编:《现代佛教学术丛刊 13》,北京:北京图书馆出版社,2005 年,203—282 页;余敦康:《论竺道生的佛性思想与玄学的关系》,载《魏晋玄学史》,北京:北京大学出版社,2004 年,461—476 页。韩国良:《竺道生对玄学“言意观”的解构与重建》,《云南民族大学学报》(哲学社会科学版),2009 年第 1 期;等等。

② 释慧皎:《高僧传》卷 6《晋庐山释慧远》,215 页。

③ 刘剑锋认为,“罗什一系的般若中观学说,尽管在早期取得了表面上的胜利,但并未得到中国佛教学者的青睐,而慧远一派的法性涅槃学说,却不断汲取中土各类思想资源,继续在中国佛教思想界发挥着主导性的作用。”因而,竺道生虽然名列罗什弟子的“关中四子”,但是其佛学思想趋向的路径是完全不同于鸠摩罗什的。参见刘剑锋:《涅槃“有”与般若“空”义理论争的发展——从庐山慧远到竺道生》,《江西社会科学》,2007 年第 11 期,64—67 页。

在佛教中国化的过程中，竺道生其实是一个响应时代特征的、游移于“慧学”与“禅修”之间的“剑走偏锋”者。

一、 竺道生行迹、学说概述

道生俗姓魏，出生于彭城的一个世代官宦之家，他的故乡原本在河北巨鹿（今河北平乡），后来才移居彭城。道生的父亲曾做过广戚的县令，为人忠厚善良，有“善人”的美誉。彭城是中国最早具有佛教寺庙香火的地方之一，而道生的父亲既然被赞为“善人”，这意味着他的家庭可能是信仰佛教的。

道生最早曾受业于著名高僧竺法汰，后来又在庐山修炼七年，钻研群经，斟酌诸论，认为“慧解”——也就是体悟佛经的经文大义才是修得正道的唯一法门。鸠摩罗什到长安后，道生和他的同学慧睿、慧严一道来到了长安，跟随鸠摩罗什学习。

道生在长安呆的时间不会很长，刘宋义熙五年（409）他又返回了京城建康（今江苏南京），入住青园寺讲经说法。当时的刘宋皇帝刘义隆对道生礼敬有加，王公大臣、有名儒生如王弘、范泰、颜延之等都纷纷向道生问道求学，一时声誉鹊起，道场兴隆。

道生跟随罗什游学多年，所以对龙树和僧伽提婆所弘传的中观空义旨要能够深达玄奥，因此体会到语言文字只是诠表真理的工具，不可执着和拘泥。他曾慨叹道：“夫象以尽意，得意则象忘；言以诠理，入理则言息。自经典东流，译人重阻，多守滞文，鲜见圆义。若忘筌取鱼，始可与言道矣！”[①]于是校阅真俗二谛的书籍，研思空有因果的深旨，建立“善不受报”、“顿悟成佛”的理论。

“顿悟成佛”的理论的建立，还同道生对《涅槃经》的深入研究有关。

---

① 释慧皎：《高僧传》卷7《宋京师龙光寺竺道生》，256页。

东晋安帝义熙十四年(418),已在建康译出法显所带回的六卷《泥洹经》,经文中多处宣说一切众生都有佛性,将来都有成佛的可能,唯独“一阐提”人是例外的。

道生精研《涅槃经》,从经中“一切众生悉有佛性”的道理而推论说:一阐提也有佛性,也可以成佛。什么是“一阐提”呢?一阐提是梵文“一阐提迦”这个概念的音译,翻译成汉语就是“断善根”。一阐提就是断绝善根的极恶众生,他们没有成佛的菩提种子,就像植物种子已经干焦一样,“虽复时雨百千万劫,不能令生,一阐提辈亦复如是。”道生对于这种说法是不满意的,他仔细分析经文,探讨幽微的妙法,认为一阐提固然极恶,但也是众生,并非草木瓦石,因此主张“一阐提皆得成佛”。这种说法,在当时可谓闻所未闻,全是道生的孤明先发。在倡导因果报应、诸善奉行的佛教慈悲背景下,道生公然提出断绝善根者有佛性,认为“立善不受报,顿悟成佛”,这在当时的佛教界是严重离经叛道的思想。

“一阐提皆得成佛”的这个异端邪说激怒了佛教界,众僧群情激奋,把道生驱逐出僧团,赶出了京城。临行前,道生对同门的僧人们发誓说:“若我所说反于经义者。请于现身即表厉疾。若与实相不相违背者。愿舍寿之时据师子座。”①

后来道生辗转落脚在苏州虎丘,仍然固执己见,拒不低头。传说他向虎丘的石头说法,说到一阐提可以成佛的时候,石头都点头称赞,这便留下了一个“顽石点头”的掌故。

对宣扬“一阐提皆得成佛”的道生而言,离建康并不远的苏州虎丘也并非清净安生之地,所以他到这里不久,就不得不再次

① 释僧祐:《出三藏记集》卷15《道生法师传》,苏晋仁、萧炼子校点,北京:中华书局,1995年,571页。

黯然离去，远走庐山。僧传中说他这次到庐山是"投迹庐山，销影岩岫"，那就是说在庐山的深山岩谷中隐居了起来。对于一个貌似离经叛道的僧人来讲，这也许是最为有效的对抗攻击的方法。

后来，《涅槃经》出了更为完整的译本，经文里明明写着一阐提可以成佛，道生也就从异端分子变回一位正信的佛教徒了。

《涅槃经》有三个译本，一是东晋名僧法显翻译的 6 卷本《大般泥洹经》，二是北凉时期中天竺僧人昙无谶翻译的 40 卷《北本涅槃经》，三是南朝宋慧严、慧观与谢灵运等以昙无谶译本为主，对照法显译出的 6 卷本，又增加品数而成的《南本涅槃经》36 卷。

道生早期研读的《涅槃经》就是法显译出的那个 6 卷本，在这个 6 卷本《涅槃经》中，只有"一切众生悉有佛性"的经文，但没有"一阐提皆得成佛"的文句；所以道生根据这个不完全的《涅槃经》译本提出"一阐提皆得成佛"，从经文字面上看来是没有根据的，所以会受到青园寺及京城僧人们的攻击。

而为道生洗刷冤屈的全本《涅槃经》指的是昙无谶翻译的 40 卷的《北本涅槃经》。

昙无谶在北凉永安十年(410)左右来到了北凉都城姑臧(今甘肃武威)，他随身带有西域"白头禅师"传给他的树皮本《涅槃经》前分 10 卷及《菩萨戒经》、《菩萨戒本》等经典，受到了崇信佛教的北凉国王沮渠蒙逊的欢迎。在姑臧，昙无谶经过 3 年的汉语言学习后，开始翻译他带来的经典，由于他带来的《涅槃经》只有前分 10 卷，所以为将全本《涅槃经》集齐，昙无谶又不辞辛苦、风尘仆仆地远赴西域，在于阗国寻得《涅槃经》的中分部分带回了姑臧，此后又再次派人到于阗，寻得《涅槃经》的后分。①

① 释僧祐：《出三藏记集》卷 14《昙无谶传》，538—540 页。

北凉玄始三年(414)正式开始翻译《涅槃经》,参与翻译的有慧嵩、道朗及僧俗学者数百人,直到玄始十年(421)十月共译出40卷。

从昙无谶《涅槃经》全本的翻译时间来推算,建康龙光寺的僧人们读到全本《涅槃经》最早也是在421年之后,而据《高僧传》的“佛驮什传”记载,宋景平元年(423)十一月,道生与慧严及罽宾僧人佛驮什、于阗沙门智胜共同在龙光寺译出《弥沙塞律》34卷,称为“五分律”。那么就是说,到了423年,道生的“一阐提也有佛性”的论断已经得到了龙光寺僧人们的认可,所以他才由庐山回到了龙光寺,同慧严、佛驮什、智胜共同翻译《弥沙塞律》。

但是,显然此时的龙光寺已经再也不是道生的驻扎之地了,从虎丘辗转在庐山隐居多年的他,可能在翻译完《弥沙塞律》后就返回庐山,开始宣讲昙无谶新译出的全本《涅槃经》。

宋元嘉十一年(434)冬十一月,道生在庐山精舍为他的弟子们讲说《涅槃经》的时候圆寂而去。

道生是《涅槃经》的大师,而《涅槃经》正是禅宗的重要思想源泉之一。道生的著作,见于记载的,有《维摩》、《法华》、《泥洹》、《小品》诸经义疏,现只《法华经疏》传存2卷。其《维摩经疏》散见于现存僧肇撰的《注维摩诘经》、唐道掖集的《净名经集解关中疏》及《净名经关中释抄》中。此外道生还撰有《善受报义》、《顿悟成佛义》、《二谛论》、《佛性当有论》、《法身无色论》、《佛无净土论》、《应有缘论》等,都已佚失。还有《涅槃三十六问》等关于佛性义的问答诸作,其中只《答王卫军书》(又题作《答王弘问顿悟义》)一首现存《广弘明集》卷18,余已遗失。

二、 竺道生与“莲社十八贤”之说

“莲社十八贤”之说,源于北宋陈舜俞所著《庐山记》,陈舜俞

《宋史》有传："舜俞字令举，湖州乌程人。博学强记。举进士，又举制科第一。熙宁三年，以屯田员外郎知山阴县，诏俟代还试馆职。"①熙宁年间，陈舜俞贬官去世后，大文学家苏轼为文哭之，称其"学术才能，兼百人之器，慨然将以身任天下之事，而人之所以周旋委曲、辅成其夭者不至。一斥不复，士大夫识与不识，皆深悲之"。② 显然，陈舜俞的学术品格与编撰才能是相当出色的，但是他在《庐山记》中关于"莲社十八贤"的说法在史实方面值得商榷。

《庐山记》关于此段史实是如此说的：

> 昔谢灵运恃才傲物，少所推重。一见远公，肃然心服。乃即寺翻涅槃经，因凿池为台，植白莲池中，名其台曰翻经台。今白莲亭即其故地。远公与慧永、慧持、昙顺、昙恒、竺道生、慧睿、道敬、道昺、昙诜，白衣张野、宗炳、刘遗民、张诠、周续之、雷次宗，梵僧佛陀耶舍十八人者，同修净土之法，因号白莲社。十八贤有传附篇末，池上昔有文殊瑞像阁，今像亡阁废。

陈舜俞之"莲社十八贤"在庐山"同修净土之法，因号白莲社"的说法显然是大有问题的。以慧远为中心组成的白莲社是一个共时性概念，是指一个"同修团体"，而在这 18 个人中，至少佛陀耶舍就不曾到过庐山，况且，慧远大师在庐山发誓愿结社同修之事发生在东晋元兴元年(402)七月，此时的佛陀耶舍尚未到达长安，何来在庐山结社之事。由此可见此一记载的不可靠性。

但是，竺道生是释慧远庐山结"莲社"、发誓愿同修的活动参

---

① 《宋史》卷 331《张问传》附《陈舜俞传》。

② 《宋史》卷 331《张问传》附《陈舜俞传》。

与者。释慧远在庐山与僧俗同修者结"莲社"、盟誓愿的活动，慧皎《高僧传》有明确的记载，结社时间、地点、参与者及由刘遗民撰写的誓愿文俱全：

及远创寺既成，祈心奉请，乃飘然自轻，往还无梗，方知远之神感证在风谚矣。于是率众行道，昏晓不绝，释迦余化，于斯复兴。既而谨律息心之士，绝尘清信之宾，并不期而至，望风遥集。彭城刘遗民，豫章雷次宗，雁门周续之，新蔡毕颖之，南阳宗炳、张莱民、张季硕等，并弃世遗荣，依远游止。远乃于精舍无量寿像前，建斋立誓，共期西方。乃令刘遗民著其文曰：

"惟岁在摄提秋七月戊辰朔二十八日乙未。法师释慧远贞感幽奥，宿怀特发，乃延命同志息心贞信之士百有二十三人，集于庐山之阴般若台精舍阿弥陀像前，率以香华敬廌而誓焉。

惟斯一会之众，夫缘化之理既明，则三世之传显矣。迁感之数既符，则善恶之报必矣。推交臂之潜沦，悟无常之期切；审三报之相催，知险趣之难拔。此其同志诸贤，所以夕惕宵勤，仰思攸济者也。盖神者可以感涉，而不可以迹求。必感之有物，则幽路咫尺；苟求之无主，则眇茫河津。

今幸以不谋而佥心西境，叩篇开信，亮情天发，乃机象通于寝梦。欣欢百于子来，于是云图表晖，影侔神造，功由理谐，事非人运。兹实天启其诚，冥运来萃者矣。

可不克心重精叠思，以凝其虑哉，然其景绩参差，功德不一。虽晨祈云同，夕归攸隔。即我师友之眷，良可悲矣。是以慨焉胥命，整衿法堂。等施一心，亭怀幽极。誓兹同人，俱游绝域。其有惊出绝伦首登神界，则无独善于云峤，忘兼全于幽谷。先进之与后升，勉思策征之道，然复妙觐大仪，启心贞照。识以悟新，形由化革。藉芙蓉于中流，荫琼柯以咏言；飘云衣于八极，泛香风以穷年。体忘安而弥穆，心超乐以自怡；临三涂而缅谢，傲天宫而长辞；绍众灵以继轨，指太息以为期。究兹道也，岂不弘哉。"①

由此可知，慧远结社誓愿同修之事，是发生在"岁在摄提秋七月戊辰朔二十八日乙未"，即东晋元兴元年（402）七月二十八日，②参与者是以慧远、刘遗民、雷次宗、周续之、毕颖之、宗炳、张莱民、张季硕等为核心的"同志息心贞信之士百有二十三人"，③他们"集于庐山之阴般若台精舍阿弥陀像前"，共誓愿"慨焉胥命，整衿法堂。等施一心，亭怀幽极。誓兹同人，俱游绝域。其有惊出绝伦首登神界，则无独善于云峤，忘兼全于幽谷。先进之与后升，勉思策征之道，然复妙觐大仪，启心贞照"。

参与此事者有 123 人，那么这个记载并没有将那些僧界的主要代表性人物一一列出，譬如僧界只列出了慧远，就连当时的西林寺名僧慧永也没列出。从时间上来推断，当时的竺道生确实参与了这次盛会。

根据僧祐的记载，竺道生"初住龙光寺，下帷专业。隆安中移入庐山精舍，幽栖七年以求其志"④。东晋隆安年间是公元 397 至 401 年，既然竺道生是在"隆安中"到达庐山的，我们即使以上限 397 年计算，他在庐山"幽栖七年"，那么最早也是在 403 年离

① 释慧皎：《高僧传》卷 6《晋庐山释慧远》，214—215 页。

② 陈垣：《二十史朔闰表》，北京：中华书局，1962 年，62 页。

③ 关于此次慧远庐山结社誓愿的参与者，佛史中有多种说法，前贤亦有不同的解读。汤用彤先生有比较详细的考证，任继愈先生《中国佛教史》第 2 册亦有相关内容，杜继文先生《佛教史》也有简单交待，但是整个史实尚有许多不明朗之处。此处暂存疑不论。

④ 释僧祐：《出三藏记集》卷 15《道生法师传》，571 页。

开庐山的。事实上“隆安中”所说的肯定是397年之后、401年之前的某个年头，而决不会是397年，这样来看，竺道生离开庐山前往长安的时间肯定在403年之后的某一年，那么在东晋元兴元年(402)举行的庐山“莲社”誓愿活动，竺道生肯定是参与者之一。

考索佛陀耶舍、竺道生之于慧远“莲社”活动的关系，可以从一定程度上对宋人所说的“莲社十八贤”的史实不可靠程度有所了解。事实上，后代佛教文献中关于“莲社十八贤”有各种不同的说法，如《庐山莲宗宝鉴念佛正派》卷4将佛驮跋陀罗亦列入，[①]而佛驮跋陀罗被长安僧团逐出长安，抵达庐山东林寺是410年的事情，因而佛驮跋陀罗也不可能参加402年的“莲社”誓愿活动。

综上所考述，“莲社十八贤”是一个对402年参与莲社誓愿活动的参与者及后来僧界附会者所组成的一个历时性概念团体。如果完全从共时性历史事件来看，如将佛陀耶舍、佛驮跋陀罗列入其中，显然是不尊重史实的。

三、 竺道生“慧解”与鸠摩罗什“重慧轻禅”趋向之异同

5世纪初叶是佛教大乘理论在中国发展的关键时期，早期的异域僧人译出的佛教经典，已经很难跟上以释道安、慧远为代表的中原学问僧人的理论渴求。正是在这样的背景下，一批在佛教义学方面有造诣的学问僧人，试图通过对现有经典教义的突破性阐发来促进佛教思想的中国化深入理解。

竺道生是注重“慧解”的“奇思异想者”，慧皎总结竺道生在庐山修道的特别之处乃是：

---

①《大正新修大藏经》卷47。

常以入道之要，慧解为本，故钻仰群经，斟酌杂论。[①]

竺道生既然把“慧解”作为“入道之要”，那么其对于经典知识和理论的追求就绝对不是仅仅限制在“经典”本身的一些提法，而是追求对经典知识、思想的阐发和突破。所以在庐山修道7年之后，他又远赴长安，向鸠摩罗什求学问道。

在鸠摩罗什的译经生涯中，道生所发挥的作用可能微乎其微。[②] 因为他西去长安，向鸠摩罗什学习的目的并不在于佛经翻译，《高僧传》鸠摩罗什传中说：

龙光释道生，慧解入微，玄构文外，每恐言舛，入关请决。[③]

正是因为来自东晋京城建康（今江苏南京）龙光寺的道生不是一个拘泥经典，而是擅长于体悟与发挥经义的僧人，所以他到关中拜鸠摩罗什为师，就是担心自己发挥的一些思想有错误，所以要向鸠摩罗什验证他自己提出的一些思想的正确与否。

由于记载阙如，我们现在已经无法知道鸠摩罗什对这位喜爱创新的弟子的确切看法。但是可以想象得出来，像鸠摩罗什这样一位在佛学经典方面博学多才的有部僧人，他本来对中原僧人在佛经理解和体悟方面就有着轻视的态度，那么对于道生这样一位善于“胡思乱想”的学生，也许不会有太多的好感。问题就在于鸠摩罗什所追求的“慧学”趋向同竺道生所认同的“慧解”有很大

① 释慧皎：《高僧传》卷7《宋京师龙光寺竺道生》，255页。

② 刘剑锋指出：“与其说道生与罗什有师承关系，倒不如说他仅仅是个已有自己理论立场的短期访问学者，他与慧远僧团的关系远比罗什僧团要密切的多。”参阅刘剑锋《涅槃“有”与般若“空”义理论争的发展》，《江西社会科学》，2007年第11期，64—67页。

③ 释慧皎：《高僧传》卷2《晋长安鸠摩罗什》，53页。

的差别。

(1) 竺道生所倡言的"慧解"实际上追求的是佛学如何中原化和更方便地应用法门,是一种先于佛经翻译的过早"推断"。

竺道生所创立的"善不受报"、"顿悟成佛"、"佛性当有论"、"法身无色论"、"佛无净土论"、"应有缘论"等等"新义",使"守文之徒多生嫌嫉",成为一种"孤明先发",这种不死守佛经文句的"慧解",对于佛教经义与中国文化的融合发挥了重要作用。

其一,能突出体现其"慧解"的就是"一阐提皆得成佛"。这个提法显然是拓宽了成佛的门径,对于佛教的发展和普适化具有重要的现实应用意义。竺道生所创"善不受报"义,其实也是拓宽了成佛者或信仰者的门径:

> 昔竺道生著善不受报论。明一毫之善并皆成佛,不受生死之报。今见《璎珞经》亦有此意。①

这种发展或者说对于佛经经义的突破性理解,是不断地扫除对于佛经经文理解中的一些教条化障碍,是有利于佛教的进一步世俗化的。

其二,现存文献中,后世僧界对于竺道生"慧解"的理解集中在他能先于佛经的传入和翻译提出一些"暗合"经义的说法或观点。这实质上是一种"思想的抢跑",是抢在经典翻译的前面所作出的一种"推断"。

如"一阐提皆得成佛"抢在昙无谶翻译的40卷《北本涅槃经》前面;"善不受报"义抢在《璎珞经》翻译之前;此类事例尚有一例。南朝宋元嘉十二年(435)《胜鬘经》译出之后,竺道生的义学弟子竺道攸即叹息说:

---

①《大正新修大藏经》卷34《经疏部二》之《法华义疏》卷4。

> 先师昔义暗与经会，但岁不待人，经袭义后。若明匠在世，剖析幽赜者，岂不使异经同文，解无余向者哉。[①]

竺道攸对其老师"义暗与经会，经袭义后"的评价和感叹，就是对竺道生"慧解"特长的最贴切解说。

道生的此种"暗合体悟推断式"的"慧解"显然同鸠摩罗什所追求的"慧学"是有着巨大差距的。

（2）鸠摩罗什所追求的"慧学"是趋向于创作出系统的佛学新论，而不是拘泥于对某部经文或个别观点的应用化开拓——这是竺道生的"慧解"同罗什的最大差别，二者其实是两个层次上的问题。

从求学罽宾、疏勒直至讲道龟兹，鸠摩罗什一直保持着对新知识、新思想探求的强烈愿望，所以他所渴望的是成为像天竺罗汉迦旃延子一样的佛学大师。据《婆薮盘豆法师传》记载，迦旃延子是释迦牟尼灭度500年后的一个著名阿罗汉，他本来是天竺人，说一切有部的僧人。后来他到了罽宾国，召集五百阿罗汉和五百菩萨，并从舍卫国请马鸣菩萨来到罽宾做执笔者，共同斟酌经文、辨定经义，撰说了一切有部的《大毗婆沙论》百万颂。这次定经义的活动，又被称为佛教史上的"第四次佛经集结"。

据《高僧传》载：

> 什雅好大乘，志存敷广，常叹曰："吾若著笔作《大乘阿毗昙》，非迦旃延子比也。今在秦地，深识者寡。折翮于此，将何所论。"乃凄然而止。唯为姚兴著《实相论》二卷，并注《维摩》，出言成章无所删改，辞喻婉约莫非玄奥。[②]

---

① 释僧祐：《出三藏记集》卷9《胜鬘经序》，350页。

② 释慧皎：《高僧传》卷2《晋长安鸠摩罗什》，53页。

在鸠摩罗什的"慧学"追求中,像迦旃延子这样创作出《大乘阿毗昙》这样系统的佛学论作才是真正的创新,并且他认为中原地区"深识者寡",因而,在系统的理论创新方面,当时的中原佛学界确实很难同鸠摩罗什对话,如慧远大师与罗什就是一个典型的样板,慧远是在坚持"神不灭"的基础上立论,而罗什讲求"中道",认为任何一法,都是不生不灭、不常不断、不一不异、不去不来的,由此而坚持他"无常"、"无我"的世界观。

鸠摩罗什对这种系统创新之"论"是非常看重的,在他的视野里,中原是无人能撰写这样的佛论的,因而中原高僧撰写的佛论,就很难得到鸠摩罗什的赞赏。如慧远著《法性论》,内有"至极以不变为性,得性以体极为宗"之语,罗什读后的感叹是:"边国人未有经,便暗与理合,岂不妙哉。"[①]这个评价其实并不高,只不过是感叹慧远文中的这个单一文句所表达的与佛经所讲有所暗合而已。

僧肇著《波若无知论》二千余言,庐山隐士刘遗民读后有"不意方袍复有平叔"之叹,直目僧肇为哲学家何晏一样的人物;释慧远读后也有"未常有也"的感叹;罗什读后虽称善,但具体评价说:"吾解不谢子,辞当相挹。"[②]这是一个非常客气但又毫不留情的说法,直译就是:你的见解不如我,但是文采方面还可以跟我比一比。显然,在经义理解与体悟方面仅仅能做到"义暗与经会,经袭义后"的竺道生自然也难以进入鸠摩罗什的视野之中。

总之,竺道生的"慧解"创新其实是对佛经中的某些文句作了超前于一些尚未翻译出来的经典的突破性解说,而几乎遍阅大小乘诸种经典的鸠摩罗什的"重慧轻禅"则是企图在坚持中观学

---

① 释慧皎:《高僧传》卷6《晋庐山释慧远》,218页。

② 释慧皎:《高僧传》卷6《晋长安释僧肇》,249页。

说的基础上创造出系统的佛教新论。这是两种完全不同的理论境界，前者具有很强烈的“修道”应用性，而后者则秉持完全的理论提升意图。

问题就在于，当时的中原佛教界和思想界，需要的是适应中原文化的佛学理论与修道方法，这就决定了竺道生的“慧解”不可能遵循鸠摩罗什的理路。

四、 从“通情上首”到“顽石点头”的内在理路

人类的存在有两个并行的线条，一是自然生理的肉体生命线发展；一是事迹与思想的历史延续生命线。前者显然很短暂，而后者则是处在不停的生长变化中，有时候往往是前者停顿之后，后者才开始启动变化或膨胀活跃的步伐。

由于宗教与生俱来的“神话化动机”，佛教僧侣的事迹与思想往往在不断的历史累计中被放大或神化。探索这个过程，对于恰当地理解佛教历史是非常有助益的一个视角。

对于竺道生的评价、认识的断语，有以下几端。

（一）“龙光释道生，慧解入微”[①]——竺道生成名的基石

“慧解”是《高僧传》对竺道生佛学特长的经典性评价。

如上所论，竺道生之“慧解”确实不但发挥了“与经典抢跑”的领先作用，而且拓宽了信众与成佛的门径，从而加速了佛教的进一步中国化。因而，“慧解”既是对竺道生佛学特色最恰当的评价，也是竺道生得以成为一代名僧的基石。

其后对于竺道生的一切评价甚至神化，都是在“慧解入微”这个基础上展开的。

---

① 释慧皎：《高僧传》卷2《晋长安鸠摩罗什》，53页。

（二）"关中僧众咸谓神悟"[①]——僧团内的夸饰性赞誉

"神悟"之说，是慧皎借关中僧人之口对竺道生所作的评价，很显然，这个词要比"慧解"显得更为通俗化。"慧解"是非常专业的一个评价，是紧紧本源于对佛学义理的解说而言，而"神悟"则进一步有了夸饰的成分。虽然"慧解"、"神悟"所表达的都是竺道生对于经文的超凡理解与感悟能力，但是，后者明显是前者的放大之说。

对于个体突出的某些才能或智慧加上"神"的夸饰性词语，是一种非常通俗但没有清晰边界的断语，其程度是很难把握的，如鸠摩罗什在西域的时候，也曾被加以"神俊"的断语。

（三）"通情则生融上首，精难则观肇第一"[②]——僧团精英之间的对比性评价[③]

"慧解"是对于竺道生个人佛学风格的单独评价，而在长安鸠摩罗什僧团内部，义学僧人们大多都成长为各具学术特色的学问僧，而竺道生、释道融、慧观、僧肇就是其中出色的四位。而道融与道生曾经是有过经义论难较量的，《续高僧传》载：

> 昔竺道生入长安，姚兴于逍遥园见之，使难道融义，往复百翻，言无不切。众皆睹其风神服其英秀。[④]

竺道生一入长安，就被姚兴安排同道融进行了一场论难，可

---

① 释慧皎：《高僧传》卷7《宋京师龙光寺竺道生》，255页。

② 释慧皎：《高僧传》卷7《宋京师道场寺释慧观》，264页。

③ 吕澂先生认为，"通情"为"能观其大"，"精难"为"深入细微"。参见吕澂《中国佛学源流略讲》，北京：中华书局，1979年，111页。

④ 道宣：《续高僧传》卷5《释僧旻》，郭绍林点校，北京：中华书局，2014年，154页。

见当时长安僧界就已经产生了或者说通过论难形成了对这两个僧人学术特长的认知，将他们归入"通情"之首。

此处用"通情"来概括竺道生与道融的学术特长，那么何谓"通情"呢？"通情"在佛教文献中有二义。

（1）指"有情"之人类。如《阿毗达磨顺正理论》卷22云：

> 通情非情，趣唯有情，然非遍摄。生唯遍摄，故说有情，无非有情名众生故。然有情类，卵生胎生湿生化生，是名为四。[①]

则"有情"实为"通情"、"非情"所趋之向，有生者俱"趋唯有情"，然而因为"无遍摄"故，因而又分出"通情"、"非情"之说。显然一切众生，"卵生胎生湿生化生"都是"有情之类"。

此处之"通情"就是专指能体味人生父母之情的人类。

（2）指对佛经经义的发挥性理解。

在《续高僧传》中有一个"通情"的用例："以英少之质参诸耆德，通情则高冲折机，纵难亦大车柅轴。"[②]此处之"通情"与"通情则生融上首，精难则观肇第一"中的"通情"在句式与语法上是同样的用例，都是与"纵难"相对举的一个概念。由此可知，在佛学的宣扬与研讨领域内，能"通情"者则要善于突破，因而须"高冲折机"；"纵难"者则需要论辩扎实，如车行大地，只有"大车柅轴"才能稳固而不覆。由此形象的比喻来推论，"通情"则是就对佛教经义的发挥性理解而言，论难则是学术层面上对经义的辩正讨论而言。如果进一步理解，那就是论难本于文本，而"通情"则可以逸出经典文本之外。

---

① 《大正新修大藏经》卷29。

② 道宣：《续高僧传》卷14《释智琰》，478页。

因而,就"通情"这一概念的第二个义项"对佛教经义的发挥性理解"而言,竺道生的"通情"事实上远没有达到释僧睿的水平。关于僧睿理解发挥经义的"通情"特点,可从其与鸠摩罗什译经讲论的事例中得到概貌:

> 昔竺法护出《正法华经》,受决品云:"天见人,人见天。"什译经至此,乃言:"此语与西域义同,但在言过质。"睿曰:"将非人天交接,两得相见?"什喜曰:"实然。"其领悟标出皆此类也。后出《成实论》,令睿讲之。什谓睿曰:"此诤论中有七变处文破毗昙,而在言小隐。若能不问而解,可谓英才。"至睿启发幽微,果不咨什而契然悬会。什叹曰:"吾传译经论,得与子相值,真无所恨矣。"

释僧睿之"通情"是在解释经典方面同鸠摩罗什"契然悬会"而言,他不但能将"天见人,人见天"这样的经文在理解的基础上升华为"人天交接,两得相见"的经典语句,而且还能发现《成实论》这样的佛学论文中突破毗昙的地方。这种判断能力显然需要对佛经经文大义及内在发展理路的熟练掌握和理解。鸠摩罗什之所以赞叹释僧睿是唯一可以同他传译的经论"相值"的人,原因就在于释僧睿在解释经典或发挥经义方面同鸠摩罗什是"契然悬会"的,可以断定,僧睿已经完全进入了鸠摩罗什的"天竺思维程式",此即为僧睿之"通情"。

而竺道生之"通情"显然是同僧睿不一样的,他的趋向不是靠近鸠摩罗什的"天竺思维程式",而是为"天竺思维程式"契合中原众生而寻找切入点。①

《佛说造像量度经解》在述及何以会有"佛母"形象时云：

> 佛菩萨被大慈力，以就世间之通情。特化女相者，或善信女人女神发弘誓，行大乘愿满成道者，俱通称佛母。

显然，竺道生的"通情"在很大程度上同此处所引文献所说的"以就世间之通情"是相近的。其创立的"善不受报"、"顿悟成佛"、"佛性当有论"、"法身无色论"、"佛无净土论"、"应有缘论"等等"新义"，无不是循着"以就世间之通情"这个路径而前进的。

前面我们已经述及竺道生之"慧解"其实是拓宽了成佛者或信仰者的门径，与此处之"通情则生融上首"相证，可以确定在释僧祐、慧皎所处的时代，对于竺道生的佛学贡献的评价是立足于其在"慧解"基础上的"以就世间之通情"，这是开启佛教中国化和世俗化的一个重要步骤。②

后世所出的"虎丘说法，顽石点头"，正是基于竺道生的这种善于"通情"的佛学贡献而产生的。

(四)"顽石点头"——"通情"的具象化事例

竺道生说法虎丘，早期僧传文献的记载是不一致的。

《出三藏记集》并没有记载竺道生曾到虎丘，而是直达庐山：

---

① 单正齐先生指出，竺道生"将印度佛教偏重于神格化的佛教信仰论，一转而为中国哲学人本化的人生境界论……竺道生思想是对佛教中国化的进一步深化，使得印度佛教在中国的土壤中得到了比较彻底的改造"。这个论述是很有见地的。参见单正齐：《竺道生的实相涅槃说》，《江淮论坛》，2007 年第 2 期。

② 余敦康先生也指出，竺道生佛性实有的思想"体现了强烈的世俗精神，后来逐渐形成为中国化的佛学的特色"。参见余敦康：《魏晋玄学史》，北京：北京大学出版社，2004 年，460 页。

(道生)拂衣而逝,星行命舟,以元嘉七年,投迹庐岳,销影岩阿,怡然自得,山中僧众咸共敬服。①

《高僧传》中的记载就有了“说法虎丘”的记载:

(道生)拂衣而游,初投吴之虎丘山,旬日之中学徒数百。其年夏雷震青园佛殿,龙升于天,光影西壁,因改寺名号曰龙光。时人叹曰:“龙既已去,生必行矣。”俄而投迹庐山,销影岩岫,山中僧众咸共敬服。

显然,从整个文风来看,僧祐《出三藏记集》是就事叙事,很少夸饰诡异之说。而慧皎《高僧传》却加入雷震青园寺、龙升于天的神异情节,并以之来契合“龙既已去,生必行矣”的谶语。这个“时人之叹”毫无道理可言,何以“龙升天”,而竺道生就要离开虎丘呢?即使按慧皎所记,竺道生曾传道虎丘,其时间也很短,所谓“旬日之中学徒数百”的说法也是值得怀疑的。如果竺道生当时真有如此大的信仰感召力,也就没必要很快“投迹庐山,销影岩岫”了。

到了其后的《神僧传》,就产生了“顽石点头”的说法:

(道生)拂衣入吴之虎丘山。竖石为徒讲涅槃经,至阐提有佛性处曰:“如我所说,契佛心否?”群石皆首肯之。其年夏,雷震青园佛殿,龙升于天,光影西壁,因改寺名曰龙光。时人叹曰:“龙既去,生必行矣。”俄而投迹庐山肖影岩岫,山中僧众咸共敬服。②

对比《出三藏记集》、《高僧传》、《神僧传》的这三段文献,其随时代推演逐步加进神异的说法痕迹明显:《出三藏记集》所记

① 释僧祐:《出三藏记集》卷15《道生法师列传》,571页。

②《大正新修大藏经》卷50《史传部二》之《神僧传》卷3。

没有传道虎丘，到慧皎不仅有了传道虎丘、弟子数百，又加了青园寺龙升天的神异故事，而《神僧传》更是在慧皎《高僧传》的基础上又添进"顽石点头"一说。并且每一次添加都是在不动前书文字结构的基础上夹入新的内容。

由此可见"顽石点头"这个说法产生的清晰脉络。这个神异故事的逐步产生，说明了像竺道生这样不拘泥于经书文句的义学僧人，在宣扬佛教精神、化度信徒方面所发挥的重要作用。①

至此，我们可以看出来，对竺道生的认知，从最早的"慧解入微"到后来的"通情上首"，再到其后附会产生的"虎丘说法，顽石点头"，正好反映了高深的佛教义学概念逐步突破天竺思维程式，开始中国化、通俗化、民间化的一个过程；这也是竺道生"善不受报"、"顿悟成佛"等论之所以在中国佛教史上产生重大影响的原因所在。

（原载《寒山寺佛学》第6辑，北京：人民出版社，2010年）

---

① "顽石点头"一说的逐步产生，其实是中国佛教界或思想界对于竺道生在中国佛教世俗化、中国化过程中所产生的重要作用的一个形象阐释，正如余敦康先生所言，竺道生的"佛性本有"等思想，为中国佛学的世俗化奠定了理论基础。参见余敦康：《魏晋玄学史》，464—470页。

鸠摩罗什译经时期的长安僧团

后秦时期长安僧团的情况是比较复杂的,以鸠摩罗什译经为界,可以分三个阶段来了解当时长安僧团的整体状况。

在鸠摩罗什到达长安之前,那种由国家规范管理的僧官制度还没有形成,但是以寺院讲经和译经为中心,已经形成了核心僧团。譬如以竺佛念为首的译经僧人团体和以道安为首的讲经、译经僧人团体,就是当时长安的核心僧团,已经很有规模。

鸠摩罗什到达长安后,在姚兴的支持下,有5000僧人跟随他学习佛经、开场翻译佛经,这样就以逍遥园、草堂大寺为中心,形成了以鸠摩罗什为首的长安僧团,并且借助后秦的国家力量,由鸠摩罗什的弟子僧契正式组成了僧官组织,借世俗政治权威来维护僧团的纪律。

佛驮跋陀罗来到长安后,以他为中心集聚了一批僧人,这批僧人因为不在鸠摩罗什僧团的5000之列,所以又被称为“新僧”,是相对于鸠摩罗什的弟子僧肇、僧睿、僧契等5000僧人而言的。

因此,当时的长安僧团势力出现了三重叠加的格局。首先是竺佛念僧团与道安僧团的成员部分参与了鸠摩罗什的译经工作。相对于鸠摩罗什僧团,竺佛念、道安僧团是长安的“旧僧”,鸠摩罗什僧团是“新僧”。等佛驮跋陀罗来到长安后,鸠摩罗什僧团已经在国家政治权威的扶植下形成了被称为“秦僧”的僧团势力。

一、 鸠摩罗什之前长安僧团的早期情况

西晋时期,洛阳一直是西域僧人传教的主要目的地之一,大批的异域僧侣和本土信徒都活动在这个当时的都城。五胡乱华后,洛阳纷乱,僧侣四奔。随着前秦政权在长安的建立,长安佛教开始兴盛,①逐渐在聚众译经的基础上形成了长安僧团。

(一) 竺法护在长安的译经及其译经团体成员情况

西晋时期,长安已成为佛教中心之一,见于记载的活动频繁的佛教高僧有竺法护、帛远。世居敦煌的月支人法护在一些出身长安的文士协助下于长安翻译佛经,而帛远在长安讲经说法,曾集聚了僧俗信徒上千,应该有了一定成规模的僧团组织雏形。

西晋时期,竺法护辗转于长安、洛阳、敦煌等地翻译佛经,其在长安译经有以下几种:《须真天子经》、《持心经》、《正法华经》、《光赞般若经》、《渐备一切智德经》。他在敦煌、长安和洛阳译经的助手是不同的几批人。竺法护译经情况,详见本书《释道安与中古时期学问僧的培养——以长安为中心的考察》篇,此不赘述。

在敦煌译经的时代,法护所依靠的主要是当地的世俗信仰者的力量,所以在长安译经时这些人没有出现,这就说明竺法护并没有形成一个随其流动的固定僧团。他在长安、洛阳译经,依靠的也是以聂承远、聂道真为代表的长安当地世俗知识阶层。世俗信仰者作为主要力量参与佛经翻译,表明当时在竺法护译经的译场确实没有成规模的僧团组织。

① 关于早期长安佛教之兴盛,严耕望先生亦以法护译经长安为其始,指出"西晋佛教无疑以首都洛阳为中心,长安次之"。参阅严耕望:《魏晋南北朝佛教地理稿》,上海:上海古籍出版社,2007 年影印本,11—14 页。

（二）帛远讲经时期的长安僧团情况

帛远在长安的活动是在晋惠帝末年，要比竺法护晚。帛远通过讲经集聚了一批僧人，形成了长安僧团雏形。

帛远是讲经长安的汉族僧人：

> 帛远字法祖，本姓万氏，河内人。父威达，以儒雅知名，州府辟命皆不赴。祖少发道心，启父出家，辞理切至，父不能夺，遂改服从道。祖才思俊彻敏朗绝伦，诵经日八九千言，研味方等妙入幽微，世俗坟素多所该贯。乃于长安造筑精舍，以讲习为业，白黑宗禀几且千人。晋惠之末，太宰河间王颙镇关中，虚心敬重，待以师友之敬。每至闲辰靖夜，辄谈讲道德。于时西府初建，后又甚盛。能言之士，咸服其远达。①

既然晋惠帝末年在长安讲经的帛远已经"造筑精舍"，且有上千人的僧俗弟子追随其学习，可以推断，以帛远为中心，曾形成了以讲经为主体的长安僧团。

其后，随着五胡乱华与前秦政权在长安的建立，长安开始成为一个佛教发展的重镇。尤其是随着竺佛念的译经活动和释道安被俘虏到长安，长安僧团开始进入了一个新的发展时期。

（三）竺佛念时期的长安僧团情况

东晋时期长安僧团的形成，首先跟竺佛念在长安的译经有密切关系。

前、后秦时期，竺佛念是中原译经僧人中的一代宗师。竺佛念对西域语言非常精熟，但是佛学、儒学修养都相当欠缺。他在长安主持或参与翻译的佛经共 19 部合 311 卷。同他合作译经的

---

① 释慧皎：《高僧传》卷 1《晋长安帛远》，汤用彤校注，北京：中华书局，1992 年，26 页。

僧人，有明确记载的就有18人，其中域外僧人7位。协助竺佛念译经的是僧人，而不再是世俗信徒。这至少说明，在长安存在以竺佛念为中心的一个译经僧团。

竺佛念译经时期，长安显然不具备组成大规模僧团的条件。当时的长安僧团应该是比较松散的。竺佛念译经情况，详见本书《释道安与中古时期学问僧的培养——以长安为中心的考察》篇，此不赘述。

二、释道安对长安僧团发展的重要作用

成规模的长安僧团始于释道安。释道安在学问修养上是长安僧俗之师，在僧团的模范带领及仪轨的制定与执行方面，已经建立制度化纪律。这是区别于之前的长安僧团的最主要的两个方面。

后秦时期的长安僧团在翻译佛经的基础上，能成长为一个学问僧集团，为佛教的中国化和佛教经典的正确传播做出贡献，其间，释道安发挥了承前启后的作用。

释道安对僧团发展的具体贡献，可参本书《释道安与中古时期学问僧的培养》篇，此不赘述。

三、以鸠摩罗什为核心的长安僧团的形成与发展

后秦弘始三年（401），姚兴出兵西伐吕凉，凉军大败，58岁的龟兹名僧鸠摩罗什被邀于十二月二十日从凉州抵达长安，受到国师般的礼遇，开始在后秦政权的支持下翻译佛经。长安僧团由此迎来了一个不仅在长安佛教史上，而且在中国佛教史上也非常重

要的大发展时期。[①] 可以说，鸠摩罗什译经时期的长安僧团，是中国佛教发展史上近乎空前绝后的一个僧团发展高峰。

鸠摩罗什抵达长安后，长安僧团在规模与管理诸方面发生了重大变化：

（一）长安僧团得到后秦政权的鼎力支持，名僧云集，迅速扩大

在鸠摩罗什抵达长安之前，后秦国主姚兴对于长安僧团中的学问僧多所奖掖，如姚兴对僧导“友而爱焉，入寺相造，乃同辇还宫”[②]，对僧契“深相顶敬”[③]；后秦司徒公姚嵩对僧睿“深相礼贵”[④]，但是并没有大规模地支持僧团的发展。事实上，鸠摩罗什之前的长安僧团，由于缺少一个译经或讲经的权威领袖人物，也不具备被后秦鼎力支持的条件。

出身一切有部、在疏勒国转向大乘的鸠摩罗什具有丰厚的佛学修养，名满西域。竺佛念僧团中的僧纯游历西域，在龟兹国不仅见过鸠摩罗什的老师佛图舍弥，而且对鸠摩罗什在西域的盛誉有所了解。[⑤] 正是因为这些西行求法僧人对鸠摩罗什的介绍，连释道安也曾经对鸠摩罗什非常仰慕，并多次敦促前秦王苻坚求取鸠摩罗什为中原所用。并且，鸠摩罗什又有在凉州姑臧 17 年的对于汉语言的学习，所以无论在佛经原典的掌握理解方面，还是

① 长安佛教文化的发展与释道安、鸠摩罗什的传道译经有非常直接的关系。参阅刘跃进：《六朝僧侣：文化交流的特殊使者》，《中国社会科学》，2004 年第 5 期，179—191 页。

② 释慧皎：《高僧传》卷 7《宋寿春石磵寺释僧导》，281 页。

③ 释慧皎：《高僧传》卷 6《晋长安大寺释僧契》，239 页。

④ 释慧皎：《高僧传》卷 6《晋长安释僧睿》，244 页。

⑤ 释僧祐：《出三藏记集》卷 11《比丘尼戒本所出本末序》，411 页。

在梵汉、胡汉语言的翻译方面，他达到了一个别人难以企及的高度，因此，倾心佛教的后秦国主姚兴对于鸠摩罗什的到来，首先在潜意识里就是非常重视的，鸠摩罗什一到，姚兴随即敕令“沙门僧契、僧迁、法钦、道流、道恒、道标、僧睿、僧肇等八百余人咨受什旨”。[①]

姚兴敕令中提到的僧契、僧迁、法钦、道流、道恒、道标、僧睿、僧肇这些人，都是当时长安僧团中标领型的僧人。虽然当时姚兴敕令的这 800 多僧人，文献中不可能有详尽的记载，但是从《高僧传》记载的曾受学鸠摩罗什的 27 位僧人中，我们还是能推测出这 800 学僧当时在佛学界的巨大影响力。

这 27 位僧人中，除了僧弼、昙干、僧苞、昙顺 4 人以年少出家人的身份跟随鸠摩罗什学习外，其他 23 位在鸠摩罗什抵达长安前就已经是各自学有所长、声名赫赫的成名高僧，他们是僧契、僧肇、僧睿、僧楷、道融、道生、昙影、慧严、慧观、道恒、道标、慧睿、昙鉴、慧安、昙无成、僧导、道温、僧业、慧询、僧迁、慧斌、法钦、道流。

这 23 位高僧有的是长安僧团的名僧，有的来自周边寺庙及慧远僧团等。如僧契是长安大寺著名“法匠”弘觉法师的弟子，“通六经及三藏，律行清谨能匡振佛法，姚苌、姚兴早挹风名，素所知重，及僭有关中，深相顶敬”。[②] 僧睿是关中名僧僧贤法师的弟子，他在长安讲经传道，被姚兴赞为“四海标领”[③]。道生受业于名僧竺法汰，慧观、道温年轻时受业于庐山慧远大师，昙鉴受业于竺道祖，慧睿曾游历西域诸国求法学习，慧严“迄甫立年，学洞群籍”，道恒“游刃佛理，多所兼通”，道融“迄至立年，才解英绝，

① 释慧皎：《高僧传》卷 2《晋长安鸠摩罗什》，52 页。

② 释慧皎：《高僧传》卷 7《晋长安大寺释僧契》，239 页。

③ 释慧皎：《高僧传》卷 6《晋长安释僧睿》，244 页。

内外经书,暗游心府"。僧肇早在西上凉州之前,就已经是"学善方等,兼通三藏,及在冠年而名振关辅"的名僧,况且又在凉州姑臧追随鸠摩罗什多年,其佛学学术水平与僧界影响力自然也不小。其他如僧迁、道标等也都是一时才俊。

由此,在人才与时势方面,此时的长安僧团可谓具有得天独厚的发展条件。

人才方面,鸠摩罗什的深厚学养和宏博声名为长安僧团的发展提供了一个权威核心,八百僧人中一批学有所成的著名学问僧为僧团在"译经"与研讨"义理"上准备了人才。

时势方面,后秦国主姚兴以国家力量为翻译、讲说佛经提供财力方面的支持,还敕令八百僧人领受鸠摩罗什的教导,协助他翻译佛经,以政治权威的形式将长安僧团同鸠摩罗什这个中心人物凝结在一起。

正是有了这两方面条件的结合,周边及全国各地的僧人闻讯纷纷负笈前往长安受学,如昙无成就是一个典型,当他"闻什公在关,负笈从之",鸠摩罗什问他:"沙弥何能远来?"昙无成答曰:"闻道而至。"[①]由此,长安僧团迅速扩大,由最初的800多人扩大到3000多人[②]。但是,这3000多人只是鸠摩罗什所说的跟他"受法"的僧人。其时的长安僧团,各类僧人事实上已经远远不止此数,《晋书》卷117记载当时来到长安向鸠摩罗什求学的僧人达到5000多人:

> 兴如逍遥园,引诸沙门于澄玄堂听鸠摩罗什演说佛经。罗什通辩夏言,寻览旧经,多有乖谬,不与胡本相应。兴与罗

---

① 释慧皎:《高僧传》卷7《宋淮南中寺释昙无成》,275页。

② 释慧皎:《高僧传》卷2《晋长安鸠摩罗什》,54页。鸠摩罗什曾对自己的老师卑摩罗叉说:"三千徒众皆从什受法。"

> 什及沙门僧略、僧迁、道树、僧睿、道坦、僧肇、昙顺等八百余人，更出大品，罗什持胡本，兴执旧经，以相考校，其新文异旧者皆会于理义。续出诸经并诸论三百余卷。今之新经皆罗什所译。兴既托意于佛道，公卿已下莫不钦附，沙门自远而至者五千余人。起浮图于永贵里，立波若台于中宫，沙门坐禅者恒有千数。州郡化之，事佛者十室而九矣。①

我们将这段文献记载同《高僧传》中鸠摩罗什所说的“三千徒众皆从什受法”的记载结合起来解读，就可以得出，当时长安僧团的僧人以鸠摩罗什为中心，分作内外亲疏有别的三个圈层，最内层是核心层的800名学问僧人，负责协助鸠摩罗什翻译佛经，第二层是正式“受法”于鸠摩罗什的3000名僧人，第三层就是上引文献所说的“沙门自远而至者”5000余人。

当然，800人、3000人、5000人应该是一个后者包含前者的数据，就是说，当时长安僧团有5000多僧人，一时佛化大行，“事佛者十室而九矣”。

（二）建立了以僧契为首的僧官制度，僧团管理由内部道德示范走向国家威权管理

长安僧团有五千人之众，僧团的管理成了一个非常紧迫的问题。

鸠摩罗什译经时期的长安僧团，在僧团管理方面与前代相比有了根本性的变化，即由僧团的自我管理转变为国家设立专门的

① 房玄龄等：《晋书》卷117《姚兴载记上》，2984—2985页。

僧官机构来管理。[1]

关于后秦僧官机构的设置缘由及其职官,《高僧传》的记载比较简略:

> 自童寿入关,远僧复集。僧尼既多,或有愆漏。兴曰:"凡未学僧未阶,苦忍安得无过。过而不劾,过遂多矣。宜立僧主以清大望。"因下书曰:"大法东迁,于今为盛。僧尼已多,应须纲领,宣授远规,以济颓绪。僧䂮法师学优早年,德芳暮齿,可为国内僧主。僧迁法师禅慧兼修,即为悦众。法钦、慧斌共掌僧录。"

关于后秦僧官制度设置的缘由,不外以下三方面。

显然,来自各地良莠不齐的5000多僧人云集长安,仅仅靠僧团的自我约束和一般的戒律限制已经是力不从心,所以专心佛事的姚秦政府觉得有必要由国家来出面管理僧人们。后秦国王姚兴认为这些学僧们还没有达到一定的佛学修养境界,整日过着清苦的寺院修炼生活,当然难免犯错误,做一些出格的事情,如果不加以妥善的管理,学僧们将会越来越不守戒律,最终破坏僧团的禅修与学习,因此他觉得"宜立僧主以清大望"。

姚兴所说的这个设立僧官机构的理由显然是最重要的,也可以说是一个共识,但是在此处我们也不能不注意到另外两点关键性的促成因素。

首先,我们前面已经提及,在僧官制度未曾建立之前,中国佛

① 姚秦僧官制度之创设,南宋释志磐的《佛祖统纪》系之于东晋安帝隆安五年,即后秦弘始三年(401),此年鸠摩罗什刚抵达长安,四方僧众闻讯而至,长安僧众数量大增,出于管理的需要,设立僧官正当其时。具体情况可参阅谢重光:《中古佛教僧官制度和社会生活》,北京:商务印书馆,2009年,15—17页。

教僧团主要靠戒律和领导者的修行与道德权威来加以规范，释道安僧团就是这方面的一个典范。那么这种早期的僧团自主管理模式就对僧团的领导者本身提出了很高的要求，需要僧团领袖在戒律和仪轨方面的模范引领，可是鸠摩罗什本人恰恰缺少这种资质——他的屡次破戒已经将他置于一个非常尴尬的境地。

晋哀帝兴宁元年(363)，20岁的鸠摩罗什就在龟兹王宫受比丘戒中最高级别的具足戒；晋孝武太元九年(384)，前秦大将吕光攻陷龟兹，俘获鸠摩罗什。在吕光的逼迫诱骗下，罗什与龟兹王女成婚，破戒。抵达长安后，鸠摩罗什又再次破戒。[①] 如果说在龟兹成婚破戒完全属于迫不得已，那么在长安领受姚兴所赐的"妓女十人"后"别立廨舍"则完全属于半推半就，这对当时长安僧团的震动是显而易见的。虽然鸠摩罗什在讲经的时候自嘲其破戒娶妻"譬喻如臭泥中生莲花"，让学僧们"但采莲花，勿取臭泥"，但是鸠摩罗什作为长安僧团的灵魂人物，在破戒方面的身体力行显然对僧团戒律仪轨的维持造成了极大伤害，以至于不得不以"吞针"来震慑意欲突破戒律的僧人们。

在这种情况下，以鸠摩罗什为中心的僧团戒律的道德标签，在一定程度上已经丧失了权威性和说服力，那么由政治威权出面来重建僧团纪律，就显得非常必要，这可能就是姚兴诏书中所说"宜授远规，以济颓绪"的深意所在。此为后秦僧官机构设置的动因之一。

---

① 关于鸠摩罗什在长安的破戒，《晋书》的记载和《高僧传》的记载有较大差异，前者更倾向于罗什的自愿，而后者则更愿意相信乃是出于姚兴的逼迫，因而《魏书》卷114《释老志》中北魏孝文帝在巡访罗什子嗣的诏书中也说罗什长安破戒乃是"见逼昏虐，为道殄躯"。后世僧界、学界亦本于"逼迫说"立论，如西修：《罗什研究》，见张曼涛：《现代佛教学术丛刊》，北京：北京图书馆出版社，2005年，171—176页。

其次,政治势力对僧团力量的防备也是建立僧官制度的一个至关重要的动因。

关于后秦僧官制度中职官的设置,相对比较简单,但已经完全纳入了国家职官体系。这样就改变了僧团管理的性质,把僧团的自我维护转变成了国家正式管理,从体制上对僧团形成了约束。

后秦政权设立的僧人管理机构由"国内僧主"、"悦众"、"掌僧录"这样三个僧官组成。三者形成一个明确的统分关系。这样一来,鸠摩罗什就从道德示范的神坛上被解放了出来,成了一个以学问而不是僧德见长的高僧,僧团确立了威权型的管理者——"国内僧主",由僧主来管理僧团,树立僧团的道德威信。

姚兴看中了僧契在这方面的管理才能,况且僧契本人当时就是以行为清谨、严守戒律而著称于僧界。据僧传的记载,早在姚兴继承后秦国王王位之前,就特别仰慕僧契,等到在长安见到僧契后,对他更是非常敬重,所以由僧契来做僧主最合适不过了:严守戒律的清修模范、少年就出家于长安僧团的地缘优势、与后秦国王的良好关系,正好符合做一个僧团管理者的所有条件,一切都顺理成章。

对于僧团自身在戒律方面的管理与僧官体系的威权管理,严耀中先生有非常精辟的论述:"由于中国的僧众实际上服膺的是僧制而非戒律,因此戒律于中国佛教里在很大程度上具有的是符号上的意义。对戒律作为符号意义的坚持,是在于保持佛教的社会道德作用:接受戒律就是给僧侣贴上身份与道德标签,表明其在社会道德上应该发挥特殊的作用。"①

显然,后秦长安僧团中僧官体制的建立,正是"戒律型管理"

① 严耀中:《佛教戒律与中国社会》,上海:上海古籍出版社,2007年,9页。

让位于"僧制管理"的一个明显的转折点，国家威权开始全盘接管僧团。

四、 鸠摩罗什僧团的"学问化"倾向及对佛教中国化的贡献

如果我们从前到后审视在长安先后译经的竺法护、竺佛念、释道安、鸠摩罗什僧团，就会发现一个明显的规律，那就是在他们的僧团成员中，竺法护、竺佛念译经主要依靠的是世俗知识分子和信徒及部分西域僧人。从释道安僧团开始，世俗信徒或知识分子已经退出了佛经翻译的译场，而像僧叡这样的一些汉族学问僧开始逐渐发挥重要作用；到鸠摩罗什译经时，完全依靠的是在长安成长起来的大批学问僧。

鸠摩罗什从姑臧到长安的时候，应该也带来了一些凉州僧人。因为据记载，僧肇是鸠摩罗什在姑臧的时候，就不远万里去投奔他，向他学习的。由此可以推测，鸠摩罗什在姑臧的时候也有部分僧人追随他。

鸠摩罗什到长安后，面对的是一个无论在佛学理论，还是组织结构上都已经非常成熟的长安僧团，原道安僧团中的主干成员迅速集结到了鸠摩罗什的门下。释道安、竺佛念为他们培植的佛学修养，再加上鸠摩罗什对于佛经翻译的权威性，使长安僧团在知识的自信方面日见增长，就更加重了长安僧团的凝聚力。

佛经汉译的初级阶段，东汉安世高和支娄迦谶为其巨擘。但当时由于佛教初传，人们对佛教十分生疏，对于艰深的教义更难于理解；并且由于佛经原本多系梵文、巴利文以及由此转译的中亚和西域古代语言，很难掌握；能够掌握的又须精通佛理，这样的人才就更为少见。所以，传译不易，流通更难。《出三藏记集》卷1分析这种难处，"或善胡意而不了汉旨，或明汉文而不晓胡义"，很难尽如人意。为了宗教的传播，外来的译经僧往往与汉地沙门

和居士合作译经，这种做法持续了很长时间，到鸠摩罗什才有了一定改变。这种改变主要体现在两方面，一是对于“中观”学说的翻译，给中原佛教界、思想界带来了最新的佛学思想；二是从鸠摩罗什译经开始，培养了大批的学问僧人，使得中国佛经的翻译摆脱了对传统的世俗儒学知识分子依赖的局面。

从罗什翻译的佛经来看，主要是般若类经典，特别是龙树空宗一系的作品，他弘扬了大乘空宗之中观学。对于中观派之空，有十八空之说，空得非常彻底，而所谓空，乃是自性空，以色而论，色当体就是空的，这种空不是任何人强加的，是“色即是空，空即是色”，而不是支道林的“色即是空，色复异空”。

在印度中观派的论著中，鸠摩罗什较早译出的是《大智度论》(后秦弘始四年至七年，402—405)，此书是龙树对《摩诃般若波罗蜜经》的注释书。原本篇幅巨大，罗什汉译本仅全译了初品，其余的是略译(汉译本有一百卷，初品占三十四卷)。龙树在《大智度论》中虽以《般若经》原经为叙述基本线索，但在解释原经时实际做了很多发挥，对原经中杂乱之处作了归纳，提出了自己的新看法。也就是说，龙树论述的绝大部分是依据《般若经》中的观点，有不少则是龙树自己的新观点，未必都与所注经典的原义相符。因而《大智度论》实际包含中观派对《般若经》思想发展了的成分。鸠摩罗什将此书译出，一方面对中国佛学界(或思想界)理解《般若经》的原典真实思想有很大的帮助，另一方面也使中国人第一次接触到了印度大乘佛教中观派的一些基本观点，对印度般若学说鼎盛时期的理论有了了解。在后秦弘始四年(402)，鸠摩罗什曾译《百论》，但因“方言未融”等，译的不太成功，后又于弘始六年(404)重新校译，出《百论》两卷。《百论》是中观派的三部重要著作之一，为提婆所著。提婆在《百论》中通过破除印度古代数论派、胜论派等所谓“外道”的理论来弘扬中观派的学说，表现出中观派的“破邪显正”的思想方法，在实施否定形态的思维方法上（对“破邪”的重视程度）比龙树还要突出，充分展示了般若中观学说的理论特色。在鸠摩罗什译《百论》之前，中国思想界是很少了解中观思想或感受不深的。鸠摩罗什在弘始十年（408）译出了龙树的《十二门论》一卷，弘始十一年（409）译出了《中论》四卷。《十二门论》是中观派基本理论的概要或入门之作，写得较略，但是重点很突出，学说脉络清晰。《中论》为中观派的代表作，全面系统地论述了该派的基本思想，是般若学说在印度发展过程中理论上所达到的一个高峰。

这些最新理论的翻译，使得聚集在鸠摩罗什身边的大批学问僧在起点上就接触到了佛学的最高研究成果，并且在翻译的过程中相互论难、讨论，促使他们很快成长为中国佛学界的著名学问僧。把翻译佛典与培养弟子结合起来，以推动佛教人才脱颖而出，是鸠摩罗什在关中弘法的重要特色。

在跟随鸠摩罗什翻译佛经的岁月里，经过长时间的经义探讨和学习，在这三千弟子中，涌现出了著名的“十哲”：僧契、僧肇、僧睿、道融、道生、昙影、慧严、慧观、道恒、道标。其中的僧契、僧肇、僧睿、道融、道生、昙影、慧严、慧观又被称为“八俊”。而僧睿、道融、道生、僧肇这四位最出色的弟子被称为“关中四子”。他们都是当时以学问、禅修著称的杰出佛学知识分子。

在鸠摩罗什的影响下，长安僧团具有非常明显的“学问化”倾向，在佛教中国化的历程中，长安僧团所发挥的作用是至关重要的。

从长安僧团的僧人个体对中国佛教发展的影响来讲，也是有相当分量的。著名者如僧肇被誉为“解空第一”，他的佛学思想达到了中国佛教般若学的顶峰，是佛教中国化的关键人物。他对后世的三论宗和禅宗也产生了重大影响。竺道生精研《涅槃》诸经典所体悟倡导的"顿悟成佛",开创了中国佛教修炼中的"顿悟"法门。

在《高僧传》所记载的当时受学于鸠摩罗什的 27 位长安僧团的高僧,在鸠摩罗什去世前后都散布各地,成为当地的佛学名僧。除了在长安留下来的僧契、僧肇、僧睿等人及隐居山林的几位,有 14 位都南下传道,信徒盈门。如道融到彭城,门徒数百;竺道生先后到建康青园寺、庐山精舍等处,宣扬"顿悟成佛";慧严到建康东安寺说法;慧观到荆州高悝寺讲经说法,"使夫荆楚之民回邪归正者,十有其半";慧睿到建康乌衣寺,宣说众经;僧弼在彭城寺,僧苞在建康祇洹寺,昙鉴在江陵辛寺,昙无成在淮南中寺,僧导在寿春东山寺,道温在襄阳檀溪寺,僧业在姑苏造闲居寺,慧询在建康道场寺、长乐寺,昙顺在江陵竹林寺,都各自讲学,弘扬佛法。

从总体上来讲,鸠摩罗什时期长安僧团的佛经翻译与研讨,一是逐步将一些重要经典正确地翻译介绍给了中国思想界和佛教界,为佛教思想融入中国文化奠定了基础;二是在译经、讲经过程中培养了大批的学问僧人,为正确消化、理解和传播佛学思想准备了本土人才;三是在正确传译佛教经典的基础上开始产生新的思想,为佛教进一步的中国化及向东亚诸国传译开辟了路径。

结　语

佛教传入中国后,僧伽制度自然随之形成,但是其规范及其与政治权威结合而形成僧团组织,是有一个过程的。佛图澄邺城传教,被石勒尊称为"大和尚"并且"军国规模颇访之",在后赵政权中取得了很高的地位,具有国家宗教领袖的性质,虽然没有被授予具体的僧官名称,但处于统领众僧团的地位,已经具有后世最高僧官的实质意义。[①] 从这个角度来看，以佛图澄为中心的僧团组织是最早得到官方政治权威支持的僧团。

西晋时期，洛阳一直是西域僧人传教的主要目的地之一，大批的异域僧侣和本土信徒都活动在这个当时的都城。此时，长安已成为佛教中心之一，见于记载的活动频繁的佛教高僧有竺法护、帛远。世居敦煌的月支人法护在一些出身长安的文士协助下于长安翻译佛经，而帛远在长安讲经说法，曾集聚了僧俗信徒上千，应该有了一定成规模的僧团组织雏形。随着五胡乱华与前秦政权在长安的建立，长安开始成为一个佛教发展的重镇。尤其是随着竺佛念的译经活动和释道安被俘虏到长安，长安僧团开始进入了一个新的发展时期。

后秦弘始三年(401)，龟兹名僧鸠摩罗什被邀于十二月二十日从凉州抵达长安，受到国师般的礼遇，开始在后秦政权的支持下翻译佛经。长安僧团由此迎来了一个不仅在长安佛教史上，而且在中国佛教史上也非常重要的大发展时期。长安僧团在三个方面发生了重大变化：(1)长安僧团得到后秦政权的鼎力支持，名僧云集，迅速扩大；(2)建立了以僧䂮为首的僧官制度，僧团管理由内部道德示范走向国家威权管理；(3)长安僧团的成为一个典型的“学问化”僧团，对佛教中国化做出了重要贡献。

当然，此时的长安僧团，不仅面临着来自西域的其他佛教高僧及其僧团的挑战，也面临着婆罗门僧团的挑战，但是。这些挑战最终都没能动摇鸠摩罗什长安僧团在后秦国家的权威地位。

可以说，鸠摩罗什译经时期的长安僧团，是中国佛教史上近

① 高敏先生认为，佛图澄被称为大和尚，参与后赵军国大事，“虽无僧官之名，已具有后世僧官的某种萌芽”。相关论述，参见高敏：《秦汉魏晋南北朝史论考》，北京：中国社会科学出版社，2004 年，209 页。

乎空前绝后的一个僧团发展高峰。

（原载《学习与探索》2010 年第 1 期）

西域幻术与鸠摩罗什之传教

魔法在日常生活中的应用是全球古代文明的一个重要部分，魔法在内容上至少混合了巫术仪式、医药知识和幻术等元素。中国古代社会中通行的魔法，既有本土特色，又有外来元素。在中国古代文献记载中，魔法中最有奇幻色彩的一种幻术就主要是从埃及亚历山大传来的。由幻术传入的情形亦可以推断，同幻术紧密结合的巫术仪式、医药知识也受到该地域文化的影响。

幻术及魔法的传播有两个途径，一是随西域诸国家的使者被进贡到中原，二是被传教的僧人带来。魔法往往被宗教传播者用来延揽信徒，中古时期东来传教的西域僧人就曾使用了魔法的手段来吸引教众，在他们的知识体系里面，魔法知识占了相当大的比例，鸠摩罗什也不例外。

作为早期中国佛教传播史上著名的佛经翻译家和西域高僧，鸠摩罗什的主要贡献在佛经翻译与中观般若学传播，如果把《高僧传》中的《鸠摩罗什传》和《佛图澄传》相比较，就会发现，在《佛图澄传》中，几乎每一段文字都是在讲佛图澄使用的幻术、预测等神异手段；可是在《鸠摩罗什传》中，鸠摩罗什对于幻术、魔法等神异手段使用的记载就非常有限，主要集中在其在凉州被吕光父子软禁的 17 年中。正是由于鸠摩罗什很少使用幻术等法术类技艺，因而学界历来不太注意对鸠摩罗什在幻术等神异手段使用方面的考察。事实上，鸠摩罗什所受到的这方面的“杂学”教育，不会比佛图澄更少。

一、 对西域幻术东来的简单考索

中国通行的"幻术"不是土生土长的技艺，完全是舶来品。《旧唐书》卷29《音乐志二》载：

大抵《散乐》杂戏多幻术，幻术皆出西域，天竺尤甚。汉武帝通西域，始以善幻人至中国。安帝时，天竺献伎，能自断手足，刳剔肠胃，自是历代有之。

此处所述的唐代幻术主要是在杂戏中表演，是一种娱乐方式，而非宗教手段。西域是中国中古时期幻术的主要传入地，尤其以天竺幻术最为繁盛。按此记载，幻术之初传，始自汉武帝开通西域之后，事实上，西域幻术之传入中国，要远早于汉代。

据《金楼子》卷5《志怪篇十二》：

周穆王时，西极有化人，能入水火，贯金石，反山川，移城郭，穆王为起中天之台，郑卫奏承云之乐，月月献玉衣，日日荐玉食，幻人犹不肯舍，乃携王至幻人之宫，构以金银，络以珠玉，鼻口所纳，皆非人间物也。由是王心厌宫室，幻人易之耳，王大悦，肆志远游。

周穆王时期中原地区就有了"西极化人"，并且能表演"反山川，移城郭"这样的大型幻术。至于这个"西极"西到了什么地方，至少也是到了西域之西的地域。

而在《无能子》卷中《纪见第八》也有关于秦代幻人表演的记述：

秦市幻人，有能镬膏而溺其手足者，烈镬不能坏，而幻人笑容焉。

既然称之为"市幻人"，显然，秦代的这个幻人也是通过交换或贸易而来到中原的异域人。汉武帝派张骞开通西域之后，西域及其以西的幻人与幻术的东传，开始有了明确的记载。从西汉到唐代的文献记载中，一般都认为幻人是“犁靬幻人”。关于“犁靬幻人”的明确文献记载始自司马迁的《史记》卷123《大宛列传》：

初，汉使至安息，安息王令将二万骑迎于东界。东界去王都数千里。行比至，过数十城，人民相属甚多。汉使还，而后发使随汉使来观汉广大，以大鸟卵及黎轩善眩人献于汉。

按司马迁的记载，随西汉使者来到长安的幻人是“犁轩人”，他们是被安息国作为贡人献到中原来的。《汉书》卷61《张骞传》沿袭了这一说法：

大宛诸国发使随汉使来，观汉广大，以大鸟卵及黎靬眩人献于汉，天子大说。

《史记》及《汉书》中所说的“犁轩”、“犁靬”，指托勒密埃及王国，是其国都Alexandria（亚历山大城）的音译。[①] 对于此次犁靬幻人东来，唐代杜佑在《通典·边防九》中的记载又有了“犁靬幻人”的数目及其相貌的生动描写：

前汉武帝时，遣使至安息。安息献犁靬幻人二，皆蹙眉峭鼻，乱发拳须，长四尺五寸。

---

① 参见余太山：《早期丝绸之路文献研究》，上海：上海古籍出版社，2009年。余先生指出，《史记·大宛列传》的“黎轩”指托勒密朝埃及王国……盖黎轩即托勒密埃及王国，距汉遥远，直至前30年（成帝建始三年）沦为罗马行省时，还没来得及为汉人了解，仅知其大致位置而已。而当汉人有可能进一步了解西方世界时，黎轩已经不复存在，而大秦之名却如雷贯耳。原黎轩国既成了大秦国的一部分，来华的黎轩国人又可能自称为大秦人，于是很自然地把黎轩和大秦这两个表示不同概念的名词合而为一了。

那么,汉武帝时代来到汉都长安的犂靬幻人有 2 人,他们相貌奇特,是被犂靬的邻国安息国作为“贡人”送来的,是一种同“大鸟卵”一样的“奇珍异宝”。

在此后长达千年的历史时段里,犂靬幻人一直被西域诸国作为向中原政权示好的“贡人”送到中原来。到东汉,文献中有两次西南夷贡献“幻人”的记载,所贡幻人都自言“我海西人也”。

(1)《后汉书》卷 86《西南夷 · 哀牢》:

> 永宁元年,掸国王雍由调复遣使者诣阙朝贺,献乐及幻人,能变化吐火,自支解,易牛马头。又善跳丸,数乃至千。自言我海西人。海西即大秦也,掸国西南通大秦。

(2)《后汉纪》卷 15《孝殇皇帝纪》:

> 安帝元初中,日南塞外檀国献幻人,能变化吐火,自支解,又善跳丸,能跳十丸。其人曰:“我海西人。”则是大秦也。自交州塞外檀国诸蛮夷相通也,又有一道与益州塞外通。

海西即古罗马。那么在两汉时期,正史文献中记载的“幻人”,不论是安息国还是掸国贡献者,都不是该国家的本国人,而是“犂靬人”,即来自埃及托勒密王朝。公元前 30 年,犂靬沦为罗马的一个行省,因而此后的“犂靬幻人”又称作“大秦人”。早期文献谈及“幻人”者,一般都认为是“犂靬幻人”,如《金楼子》卷4《立言篇九下》载:

> 原宪云:“无财谓之贫,学道不行,谓之病。”末俗学徒,颇或异此。或假兹以为伎术,或狎之以为戏笑。若谓为伎术者,犂靬眩人,皆伎术也。若以为戏笑者,少府斗获皆戏笑也。未闻强学自立,和乐慎礼,若此者也。

此处明确将幻术定为来自犁靬的一种伎术，而“伎术”其实包含了丰富的内容，《策府元龟》卷997《技术》：

夫究技术之妙，所以事于上；通方术之□，所以济乎物。中古而下，代有其人。若乃生蛮貊之邦，禀俊异之气，性识聪悟，讲习精笃。或作为幻戏，或研覈星历，或饵药以养命，或铸金而擅誉，以至留神书画，玩志博弈，莫不萃止中国，盛一时之观听者焉。

这个记载中将幻戏、星历、饵药、铸金这四者都归入技术，并且认为擅长于此类技术者，大多“生蛮貊之邦，禀俊异之气”。显然，幻戏等这些技术同来中国的异域人有密切的关系，那么，当时来到中原的“幻人”也不完全都是“犁靬人”。事实上，除以上列举的文献将“幻人”明确认定为是“犁靬人”外，文献记载中也有一些没有标明“幻人”的具体身份，而只记载了哪个国家贡献了幻人。如《魏书》卷102《西域传》：“悦般国，在乌孙西北，去代一万九百三十里……真君九年，遣使朝献；并送幻人。”

文献中明确将善于“幻术”作为一个国家的标志性文化事象加以记录的，只有两个国家：大秦、条支。《旧唐书》卷221《西域传下. 拂菻》载：

拂菻，古大秦也，居西海上，一曰海西国……俗喜酒，嗜干饼。多幻人，能发火于颜，手为江湖，口幡毦举，足堕珠玉。

《史记·大宛列传》在记述“条枝”风土民俗时云：

条枝在安息西数千里，临西海。暑湿。耕田，田稻。有大鸟，卵如瓮。人众甚多，往往有小君长，而安息役属之，以为外国。国善眩。

《前汉孝武皇帝纪》卷3：

至条支国，去长安万二千三百里。临西海，出善幻人，有大鸟卵如瓮。长老传闻条支西有弱水，西王母所居。亦未尝见。

解读这三条文献可知，大秦是“居西海上”的国家，汉代来自安息或掸国的幻人都自言其是“海西人”，海西是传统记载中一致认为的幻人的真正来源地，而条支不论是“国善眩”还是“出善幻人”，都与其“临西海”的这个地理位置有关。显然可以推断，条支国的“出善幻人”是受大秦文化的影响所致。

由以上文献记载，我们可以得到以下几方面的认识。

第一，从西汉武帝到东汉安帝时代200多年的时段里，不论是从西域陆路来自安息，还是来自西南境外掸国的幻人，都明确记载是犁靬或大秦人。因而，我们据此可以推断，周穆王时期的“西极化人”，也是埃及托勒密王朝来的人。

第二，从汉武帝时期到隋唐的近千年时段内，“大秦幻人”在中原表演的典型代表幻术没有发生什么大的变化，一直就是吐火变化、自支解等几个花样，颜师古将之总结为：“吞刀吐火，植瓜种树，屠人截马之术”①。《凉州异物志》也有相同的说法：“大秦之国，断首去躯，操钢刀屠人。”②这说明通过贡人而来的幻术在中原地区并没有得到扎根传播，而是一直处于不停地“外来表演”这样一种状态。这种状态的出现一方面同幻术这种神奇技艺的技术封锁有关，也可能同中国古代社会的组织方式有关——在严格的政府控制之下，一般百姓很难得到学习机会；更重要的是可能跟东西文化差异有关，传统中原文化体系至少在心理上不

① 班固：《汉书》卷61《张骞传》之颜师古注，北京：中华书局，1962年，2696页。

②《太平御览》卷828引。

能接受这些令人目瞪口呆的幻术，譬如唐代就有过这方面的禁令，对于西域幻人的“屠人截马之术”，唐高宗“恶其惊俗，敕西域关令不令入中国”①。

第三，通过“贡人”这个方式输入的西域幻人及幻术，从一开始就是作为一种娱乐手段传入，是同来自西域的音乐、舞蹈相提并论的。

二、 佛经中的外道幻术与鸠摩罗什的“杂学”知识

虽然中国古代正史文献中将“幻人”列入音乐技术类，但是幻人在很大程度上又同精通魔法的巫师及各类宗教类社会人员有密切的关系。正是因为幻术同魔法与宗教的亲缘关系，所以西域幻术在东传的过程中，曾受到了佛教的影响，或者也可以说，幻术在一定程度上也影响了佛教。

（一）佛经中的外道幻术

在释迦牟尼的早期僧团中，就有一些成员是当时著名的“幻师”。在佛典中，有大量的关于幻师的记录，其中著名的大幻师就有跋陀罗、阿夷邹、迦毗罗仙、斫迦罗仙、钵头摩诃萨多。

跋陀罗是王舍城最著名的大幻师，在佛典中又被称作波陀、飏陀、仁贤，生活在释迦牟尼传道的时代，是同大医王耆婆同时代的人。涉及跋陀罗的佛经主要有《大宝积经》、《佛说飏陀神咒经》、《佛说幻士仁贤经》。

据《大宝积经》卷85《授幻师跋陀罗记会》：

时王舍城国王大臣、婆罗门居士、一切人民，皆于如来深

① 刘昫等：《旧唐书》卷92《音乐志二》，北京：中华书局，1975年，1073页。

生尊重,以诸上妙饮食衣服卧具汤药恭敬供养。于彼城中有一幻师名跋陀罗,善闲异论,工巧咒术,于诸幻师最为上首。摩竭提国,唯除见谛之人及于正信优婆塞优婆夷等,诸余愚人皆被幻惑,无不归信。

时彼幻师,闻于如来功德名称,便生是念:"今此城中一切众生,悉皆于我生尊重心,唯有瞿昙沙门犹未信伏。我今应当往彼较试,彼若归我,摩竭提人必皆于我倍加恭敬。"

时彼幻师,宿殖善缘成熟时至,及由世尊威德力故,从王舍城往耆阇崛山,睹佛光明踰百千日。面轮严好犹如满月,身相圆满如尼拘陀树,毫相清净如摩尼光。其目绀色如青莲花,乃至梵天无能见顶,以六十种清净音声为众说法。而此幻师虽睹如来威德特尊,犹怀邪慢。复更念言:"我今应当试验于彼,若是一切知见之者应知我意。"作是念已,前礼佛足,而作是言:"愿于明日受我微供。"……尔时世尊观彼幻师及王舍城诸众生等根熟时至,为成熟故默然受请。

由此可知,这个大幻师跋陀罗并不是那种音乐或百戏之类的"艺人",而是同佛陀释迦牟尼一样的宗教性人士,在王舍城一般民众中拥有大批的信徒。他的目的是要将释迦牟尼也征服,所以就装作友善的样子去邀请释迦牟尼去享受他的供养。释迦牟尼知道这个外道居心不良,但还是答应了他的请求。于是大幻师跋陀罗就开始运用幻术布置一个试图羞辱释迦牟尼的陷阱:

时彼幻师即于其夜,诣王舍城于最下劣秽恶之处,化作道场宽广平正。缯彩幡盖,种种庄严,散诸花香覆以宝帐。复现八千诸宝行树,其宝树下一一皆有师子之座,无量敷具,悉皆严好,为欲供养诸比丘故。而复化为百味饮食,并现五百给侍之人,服以白衣,饰以严具,作是化已。

当幻师跋陀罗在最肮脏的地方做好这个幻化陷阱准备羞辱佛陀时，“四天王”也以帮助跋陀罗的借口，在跋陀罗施展幻术的这个地方又大使幻法，让这个准备供养佛陀的法会场所更加富丽堂皇，跋陀罗非常吃惊，他发现他的幻术在这个时候失灵了，变出来的幻象不受自己的控制。第二天，佛陀和弟子们都来到跋陀罗的这个供养法会，王舍城的各色人等都来观看，结果什么尴尬的事情也没有发生，一切幻象都像真的一样华丽庄严。随后，佛陀以各种幻化的长者之身点化跋陀罗，终于使得跋陀罗认识到佛法无边，深深悔罪，最后心悦诚服地说：“我愿出家作于比丘。”大幻师跋陀罗成为佛陀僧团成员。

跋陀罗皈依佛陀后，并没有放弃他幻术的使用，在遇到有人被蛇咬伤等非常之事的时候，也想施展自己的魔法咒术。据《佛说玄师飕陀所说神咒经》所载：

> 闻如是，一时佛游于罗阅祇国中鹦鹉树间，是时，有一异比丘，于竹园去罗阅祇国，适在中间为蛇所啮，复为鬼神所著，复为贼所劫。佛尔时即往到是比丘所，时玄师飕陀随佛俱往。玄师飕陀即白佛言：“我有术甚神，今欲为咒。”佛言：“止！止！飕陀。汝所咒，莫令有伤害。”飕陀白佛言：“后当国国相攻伐，贼贼更相劫。相增者复为相劫，鬼神更劫，毒毒更相害。若有比丘在山中树下坐，被五纳衣若露地坐，四辈弟子当令无有害我者，皆令安隐，无有病痛如是。”①

从佛经记载来看，佛陀对于幻术是持贬斥的态度，在《佛说幻士仁贤经》中将跋陀罗的幻术称作“邪行之术”，所以就连皈依后的跋陀罗要运用咒术，佛陀也要制止。但是，咒术的使用在佛

① 《大正新修大藏经》卷21《密教部四》。

教僧侣中是非常普遍的行为，如密教部典籍就充斥着大量的咒术、魔法的东西。即使帝释天（释提桓因）也曾有过向“阿修罗”学习幻术的想法，这个故事见于《杂阿含经》卷40：

尔时，世尊告诸比丘，过去世时，毗摩质多罗阿修罗王疾病困笃，往诣释提桓因所，语释提桓因言：“憍尸迦，当知我今疾病困笃。为我疗治，令得安隐。”释提桓因语毗摩质多罗阿修罗言：“汝当授我幻法，我当疗治汝病，令得安隐。”毗摩质多罗阿修罗语帝释言：“我当还问诸阿修罗众，听我者，当授帝释阿修罗幻法。”

尔时，毗摩质多罗阿修罗即往至诸阿修罗众中，语诸阿修罗言：“诸人当知，我今疾病困笃，往诣释提桓因所，求彼治病。彼语我言，汝能授我阿修罗幻法者，当治汝病，令得安隐。我今当往为彼说阿修罗幻法。”

时，有一诈伪阿修罗语毗摩质多罗阿修罗：“其彼天帝释，质直好信不虚伪。但语彼言，天王，此阿修罗幻法，若学者，令人堕地狱，受罪无量百千岁。彼天帝释必当息意，不复求学。当言，汝去，令汝病差，可得安隐。”

时，毗摩质多罗阿修罗复往帝释所，说偈白言：“千眼尊天王，阿修罗幻术，皆是虚诳法，令人堕地狱。无量百千岁，受苦无休息。”

时，天帝释语毗摩质多罗阿修罗言：“止！止！如是幻术，非我所须。汝且还去，令汝身病寂灭休息，得力安隐。”

佛告诸比丘：“释提桓因于三十三天为自在王，长夜真实，不幻不伪，贤善质直。汝等比丘正信、非家、出家学道，亦应如是不幻不伪、贤善质直。当如是学。”

佛说此经已，诸比丘闻佛所说，欢喜奉行。[①]

佛陀要求他的信徒要“不幻不伪，贤善质直”，因而在追求最终智慧解脱的佛陀来看，幻术是一种邪行，是应该受到杜绝的技艺。

正是因为佛陀的这个追求，佛教在其教义内核层面上是排斥幻术的。其实，直至明清时期，佛教对于幻术还是视之为“邪见”的。如纪晓岚《阅微草堂笔记》卷6《滦阳消夏录》云：“考西域吞刀吞火之幻人，自前汉已有，此盖其相传遗术，非佛氏本法也。”

既然如此，佛教僧侣应该不用幻术才对。但事实并不是如此，为了传教的需要，佛陀涅槃后的天竺、西域佛教僧团普遍使用了幻术手段，汉唐之际的佛教文献对天竺幻术的盛行有所记载，如《阿毗达磨俱舍论》之《稽古》卷下：

西域之俗最好幻，亡论于梵志，虽女流亦慑焉。如摩登女之流也，其吞刀吐火则未也，扪日月驱风雨，出没变幻实出意表矣。

日本僧人的这个关于西域梵志、女子娴习幻术的记载，应该是比较可信的。佛经中提及天竺幻师做譬喻，都以“譬如幻师，善知幻术，住四衢道，作诸幻事”开头。可见当时的“幻师”是在“四衢道”这样人来人往的繁华之地做幻化表演，其对于民众的影响力自然是非常大的。

（二）鸠摩罗什的外道幻术知识来源

在佛陀时代就有很多外道幻人成为佛弟子，那么在佛教文献与经典传授体系里，以幻术等为代表的一些神异知识自然是必不可少的。鸠摩罗什由一个小乘著名学者最终转变为大乘的一代

---

① 《大正新修大藏经》卷2《阿含部下》。

高僧,其知识结构中的幻术等神异知识的来源,就值得我们加以追踪。

鸠摩罗什是出身于说一切有部学派的大乘学者,因而他的知识结构非常复杂。在他从 7 岁出家为僧到雀离大寺追随佛图舍尔大师学习经论开始,直到 20 岁受具足戒的 13 年学习岁月里,鸠摩罗什先后师事佛图舍弥、盘头达多、佛陀耶舍、须利耶苏摩、卑摩罗叉。现有文献的记载可以让我们清晰地看到鸠摩罗什追随这些佛学大师及在其后的自学中所学的主要经典和文献,大概有下列几端。

(1) 从 7 岁到 9 岁的两年时间里,主要是跟随佛图舍弥大师在雀离大寺学习《毗昙》之学:

> 什年七岁,亦俱出家。从师受经,口诵日得千偈,偈有三十二字,凡三万二千言。诵毗昙既过,师授其义,即自通解,无幽不畅。

"毗昙"即"阿毗达磨",是基本的佛理论证解说技艺。显然,这段时间的鸠摩罗什主要是诵习基本的佛教经典,掌握如何理解和论证佛经义理的最基本方法。

(2) 从东晋永和八年(352)到永和十一年(355)的 4 年时间里,鸠摩罗什在罽宾追随盘头达多大师学习:

> 什既至,仍师事之。遂诵杂藏《中阿含》、《长阿含》凡四百万言。达多每与什论议,与推服之。声彻于王,王即请入,集外道论师共相攻难。言气始交,外道轻其幼稚,言颇不顺,什乘其隙而挫之。外道折服,愧惋无言。①

① 释僧祐:《出三藏记集》卷 14《鸠摩罗什传》,苏晋仁、萧炼子点校,北京:中华书局,1995 年,530 页。

盘头达多是著名的有部学者，他对《阿含经》的研究和讲授非常有心得，所以他首先向鸠摩罗什传授了《中阿含经》和《长阿含经》四百万言。

《阿含经》的"阿含"是"辗转传说之教法"的意思，是早期佛教基本经典的汇集。一般认为，《阿含经》的内容在佛教第一次结集时已经确定，至部派佛教形成前后被系统整理出来，公元前1世纪被写成文字，主要内容是论述四谛、八正道、十二因缘、五蕴、四禅、善恶因果报应等早期佛教和部派佛教的基本教义。各部派所传的《阿含经》不尽相同，如南传佛教有"五阿含"、北传佛教有"四阿含"。《中阿含经》是释迦牟尼入灭之后最初结集的四部经藏之一。这四部经依文字长短和内容特点，分别成为《长阿含经》、《中阿含经》、《杂阿含经》、《增壹阿含经》。

鸠摩罗什学习了《中阿含》和《长阿含》，并且能让同他辩论的外道折服，那么他对于与他论难的外道知识也肯定有相当的掌握。① 至于这些外道知识中是否包含一些神异知识如幻术等，也未可知。

（3）东晋永和十二年(356)到疏勒国，在须利耶苏摩的影响下，由一个小乘学者转变为大乘高僧。须利耶苏摩之于鸠摩罗什的影响，就是他成功地将扭转了罗什的小乘思想，并引导他深入研究了《方等经》，是否有其他"杂学"知识的传授，不是非常清楚。此后，鸠摩罗什回到龟兹，跟卑摩罗叉学习律学，而佛陀耶舍对鸠摩罗什的影响也主要是在大乘思想方面。

（4）在疏勒国，鸠摩罗什不但通读了大量的佛学论著，而且

---

① 如鸠摩罗什的中原弟子道融同挑战的婆罗门僧论难，最关键获胜之处就在他对婆罗门文献目录的掌握，可见，同外道论难，对于外道所读经典必须有一定了解和掌握。参阅释慧皎：《高僧传》卷2《晋长安鸠摩罗什》，汤用彤校注，北京：中华书局，1992年，46—47页。

还自学了大量的外道文献：

> 什进到沙勒国……遂停沙勒一年……其冬诵阿毗昙，于十门修智诸品无所咨受，而备达其妙。又于六足诸问无所滞碍。
>
> 什以说法之暇，乃寻访外道经书。善学围陀含多论，多明文辞制作问答等事。又博览四围陀典及五明诸论，阴阳星算莫不必尽，妙达吉凶言若符契。为性率达不厉小检，修行者颇共疑之，然什自得后心，未尝介意。

疏勒国流行的主要是小乘教派，并且这里的人民似乎有着保存各类书籍、器物的热情，所以在这里能看到很多在其他地方看不到的书籍，罗什一面讲经，一面就开始如饥似渴地学习各种各样稀奇古怪的知识。

显然，鸠摩罗什在疏勒读过的书籍，并不仅仅限于佛学著作，尤其是对一些所谓的“外道”经典书籍的阅读学习，奠定了他庞杂的知识结构，这些知识可能就是他所掌握的“幻术”等神异知识的主要源头之一。

首先是同理解佛教经典有关的各种各样的“经论”，通过学习“经论”，他熟练地掌握了文辞制作和如何应对辩论问答等技巧。

其次是对《四吠陀》及《五明论》的学习。《四吠陀》是婆罗门教最重要和最根本的经典，由《梨俱吠陀》、《娑摩吠陀》、《耶柔吠陀》、《阿闼婆吠陀》等四部组成，蕴含丰富的神学思索，包括了语音、语法、词源、韵律、天文、占星、医学、音乐舞蹈、军事、建筑等方面的知识。《五明论》由五部分组成，分别是声明（语言、文字之学）、工巧明（工艺、技术、历算等技艺）、医方明（药石、针灸、禁咒等治疗之学）、因明（逻辑学）、内明（即佛教自宗之学）：这是一个佛教僧人在传教过程中不可缺少的知识。这些知识,既有利于帮助修道者理解经典,更有利于运用这些知识为民众服务,从而展开传教。

其三,鸠摩罗什还阅览了大量阴阳星算等方面的经典,这一部分可以称之为“杂学”。学习这些知识,一方面巩固了鸠摩罗什所学到的医学、星占等知识,一方面也使得他在星算占卜等这些技艺上有了更加广阔的知识积累。据说当时人们请他算卦预言,他不但能预示吉凶变化,还能很准确地预料到事情的发生趋势和发展结果。

综上可知,从佛图舍弥到盘头达多、佛陀耶舍、须利耶苏摩、佛陀耶舍直至卑摩罗叉,所传授的知识里面肯定也包含了一些幻术等神异内容,但是鸠摩罗什在这方面的知识可能主要还是来自其在疏勒国那一年中对外道文献的学习。

三、 鸠摩罗什在凉州所使用的幻术等神异技术

鸠摩罗什在西域龟兹的时候,也使用过一些神异手段,如说他“妙达吉凶,言若符契”,[①]这说明他在龟兹的时候就以善于预言凶吉而闻名。

到中原后,鸠摩罗什对幻术等神异手段的使用主要是在停留凉州的 17 年中用得较多,这些事例在僧祐《出三藏记集》和慧皎《高僧传》都有记载。但是,鸠摩罗什在长安译经的时候也曾有过两例神异手段的使用,一是“纳镜于瓶”,一是“吞针”,后者在《晋书》有记载,而前者不见于早期文献,在敦煌卷子中有这方面的记载。

---

① 释慧皎:《高僧传》卷 2《晋长安鸠摩罗什》,47 页。

（一）鸠摩罗什使用过的幻术种类

下面我们先对鸠摩罗什在凉州 17 年中所使用的神异手段作一考察。

385 年，鸠摩罗什被吕光掳掠东向中原，在吕光率军东归的途中，中原地区的政治形势发生了急剧的变化。建元十九年(383)淝水之战，前秦败于东晋。385 年八月，苻坚被后秦王姚苌缢杀。九月，吕光的军队到达姑臧，听到了苻坚兵败被杀的消息。于是，吕光一方面三军缟素，哀悼苻坚；一方面兵驻姑臧，自称凉州牧。到 386 年十月，正式在姑臧建立地方政权，建号太安，历史上把他建立的这个政权称作后凉。

鸠摩罗什在后凉京城姑臧施展的神异手段可以归纳为五类：相地、望风、预言、幻术、祥瑞。

（1）相地是对地理形势的判断，通过观察地理条件来决断人事。此事例发生在鸠摩罗什随吕光大军东行中原的道上：

> 光还中路，置军后山下，将士已休，什曰："不可在此，必见狼狈，宜徙军陇上。"光不纳，至夜果大雨，洪潦暴起，水深数丈，死者数千。光始密而异之。

这样的判断能力应该说算不上什么神异之术，但是能将地势判断与气象预测结合在一起，也不是一般人就能做到的，尤其是在并不熟悉当地环境的情况下，这样的判断自然略显神异。也正是因为这次建议，吕光才对鸠摩罗什"密而异之"，一改对鸠摩罗什轻视、戏弄的态度。

抵达凉州后，由于吕光父子并不信佛，所以鸠摩罗什只能充当一个政治顾问的角色，通过他掌握的一些杂学知识来取得吕光父子的保护。

（2）望风跟观云一样，是一种古老的判断凶吉、预言人事的法术。

> 太安元年正月，姑臧大风。什曰："不祥之风，当有奸叛，然不劳自定也。"俄而梁谦、彭晃相系而叛，寻皆殄灭。

古代社会的社会控制能力极差，一旦有自然灾害，动乱发生的可能性就比较大。姑臧地处沙缘，自然生态环境尤其薄弱，再加上吕光当政残暴不仁而刚愎自用，一贯赖于武力而无丝毫文治之策，手下的那些大将和凉州地区的土霸王们发动的叛乱时有发生，如 386 至 389 年三年内就有张大豫叛乱、李隰叛乱、康宁叛乱、彭晃叛乱等，因而，鸠摩罗什根据姑臧一场大风就预言有叛乱，在事理上有其可以实施推断的必然逻辑。

不过，对于风的观察，其实也是术数之主要门径。在佛教经典中，对于风有各种分类，如佛经中对福地、宝地的描绘中有"香风"、"凉风"，而恶地、凶地则有"恶风"、"热风"、"暴风"。如《佛说长阿含经》云："阿耨达池侧皆有园观浴池，众花积聚。种种树叶，花果繁茂。种种香风，芬馥四布。"①"阎浮提所有诸龙，皆被热风，热沙著身，烧其皮肉，及烧骨髓以为苦恼。唯阿耨达龙无有此患。阎浮提所有龙宫，恶风暴起，吹其宫内，失宝饰衣。龙身自现以为苦恼。"②

此外，尚有"寒风"、"大黑风"、"随岚风"等等分别名目，如《增壹阿含经》卷 17 云："佛在舍卫国祇树给孤独园，尔时，世尊告诸比丘，今日空中有随岚风，设复有飞鸟至彼者，若乌、鹊、鸿、鹄值彼风者，头脑、羽翼各在一处。"③

由此可以判断，鸠摩罗什望风的这些知识应该来自佛教

---

① 《佛说长阿含经》卷 18，《大正新修大藏经》卷 1《阿含部上》。

② 《佛说长阿含经》卷 18，《大正新修大藏经》卷 1《阿含部上》。

③ 《增壹阿含经》卷 17，《大正新修大藏经》卷 2《阿含部下》。

经典。

(3) 预测术(预言)其实是一种综合性判断技艺,其准确与否同预测者事前所掌握的信息完备程度和经验有关。鸠摩罗什对于后凉的军事行动作过一些预测:

> 至光龙飞二年,张掖临松卢水胡沮渠男成及从弟蒙逊反,推建康太守段业为主。光遣庶子秦州刺史太原公纂率众五万讨之。时论谓业等乌合,纂有威声,势必全克。光以访什,什曰:“观察此行,未见其利。”既而纂败绩后合梨。

后凉龙飞二年(397),张掖卢水胡人且渠男成与从弟且渠蒙逊起兵对抗后凉政权,并公推京兆人段业为大都督、凉州牧,在张掖(今甘肃张掖市)建立了历史上称为北凉的地方政权。吕光派遣庶子吕纂率五万精兵前往征讨,当时吕光的谋士、将军们都认为段业、且渠蒙逊都只不过是些乌合之众,没能力同吕纂的五万大军相抗衡。只有鸠摩罗什认为“观察此行,未见其利”,吕光没有听从罗什的建议,结果吕纂吃了败仗。

这种出兵打仗的事,如果事先对形势与双方的力量有所了解的话,还是能做出一些正确的事前判断来的。不过我们对勘《晋书》中的相关记载,证明罗什的这个预言并不那么准确,吕纂出兵平定且渠氏叛乱,还是胜多于败的,至少罗什预言的 397 年的这次吕纂出兵征讨且渠蒙逊,是取得了胜利的。吕纂与且渠蒙逊战于匆谷(今甘肃省山丹县境内),结果蒙逊大败,引随从六七人逃往山中。

(4) 烧绳成灰的还原幻术。

> 光中书监张资文翰温雅,光甚器之。资病,光博营救疗,有外国道人罗叉,云能差资疾。光喜,给赐甚重。什知叉诳诈,告资曰:“叉不能为,益徒烦费耳。冥运虽隐,可以事试

> 也。"乃以五色系作绳，结之烧为灰末投水中，灰若出水还成绳者，病不可愈。须臾灰聚浮出，复绳本形。既而又治无效，少日资亡。

此为早期文献记载中鸠摩罗什所施展的最典型的幻术。

（5）祥瑞是通过某种已经发生的事情或出现的现象预测即将发生的大事之成败凶吉，而谶言则是通过提前形成某种说辞以预示即将发生的事情。鸠摩罗什在这方面有两个事例：

> 咸宁二年有猪生子，一身三头。龙出东厢井中，到殿前蟠卧，比旦失之。纂以为美瑞，号大殿为龙翔殿。俄而有黑龙升于当阳九宫门，纂改九宫门为龙兴门。什奏曰："皆潜龙出游，豕妖表异。龙者阴类，出入有时，而今屡见，则为灾眚。必有下人谋上之变，宜克棋修德，以答天戒。"纂不纳。
>
> 与什博戏，杀棋曰："斫胡奴头。"什曰："不能斫胡奴头，胡奴将斫人头。"此言有旨，而纂终不悟。光弟保有子名超，超小字胡奴，后果杀纂斩首，立其兄隆为主。时人方验什之言也。

以上5个方面，是《出三藏记集》、《高僧传》这两部时代较早而相对可靠的僧史文献中关于鸠摩罗什在凉州时期施展幻术等神异能力的所有事例。如果我们将之同著名的"神僧"相比，就会发现鸠摩罗什的使用神异手段有其比较特殊的时代背景。

（二）鸠摩罗什本人对使用幻术的态度

在鸠摩罗什之前的时代，使用幻术等神异手段最多、声誉最著的是同样来自龟兹的后赵高僧佛图澄。

> （佛图澄）善诵神咒，能役使鬼物，以麻油杂胭脂涂掌，千里外事皆彻见掌中如对面焉，亦能令洁斋者见。又听铃音

以言事,无不効验。①

《高僧传》中有佛图澄使用幻术、预测术及神秘医术的很多事例,但是最为主要的正是上面所概括的三点:(1)佛图澄“善诵神咒,能役使鬼物”;(2)能“以麻油杂胭脂涂掌,千里外事皆彻见掌中如对面焉”;(3)能“听铃音以言事”,即通过钟声来预测或判断即将发生的或已经发生的事情的凶吉与结果。

对于佛图澄的神化,可能也经历了一个不断添加放大的过程。如《后赵中书太原王度奏议序》云:“佛图澄者,得圣之人也。乳孔流光。不假灯炬之照。瞻铃映掌。坐观成败之仪。两主奉之若神。百辟敬之如佛。”②,其中就比《高僧传》多出了“乳孔流光,不假灯炬之照”这样的对于佛图澄身体作神化的说辞,到了《晋书》中就成了栩栩如生的描绘:

(佛图澄)少学道,妙通玄术。永嘉四年,来适洛阳,自云百有余岁,常服气自养,能积日不食。善诵神咒,能役使鬼神。腹旁有一孔,常以絮塞之,每夜读书,则拔絮,孔中出光,照于一室。又尝斋时,平旦至流水侧,从腹旁孔中引出五藏六腑洗之,讫,还内腹中。又能听铃音以言吉凶,莫不悬验。③

显然,像佛图澄这样一个从自己的身体机能到道术方面都充满神异的僧人,他对幻术等神异手段的使用就是顺理成章的。

然而,鸠摩罗什则不同。鸠摩罗什在西域的时候,之所以能“声满葱左,誉宣河外”,主要原因在于他“广说诸经,四远宗仰,

① 释慧皎:《高僧传》卷9《晋邺中竺佛图澄》,345页。

②《后赵中书太原王度奏议序》,载《广弘明集》卷6,《大正新修大藏经》卷52《史传部四》。

③ 房玄龄等:《晋书》卷95《佛图澄传》,2485页。

莫之能抗"[①]。这一点是鸠摩罗什作为一个义学高僧同佛图澄这样的"神僧"的差别。

《高僧传》中鸠摩罗什的出场是被安排在记诵佛经"日诵千偈……师授其义,即自通达,无幽不畅"[②]的这种知识接受与理解方面的"神俊"语境中的,因而他的整个形象的构建是基于"佛理"和"义学"这样的知识论层面的。

如果将鸠摩罗什和佛图澄东来传播佛教的趋向做个比较的话,佛图澄主要是基于"教"的方向,因而需要施展更多的幻术等神异手段来网络信众,因而他也大量地建寺修庙;[③]鸠摩罗什主要致力于"学"的方向,因而他主要是翻译经典、教授学生,对于幻术等神异手段的使用,是出于迫不得已的选择,是一种无奈。

对鸠摩罗什神异手段的使用,要注意到三方面的情况。首先是他本人对幻术等神异手段极不认同。[④] 如在《注维摩诘经》中他对维摩诘"降服众魔,游戏神通"的解释是:"神通变化是为游引物,于我非真,故名戏也;复次神通虽大,能者易之,于我无难,

---

① 释慧皎:《高僧传》卷2《晋长安鸠摩罗什》,48页。

② 释慧皎:《高僧传》卷2《晋长安鸠摩罗什》,46页。

③ 释慧皎:《高僧传》卷9《晋邺中竺佛图澄》载:"澄自说:'生处去邺九万余里,弃家入道一百九年。酒不踰齿,过中不食。非戒不履,无欲无求。受业追游常有数百,前后门徒几且一万。所历州郡,兴立佛寺八百九十三所,弘法之盛莫与先矣。'"《大正新修大藏经》卷52《史传部四》之《北山录》卷8亦云:"佛图澄建八百九十余所寺。洎天台三十有五。吾今不能兴弘一二。"僧史记载中佛图澄自言立佛寺893所,后代亦以此为据,但是这个数目,大概也跟佛图澄所说的自己弃家入道190年的说法一样,乃夸饰之词。不过从当时"民多奉佛,皆营造寺庙,相竞出家"的情况可以断定,佛图澄所兴建寺庙应该不少。

④ 王铁钧先生指出:"鸠摩罗什认为指望借助神秘力量,如咒术一类得道升天,实乃修行误区,是为逃避艰苦修行之天真想法。"参见王铁钧:《中国佛典翻译史稿》,北京:中央编译出版社,2006年,129页。

犹如戏也。亦云神通中善能入住出，自在无碍。”[①]僧肇作了进一步的阐释为“游通化人，以之自娱”，[②]这就把鸠摩罗什将神异变幻当作小游戏、小手段的认识说得清清楚楚。其次是他同佛驮跋陀罗的纠纷在一定程度上也是因为后者运用了此类手段。第三是鸠摩罗什所处的位置和角色不需要太多的神异手段。另外，我们不能不注意到，鸠摩罗什来到中原地区是被武装劫持而来的，并不一定完全符合他个人的意愿。由此可以进一步断定，醉心于理论探讨和新知识追求的鸠摩罗什，对于佛教之传播、信众之多寡，没有过多的激情。因而，一旦成为后秦政权支持的译场主持人，他就致力于佛经翻译与经义探讨，对于传教的辅助手段如“幻术”等神异技术，就基本上是弃而不用。

四、 从“芥子纳须弥”的法门到“纳镜于瓶”的幻术

现有的记载中，鸠摩罗什到长安以后使用的幻术手段有两端，一是“纳镜于瓶”，一是“吞针”，这两个幻术手段的使用，都是出于迫不得已，前者是因为后秦国王姚兴不相信新翻译出来的《维摩经不思议品》中“芥子纳须弥”的法门；后者是因为僧团成员对鸠摩罗什破戒娶妻不满而引致。

可以说，鸠摩罗什是在传教与生存的生死转折关头迫不得已施展了这两个幻术法门。这样关键的事件，在《出三藏记集》和《高僧传》中都没有记载，这是一个令人感兴趣的问题。

---

① 僧肇：《注维摩诘经》卷5《文殊师利问疾品第五》，《大正新修大藏经》卷38《经疏部六》。

② 僧肇：《注维摩诘经》卷5《文殊师利问疾品第五》，《大正新修大藏经》卷38《经疏部六》。

（一）鸠摩罗什“纳镜于瓶”幻术之经义内涵

下面我们试图通过敦煌文献的有关记载来对此作一些探讨。

从传教的需要来看，鸠摩罗什真正用来验证佛理和折服信众的神异手段就是“纳镜于瓶”这个幻术的使用。

对于此幻术，《晋书》等正史及《高僧传》、《出三藏记集》等早期佛教文献都没有记载，但是在敦煌卷子中有关于鸠摩罗什施展这种幻术的 3 个文本。

第一个文本，拟题名为《鸠摩罗什别传》的 S. 381 号卷子。全文如下：

> 后秦鸠摩罗什法师者，其[祖]父本罽宾国辅相，到子鸠摩罗炎，厌世苦学，志求出俗。辞主东迈，至龟兹国。龟兹国王妹体有赤厌(黡)，法生智子。诸国聘之，悉皆不许。一见炎至，遂即妻之。炎乃问辞，事免而纳。不逾岁月，便觉有胎。异梦呈休，母加听辩。后生什已，其辩还亡。母因出家，便得初果。年至七岁，日诵万言。母携寻师，还至辅国。便学经论，屡折邪宗，大小诸师，莫不钦伏。罽宾国王重加礼遇，凡是僧徒，莫敢居止。概乎进且志在传通，辞母东来，却至舅国。遭侣(吕)光之难，碍留数年。一一行由，事广不述。年三十五，方达秦中。什处欲来，嘉瑞先现。逍遥一园，葱变成薤。后什公至，即于此园立草堂寺，同译经律。后因译《维摩经不思议品》，闻芥子纳须弥。秦主怀疑，什将证信。以镜纳于瓶内，大小无伤。什谓帝曰：“罗什凡僧，尚纳镜于瓶内，况维摩大士，芥子纳须弥而不得者乎?”帝乃深信，顶谢希奇。

此《别传》的前面大半部分对于鸠摩罗什生平事迹的叙述，同《出三藏记集》、《高僧传》等文献记载吻合，所不同者是最后这几句：

> 后因译《维摩经不思议品》，闻芥子纳须弥。秦主怀疑，什将证信。以镜纳于瓶内，大小无伤。什谓帝曰："罗什凡僧，尚纳镜于瓶内，况维摩大士，芥子纳须弥而不得者乎？"帝乃深信，顶谢希奇。

显然，鸠摩罗什把体积大于瓶口的镜子放进澡罐或净瓶，这是一种很典型的移物幻术，也正是这样不可思议的幻术所产生的效果，才使姚兴相信了《维摩诘经》中所说的"芥子纳须弥"的法门之真实不虚。

鸠摩罗什翻译《维摩经》在东晋义熙二年（406），此次译事之缘起始末，罗什弟子僧肇法师《注维摩诘经序》有详尽记载：

> 大秦天王俊神超世，玄心独悟。弘至治于万机之上，扬道化于千载之下。每寻玩兹典，以为栖神之宅，而恨支、竺所出，理滞于文，常惧玄宗坠于译人。北天之运，运通有在也。
>
> 以弘始八年岁次鹑火，命大将军常山公、左将军安城侯，与义学沙门千二百人，于常安大寺请罗什法师重译正本。什以高世之量，冥心真境，既尽环中，又善方言。时手执胡文，口自宣译，道俗虔虔，一言三复，陶冶精求，务存圣意。其文约而诣，其旨婉而彰。微远之言，于兹显然。余以暗短，时豫听次，虽思乏参玄，然粗得文意。辄顺所闻而为注解，略记成言，述而无作，庶将来君子异世同闻焉。[①]

此次翻译《维摩诘经》，由后秦国主姚兴发起，他之所以命令常山公、安成侯等王公贵族与1200多僧人协助鸠摩罗什翻译《维

① 释僧祐：《出三藏记集》卷8《维摩诘经序》，309—310页；又载《大正新修大藏经》卷55《目录部全》。

摩诘经》，原因在于他对支谦、竺法护的旧译本不满意，觉得是翻译者没有把《维摩诘经》的真正玄义表达出来。既然姚兴有“常惧玄宗坠于译人”的心态，那么对于鸠摩罗什的此次翻译，也不会完全放心。可以认为，僧肇所说的在翻译过程中的“道俗虔虔，一言三复，陶冶精求，务存圣意”，一定包含着姚兴本人对翻译出来的经文之质疑与探讨。

因而，姚兴对于《维摩诘经·不思议品》中“芥子纳须弥”的这种无法用常理来理解的说法提出质疑，也就情在理中了。关于《维摩诘经·不思议品》中“芥子纳须弥”之说，在三国时支谦的译本中是这样表达的：

> 维摩诘言，唯然，舍利弗。诸如来诸菩萨有八不思议门，得知此门者，以须弥之高广入芥子中，无所增减。因现仪式，使四天王与忉利天不知谁内我著此。而异人者见须弥入芥子，是为入不思议疆界之门也。①

而鸠摩罗什译本则为：

> 维摩诘言，唯，舍利弗。诸佛菩萨有解脱名不可思议，若菩萨住是解脱者，以须弥之高广内芥子中，无所增减。须弥山王本相如故，而四天王忉利诸天不觉不知己之所入。唯应度者乃见须弥入芥子中，是名不可思议解脱法门。

将这两段文字加以对比，就发现支谦对于“须弥之高广纳芥子中”的解释是无法令人理解的，其中的“因现仪式”显然是不知所云的译语，“异人”一词所指不明，“忉利天不知谁内我著此”更是偏离经文原意甚远。鸠摩罗什将“应度者”同“诸天”之觉分

---

① 支谦译：《佛说维摩诘经》卷上《不思议品第六》，载《大正新修大藏经》卷14《经集部一》。

开，翻译出了虽然诸天不觉“须弥入芥子”，而“应度者”乃见此不可思议解脱门，这就将“芥子纳须弥”之说解释得清楚明晰。

在支谦译本的基础上是无法讨论“芥子纳须弥”的，因为支译中涉及的所有主客体都所指不明、彼此难分，“使四天王与忉利天不知谁内我著此”这句完全是一句错译。正是因为这个原因，鸠摩罗什译出“须弥入芥子中”才引起姚兴的质疑。

鸠摩罗什对此法门的解释是：

> 须弥，地之精也，此地大也。下说水、火、风、地，其四大也。惑者谓四大有神，亦云最大，亦云有常。今制以道力，明不神也；内之纤芥，明不大也。巨细相容，物无定体，明不常也。此皆反其所封，拔其幽滞，以去其常习，令归宗有涂焉。①

显然，这是用一种极端的逆向思维的方式来破除“幽滞”的一种法门，将须弥这个最精最大之物纳入芥子之中，是要开示“物无定体”这样一个“不常”大道。

庐山释慧远对“芥子纳须弥”所做的解释是：

> 一大小自在，须弥入芥；二广狭自在，海入毛孔；三身力自在，亦得名为运转自在。②

这样一个很明显带有“譬喻”性质的启发性论题，不知道姚兴何以会将之具体化，一定要追究“芥子纳须弥”的实际可能性？

（二）“纳镜于瓶”幻术使用的知识背景分析

如果敦煌文献的这个记载确实是可信的话，那么可以推断，当时的后秦国王姚兴虽然孜孜于佛理探讨，但是其理论水平还是

---

① 僧肇：《注维摩诘经》卷6，载《大正新修大藏经》卷38《经疏部六》。

② 慧远：《维摩义记》卷3，载《大正新修大藏经》卷38《经疏部六》。

非常有限的，以至于鸠摩罗什不得不用“纳镜于瓶”这样一个幻术来验证“芥子纳须弥”的实际可能性。

由此我们也就可以理解为什么《高僧传》、《出三藏记集》没有这个“纳镜于瓶”的记载了，用“纳镜于瓶”来验证“芥子纳须弥”，其间相差简直就是十万八千里。

虽然如此，对于鸠摩罗什“纳镜于瓶”的幻术，在敦煌文献中尚有释金髻所作《罗什法师赞》两首。

第二个文本，释金髻所撰《罗什法师赞》，敦煌卷子中有 S. 6631、P. 4597、P. 2680。其文如下：

善哉童受，母腹标奇。四果玄记，三十辟交。
吕氏起慢，五凉运衰。秦帝生信，示合昌弥。
草堂青眼，葱岭白眉。瓶藏一镜，针吞数匙。
生肇受叶，融睿为资。四方游化，两国人师。

第三个文本，释金髻所撰《罗什法师赞》复诗，敦煌卷子中有 S. 6631、P. 4597、P. 2680。其文如下：

诞迹本西方，利化游东国。毗赞士三千，抠衣四圣德。
内镜操瓶里，洗涤秦王或。吞针糜钵中，机诫弟子色。
传译草堂居，避地葱山侧。驰誉五百年，垂范西方则。

释金髻的这两首赞诗，与前引 S. 381 卷子《鸠摩罗什别传》的记载相印证，可以说在隋唐及其后的僧界，鸠摩罗什“纳镜于瓶”和“吞针”的说法在僧界是比较流行的。

释金髻“内镜操（澡）瓶里，洗涤秦王或（惑）。吞针糜钵中，机诫弟子色”的总结确实非常精炼，此处需要补充说明一下的是，关于鸠摩罗什“吞针”的记载。

“吞针”这个幻术类法术的表演，在《出三藏记集》、《高僧传》中没记载，但是唐人所修《晋书》作了生动的记述：

尝讲经于草堂寺，兴及朝臣、大德沙门千有余人肃容观听，罗什忽下高坐，谓兴曰："有二小儿登吾肩，欲鄣须妇人。"兴乃召宫女进之，一交而生二子焉。兴尝谓罗什曰："大师聪明超悟，天下莫二，何可使法种少嗣。"遂以伎女十人，逼令受之。尔后不住僧坊，别立解舍，诸僧多效之。什乃聚针盈钵，引诸僧谓之曰："若能见效食此者，乃可畜室耳。"因举匕进针，与常食不别，诸僧愧服乃止。

正如释金髻所言，罗什法师之所以施展"吞针"幻术，目的就在于"机诫弟子色"：这是罗什破戒后为了维护长安僧团，而不得不采取的措施。而《出三藏记集》、《高僧传》却以罗什向受业弟子的"检讨"来维护僧团：

姚主尝谓什曰："大师聪明超悟，天下莫二。若一旦后世，何可使法种无嗣！"遂以妓女十人逼令受之。自尔以来，不住僧房，别立廨舍，供给丰盈。每至讲说，常先自说："譬如臭泥中生莲华，但采莲华勿取臭泥也。"

对比《晋书》与《出三藏记集》中的这两段文献，后人无法判断哪个记载更接近真实。

对于高僧事迹的记述，佛教史家、僧界流传与官方正史的记述选择的出发点可能会有一些微妙的差距，我们从《高僧传》、《出三藏记集》、敦煌卷子和《晋书》关于"内镜操瓶里，洗涤秦王或。吞针糜钵中，机诫弟子色"这些幻术的遮蔽或不同记载，考察鸠摩罗什对于幻术等神异手段的使用，有助于我们更进一步对鸠摩罗什的东来传教作比较深入的理解。

佛教在中原的传播过程中，有一个问题需要引起我们的注意，那就是对于僧人的神化描写及传教僧人对于神异手段的使用，同佛学义理的探讨呈负相关关系。具体来讲，可以将这种趋势分作三个阶段。

（1）在佛教传播的早期阶段，由于经典翻译不充分，所以幻术等神异手段被外来传教僧人作为主要的传教手段大量使用，佛图澄即典型代表。

（2）随着鸠摩罗什对佛经的大规模准确翻译，对于佛学义理的探讨在僧团与上层文化圈中兴盛起来，神异手段相对淡化。

（3）随着佛教的中国化和世俗化，对于经典的解释已经固化，僧人集团的神化趋势再次成为一个明显的趋势，大量的灵验记的产生及对于传教僧人的神化崇拜迅速形成趋势。以上这三个阶段的变化，同鸠摩罗什翻译佛经密切相关。确切说，鸠摩罗什对佛经的准确翻译和对学问僧的培养，正好是个承前启后的阶段。

（原载《山西大学学报》2012 年第 5 期）

从“智慧第一”到“谬充传译”
——鸠摩罗什宗教生涯的理想目标与现实错位

历史人物从生活走向文献记载，本就是一个生命及其活动轨迹的扁平化过程，是一种概括、加工、塑造。从这个意义上讲，任何一个历史人物，一旦进入文献，就已经被文献的制造者改造了，宗教文献尤其如此。神化或光辉化是宗教文献塑造人物形象的常用手段，鸠摩罗什的传记就是这样的典型文献。

仔细追寻鸠摩罗什的一生，就会发现，这个早慧学僧之学术追求，是同一般的传教僧人有较大差距的。他能在系统学习说一切有部经典的基础上，在罽宾、疏勒、龟兹这样小乘佛教盛行的地域毅然转向大乘，可见他对于新思想的接纳完全超出了一般僧人对于教条的遵守。因而，宗教仪式、教条对他的束缚，并不能压制他对新思想的渴望或自己造作经典的欲望。

当然，在其宗教生涯的不同阶段，僧界对他的期许和他自身的传教旨趣是有变化的。

在不同的阶段，鸠摩罗什的个体形象都被同佛教史上发挥过重大作用的关键人物如释迦牟尼的声闻弟子等联系起来对比、赞美或期许。这是一种典型的神化做法，但也正好是我们了解鸠摩罗什在不同阶段的心理态势、传教倾向等问题的一个很好的参照点。

按僧史传记家的描述，在鸠摩罗什的宗教生涯中，曾有几位佛教经典与文献形成史上著名的人物与之密切相关，有的是其向往、追随的目标，有的是可以同他的宗教生活相比附的对象，他们分别是舍利弗、优波掘多（优婆毱多）、迦旃延子。

一、 舍利弗的“智慧第一”与鸠摩罗什的“聪辩绝世”

由于佛教经典深奥的哲学论述，僧人的智慧与聪明对于佛经传播与经义理解就显得至关重要。

在早期佛教传播史上，由于受书写媒体的限制，传教僧人对于佛经的背诵应该是最基本的功夫。如果没有博闻强记的能力，就很难远距离传播佛经，因而早期传教的西域高僧往往到中原后都要将自己所记的佛经“诵出”。如鸠摩罗什的老师佛陀耶舍来到中原后，当时后秦司隶校尉姚爽想请佛陀耶舍翻译《昙无德律》（《四分律》），姚兴怀疑佛陀耶舍记诵的《昙无德律》有误差，于是就想考考佛陀耶舍的背诵记忆能力，他拿了5万多字的西羌药方，要佛陀耶舍背诵，两日后，再要求他把这个5万多字的药方默写出来，结果佛陀耶舍默写出的药方同原本一字不差，姚兴这才相信《昙无德律》是佛陀耶舍背诵下的真经。正是因为以上的原因，僧史文献对于高僧的描述，总是以异常聪明与博闻强记为开场的。

（一）“舍利弗在胎之证”的意蕴

鸠摩罗什传记不仅将这种聪明的描述落实到他对佛经的博闻强记方面，而且着力于对他的论辩之才能的赞颂，并将这种非凡辩才之产生上溯到他怀在母胎的时期。在《出三藏记集》和《高僧传》中，即拿舍利弗来类比鸠摩罗什的智慧与善辩，此即所谓“舍利弗在胎之证”：

> 什在胎时，其母自觉神悟超解有倍常日。闻雀梨大寺名德既多，又有得道之僧。即与王族贵女德行诸尼，弥日设供

> 请斋听法。什母忽自通天竺语,难问之辞必穷渊致,众咸叹之。有罗汉达摩瞿沙曰:“此必怀智子。”为说舍利弗在胎之证。①

因为鸠摩罗什的母亲怀了一个聪明的孩子,所以母亲在怀孕期间也变得聪明异常,最典型的表征是“自通天竺语,难问之辞必穷渊致”,就是善于辩论。由于身怀聪明的胎儿而增进了母亲的论辩能力,这个典故最早是来自舍利弗。对此,佛经中有诸多记载:

> 舍利弗,此名身子。舍利弗外祖善相,见舍利弗父作国大相,妻女与之,孕舍利弗,共弟拘絺罗论义,母胜于弟。弟窃思:“惟我姊未孕时不如我,今屡胜我,必怀聪明之子。我当入山学读,外甥长大共论。”则入山读十二违陀,无暇不揃爪,故呼其号名长爪梵志。后生身子,始年八岁,骋十六大国,论议无类。则外道法中,出家为沙门。②

《佛本行集经》和《增壹阿含经》也有大量关于舍利弗的记载,舍利弗是摩揭陀国王舍城人。据说他外祖父是个善于相面的人,父亲是一位国相,当他的母亲怀上舍利弗的时候,舍利弗的舅舅发现,在经义理解、辩论方面比自己差的姐姐,居然怀孕后变得聪颖无比,自己已经无法同她探讨经义了,他断定姐姐怀上了一个聪慧无比的孩子,于是决定自己要进山拜师好好学习,等将来自己的外甥出生长大后同他一起探讨经义学问。她的姐姐生下舍利弗,果然聪慧无比,在 8 岁的时候,就在周边的 16 个国家同

① 释慧皎:《高僧传》卷 2《晋长安鸠摩罗什》,汤用彤校注,北京:中华书局,1992 年,45 页。

② 吉藏:《无量寿经义疏》,《大正新修大藏经》卷 37《经疏部五》。

高僧大德、名流贤哲探讨学问，"骋十六大国，论议无类"。最终，舍利弗成了释迦牟尼的十大弟子中的"智慧第一"。

关于舍利弗之"智慧第一"，《增壹阿含经》中的说法比较经典：

> 世尊告曰：我昔亦有弟子名舍利弗，智慧之中最为第一。如大海水纵横八万四千由旬，水满其中。又须弥山高八万四千由旬，入水亦如是。然阎浮里地，南北二万一千由旬，东西七千由旬。今取较之，以四大海水为墨，以须弥山为树皮，现阎浮地草木作笔，复使三千大千刹土人民尽能书，欲写舍利弗比丘智慧之业。然童子当知，四大海水墨、笔、人之渐渐命终，不能使舍利弗比丘智慧竭尽。①

世尊譬喻"四大海水墨、笔、人之渐渐命终，不能使舍利弗比丘智慧竭尽"，可见舍利弗智慧之广大深厚。

僧人传记家不惜以舍利弗这样一个在佛教发展史上被推崇到极致的聪慧善辩的人物来类比鸠摩罗什，可见由胎里带来的这种非凡无比的智慧是佛教传记家给予鸠摩罗什的定位，"智慧第一"是鸠摩罗什佛学修养的人生底色。

舍利弗"骋十六大国，论议无类"的论辩能力，正可以跟鸠摩罗什在西域"广说诸经，四远宗仰，莫之能抗"的形象相譬喻，是智慧第一、论辩无双的形象。因而，"舍利弗在胎之证"的一个重要含义是：

> 当生智人聪辩绝世，必能摧伏一切论师。②

可见，所向披靡的辩论之才，是天竺、西域佛教界对优秀僧人

---

①《增壹阿含经》卷36，《大正新修大藏经》卷2《阿含部下》。

②《萨婆多毗尼毗婆沙》卷4，《大正新修大藏经》第23册《律部二》。

的最高期许之一。

（二）“辩才无碍”与鸠摩罗什的早期论师形象

“辩论”是来自印度大陆的学风，要传教就必须战胜论敌。在鸠摩罗什的西域生涯中，多次因为辩论而战胜了外道。在佛经记载中，外道对于佛陀及其弟子的挑战，往往是也以辩论开始的，因而，“辩论”是印度佛教和西域佛教得以确立自身、征服信众的最主要手段。

在教派林立的天竺，只有“摧伏一切论师”，方能获得信众拥护和皈依。因而，早期佛教教团对于讲经法师的辩论才能非常看重。佛经中对于辩论才能有详细的划分，如《佛说长阿含经》，“四辩才：法辩，义辩，词辩，应辩”①，并且认为这四种辩才是得道的关键，有“若得四辩才，获得决定证”②这样高度推崇辩才的说法。而在密宗经典中，获得无上的辩才往往被作为某种法术或经咒所能达到的最优化效果，如《阿唎多罗陀罗尼阿噜力经》云：

(1) 加持齿木千遍然嚼用，即得辩才，令一切人敬爱。

(2) 以乳木如上，粳米酥护摩三千五百，即得辩才无碍，人中独胜。

(3) 至初夜分于像前取瓦杯碗，满盛种种谷，用阇智娑末那花覆盖之，加持二千五百遍，如是三时谓。初中后夜，至平明时净漱口已，先加持杨枝八千遍然嚼。嚼已，取杯碗中谷口含，即得辩才，一切论议之处皆胜。③

像这三种具有法术或法仪性质的行为，能不同程度地得到无

① 《佛说长阿含经》卷8，《大正新修大藏经》卷1《阿含部上》。

② 《佛说长阿含经》卷1，《大正新修大藏经》卷1《阿含部上》。

③ 《阿唎多罗陀罗尼阿噜力经》，《大正新修大藏经》卷20《密教部三》。

上的辩才，最高成果就是“一切论议之处皆胜”——这正是传教者所希望的传教利器。

辩论的才能一方面是挫败异教徒的利器，另一方面也是教团内宣扬教理的必需，如辩才无滞的般阇罗子“集诸比丘而为说法，言辞圆满，所说无滞，能令大众，闻者悦豫，听之无厌，即得悟解。时诸比丘闻其所说。踊跃欢喜。至心听受。供养恭敬。捡心专意。听其说法。不为利养及与名称。应义才辩，无有穷尽，能令闻者忆持不忘”①。这就是演讲的艺术和魅力，不但能使听讲的信众“闻者悦豫，听之无厌”而理解经论，而且还能专心听讲，“忆持不忘”。

正是因为辩才之于僧人传教的重要性，所以我们在《出三藏记集》和《高僧传》等文献描写中，从“舍利佛在胎之证”到鸠摩罗什在西域诸国的建立声威，其实都是紧紧围绕鸠摩罗什的“辩才无碍，人中独胜”②而展开的。在罽宾、疏勒、温宿、龟兹，鸠摩罗什就是以辩才折服当地国王或道众而树立声威的。

如在罽宾，正是因为在王宫的论难中挫败了外道论师而得到了罽宾王的至上尊崇：

> 什至，即崇以师礼。从受杂藏中长二含凡四百万言。达多每称什神俊，遂声彻后王。王即请入宫，集外道论师共相攻难。言气始交，外道轻其年幼，言颇不逊。什乘隙而挫之，外道折伏，愧惋无言。王益敬异，日给鹅腊一双，粳米面各三斗，酥六升。此外国之上供也。所住寺僧乃差大僧五人沙弥十人营视扫洒，有若弟子，其见尊崇如此。③

---

① 《别译杂阿含经》卷1《初诵第一》,《大正新修大藏经》卷2《阿含部下》。

② 《阿唎多罗陀罗尼阿噜力经》,《大正新修大藏经》卷20《密教部三》。

③ 释慧皎:《高僧传》卷2《晋长安鸠摩罗什》,46页。

在温宿国,鸠摩罗什也以挫败一道士而扬名,以至于到了"声满葱左,誉宣河外"的地步。

> 随母进到温宿国,即龟兹之北界。时温宿有一道士,神辩英秀,振名诸国,手击王鼓而自誓言:"论胜我者,斩首谢之。"什既至,以二义相检,即迷闷自失,稽首归依。于是声满葱左,誉宣河外。①

回到龟兹后,鸠摩罗什更是辩论无人能胜,所谓"龟兹王躬往温宿,迎什还国,广说诸经,四远宗仰,莫之能抗"②。

由此可以断定,无论是鸠摩罗什本人的学问、讲说与辩论才能,都非常适合成为一个度人化众的大法师。由"舍利弗在胎之证"的传说及鸠摩罗什在西域的论辩雄风,可以推断,早期的西域僧界或鸠摩罗什本人,都倾向于成为一个度人化众的大法师,而不是一个译经的僧人。

顺便需要交代一下的是,鸠摩罗什"舍利弗在胎之证"的传说,恐怕不会是中原僧人的创造,而是来自西域的说法。

在敦煌文献中发现的两份卷子在内容上同《出三藏记集》和《高僧传》有明显的差别。如拟题名为《鸠摩罗什别传》的 S. 381 号卷子,全文如下:

> 后秦鸠摩罗什法师者,其[祖]父本罽宾国辅相,到子鸠摩罗炎,厌世苦学,志求出俗。辞主东迈,至龟兹国。龟兹国王妹体有赤厌(黶),法生智子。诸国聘之,悉皆不许。一见炎至,遂即妻之。炎乃问辞,事免而纳。不逾岁月,便觉有胎。异梦呈休,母加听辩。后生什已,其辩还亡。母因出家,

---

① 释慧皎:《高僧传》卷 2《晋长安鸠摩罗什》,47—48 页。

② 释慧皎:《高僧传》卷 2《晋长安鸠摩罗什》,48 页。

> 便得初果。年至七岁，日诵万言。母携寻师，还至辅国。便学经论，屡折邪宗，大小诸师，莫不钦伏。罽宾国王重加礼遇，凡是僧徒，莫敢居止。概乎进且志在传通，辞母东来，却至舅国。遭侣(吕)光之难，碍留数年。一一行由，事广不述。年三十五，方达秦中。什处欲来，嘉瑞先现。逍遥一园，葱变成薤。后什公至，即于此园立草堂寺，同译经律。后因译《维摩经不思议品》，闻芥子纳须弥。秦主怀疑，什将证信。以镜纳于瓶内，大小无伤。什谓帝曰："罗什凡僧，尚纳镜于瓶内，况维摩大士，芥子纳须弥而不得者乎?"帝乃深信，顶谢希奇。

此《别传》的前面大半部分对于鸠摩罗什生平事迹的叙述，同《出三藏记集》、《高僧传》等文献记载吻合，然而有两处内容完全不同：一是记载鸠摩罗什从罽宾返回时就跟母亲分别了，所谓"辞母东来，却至舅国"；二是因翻译《维摩经不思议品》而引起的"闻芥子纳须弥"的争端，这是其他文献没有任何记载的。这说明，关于鸠摩罗什的生平事迹与传说，在宋代之前的中国僧界应该有多种版本流传，其内容也会有或大或小的差距，但是对于"舍利弗在胎之证"的记录应该是相同的，此卷子中的"不逾岁月，便觉有胎。异梦呈休，母加听辩。后生什已，其辩还亡"就是"当生智人聪辩绝世，必能摧伏一切论师"①的事实说明。

另外，在敦煌文献中尚有释金髻所作《罗什法师赞》两首，其

① 《萨婆多毗尼毗婆沙》卷 4："舍利弗者，秦言身子。舍利所生故，名舍利子。又母怀妊时，梦见一人容仪端政，身著钾胄，手执大棒入其身内。相师占云：当生智人聪辩绝世。必能摧伏一切论师。又云，母怀妊时神智过常，自求论师与共诤胜，时人咸怪谓失本心。诸婆罗门言：此非己力，以怀智人故使尔耳。"(《大正新修大藏经》卷 23《律部二》)

中之一《罗什法师赞》,敦煌卷子中有 S. 6631、P. 4597、P. 2680,有"善哉童受,母腹标奇"之说,可见在鸠摩罗什母亲受胎传说中,"舍利弗在胎之证"应该是一个比较早的传说。

这个传说的最终目的是说明鸠摩罗什能"摧伏一切论师"的辩才。鸠摩罗什在西域发展时期是最需要辩才,也是辩才发挥得最好的时候。因而,对于其辩才的神化,应该是在西域时期就完成的。

二、 优波掘多与鸠摩罗什的性格特征

优波掘多被禅宗尊为天竺第四祖,[①]释迦牟尼在世时就预言他是"教授师中最为第一",《杂阿含经》卷 25 云:

> 尔时,世尊告尊者阿难,此摩偷罗国,将来世当有商人子,名曰掘多。掘多有子,名优波掘多,我灭度后百岁,当作佛事,于教授师中最为第一。[②]

优波掘多是阿育王同时代的高僧,他是传教度人的最好老师,《阿育王传》卷 5《商那和修因缘》对他的善于传教度人有详细的描绘:

> 佛记汝我百年后当有比丘名优波毱多,虽无相好而作佛事,我声闻中教授坐禅最为第一。今正是时汝好作佛事,优波毱多言唯然受教。优波毱多欲于摩突罗国欲大说法,国人闻优波毱多说法百千万人皆来云集……摩突罗城中诸人闻尊者优波毱多能调伏魔者,耆旧人民数千万众皆来向尊者所。尊者见众悉以聚集,即上师子座说种种妙法,令百千众

① 张美兰:《祖堂集校注》,北京:商务印书馆,2009 年,32 页。

② 《杂阿含经》卷 25,《大正新修大藏经》卷 2《阿含部下》。

生得须陀洹道斯陀含道，万八千人出家得阿罗汉道。①

优波掘多在摩突罗国说法，使得“百千众生得须陀洹道斯陀含道，万八千人出家得阿罗汉道”。优波掘多这样一个“声闻中教授坐禅最为第一”的高僧，是传教度人高僧中的典范，应该说，每一个受戒传教的僧人，都会将这样一个将坐禅传教、度人化众的高僧当做一个学习、心仪的典范。然而，以舍利弗一样具有最高智慧的鸠摩罗什却无缘成为优波掘多第二。在鸠摩罗什的早期宗教生活中，成为如优波掘多一样的传教者，应该是他本人及西域僧界对他的主要期许之一。

（一）“月氏北山罗汉预言”作为史实的可能性

作为受了具足戒的僧人，鸠摩罗什的宗教生活发展有两个趋向：一是传教度人，一是智慧解经。前者是职业宗教传播者，后者是理论学问僧。关于方向的选择，在鸠摩罗什的传记中，早在他跟随母亲自罽宾返回龟兹的半道上就有了一个决定性的预言：

> 什母将什至月氏北山，有一罗汉见而异之，谓其母曰：“常当守护，此沙弥若至三十五不破戒者，当大兴佛法，度无数人，与优波掘多无异。若戒不全，无能为也，正可才明携诣法师而已。”②

12 岁的鸠摩罗什在月氏北山碰到的罗汉就预言了“大兴佛法，度无数人”与“正可才明”这样两条道路——要么成为像优波掘多一样的传教大师，要么就仅仅做一个学问僧。然而，由于鸠摩罗什在吕光的逼迫下娶妻破戒，已经丧失了作为“度人”的佛教传教者的资格，只能做一个“正可才明”的法师，也就是学

---

① 《阿育王传》卷5《商那和修因缘》，《大正新修大藏经》卷50《史传部二》。

② 释慧皎：《高僧传》卷2《晋长安鸠摩罗什》，46页。

问僧。

此处需要进一步厘清的是,对于鸠摩罗什少年时期碰到预言其前途罗汉的故事,我们该采取什么样的态度来接受?

从现代人的视角看,这个预言显然有很多我们不能接受或理解的荒唐之处。按一般的处理意见,类似的文献总是视之为“编造”或“荒唐”,搁置在一边。总之就是,这样的事情不可能发生,预言、占卜、算卦都是一种“荒唐”。

不可否认的是,在古代社会中,无论是官方文献、民间文献,还是世俗文献、宗教文献,都充满了大量的此类具有神奇意味的、可以称之为“神秘的”也可以称之为“荒唐的”记载。如果我们所研究的领域完全是世俗的,就可以把这种类似的“荒唐的”文献语句忽略不计。但是宗教文献不行,因为有太多的记载都是这样“荒唐的”,而且这种“荒唐”往往是宗教文献中至为关键之处,没有这些“荒唐的”记载,宗教文献的价值将大打折扣。

一个最典型的实例是,对于鸠摩罗什的记载,《晋书》卷95《鸠摩罗什传》就大刀阔斧地略去了《出三藏记集》和慧皎《高僧传》一些神化鸠摩罗什的说法,“舍利弗在胎之证”和“月氏北山罗汉预言”就被删去。[①] 对于前者,《晋书》仅仅保留了“既而罗什在胎,其母慧解倍常”这样一句话;对于后者,则完全略去了,一字不提。

可见,在1000多年前的唐代历史学家看来,这些神秘预言的可靠性是值得怀疑的,是不被历史学的实证性所接受的。

如果我们准备从《出三藏记集》和《高僧传》的文本环境出发来讨论问题,那么对于“月氏北山罗汉预言”鸠摩罗什前途的这段文献之理解,从逻辑上可以导出三种可能性。

---

① 房玄龄等:《晋书》卷95《鸠摩罗什》,2499—2502页。

（1）月氏北山罗汉有神异能力，足可以预测未来之事。显然这是既不能让实证的历史学记录原则所认同，也不能让现代知识体系所接受的说法。但这就是古代宗教知识结构中很正常的说法——我们不接受，不等于它不作为一种知识存在——问题在于，我们可能是没有足够的心理包容力、理解能力、知识和洞见去讨论它。

（2）后代的僧人传记家为了塑造鸠摩罗什的形象，为了给鸠摩罗什的破戒娶妻寻找借口或可以开脱的理由，编造了这个预言。简而言之，"月氏北山罗汉预言"作为一种命中的预设，是后代僧人传记家为了维护鸠摩罗什一再破戒娶妻的"污点"而采取的"形象挽回策略"。

（3）鸠摩罗什的性格或处事风格中有同佛教戒律相抵牾的地方，并且非常明显，这一点被月氏罗汉所发现，因而根据其"聪慧善辩"、"性格洒脱"这两个明显的性格要素做出了推断：前者即出众的辩才是传教僧人最宝贵的传教利器，由此可推断鸠摩罗什会达到优波掘多那样的成就；后者则是同宗教生活的严格戒律相悖的性格与行为特征，如果不能被规矩地拘束在佛教戒律生活内，鸠摩罗什的这种性格就会突破戒律，脱离寺院主义中规中矩的生活。

由此来看，第一种可能性属于神，我们无从讨论；第二种可能性已经没有讨论的必要了；关键就是第三种可能性，那就是在鸠摩罗什早期的个人历史上，其性格之中存在的冲突性因素决定了其宗教生涯的走向。

我们要注意到，让鸠摩罗什战胜龟兹国及其周边地区一切论敌的崭新学说是"大乘中观论"。如薛宗正先生所言，中观学是一股“时代的狂飙”,[①]它以“总破一切法”的批判特色而重摧小乘说一切有部的理论权威与寺院主义,但是明显建设不足。此外,陆扬先生很敏锐地看到一点:鸠摩罗什是个新知识的追求者。[②]由此可以说,鸠摩罗什对于新知识的渴求取向和中观学说如“狂飙”一般的批判风潮相互裹挟,最终彰显、激发和推进了鸠摩罗什那种同宗教生活的严格戒律相悖的性格的张扬,这可能就是其不断打破寺院主义戒律的关键内因。

(二) 鸠摩罗什性格中同宗教生活相冲突的因素

对与鸠摩罗什的性格之“聪慧善辩”、“性格洒脱”,可以从以下记载得到一些求证或判断。

先看看从罽宾到龟兹的各个阶段,关于鸠摩罗什“聪慧善辩”的赞美之词。

在龟兹追随佛图舍弥:

> 从师受经,日诵千偈,偈有三十二字,凡三万二千言。诵毗昙既过,师授其义,即自通达,无幽不畅。[③]

罽宾求学阶段:

> 达多每称什神俊,遂声彻后王。[④]

温宿国战败论敌:

---

① 薛宗正:《鸠摩罗什彼岸世界的思想历程及其与此岸世界的沟通》,载新疆龟兹石窟研究所:《鸠摩罗什和中国民族文化——纪念鸠摩罗什诞辰1650周年国际学术讨论会文集》,乌鲁木齐:新疆美术摄影出版社,2001年,24—25页。

② 陆扬:《解读〈鸠摩罗什传〉:兼谈中国中古早期的佛教文化与史学》,载《中国学术》2006年总第23辑,北京:商务印书馆,2007年,30—90页。

③ 释慧皎:《高僧传》卷2《晋长安鸠摩罗什》,46页。

④ 释慧皎:《高僧传》卷2《晋长安鸠摩罗什》,46页。

声满葱左，誉宣河外。[1]

返回龟兹传播大乘：

龟兹王躬往温宿，迎什还国，广说诸经，四远宗仰，莫之能抗。

西域诸国咸伏什神俊，每年讲说，诸王皆长跪座侧，令什践而登焉。[2]

鸠摩罗什从出生到出家一直到其求学与传道的历程中，都是被无上赞誉的人物。其龟兹王族的身份肯定会起到作用，但关键还是在于他的"聪慧善辩"。

然而，无论是《出三藏记集》还是《高僧传》，都在这种连续不断的赞美之词中，记录了鸠摩罗什性格中一个不引人注意的性格细节：

性率达，不砺小检，修行者颇非之。什自得于心，未常懈意。[3]

为性率达，不厉小检，修行者颇共疑之，然什自得于心，未尝介意。[4]

关于鸠摩罗什之"为性率达，不厉小检"，《出三藏记集》、《高僧传》都秉持同样的说法，显然，这是鸠摩罗什性格中的一个突出特征，这是令坚守严格寺院戒律的其他僧人们不能接受的，所以有"修行者颇共疑之"的结果。

---

① 释慧皎:《高僧传》卷 2《晋长安鸠摩罗什》,48 页。

② 释慧皎:《高僧传》卷 2《晋长安鸠摩罗什》,48 页。

③ 释僧祐:《出三藏记集》卷 14《鸠摩罗什传》,苏晋仁、萧炼子点校,北京:中华书局,1995 年,530 页。

④ 释慧皎:《高僧传》卷 2《晋长安鸠摩罗什》,47 页。

然而《晋书》却在沿袭《出三藏记集》、《高僧传》的说法基础上，又稍有不同：

> 为性率达，不拘小检，修行者颇共疑之。然罗什自得于心，未尝介意，专以大乘为化，诸学者皆共师焉。①

《晋书》将鸠摩罗什性格方面的特质而与其他僧人产生抵牾的原因，同鸠摩罗什“专以大乘为化”联系起来，恐怕是没有道理的。

“为性率达，不厉小检”是鸠摩罗什性格中的一种优秀因素，然而，这样的性格显然是同严厉刻板的宗教生活相抵牾的。也许，这正是月氏北山罗汉为什么会预言鸠摩罗什要么“大兴佛法，度无数人”，要么突破戒律限制，仅仅做一个“正可才明”的学问僧的关键所在——这是一种从人的性格特征出发而做的合理的推理和判断。

因而，从鸠摩罗什的性格特征来理解“月氏北山罗汉预言”，一切将迎刃而解。

更为重要的是，这样的预言，也是跟鸠摩罗什在西域所面临的选择所匹配的。“舍利弗在胎之证”已经明确无误地表明在西域僧界，对鸠摩罗什的最大期许是成长为一个“摧伏一切论师”的辩才，振兴大乘佛法。因而，拿鸠摩罗什同佛教早期发展史上的著名传教大师优波掘多相类比，就成为一种必然。

从现有记载来推断，鸠摩罗什早期在西域讲论传教经历中，西域佛教界对于他的形象塑造方面应该有将之比附为优波掘多的说法，否则就不会有月氏罗汉对鸠摩罗什的那番“大兴佛法，度无数人，与优波掘多无异”的断语。

---

① 房玄龄等:《晋书》卷95《鸠摩罗什》,2499页。

事实也是这样，鸠摩罗什在西域，从罽宾到疏勒、温宿，再到龟兹，都以渊博学识与压倒一切的论辩才能而闻名，然而到达中原后，却杜口不言。这说明，鸠摩罗什在宗教方面的志向转变，其实是以在龟兹被吕光俘获为界限，其后不得不走学问僧的道路。

正如佛陀得道前所经历的考验一样，在优波掘多与鸠摩罗什的说法传道历程中，都曾经受到魔波旬的干扰。先看鸠摩罗什在龟兹王新寺遭遇魔波旬的经历：

> 后于寺侧故宫中，初得《放光经》。始就披读，魔来蔽文，唯见空牒。什知魔所为，誓心踰固。魔去字显，仍习诵之。复闻空中声曰："汝是智人，何用读此？"什曰："汝是小魔，宜时速去，我心如地，不可转也。"停住二年，广诵大乘经论，洞其秘奥。①

鸠摩罗什是在由小乘转向大乘信仰后受到了魔波旬遮蔽大乘著名经典《放光经》经文的干扰，然魔波旬最终被鸠摩罗什"我心如地，不可转也"的坚定信念所破。这个故事至少传达给我们几重有意义的信息：

一是当时的大乘思想处在小乘学说的包围之下，宣扬大乘学说确实存在着种种困难；

二是在鸠摩罗什的心中，他从一个在有部僧团和小乘知识体系中成长起来的佛教学者，要彻底决绝地转向大乘，在心灵深处肯定存在一些斗争，但是他最终战胜了"心魔"。

陆扬先生指出，鸠摩罗什由小乘转向大乘，最初的真正动力只是对于新知识的追求，是出于一种求新的心理动机。② 这个观

---

① 释慧皎：《高僧传》卷2《晋长安鸠摩罗什》，48页。

② 陆扬：《解读〈鸠摩罗什传〉：兼谈中国中古早期的佛教文化与史学》，载《中国学术》总第23辑，北京：商务印书馆，2007年，30—90页。

点是非常有道理的。那么，这次魔波旬的考验，也正暗示着鸠摩罗什已经从一个因为“趋新”而接受大乘理论的佛教学者，变成了一个真正的坚定的大乘空宗的信仰者。从这个意义上说，在王新寺研读《放光经》的两年，也是罗什在大乘之路上更进一步的重要转折点。

而优波掘多则是在传教说法、树立声威的法会上遭到魔波旬扰乱众心、不得成道的破坏：

> 优波毱多亦如诸佛次第说法，欲说四谛，魔即雨真珠珍宝，坏乱众心，使无一得道。尊者优波毱多观谁所作，知魔所作。后日无央数人闻优波毱多说法，雨真珠珍宝，皆欲来取。以是因缘，众人多来。
>
> 第二说法，复雨金宝，乃至无一人得道。尊者入定观察，为谁所作，知魔所为。
>
> 第三日国土人尽来云集，闻尊者说法。初雨真珠，第二雨金宝，第三日魔王化作天女，作天伎乐，惑乱人心。未得道者，心皆惑著于天乐，乃至无有一人得道。
>
> 如是，魔大欢喜，而作是言：“我能破坏优波毱多说法。”尊者优波毱多在树下坐，入定观察是谁所作。魔便以曼陀罗花作花鬘著优波毱多项上，尊者即观是谁所作，方乃知是魔之所作。尊者优波毱多作是念：“魔数数坏乱我说法，佛何以不降伏？彼观佛本意，欲使优波毱多而调伏之，以是故佛不降伏。”尊者观魔可调伏时至未，即知今正是时。①

当然，鸠摩罗什所面对的魔波旬与优波掘多所面对的是不一样的：前者是对于是否信仰大乘的意志的考验，而后者其实是对

① 《阿育王传》卷5《商那和修因缘》，《大正新修大藏经》卷50《史传部二》。

于如何在禅修中调服心魔的法门。魔波旬干扰鸠摩罗什研读《放光经》的神异故事，在鸠摩罗什生活的时代就已经产生了，他的弟子僧睿在《大品般若经》的译序中就提到了这个事情。僧睿在《大品般若经序》中云："究摩罗什法师，慧心夙悟，超拔特诣。天魔干而不能回，渊识难而不能屈。扇龙树之遗风，振慧响于此世。"所谓"天魔干而不能回"，显然是指鸠摩罗什读《放光经》时，"魔来蔽文，唯见空牒"一事。[①] 可见这个故事或说法应该是来自更早的传说，可能鸠摩罗什在西域的时候就已经形成了。而鸠摩罗什与优波掘多都有为魔所干扰的经历，这表明在西域早期的僧界传说中，对鸠摩罗什的形象塑造也在有意无意中参考了优波掘多的事迹。

三、 迦旃延子与鸠摩罗什后期传教生涯的心理预期

东晋孝武太元九年(384)，前秦大将吕光攻陷龟兹，俘获鸠摩罗什。在吕光的逼迫诱骗下，41 岁的罗什与龟兹王女成婚，破戒。自此之后，鸠摩罗什成为如优波掘多一样传教度人的高僧的路径就被堵死了。

(一) 鸠摩罗什对造作经论能力的自我期许

东晋安帝义熙二年(后秦弘始八年，406)，鸠摩罗什的老师卑罗摩叉抵达长安后，师徒二人的一段对话最能说明鸠摩罗什不得不以学问僧生存的尴尬处境：

> 初，什在龟兹从卑摩罗叉律师受律，卑摩后入关中，什闻至，欣然师敬尽礼。卑摩未知被逼之事，因问什曰："汝后汉地大有重缘，受法弟子可有几人？"什答云："汉境经律未备，

① 释僧祐：《出三藏记集》卷 8《大品般若经序》，291 页。

新经及诸论等，多是什所传出，三千徒众皆从什受法。但什累业障深，故不受师教耳。”①

在长安虽然有3000徒众跟随鸠摩罗什学习，但是鸠摩罗什深知自己破戒，已经失去了担当“师教”的资格，因而有“三千徒众皆从什受法。但什累业障深，故不受师教耳”②这一无可奈何的说法。

既然在像优波掘多那样传教度人方面已经不可能取得成就，那么做一个造作佛教经论的学问大师就必然地成为鸠摩罗什的追求。

然而，造作经论是需要一定的先决条件的，宗教经典的产生同两个时间段有关：一是思想发展的积聚阶段，一是宗教确立的膨胀阶段。就佛教而言，部派佛教对佛陀思想的不同解释与积聚，就为不断地理清概念、系统地斟酌理解经义提供了前提。因而，随着佛经的几次结集，也不断地产生了大部头的经论。

鸠摩罗什所处的时代已经没有这样的机会了，况且在中原地区，佛经的成规模翻译刚刚开始，佛学处在一个文字的理顺与经义的学习阶段，还没有能力上升到大规模深入讨论的境界，缺乏造作具有经典性质的佛论的学术基础。所以，鸠摩罗什是有心有力而无果。对此，他自己有一个非常无奈凄凉的说法：

什雅好大乘，志存敷广，常叹曰：“吾若著笔作《大乘阿毗昙》，非迦旃延子比也。今在秦地，深识者寡，折翮后此，将何所论。”乃凄然而止，唯为姚兴著《实相论》二卷，并注《维摩》，出言成章，无所删改，辞喻婉约，莫非玄奥。③

① 释慧皎：《高僧传》卷2《晋长安鸠摩罗什》，53—54页。

② 释慧皎：《高僧传》卷2《晋长安鸠摩罗什》，54页。

③ 释慧皎：《高僧传》卷2《晋长安鸠摩罗什》，53页。

这段文献虽然不长，却将鸠摩罗什在中原传教的心态与他对于华夏思想体系的成见表达得淋漓尽致。概括言之，主要有以下两方面的事项引起我们注意。

（1）鸠摩罗什将自己同迦旃延子作比较，认为自己造作经论的能力已经超过了他——这表示他对迦旃延子所作的《大乘阿毗昙》不满意。（2）鸠摩罗什认为，他之所以没有像迦旃延子一样成为一位经论的“造作者”，原因有二：一是“今在秦地，深识者寡”——认为中原地区的思想理论水平很低，没有人能理解他深厚的思想；二是“折翮后此，将何所论”——破戒之后，已经没有信心或自认为没有资格再造作经论了。

（二）“谬充传译”的无奈与“方复后世”的期待

既然鸠摩罗什自视高明于迦旃延子，为更好地理解鸠摩罗什的这种心态，那就需要对迦旃延子的事迹做简单考索。

关于迦旃延子及其撰著《大乘阿毗昙》的事迹，《婆薮槃豆法师传》有非常详细的记述：

> 佛灭度后五百年中有阿罗汉，名迦旃延子。母姓迦旃延，从母为名。先于萨婆多部出家，本是天竺人，后往罽宾国。罽宾在天竺之西北，与五百阿罗汉及五百菩萨共撰集《萨婆多部阿毗达磨》，制为八伽兰他，即此间云八乾度。
>
> 伽兰他译为结，亦曰节，谓义类各相结属故云结。又摄义令不散故云结，义类各有分限故云节。亦称此文为发慧论以神通力及愿力，广宣告远近，若先闻说阿毗达磨，随所得多少可悉送来。于是若天诸龙夜叉乃至阿迦尼师吒，诸天有先闻《佛说阿毗达磨》，若略若广，乃至一句一偈悉送与之。
>
> 迦旃延子共诸阿罗汉及诸菩萨简择其义，若与修多罗毗那耶不相违背，即便撰铭，若相违背即便弃舍。是所取文句，

随义类相关。若明慧义则安置慧结中,若明定义则安置定结中。余类悉尔,八结合有五万偈。

造八结竟,复欲造《毗婆沙》释之。马鸣菩萨是舍卫国婆枳多土人,通八分毗伽罗论及四皮陀六论,解十八部,三藏文宗学府允仪所归。

迦旃延子遣人往舍卫国,请马鸣为表文句。马鸣既至罽宾,迦旃延子次第解释八结。诸阿罗汉及诸菩萨,即共研辩义意若定,马鸣随即著文。

经十二年,造毗婆沙方竟,凡百万偈。毗婆沙译为广解。表述既竟,迦旃延子即刻石立表云:“今去学此诸人,不得出罽宾国。八结文句及毗婆沙文句,亦悉不得出国。”恐余部及大乘污坏此正法,以立制事白王,王亦同此意。

罽宾国四周有山如城,唯有一门出入。诸圣人以愿力摄诸夜叉神令守门,若欲学此法者能来罽宾则不遮碍。诸圣人又以愿力令五百夜叉神为檀越,若学此法者资身之具无所短乏。①

我们仔细阅读迦旃延子造作《萨婆多部阿毗达磨》与《毗婆沙》的整个历程,就会发现,即使撇开佛经产生的时间背景不谈,这些经典经论的产生不但需要有一个能从各个角度深入讨论佛说经典的实力雄厚的学术团体,而且也需要有雄厚的佛学文献背景。迦旃延子及其学术团体是在搜罗了“诸天有先闻《佛说阿毗达磨》,若略若广,乃至一句一偈悉”的文献基础上,才完成《萨婆多部阿毗达磨》的。而《毗婆沙》则是同马鸣菩萨合作,用了12

① 《婆薮槃豆法师传》,《大正新修大藏经》卷50《史传部二》。

年的时间才完成。[①]

由此可以推断，鸠摩罗什所谓“吾若著笔作《大乘阿毗昙》，非迦旃延子比也。今在秦地，深识者寡，折翮后此，将何所论”[②]，完全可以视为一种托词。这仅仅是他自己的愿望而已，是一种在破戒之后，无法成为像优波掘多一样的传教度人者之后，在学问僧方向上为自己寻求的一个安慰性目标。从心理上来讲，这是他对自己在传教与佛学学问拓展方面处于一事无成状态的一个托词和解释。

在这里用“一事无成”来形容鸠摩罗什似乎显得毫无道理，对比一下僧传中对鸠摩罗什的推崇程度——以舍利弗、优波掘多这样的佛教史上近乎佛陀的人物来比附他，那么他应该至少会在佛教经典造作或佛教传播发展方面做出令人咂舌的成就。

因佛经翻译的高度成就，在中国佛教发展历程中，鸠摩罗什成了后人敬仰的人物。然而，至少在鸠摩罗什自己看来，翻译佛经只不过是他迫不得已的最下选择而已，是小道。他的临终遗言并非谦辞，而是其心境凄凉的的肺腑之言：

> 因法相遇，殊未尽伊心，方复后世，恻怆何言！自以暗昧，谬充传译。凡所出经论三百余卷，唯十诵一部未及删烦，存其本旨必无差失。愿凡所宣译，传流后世，咸共弘通。今

---

① 佛经文献中关于早期论师、高僧的记述，往往有很多矛盾抵牾之处，迦旃延子及其编纂诸书的记载也免不了这种情况，譬如《大毗婆沙论》的编写就有多种传说，有的说是在迦王支持下召集五百罗汉进行的；有的说是以胁尊者发起，世友为上座编辑；有的说文章是马鸣写的。本文以《婆薮槃豆法师传》的说法为主线。可参阅吕澂：《印度佛学源流略讲》，上海：上海人民出版社，2005 年，50—51 页。

② 释慧皎：《高僧传》卷 2《晋长安鸠摩罗什》，53 页。

后众前发诚实誓，若所传无谬者，当使焚身之后舌不燋烂。①

不光是鸠摩罗什，对任何一位佛教高僧而言，"因法相遇，殊未尽伊心"完全就是一种无奈而无助的"播龙种，收跳蚤"的错位之痛。唯一可以安慰的是"谬充传译"那一点阴差阳错而得到的成就。

在鸠摩罗什自己看来，他并没有达到自己所预想的目标，而对他有深度了解的西域僧界人物也是这样认为的。在《高僧传》中，记载了一个外国沙门对已经过世的鸠摩罗什的评价：

后外国沙门来云："罗什所谙，十不出一。"②

那就是说，鸠摩罗什在中原长安翻译出的经典，不到其精通的十分之一。当然我们不能把这种文学性语句理解为精确的数理评判，但是由此可以确定在西域或天竺僧人的理解中，鸠摩罗什在长安所做的工作，仅仅是其能力与智慧中非常小的一部分。

（原载《中国佛学》2013 年总 32 期）

① 释慧皎：《高僧传》卷 2《晋长安鸠摩罗什》，54 页。
② 释慧皎：《高僧传》卷 2《晋长安鸠摩罗什》，54 页。

鸠摩罗什对般若学及东亚文化的贡献

后秦时期的天竺高僧鸠摩罗什，在长安从事佛经翻译，他不但是著名的佛经翻译家，还是佛教思想家。从经典的翻译数量上看，唐代的玄奘占绝对优势，从译经的内容及后世影响方面看，罗什在译经史上占有很高地位。唐玄奘翻译的佛经大多在佛藏中保存着，而僧俗各界吟诵阅读的重要佛经还是用鸠摩罗什翻译的本子。

况且早在玄奘之前，罗什就译出了《大品般若经》及《小品般若经》，使中国佛教界系统地吸收了般若思想。对中国佛学的兴盛以及隋唐佛教诸宗的形成，起到了推动作用。他在中国历史上第一次较为系统全面地介绍了印度佛学思想体系，影响波及以后的整个中国思想界，而且也深深地渗透到中国传统文化及东亚文化的各个领域之中。

一、 鸠摩罗什的论著与译作

罗什本人的著作不多，据慧皎《高僧传》记载，罗什曾作《实相论》、《注维摩经》等，都已经失传了。正是因为罗什曾撰有《实相论》，所以后人也将罗什的思想归纳为"实相宗"，称罗什的禅法为"实相禅"。

现存的罗什著作有以下几端：

(1) 鸠摩罗什给后秦国王姚兴的两封书信。

一封为《答秦主姚兴》[1],由于姚兴看中了鸠摩罗什的弟子道恒、道标的治国才能,要逼迫他们还俗为官,鸠摩罗什写了这封信为弟子求情,期望姚兴能让他们继续为僧。

另一封是《答姚兴通三世论书》[2],姚兴写了一篇题为《通三世论》的文章,来解释人生的因缘果报关系。[3] 文章写好后呈送罗什,请他给提意见,鸠摩罗什读完后写了这封回信,就三世之有无作了详细解说,并且赞誉姚兴的《通三世论》为“雅论”。

(2) 鸠摩罗什同慧远的往来书信。

最早的一封是403年所写的《答慧远书》[4],这是他们的第一次通信,还互相赠送了礼物。

此外就是回答慧远书信中提出的十八个问题而写的回信,后人编为《大乘大义章》18章,共3卷,内容主要涉及法身、实相、念佛三昧等问题。这也是了解罗什与慧远思想的重要文献。[5]

(3) 三首诗偈。

第一首是赠僧人法和的偈语:

> 心山育明德,流薰万由延。哀鸾孤桐上,清音彻九天。[6]

这首诗偈是否为鸠摩罗什所作,学者们存有疑问。据说鸠摩罗什当时写了10首诗偈,文献中就保存下来了这一首,慧皎《高僧传》归之于罗什,目前只能暂定为罗什的作品。

---

① 释慧皎:《高僧传》卷6《晋长安释道恒》,汤用彤校注,北京:中华书局,1992年,247页。

② 《广弘明集》卷21,《大正新修大藏经》卷52《史传部四》。

③ 释慧皎:《高僧传》卷2《晋长安鸠摩罗什》,52页。

④ 释慧皎:《高僧传》卷6《晋庐山释慧远》,217页。

⑤ 现存《大乘大义章》20卷,载《大正新修大藏经》卷44《论疏部五、诸宗部一》。

⑥ 释慧皎:《高僧传》卷2《晋长安鸠摩罗什》,53页。

第二首诗偈是罗什在《答慧远书》中所写，表达自己佛学思想的诗偈，含义深奥：

> 既已舍染乐，心得善摄不。若得不驰散，深入实相不。
> 毕竟空相中，其心无所乐。若悦禅智慧，是法性无照。
> 虚诳等无实，亦非停心处。仁者所得法，幸愿示其要。[①]

这首诗偈毫无疑问是罗什的作品。

第三首诗偈是有名的《十喻诗》：

> 十喻以喻空，空必待此喻。借言以会意，意尽无会处。
> 既得出长罗，住此无所住。若能映斯照，万象无来去。[②]

罗什的译作，《出三藏记集》载为 35 部，294 卷，《开元释教录》列为 74 部，384 卷，实际现存 39 部，313 卷。[③]

罗什的译作侧重于般若类经，特别是龙树空宗一系的作品，译有《摩诃般若波罗蜜经》、《小品般若波罗蜜经》、《金刚般若经》等般若类经，《中论》、《百论》、《十二门论》、《大智度论》等中观派经典，还有《阿弥陀经》、《法华经》、《维摩诘经》等大乘重要经典（后两种经也和般若类经互相发明），《坐禅三昧经》、《禅法要解》、《首楞严三昧经》等大乘禅经，《十诵律》、《十诵比丘戒本》、《梵网经》等大小乘戒律，以及其他一些大小乘经典。

二、 鸠摩罗什对中观般若学发展的贡献

从佛学思想发展方面来看，鸠摩罗什对中观般若学说在中原

---

① 释慧皎：《高僧传》卷 6《晋庐山释慧远》，217 页。

② 《艺文类聚》卷 76，清文渊阁四库全书本。

③ 关于鸠摩罗什译经的数量，学者的看法存在分歧，有 35 部 294 卷说、30 多部 300 多卷说、40 部 300 余卷说，等等。参阅刘国防：《纪念鸠摩罗什诞辰 1650 周年国际学术讨论会综述》，《西域研究》，1994 年第 4 期，92—95 页。

的传播与发展具有划时代的意义。

鸠摩罗什是出身于一切有部的僧人,他早期的佛学知识与智慧,主要来自对有部典籍的深入广泛的学习,当在疏勒国接触大乘经典后,他为大乘学说的“毕竟空”理论所折服,从此继承了龙树菩萨的大乘思想。

龙树的大乘思想是在部派佛教的基础上产生的。[①]

释迦牟尼去世后 100 余年,约公元前 4 世纪后期,佛教因内部对教义理解不同,遂分裂成上座部与大众部,之后这两派又多次分裂,到公元前后已有 18 部派之多,他们都或多或少地继承了一些原始佛教义理,但是对于佛经已有了各自不同的解说,被称为部派佛教。

部派佛教的共同特点是“多着有见”,事实上已经背离了佛经的原始义理,不能辩证地看待问题,偏执实有,悲观厌世,这就是所谓的小乘佛教。

公元 150—250 年之间,龙树出生于南印度毗连婆国。当时,大乘佛教思想的经典如《大般若经》、《华严经》、《宝积经》、《维摩经》、《妙法莲花经》、《楞严经》、《涅槃经》等都已出现,且争鸣斗强,思想界一片混乱。

龙树依据诸多大乘经典,著书立说,其中以《中论》、《十二门论》、《大智度论》这“三论”最为著名,提倡中道实相之理,驳斥那些偏执妄见的大小乘错误观点。龙树的弟子提婆又著《百论》。龙树的“三论”重在破斥佛教内部小乘学派观点,而提婆的《百论》重在破斥其他宗教学说,从而形成了独树一帜的印度中观学派,推动了印度大乘佛学发展到新的阶段。中观派对般若思想的

① 参阅吕澂:《印度佛学源流略讲》,上海:上海人民出版社,2005 年,88—105 页。

最重要发展，就是突出了中道的思想，既反“空”见，又反“有”见，反对各种偏执，无论是佛教内的，还是佛教外的，均以“中道”思想为原则来分析、破斥，这是中观派的重要特点。①

罗什首先研习的大乘思想就是龙树的中观学派，他承袭龙树思想，到长安后又系统地翻译了有关经、律、论，经弟子僧肇等人的释解推演，形成了三论宗，又称中观宗。“中观”是依其思想内核而称的，又称“中道”。般若中道便是罗什大乘佛教的中心。

在鸠摩罗什翻译佛典之前，中国传播的般若学说是以支谶、支谦、竺法护等译的般若经典为主要依据的。般若思想在东汉末三国时期就传到了中原，支娄迦谶最早翻译出了《道行般若经》、《般舟三昧经》、《首楞严三昧经》等三部般若类大乘典籍，参与译事的还有天竺僧人竺佛朔。此后三国时期的支谦译出了《道行般若经》的异本《大明度经》6 卷和《佛说维摩诘经》2 卷；朱士行西去求取经典，译出《放光般若经》。西晋时期竺法护译出《光赞般若经》10 卷，无罗叉译《放光般若经》20 卷。由于翻译水平有限，这些般若类经典既不能非常充分地表达大乘般若类思想，也没有体现出印度大乘佛学思想的最新进展，因而中国的般若学发展水平在很大程度上要受这些经典中提出的理论的制约。

因而，两晋之际对于般若思想的理解，出现了“六家七宗”的纷繁解释局面。② 当时中国思想界之所以对般若思想的“空”观理解出现歧异与偏差，有三方面的原因：第一，中国僧人们受当时盛行的玄学思想的影响，用玄学的“有”、“无”之争来理解般若思想中的“空”；第二，当时译出的般若经典本身的表述矛盾，译者

---

① 参阅姚卫群：《佛教般若思想发展源流》，北京：北京大学出版社，1996 年，200—204 页。

② 参阅吕澂：《中国佛学源流略讲》，北京：中华书局，1979 年，43—53 页。

对佛经翻译的不准确或含糊，都从源头上将般若思想引向偏执之道；第三，般若学发展的最新思想中观学说没有被及时引入中国思想界。印度的般若学说本身有一个发展过程，《般若经》的原本较杂，内容多有详略差异，并常有前后矛盾之处。龙树等在《般若经》的基础上写出了《中论》、《十二门论》等著作，进一步将般若思想系统化，消除了不同本的《般若经》之中的思想歧异。使得般若思想得到了明显的发展。般若思想的这种最新发展情况，中国人从支谶、竺法护等人的译籍中是不能了解到的，再加上翻译工作本身及解释方面的问题，当时的中国思想界是很难达到印度中观派的般若思想发展水平的。

鸠摩罗什的翻译，正好一次性解决了以上三方面的问题，他对般若思想在中国的进一步传播发展的贡献主要表现在三方面：

一是译出了印度中观派的主要论著，将般若思想在印度发展鼎盛时期所取得的主要成果介绍给了中国人；

二是重新译了般若经典，纠正了在他之前的汉魏以来所出的《般若经》汉译本中的不准确或含糊之处；

三是用中观派的观点来解释般若类经典，从根本上破除了“六家七宗”的各类偏执。

因而，鸠摩罗什对《中论》等一批中观派要典的翻译，对于般若思想在中国的发展来说，具有划时代的意义。

三、 鸠摩罗什的翻译理论及其所译佛经的特色

在鸠摩罗什之前，汉时的译经数量也不少，就般若类经典而言，在中国早有译介，有名的如《放光》、《光赞》和《道行般若》等，但在罗什之前，译得并不完备，因而在理解上也容易引起分歧。罗什的译经对空观作了全面而又准确的阐述，从而为解决般若学的纷争创造了条件。

据《高僧传》所述，早期的佛经译文“多滞文格义”，“不与胡本相应”，这样就在一定程度上影响了对佛教经典的正确理解和体悟。在佛教初传时期，采取格义方式，也就是用中原固有的一些名词来代替比附佛经中的名词，最初的出发点是为了使佛教教义易被中国人理解，这样做的同时也就强化了佛学与中国文化的共同性，增强了外来佛教学说与中国文化之间的“求同倾向”和人们对它的认同，削弱了排拒心理：这是佛教能够在中国立足生根的心理基础，也是外来文化进入本土的必要过程。但是，如果仅仅停留在求同上，只注意两种不同思想的概念和名词之间的相似性，并不能把它们真正融合起来，无助于真正理解哲学家的深层思想或者宗教的核心教义，也无助于本土哲学吸取新鲜养料，反而会在思想上引起混乱和曲解。因此，鸠摩罗什决意一改以往的翻译方法，由直译改为意译，不拘泥形式，而注重对经义的正确传达和表述。

鸠摩罗什有深厚的印度、西域各国的语言、知识修养，又在凉州的姑臧生活 17 年，对汉语言有熟练的掌握，因而他得天独厚地具有流畅地翻译佛经的学术修养。① 正是因为鸠摩罗什在翻译方面的巨大改变，才使翻译流畅、正确的佛经第一次在中原地区传播开来。

在佛经翻译史上，相对于罗什译经之前的译作而言，罗什的译作被称为新译，其译文兼顾文和质两个方面，行文优美，概念准确，达到了前所未有的高水平，因而受到后人很高的评价。

鸠摩罗什在佛经翻译方面不仅做到了译文流畅、准确，而且对于中国佛经翻译的技巧、理论等方面也作了非常可贵的探索。

---

① 刘宾：《鸠摩罗什的译典在比较文学研究上的意义》，《西域研究》，1999 年第 3 期，81—85 页。

针对历来梵汉译经中出现的问题,鸠摩罗什在同其弟子僧睿讨论时认为是没有很好地把握中文、梵文在“文制”与“体韵”方面的巨大区别:“天竺国俗,甚重文制。其宫商体韵,以入弦为善。凡覲国王,必有赞德。见佛之仪,以歌叹为贵,经中偈颂,皆其式也。但改梵为秦,失其藻蔚。虽得大意,殊隔文体。有似嚼饭与人,非徒失味,乃令呕哕也。”①

鸠摩罗什认为,梵文辞体华美,可以配以音乐诵唱,但译为汉语后,虽然还能保存原义,却失掉了那份韵律美,所以,他同弟子们慎重斟酌、再三推敲,既要译出原意,同时又力求文字通俗化,兼富优美文学色彩,推翻道安认为应以古朴文体为本的理论。深受鸠摩罗什翻译思想影响的僧睿在《小品经序》中总结释道安等前辈僧人的“旧译”与罗什的“新译”之间的区别:“考之旧译,真若荒田之稼,芸过其半,未讵多也……胡文雅质,按本译之,于丽巧不足,朴正有余矣。”②

鸠摩罗什对前人译作有深入研究与批评,并且在翻译实践中注重意译与音译的慎重选择,避免前人的缺陷。正如僧睿所言:“胡音失者,正之以天竺,秦言谬者,定之以字义;不可变者,即而书之。是以异名斌然,胡音殆半。斯实匠者之公谨,笔受之重慎也。”③鸠摩罗什引入革新的翻译方法,如通过音译法,重新定名,去掉那些旧译中援引的中国当时流行的玄学术语,避免混淆佛学基本的思想。纠正旧译,如阴、入、持等,改为众、处、性。④ 并对旧译失当处,逐一校正,使之“义皆圆通,众心惬服”。如他翻译的《金刚经》、《法华经》、《维摩诘经》等都是富有文学韵味的佛经

① 释慧皎:《高僧传》卷2《晋长安鸠摩罗什》,53页。

② 严可均辑:《全晋文》卷160,北京:商务印书馆,1999年,1755页。

③ 僧睿:《大品经序》,载严可均辑:《全晋文》卷160,1754页。

④ 僧睿:《大品经序》,载严可均辑:《全晋文》卷160,1754页。

典籍。鸠摩罗什在处理专有名词如人名、神名和一些不可翻译的名词上都有他的独到见解，对于那些难以在汉语中找到对应的梵文辞汇，他会坚持音译，而且力求统一译名，避免一辞多译，使译文更见易读，同时亦不失异国文化色彩，多添了一份文字的美感。

无论是在文辞上还是对于佛教概念的把握上，罗什的译本可以说是最为成功、也最流行的。譬如《维摩诘经》的翻译就是一个典型事例。《维摩诘经》，又名《维摩诘所说经》、《维摩经》、《不可思议解脱经》、《净名经》，是印度早期大乘佛教的重要经典。此经在中国广泛流传，影响很大，前后共有 7 个汉文译本，分别是：东汉严佛调译《古维摩诘经》；三国吴支谦译《维摩诘所说不思议法门经》；西晋竺叔兰译《毗摩罗诘经》；西晋竺法护译《维摩诘所说法门经》；东晋祇多密译《维摩诘经》；后秦鸠摩罗什译《维摩诘所说经》；唐玄奘译《说无垢称经》。其中支谦、鸠摩罗什和玄奘的译本留存至今。在这些译本中，流行最为广泛的是鸠摩罗什的译本，这一点从敦煌遗书中《维摩诘经》各译本的写卷数目就可一目了然：支谦译本有 2 个敦煌写本，玄奘译本也只有 4 个敦煌写本，而鸠摩罗什译本的写本却高达 821 个。[①] 由此可见鸠摩罗什译本的流行程度。

罗什译本的成功，固然在于其优美的文学色彩，更主要的是他对大乘经义理解的"神悟"，[②]凭借其丰厚的学养根基，以流畅的语言恰当地表达了佛经真义。对此，唐代僧人道宣在《感通录》中如此评价鸠摩罗什的佛经翻译："绝后光前，仰之所不及，故其所译，以悟达为先，得佛遗寄之意也。"[③]罗什译本的语言生

① 吴文星：《维摩诘经的鸠摩罗什译本流行的原因分析》，《华南师范大学学报(社会科学版)》，2005 年第 2 期，90—95、159 页。

② 郑郁卿：《鸠摩罗什研究》，台北：文津出版社，1988 年，97 页。

③《大正新修大藏经》卷 52《史传部四》之《道宣律师感通录》。

动活泼，明白晓畅，朗朗上口，符合汉语文法和语言习惯却又不违背原文的意旨，正是所谓“曲从方言而趣不乖本”[①]，各种层次的读者都容易读懂，所以，罗什新译出来后就逐渐取代旧译，流行于大江南北了。

四、 鸠摩罗什对佛教中国化及东亚文化的贡献

鸠摩罗什长安译经讲道，是中国佛教和文化历史中具有划时代意义的一件大事。他第一次把印度佛学按照真正意义翻译和引进，不但对后世佛教诸宗的产生发展发挥了决定性作用，而且影响到以后中国的整个思想和文化的发展走向，使佛教与中国传统的儒、道并立而形成中国特有的文化基础。

鸠摩罗什翻译的佛经对中国佛教发展产生了重要的影响，很多佛经都成了此后中国佛教宗派及东亚佛教派别立宗的重要典籍。在唐朝，一共有八家著名的佛教宗派，其中的六家都是因鸠摩罗什法师的译经而建立的。如他所译的大品和小品《般若经》，当时就是般若学的要典；《维摩诘经》、《金刚经》，也为般若学所重，又为后来的禅僧所重；《成实论》为成实宗所宗；《阿弥陀经》、《弥勒成佛经》为净土宗所宗；《中论》、《百论》、《十二门论》为三论宗所宗；《法华经》为天台宗所宗；《十住毗婆沙》也是华严宗所重的经论之一。所译禅经和戒律类经典及经论也产生了很大影响，像《维摩经》、《大智度论》等也是后来修习佛学者的必读典籍。在当时的长安逍遥园、大寺等译经场中，最高峰的时候有3000多僧人协助翻译，况且鸠摩罗什的弟子“十哲八俊”及姚兴、姚嵩等王公贵族都积极参与佛经的翻译、校订、辩论等工作，可以说，罗什的译作也是集体智慧的产物。

---

① 《大正新修大藏经》卷52《史传部三》之《法华经传记》卷2。

在文学方面，由于鸠摩罗什翻译的佛经具有优美的文学韵律，以印度文学为底色的佛经经文及其中的故事、表现手法等对中国文学的发展发挥了广泛的影响；在艺术方面，以《维摩诘经》为代表的佛经，为石窟寺的壁画创作提供了生动、简洁的底本，如敦煌莫高窟的壁画《维摩诘经变》就是依据鸠摩罗什译本绘制的，其他石窟中出现的大量“维摩诘经变”和“西方净土经变”都与罗什的译经有关。

鸠摩罗什所译的经典先后传到朝鲜，日本等国。[①] 日本知识分子认为他的译经在古代译师中最为准确，因此特别推崇，撰写赞文加以赞诵。在古代朝鲜和日本还流行着弥勒信仰，而这些都与鸠摩罗什译的《法华经》有重要关系，所以他对东亚佛教的发展有着重大的影响。

从中国佛教思想文化发展史的角度来看，鸠摩罗什翻译佛经和培养弟子，是中印文化交流、中国少数民族与汉族文化交流的巨大工程，也是中国历史上第一次大规模的外来文化与本土文化的碰撞、交融，具有重大的文化意义和历史意义。鸠摩罗什对于中国佛学与中国思想界的影响，方立天先生总结为以下两个方面。

第一，推动中国佛教思想的发展进入一个新的阶段。由于鸠摩罗什的翻译，中国始有良好的佛教译本和系统的教义，中国佛教才得以面目一新。尤其是使大乘空宗的思想获得广泛的流传。大乘佛教根本义理的移植和弘传，实应归于鸠摩罗什。

第二，促进南朝学派和隋唐学派的形成。鸠摩罗什重译或新译的大量不同类型的佛典，为中国佛教学派和宗派的产生提供了

---

① 杨曾文:《鸠摩罗什的译经与日本佛教》,《佛学研究》,2004 年第 0 期,40—44 页。

基本的佛学根据和思想基础。[①]

由此可见,鸠摩罗什的业绩对中国思想发展的影响是广泛、深入而久远的,对中国佛教史的影响超越了佛教宗派和东晋以来的历史时限。在这个意义上,说鸠摩罗什赢得了在中国佛教史上首屈一指、高于他人的历史地位是绝对不过分的。

(原载《史学集刊》2009 年第 4 期)

---

① 方立天:《鸠摩罗什:影响中国佛教思想发展至深至广》,《中国宗教》,2001 年第 1 期,57 页。

百年敦煌学的历史回望

——读刘进宝教授《敦煌学通论(增订本)》

刘进宝教授的《敦煌学通论》是一本走过了30年历程的著作,曾出版不同文字的6种版本,逐步沉淀精粹为目前50万字的宏大篇幅,其背后所蕴含的是跨越不同时空、层次范畴丰富的质感历史,它囊括了2000多年的敦煌区域发展史、1600多年的敦煌莫高窟建造史、100多年的敦煌遗书发现流传史、100多年的敦煌学研究与学科史。在一定意义上,它还是刘进宝教授从一个孜孜以求的青年学子,成长为当代敦煌学家的个人学术成长史。

《敦煌学通论》作为敦煌学特色学科构建发展史的通论性著作,其最突出的特点就是以时空杂多而交叉构建其厚重内容,之所以如此,是同敦煌学这门学问所面临的丰富复杂的研究对象密切相关。

敦煌遗书是包罗万象的古代文献集合体,无论是世俗文书、宗教文书、于阗文书、还是婆罗迷文书等等,无所不包。当然,遗书之外,敦煌还有丰富的造像和灿烂的壁画。它们所蕴含的信息、展开的历史、涉及的人物,每一项都是体量庞大、层次多样。虽然"敦煌学"只有三个字,但是要讲清楚何为敦煌学、敦煌学的范畴与内容包括什么要素,则不是一件容易的事情,真的是千头万绪。

我们今天所谈论的敦煌学,是指研究对象以敦煌遗书、敦煌石窟艺术、敦煌学理论为主,兼及敦煌史地的一门学科,涉及敦煌学理论、敦煌学史、敦煌史事、敦煌语言文字、敦煌俗文学、敦煌蒙书、敦煌石窟艺术、敦煌与中西交通、敦煌壁画与乐舞、敦煌天文历法等诸多方面。它是研究、发掘、整理和保护中国敦煌地区文物、文献的综合性学科。

当然，作为一门学科，当它发展成熟的时候，就必须在理论高度上锚定其周延的学术范畴、稳定的研究对象、清晰的学科脉络。问题在于，只要有一定时长的学术研究史，对于学科概念的定义和提炼应该不是什么太难的事情，但是要把一个指向复杂、内容杂多的学科系统而全面地论述清楚，则需要对该学科内完全不同而又相互关联的研究领域和研究方向烂熟于胸，刘进宝教授正是这样 30 多年来将自身浸泡在"敦煌学"之中的为数不多的学者，称之为"人学合一"也不为过。

进宝教授的敦煌学研究成果，已是熔铸在敦煌学术史上绕不过去的坚实经典，当然不用多说。仅仅就此书而言，从 1988 年他为《兰州晚报》"通俗敦煌学"专栏撰写专稿启航，1989 年底筹划写作通论性专著，到 1991 年就在甘肃教育出版社出版了 28 万字的《敦煌学述论》，从敦煌的历史、敦煌石窟艺术、敦煌文物的流散、敦煌遗书、敦煌学研究五个方面对敦煌学进行了比较全面系统的介绍。这是通论敦煌学的第一本著作，由此而开启了他此后孜孜于此，追随敦煌学研究的最新进展和理论思考，不断调整全书架构和补充精粹内容的步伐。具有拓荒之功的《敦煌学述论》，很快获得了有关出版和科研奖，得到了学术界的高度关注与赞扬。正如韩国中国中语学会会长全寅初教授的评价："本书是了解中国边疆历史的重要研究书籍，确立了敦煌学作为世界性学科的地位。"正是因为其是第一本成熟的具有世界性学术意义的通论性著作，很快就引起了国际敦煌学界的广泛注意，洛阳纸贵。1993 年、2002 年在甘肃教育出版社出版了精装本和增订本，1995 年在台湾洪叶文化事业公司出版了繁体本，2003 年在韩国

Acanet 出版社出版了韩文本，2010 年又在新疆人民出版社出版了修订本。这些不同版本的著作，是进宝先生在 20 多年的研究历程中不断修订、增补而出版的，虽然其间书名略有不同，但内容确实一以贯之，不断精粹敦煌学学术通论的架构与内容，直到构建成 2019 版的《敦煌学通论》增订本。

全书主体内容由“引言”和五个章节共六部分组成，引言以“东方学背景下的敦煌学”为题，这是进宝教授发表在《西域研究》的一篇论文的修改稿，在 20 世纪初年的国际学术潮流东方学的大背景下，探讨和界定“敦煌学”这一概念的产生及其背后所隐含的殖民主义伤痛——这是敦煌学学术史永远绕不开的问题。进宝先生的这个“引言”确实独具匠心，将百年敦煌学的学术脉络中所隐含的历史之痛点到为止，毕竟，殖民主义的文化掠夺或学术研究之“心中余痛”（韩儒林语），终于转向中国几代敦煌学人薪火相继的精深研究。

第一章“千载沧桑话敦煌”虽然保留了 1991 年《敦煌学述论》的那个带有通俗意味的标题，但是其下的 8 节则完全是传统的通史类著作的撰写模式，分秦汉、魏晋南北朝、隋唐、吐蕃时期、归义军时期、两宋、元明清来论述，体系性相当强，论述客观、文字流畅，很少有大段的引文，体现出通论性著作必须要落到实处的理论总结和精炼概括的特点。

第二章“艺术瑰宝千佛洞”应该是修订比较大的一章，四节内容“莫高窟的创建与编号”、“敦煌的壁画艺术”、“敦煌的彩塑艺术”、“敦煌的建筑艺术”，仅从标题看就知道其专业的概括性非常强，将莫高窟的主要艺术研究事项都用精炼的语言概括了出来。初版中一些具有文学修辞手法的小标题和作者认为自己没研究的内容都被修改或删去。

第三章“扼腕愤谈伤心史——敦煌文献被盗记”，则是整个敦煌历史研究中最受世界关注、也最令国人痛心的一个问题。该章以 9 节的篇幅重点考索叙述了此段文化被盗劫的历史。对王圆箓的发现敦煌文书及其倒卖,对斯坦因、伯希和、橘瑞超、鄂登堡、华尔纳等在敦煌的盗劫活动,都做了翔实的叙述。尤其重要的是,作者在此章对敦煌卷子流散情况的考证、对流散总体背景的原因探讨,都是发人深省的。尤其是对斯坦因等这些探险家和盗劫者的理性分析,有利于我们认识这段伤痛史,正如《伯希和传》的作者、法国历史学家菲利普・弗兰德兰评价伯希和为"多头的大黑天神",他们是一群殖民主义背景下身份复杂的探险家或学者。

第四章"敦煌遗书——百科全书式的宝藏"共有六节,从敦煌文书对历史研究的推进、对宗教材料的保存、对寺院生活的写照,以及敦煌卷子中的文学材料价值、曲子词、科技资料等方面,作了一个概观式的描述。敦煌遗书体量庞大,这样的一个分类观照,不一定完全反映出了这些文献的完整面貌,但是从通论的角度而言,确实给我们提供了一个了解或使用敦煌文献的基础平台,正所谓要言不繁。尤为重要的是,敦煌文献研究是刘进宝教授的研究下力最深的领域之一,论述中的很多重要部分就是他本人的一些前沿成果,如关于"唱衣"的研究等。

第五章"敦煌学研究遍天下——敦煌学的发展及其研究概况",虽然在 30 年之前的主要工作可能是对前人的相关叙述作概括提炼,而现在这其中已经融入了刘进宝教授一系列的成果,从他近年来在中华书局等出版的《敦煌学术史》、《百年敦煌学:历史・现状・趋势》,到他领衔申请的国家社科基金重大项目"敦煌学学术史资料整理与研究",都昭示着他在这个领域的丰厚耕耘。其实就他花费数年心血组织出版的《百年敦煌学:历史・现状・趋势》一书来看,52 位敦煌学研究顶尖专家撰写了 53 篇关于敦煌学百年学术史的文章结集,为他本人在敦煌学术史的研究方面奠定了坚实的基础和地位。从这个意义上而言,《敦煌学通论》的第五章凝聚着进宝教授孜孜不倦的多年探索。

对于《敦煌学通论》这本崭新的600多页的著作,敦煌吐鲁番学会现任会长郝春文教授的评价是:"进宝教授撰写的《敦煌学述论》以及由其改编而成的《敦煌学通论》,应该是改革开放以来国内外流行较广、影响较大的一部敦煌学通论,已经成为通论类作品中的精品。"此书的唯一性和开拓性由此一锤定音。我们需要进一步了解的是,这部走过了30年历程的著作,其修订的内容主要涉及哪些方面。根据包括此版在内的6种中文版内容的对比,和进宝教授在不同版本的序言、引言、后记等文本中的详细说明,可以确定《敦煌学通论》增订本虽然文字量增加了,但是主题架构基本保留了1991年《敦煌学述论》的原初形态,增加的字数就是30年间敦煌学研究的最新成果的补充。这说明了一个问题,30年前的《敦煌学述论》所构建的全书主体框架是经得住学术发展史考验的,虽然30年来的敦煌学研究成果丰硕,但是并没有溢出"述论"所划定的范畴,那么作为一本具有学科理论和学科史的著作,仅这一点,就足以构成其作为经典的坚实基石。

当然,历次修订也是一个去粗取精的过程,就其内容而言,进宝教授将他自己没有研究或不熟悉的内容尽量删节。如2002年之前的版本中除了壁画、雕塑和建筑外,还有飞天和乐舞两节。而他认为自己对飞天和乐舞根本没有研究,加之飞天本身就是壁画中的内容,曲谱、舞谱属于遗书的内容,乐器、舞蹈又是壁画中的东西,因而在此版中删除了敦煌的飞天艺术和乐舞艺术。另外,敦煌遗书的内容涉及史学、文学、民族、宗教、科技等,在他撰写《敦煌学述论》时,敦煌语言文学的研究最为活跃,研究成果也特别丰富,因此对文学方面的叙述比较多,共有变文、诗歌、曲子词三节,从而显得轻重不一。而他认为自己的专业是历史学,对文学缺乏研究，绝大部分是综合叙述，所以就将此三节压缩合并为一节；《敦煌学通论》中的“唐代地方公文的处理程式——敦煌吐鲁番的官文书”一节，因为主要使用的是吐鲁番和大谷文书，超出了敦煌学的范围，所以此增订本也不再收录。

这些删节，确实是出于尊重学术原则的考虑：对不熟悉的领域或者说已经发展到独立性和学科界限非常强的领域，需要慎重对待。通俗叙述可以理解，学术通论另当别论。如目前敦煌学研究中的石窟研究已经包含了整个丝绸之路石窟寺的考古、美术、宗教、建筑等问题的综合研究，不仅仅是跨越考古、历史、文学、美术等学科的问题，甚至是跨越自然科学与人文科学及工科范畴的研究领域；如壁画、舞蹈、音乐、建筑的研究，涉及颜料、画法、风格、器乐演奏、乐谱还原、建筑工程等深层技术问题，也已经不是一般历史学工作者所能轻易置喙的领域。然而，敦煌学研究的两大块基础就是遗书与洞窟，因此《敦煌学通论》是不能缺失洞窟中的壁画、彩塑、建筑的总结性叙述的。在这方面，刘进宝教授的处理是值得称道的。他在书中主要依据前人研究成果作了创造性综述，如“敦煌壁画的内容”主要是依据段文杰先生的成果分七类予以介绍，就在后面注明：“本节主要依据段文杰先生《敦煌壁画概述》改写，详见段文杰《敦煌石窟艺术研究》，甘肃人民出版社2007年，第144—150页。”“敦煌壁画的历史价值”也是根据段文杰先生的研究综述的，所以在后面注明：“本节主要依据段文杰先生《形象的历史——谈敦煌壁画的历史价值》(《敦煌学辑刊》第一集，1980年)改写，特此说明。又见段文杰《敦煌石窟艺术研究》。”在“敦煌的彩塑艺术”后注明：“本节主要参考资料：孙纪元《谈谈敦煌彩塑的制作》，载《敦煌研究文集》，甘肃人民出版社1982年；《略论敦煌彩塑及其制作》，载《中国石窟·敦煌莫高窟3》，文物出版社1987年；段文杰《敦煌彩塑艺术》，载《敦煌研究》试刊第一期；杜永卫《莫高窟彩塑艺术（敦煌艺术小丛书之十六）》，甘肃人民出版社 1986 年。”这种实事求是、尊重前人成果的做法，既补足了缺憾，又恰当地把握住了通论性著作的整体性问题与专业性问题之间的平衡。

如果我们从敦煌遗书的发现之于“敦煌学”构建的核心意义来看，以历史研究为主要架构的《敦煌学通论》删除艺术研究的一部分，不仅是一个务实的选择，也是一个必然的选择。陈寅恪先生为陈垣《敦煌劫余录》作序说：“敦煌学者，今日世界学术之新潮流也。自发见以来，二十余年间，东起日本，西迄法英，诸国学人，各就其治学范围，先后咸有所贡献。吾国学者，其撰述得列于世界敦煌学著作之林者，仅三数人而已。夫敦煌在吾国境内，所出经典，又以中文为多，吾国敦煌学著作，较之他国转独少者，固因国人治学，罕具通识，然亦未始非以敦煌所出经典，涵括至广，散佚至众，迄无详备之目录，不易检校其内容，学者纵欲有所致力，而凭借末由也。”由此可见，敦煌遗书的研究自“敦煌学”作为学科提出以来，就是其学科核心主体。因此，将石窟寺研究等内容归之于“敦煌石窟寺研究通论”或“敦煌艺术研究通论”的旗下，是一种学科发展的必然选择。当然这不是把它们截然割裂，而是在界域上建立各自清晰的归纳领域，为学术界提供更精微专业的参考坐标。

与删节相对应的，当然主要还是大量历史研究内容的增加，如敦煌历史部分，较多地吸收了甘肃地方史研究的成果，将以前论述比较薄弱的宋至清代的敦煌历史给予了较多关注，从而将敦煌的历史完全贯通。另外，对一些一般读者尚存疑惑的具体问题，本书也给出了尽可能详细的解答。如敦煌艺术是佛教艺术，莫高窟是佛教石窟，最后的守护者怎么会是道士王圆禄？本书对此也给予了明确回答。1524 年，明朝关闭嘉峪关后，敦煌遂为信奉伊斯兰教的吐鲁番部族所据。清朝统治敦煌后，通过移民等措施，逐渐恢复了社会经济。但邻接敦煌的新疆居民，此时大多已信奉了伊斯兰教，从而使清代敦煌的佛教艺术成了无源之水、无本之木。而从元代以来，敦煌就成了佛道交融之地，在《敦煌莫高窟供养人题记》中，就有清代道教徒留下的不少题记。而清代重修莫高窟时，也增添了不少道教的内容，甚至还将有些洞窟改为娘娘庙，从而使敦煌的道教到清代时仍有一定的势力。再加上当时敦煌民间对佛道的区分不明显，所以当王圆禄以道士身份居住在佛教洞窟中时，并未引起当地百姓的反对。反而因他说的是汉话，诵读的是汉文道经，能够满足大部分群众的需求，很快就得到了当地百姓的信任。再如敦煌景教文献部分，学术界的最新成果指出，得自藏经洞的 P. 3847《大秦景教三威蒙度赞》、《尊经》是真本无疑；李盛铎旧藏的《志玄安乐经》和《宣元本经》也应该没有问题；富冈谦藏旧藏《一神论》和高楠顺次郎旧藏《序听迷诗所经》，无确切清楚的来源，很可能是今人依据明清以来的基督教文献伪造出来的；小岛靖号称得自李盛铎旧藏的《大秦景教宣元至本经》和《大秦景教大圣通真归法赞》，则完全是赝品。至于注释方面，原来的注释附于每章之后，读者参考阅读颇不方便，增订本不仅改为页下注，而且引文更加规范、清晰。古籍文献的引文，尽可能注明了版本、页码。敦煌文献的图版绝大部分已公布，就尽可能注明图版在《英藏敦煌文献（汉文佛经以外部分）》、《法藏敦煌西域文献》等图版书的册数和页码。

其实，进宝教授以 30 年之力持续打磨，中外出版界则孜孜不倦地一版接一版地重版或重印此书，已经为《敦煌学通论》颁发了金章，像这样能经受时间考验、能长青不衰的作品，必将是经典，相信读者对此也会高度认同。

（原载《光明日报》2019 年 10 月 28 日）

美史如盐，其味方醇

读到波斯诗人奥玛·海亚姆的这首诗时，顿时产生了小小的惊喜：

我看到地上一些人昏睡不醒，
我看到地下一些人土掩泥封。
放眼向那原野望去，
匆匆去来，一个个奔波不停。

海亚姆这穿越沙海的慧音雅颂，是对历史的多么深刻的体悟！在2017年度的历史著作阅读中，我把它当做是对刘泽华先生娓娓道来的《八十自述：走在思考的路上》一书的推荐语。刘先生的这本自述不但回顾了他80年的人生历程，更是对其“中国古代王权主义学说”创构史做了系统的脉络梳理，是本年度绕不开的学术风景。先生的文字总是忠实平和而内含锋芒，他以细密严谨的叙述、风雷涌动的历程、阳光温暖的人生、理性光芒的思考，为我们提供了一份关注平凡生活、关注民族、关注国家与人类命运的历史学家的人生范本。

书分上下编共16个专题，上编“多变时代里我的一些小故事”5个专题，谈的是刘先生80年的人生经历：从出生写起，在历经少年时期的恐惧、青年时期对红色的追求乃至文革时期的种种磨难后，又开启了文化反思之旅。下编“我对若干历史问题的思考”11个专题，从“我对王权支配社会的探索”、“王权主义是传统思想文化的主干”，到“等级人学与主奴综合人格”等专题，对其以“王权支配社会”为核心观点的中国古代王权主义学说做出了详尽的阐述。

刘泽华先生是古代中国“王权与臣民观念”的严谨解剖者和锋利批评人，他锐利的思想锋芒，扎实地植根于他对中国古代政治思想史的深耕细耘，植根于他对历史学、对民族、对国家的那种真诚温暖的赤子之心中。读刘先生的系列著作，会很快沉入其中——理性、冷静、平和、坚韧，正如他对自己的定位，“我自认为：大致仍属于改革开放的大社会主义者中的一分子”。而他对中国社会之改革发展进程，则引用古语：“不慕古，不留今。与时变，与俗化”。寥寥简语，饱含其上下求索多年而蕴育的建设性历史学智慧。

在《八十自述》的后记中，刘先生说他曲折跌宕的人生经历，“后来者或许能从中看到一点历史万花筒中的小色块”。展读此书，何止是“小色块”，从每一页随便翻开，都会读得津津有味，他所说的“我的一些小故事”，每一个都那么平实生动、细节毕现。随手翻到他讲述与阎铁铮先生爱情的部分，一句朴实之语，瞬间心灵震颤：“如今我们年近八旬了，对于老伴，我依旧是第一眼的感觉。”这样的故事、这样的不动声色的惊雷处，有生活的也有学术的。有“一个缘分一辈子”的坚韧爱情，也有“服从还是抗议”的思想斗争；有“劝校长收回成命”的责任担当，也有“谢绝信任，不当工具”的铮铮铁骨；有“用收藏诠释思想”的生活情趣，更有“除对象，争鸣不应有前提”的学术情怀。

细致地品读刘先生的《八十自述》，萦绕在心而挥之不去的一个问题是：如果刘先生没有凭借文字材料和他的记忆撰写这本回忆录，也许我们很多人，就没有机会和渠道直观地感知到他那种熔铸在生命与学术追求中赤诚的家国情怀。对于历史的思考，刘先生指出："历史是个过程，既有权力方面的，也有社会方面的，一个问题接着一个问题。因此，现实主义或经验主义应该是我们思考问题的起点。"

是的，现代历史学不再是为皇权或王权支配社会生活提供"资治通鉴"的工具，其任务是通过反顾历史而观照现实，其核心要义，正是刘泽华先生所提倡的"历史学要关注民族与人类的命运"。

所以，当楼劲先生将"史料与史学的模糊区域"这样一个史学研究无法绕开的理论思考，轻轻地附之于其大著《北魏开国史探》之文尾时，历史学家的分寸感如冰山之浮峰，于波涛汪洋中熠熠反光。这提示我们：在现代分析性历史研究的学术水面下，其实隐藏着更为体大沉重的方法论问题。

正如法国《年鉴学报》主编安德烈·布尔吉曾指出的那样，在历史学家迈向科学性的过程中有一项主要的概念，那就是历史的知识并非由"过去"所产生，而是从研究者身上产生的。研究者其实是在向过去提出问题，并且把问题跟历史结合起来。这也正是今日所言之"书写历史"，是把历史从叙述的艺术转化成诠释的科学。尤其对古代史研究而言，如司马迁等古贤往圣"网罗天下放失旧闻，略考其行事，综其终始，稽其成败兴坏之纪"那样酣畅淋漓的块然工作，已如黄鹤远去白云间，再也不可得了。历史学者必须把自己的研究放在人类社会的"关系脉络"里去，才能如今人所愿地去理解过往历史的进展。

当史料丰富得层层叠叠时，历史社会的"关系脉络"被一代代历史学家剥茧抽丝般条分缕析，在互动与讨论中形成解说、分析、争论、构建，由此而在不断细化的技术性工作中得以凝固成共识或"共谋的知识"。但是，毕竟存在很多的盲区，即楼劲先生所说的"模糊区域"。北魏早期部落史和开国史正是如此，如司马迁那般传统的历史学技艺在此确有“技穷”之叹。

前贤们对北魏开国史领域问题的探讨，都是如履薄冰、谨慎有加。其原因其实有二：一是北方民族的游牧或半游牧性质，使得其文献制造工作远远落后于中原王朝，从而史料稀少，缺乏可立论的支点；二是历史学的“强者叙事”逻辑，使得草原民族或骑马民族总是被文献丰厚的农业定居民族视之为“胡”或“野蛮民族”，历史叙事中的异族偏见，得以异常执拗地在文献叙述中一边倒地贬低“非正统”民族或政权的文明程度。

楼劲先生的《北魏开国史探》，乃是明确针对这种一边倒的执拗偏见，以近乎地质探矿的求索精神，将历史学家发掘和解读文献的技艺发挥到了精致的地步。他开篇即建构了一个探索北魏开国时期文明程度的理论框架，既致力于打破传统史书中异族叙事的偏见思维，也为自己设定了一个不至于越过历史学技术底线的操作规程，用北魏开国时期的技术、工艺到整套知识体系和意识形态的事例，提出了历史学研究必须承担“举证责任”这样一个命题。随后的讨论，均循此而展开。北魏开国时期的谶纬使用、《周礼》建制、律令体制、君统与宗统、世系确立诸专题，都是从以往基本被忽视的零星文献叙述中，寻找可以反映其文明程度的痕迹，构建这些文明事项与历史格局之间的脉络关系，从而把隐藏在文献背后的北魏开国时期的文明程度，做了逻辑严密周洽的构建或复原。

想把楼劲先生的这部著作称之为“历史之盐”，是因为目前我们见到的对于历史学研究“模糊区域”的考察，大量工作不是期盼于考古资料的纵横解读，就是狂欢于出土残章的“重写历史”，而对于正史文献形成机制的检讨和其隐含问题的剥离，做的相对比较少。《北魏开国史探》以“举证责任”为基点，既反思“异族叙事”的偏见，又寻找现代叙事之证据，史料考证与理论探索水乳融合，在一定程度上具有理论范式的意义，确实值得在历史研究的味蕾上细细品尝其丝丝之咸。

当然，如盐之味者，尚有石云涛教授之《汉代外来文明研究》。

楼先生著作中的部分篇章，在成书之前我曾与先生有过请教，谈过一些感悟性的认识；而石云涛先生之外来文明研究，则正是我近年兴趣颇浓的领域。所吃惊者，石先生以 75 万字之巨篇，将汉代外来文明之事项，几乎搜罗殆尽、论列详备。

对物质文明交流问题的探讨，古以“博物”而称，即如张华在其《博物志》中所言“出所不见，粗言远方，陈山川位象，吉凶有征”，这就是传统的名物、地理之学，与今日之文明交流史研究尚存差距。我们今天所言之物质文明史乃是在全球史的视角下，通过物质文明的传播来探讨不同文明之间的相互关联和渗透。

20 世纪初年，美国东方学者劳费尔撰著《中国伊朗编》，以中国古代文献的记载为主要材料，着重于从栽培植物及产品的历史方面来追溯古代伊朗文明与中国的交流史。劳费尔当时所强调的理念是“伟大而独特的植物移植也是一种文化运动”。到薛爱华的《撒马尔罕的金桃——唐代舶来品研究》，则将其研究范围限定在唐代这一历史时段中，他强调的是“撰写一部研究人的著作，而它要讨论的主要内容则是物质的内容”，认为“每一种东西都可能以不同的方式引发唐朝人的想象力，从而改变唐朝的生活模式”，所以正如普鲁斯特所言：“历史隐藏在智力所能企及的范围以外的地方，隐藏在我们无法猜度的物质客体之中。”由此，物质文明交流史的历史学意图更为清晰。这种以历史学研究为底色的、主要从文献记载与考古发现为材料追本溯源的物质文明交流史的研究，显然既不同于中国古代传统的“博物学”，也不同于在 18 世纪渐入佳境的西方动植物学家如林奈、班克斯等人的博物学研究。

石云涛教授此《汉代外来文明研究》，在薛爱华所做的物质分类基础上，对文明互动的历史脉络之细节勾画，已经更为体系化。全书以动物篇、植物篇、器物篇、毛皮与纺织品、香料医药与医术、珠宝篇、人工饰珠、佛教的初传、艺术篇、诗赋中的外来文化因子为主题，分为十章，构建了汉代物质文化交流史的一个完整叙述体系。由于其各专题篇章架构细密，甚至就能当成汉代外来物质文明要素的百科词典来使用。不仅如此，石云涛先生认为该著作尚包含部分精神文明交流的成果，显然，这也是一个方面，毕竟，历史学的物质文明交流史，并不是植物学或动物学的物种传播史。无论是记载这些事项的文献，还是图像、文学作品，都饱含着人们的思想和想象，那就是薛爱华所说的："外来物品的生命在文字描述的资料中得到了更新和延续，形成了一种理想化的形象。"虽然如此，我还是宁愿把《汉代外来文明研究》定性为物质文明而非思想文明的交流史著作。

精细的物质文明交流史的研究，既是对古代世界不同地域交往状态的细致描摹，也是对当代社会"文明共享"这一价值理念的追根溯源。从本质上来讲，是为现代世界的共同发展、为构建人类文明共同体，寻找源于古代世界的那种"普遍联系"与"同源价值"。

当然，普遍联系是在努力跨越地理阻隔后才可能实现的：无论是物质文明还是精神文明的迁移传递与交流，道路畅通（受地理因素和政治势力影响）是最基本的前提条件。因而，对研究欧亚大陆古代文明传播史的学者而言，熟悉和理解不同历史时期的地理空间情势就显得相当重要。尤其是在中国学术界逐渐转换认识视角，从全球文明体系或欧亚文明体系的角度来审视古代中国文明及其发展问题的背景下，古代世界的交通地图成了必须要学习或掌握的知识板块。

在这方面，2017年有两本重要的世界古代地图著作值得我们重视：一是A-M. 威特基等主编、葛会鹏等翻译、华东师范大学出版社出版的《古代世界历史地图集》，一是朱鉴秋等编著、中西书局出版的《中外交通古地图集》。有意思之处在于，前者所谓的“古代世界”是将整个远东地区的古代文明排除在外，是以欧洲为中心的，而后者则完全是以古代中国为中心的。这样两种视角编排的地图集，恰好可以成为一组相互观照、相互补充的知识工具书。对二者的同时学习和使用，不仅具有知识参考的价值，还可能具备视野与胸怀开拓的意外启示。需要提示的是，这两部地图集都不仅仅是简单的地图集成的书，而是有非常系统详尽的文字说明的。

《古代世界历史地图集》收集了161幅彩色地图、44幅插图，时间跨度从公元前3000年到公元15世纪，涵盖了古代近东地区的诸多文明，重点聚焦于古典时期东西文明之间的交往；不仅展现了古代世界的政治和军事史，还反映了经济、行政、宗教和文化领域的状况，是对古代历史世界的地图化梳理，以地图来演示历史发展的脉络，对历史事件进行分层而清晰的展现。在版面上，使用了释文与地图相附的双面排版设计，释文包括历史背景介绍、历史概念解说，并有资料来源、参考文献和相关插图相匹配，完整地构成了一个历史时间与地理空间相结合的叙述方式，精确、简洁、直观、权威。

《中外交通古地图集》以中外交通为主题，以中国历代相关的古地图为主线，以外国地图为辅，自复原的传说中4000年前的《九鼎图》开始，共选录中国古代地图123幅，这些主要是选录了中国各个历史时期涉外的地图，同时又兼收各历史时期的国家舆图、海防图、航海图等有代表性的古地图。每一幅古地图都撰有介绍文字，同时配置相近年代的外国古地图作映衬和对比。地图的说明文字由概述、编注、参考资料三部分组成，其中，概述主要是考竟说明地图制作流传的版本源流，编注是对地图本身信息要素的详细解读，参考文献则提供了相关的文献来源和研究成果。

遗憾的是，此《古代世界历史地图集》缺少西亚、中亚、东亚部分，而《中外交通古地图集》则完全是对古代地图的收集解说，而不是如前者一样将古代历史的研究成果用现代绘图法制成地图，所以在使用方面确实是有一些缺憾的。

当然，没有什么工作是尽善尽美的。而1600年前，大夏王铁弗匈奴赫连勃勃和他的统万城监工都是残暴的完美主义者。他治下那些筑城造弓的匠人们为此付出了生命的代价，所谓"蒸土筑城，锥入一寸，即杀作者而并筑之……造五兵之器，精锐尤甚。既成呈之，工匠必有死者：射甲不入，即斩弓人；如其入也，便斩铠匠"。如此纠结残忍的管理方式，使得即使对大夏历史没有任何研究的学者，也都会记得这段令人脊背发凉的史料。看来，研究铁弗匈奴和大夏政权，真还是需要一些勇气的——这是我读胡玉春《大夏国史研究》之前，第一时间就冒出的念头。

胡玉春说赫连勃勃是一个凶残的美男子，她出于对这位美男子的好奇，才开始关注相关的资料。这一关注就是八年，最终撰成了这样一本30多万字的著作，隐藏在历史深处的大夏政权，算是有了系统的国史著作。爱美之心人皆有之，由好奇的兴趣而致力于问题的研究，正是我们所追求的学术佳境。

众所周知，五胡十六国时期的大部分胡族政权，因为国祚较短、资料分散，相关的研究也很难作系统的构建。赫连勃勃自407年叛后秦自称天王，到431年赫连定被北魏处死，其政权仅仅存在了25年，而事实上在北魏于427年攻破大夏王城统万城之后的4年，赫连定是处在流窜之中的。如果不算这4年，其稳定统治的时间也就21年。正因为如此，要像研究北魏王朝那样构建一个完整体系的大夏国史，其困难可想而知。而胡玉春之《大夏国史研究》则几乎是将相关资料搜罗殆尽，以铁弗匈奴及大夏政权的基本史料考辨为起点，首先将所有的原始史料都做了系统的研究与辨别。在此基础上，梳理考辨了以下九方面的问题：南匈奴与铁弗匈奴之族源关系、铁弗匈奴部族的世系与地望、赫连勃勃与大夏政权之建立、大夏国政治制度考、大夏地方行政建制考、大夏社会经济状况探析、大夏与周边民族和政权的关系、大夏的文化及遗存、铁弗匈奴的消亡。正如张久和先生所言，这九方面问题的考述，确实构建了迄今为止关于大夏政权的最为全面、完整、深入的研究专著，较为精当客观地反映了这段历史的面目。

写到这儿，其实我感触最深的是，当历史学的研究面临史料稀缺的情况时，我们将何以构建或如何书写？无论是过去还是当下，用流行的理论体系填补史料缺环，从而构建一个完美的阐述体系，往往是最为讨巧的办法。但是，胡玉春的研究则像耕牛一样老老实实地一点点梳理那些零散的史料，一步步地在历史的“关系脉络”中定位铁弗匈奴和大夏政权的轨迹，并将大夏的文化及遗存这样的具有考古学价值的资料和研究，也做了详细辩证。这样一点也不偷懒、平实求真的研究方法，正与楼劲先生所说之“举证责任”相激荡。

美史如盐，生之于湖海大地，其味方醇。

（原载《澎湃新闻》2018 年 3 月 5 日）

历史研究:描画大势还是努力拼图?

这些年对历史研究“碎片化”的批评相当多,这不是坏事,说明我们还需要历史——不论是精英群体的抱怨还是普罗大众的调侃,都应该视之为鼓励。毕竟,大多数人更喜欢完整的细节故事、高大上的历史规律和神秘的“鬼吹灯”——这不是问题。问题在于,历史叙述所需要的细节或者说真实细节并没有全部记录在系统的史学文献中。你知道匈奴人穿怎样的衣服吗?你知道唐代长安市民如何讲话吗?不知道。没有照相,没有录音,甚至没有完整系统的文字记载。可是我们就想知道这些细节,这些细节是完整细致地讲述历史的块块基石。

人类追求知识的好奇心在于:看见一件事物的正面,就想看看它的反面;看到它的外表,就像看看它的内里;看到它的内里,就想看看它为什么会是这样而不是那样。追问永无止境,于是历史学家们跑得气喘吁吁,把那些历史叙述所需要的细节碎片前赴后继地一片片找出来、绞尽脑汁地一块块摆对位置,莞尔一笑,鸣金收兵。

纸面上的历史从来不是个天生的整体,它只是一代代历史学家从故纸灰烬与残垣断壁中不断丰富细节的一副拼图。历史学家,更重要的角色是“拼图达人”,而不是“预测大师”。

譬如“胡人”,古代的史官没有详细描述这个不同于华夏族的人群的内在动力和求知兴趣,而现代社会的知识追问体系则不同,要了解农业文明与游牧文明的相互影响,了解中西文明交流的几千年历程，我们就不能不详细地勾勒那些在异质文明交流中发挥了重要作用的"胡人群体"。

幸运的是，我们不但有往昔密闭于各类图书机构中、而今开放整理的海量文献可查询，更有不断发现并迅速公开的图像作参证，"胡人群体"正在立体地浮出历史的水面。

新近由北京生活·读书·新知三联书店出版的朱浒《汉画像胡人图像研究》，就是近年来这方面探索的一本系统性著作，其考察重点聚焦于汉画像石中的胡人图像，由此展开而触及诸多历史与文化现象，如民族迁移、艺术交往、宗教传播等议题，对今人思考东西文化交流仍然相当有启发性。

"胡人"作为一个群体，是与"华夏人"相对而言的，是一个变动的人群。不同的历史时段和历史情境中，对胡人的身份认定并不相同。春秋战国之际，"胡"作为一个对中国北疆民族的称谓开始出现在文献中，匈奴、羌、鲜卑等部族先后都被呼之为"胡"。而自张骞开通西域之后，来自中亚、西亚等地的高鼻深目的异域之人开始被固定为"胡"之主体所指。在数百年间，这些胡人以胡僧、胡商、胡使等角色，通过丝绸之路往返华夏与其故土之间，持续为中国人带来了新奇的外来风物与佛教等外来文明，成为古代中国与世界沟通的桥梁。

提起对胡人作图像学的研究，我们不能不提到哥伦比亚大学J. G. 马勒所著《唐代塑像中的西域人》，此书已由王欣教授译出，列入余太山先生主持的"欧亚历史文化文库"，在兰州大学出版社出版。然此书的整体架构更近于以文献为中心的历史背景的叙述，为我们认识汉唐之际来华的胡人塑像之族属与塑造风格和工艺特点，提供了粗线条的参照。

与之相比较，朱浒在《汉画像胡人图像研究》中所做的工作就更为精确、细致和专业。他的考察完全以汉画像为中心而展开，在严格遵循考古学的类型学等方法的基础上，集中讨论汉画像中胡人图像的地区分布、外貌族属、图像分类、图像与佛教的关系这四个问题。全书之研究虽止步于汉，然对于汉唐之际整个胡人群体的研究，却是一块不可或缺的坚实的“拼图”。尤其是他对“尖帽胡人”图像的系统梳理，为认识汉唐时期的大量此类胡俑和分辨粟特胡等商胡提供了坚实的比对基础。此外，关于胡人之容貌、须发、袍服、职业及其想象性母题的探讨，基本上覆盖到了此一领域所必须考察的关键问题。

对历史学而言，图像的解读既不是对视觉艺术的意义与解释，也不是拼接文献记载的“恰好一致”。图像本身就是一种需要我们正确解读的史料，正如批评家斯蒂芬·巴恩之言：“我们与图像面对面而立，将会使我们直面历史。”尤其是，那些最容易消失在历史灰烬中的事项，如服装——这绝非一个简单的事项，当我吃力地阅读郑春颖《高句丽服饰研究》一书时，那种“误入藕花深处”的迷茫感不时如热浪般涌出，将我淹没在知识的千头万绪中。确实，精细系统的专业研究真的不是“请客吃饭”。地方政权高句丽有 700 多年的历史，不仅在东北大地上留下金字塔一样的石墓，而且在墓中留下了数量可观的壁画，再加上那些发掘出土的生活器物：这才使得勾勒高句丽人多样特色的服装与打扮成为可能。

当然，图像和器物不是自明的，它们本身并没有给我们提供行云流水一般的生活逻辑，我们面对的只是哲学家所说的“杂多状态”。于是，郑春颖出场，用《高句丽服饰研究》这样一本 63 万字的著作，试图围绕“杂多”的图像资料，在文献记载的帮助下，以历史学的逻辑体系和考古学的归类方式，来恢复当年高句丽人在服饰方面的“生活逻辑”。

毫无疑问，本书的整个构架遵循了古代文献对于服装记载的逻辑体系，以妆饰、首服、身衣、足衣、其他出土饰物这样五部分来梳理和排比图像资料，所使用的各类服装的名称，遵循的也正是史书中的名称系统。但是，对于同类服装图像的考察，则严格遵循考古学的类型学方法，使得来自不同时代、不同墓葬，看起来杂多无序的发式、冠帽、袍服、裙裤、鞋履等图像，得到严谨细致的比对和分析，一一归类，建立起一套关于分析高句丽服饰的时代性、地域性、等级性、礼仪性的基础性要素体系。在此基础上，勾画出了高句丽服饰的时空变迁，并对高句丽服饰与汉、鲜卑、百济、新罗等族服饰做了全方位对比。尤为重要的是，书后的 61 个附表和书中的 106 幅插图，为理解正文提供了坚实的资料辅助。

郑春颖的另一本同主题著作以《幽冥里的华丽》为名：如此通过墓葬壁画等图像资料来探索 1000 多年前的高句丽各色人等之服饰打扮，确实在我们往昔只注重文献描述的基础上，增添了对高句丽人古代生活的"可视化理解"，使得那种曾经存在的华丽生活在我们的眼前展现出其穿越千年的色彩。

当然，"穿越"仅仅是一种说法，古今之间的差异不单是个时空的问题，而是生活方式的完全不同。当蒋守诚先生以"方术与道术"和"葬俗与信仰"这样两个大的专题来构建他的《出土文献与早期道教》这本专著时，他所注重的"非文字资料"，恰恰从一个独特的视角，为我们呈现出了秦汉六朝时期那些仪式化极强的古代生活场景。

随着前近代社会的逐渐远去和现代化的来临，我们已经习惯于把道教看作一种远离世俗生活的神秘宗教体系。殊不知，在古代社会中，方术与道术乃是伴随生活的日常技术，是古人探索想象性世界和安排生老病死的技术体系，是生活的一部分。

然而，自汉代以来就不断张大的道教，其知识体系和经典文献以滚雪球般的速度积累，不同来源、不同体系的杂多知识以晦涩神秘的文字表述而令人顿生畏惧之心。此一领域的研究者在文献方面所做的研究，因为其与生俱来的坚硬的宗教知识壁垒，很难让其他人文社会科学领域的学者有味其甘露的勇气。

蒋守诚先生之《出土文献与早期道教》则有其不同之处，正如他所言，是书其实是以出土的随葬品、镇墓物、壁画与砖石画像等"非文字资料"为研究切入点，使用了图像学、民俗学等多种理论和研究方法，更接近一种对宗教文物的认知解读。他对汉晋时期的入山求仙方术、道教四纵五横观念等问题的探讨，无不建基于考古出土的宗教性文物与图像，目的在于尽可能还原早期道教在民间社会的活动状况与影响力。他用八个专题性研究构建了一个阐释体系，使得我们对秦汉至六朝时期中国道教的酝酿创立与发展的重要阶段的民间影响有了具体生动的认识，展现了方术与民俗对道教的渗透，而道教则随之将其理论化和体系化的过程。慢下脚步来静心徜徉于其文字之间，醇厚的早期道教知识才会慢慢融化，使我们得其真谛。

显然，并不是所有的文本都需要如此谨慎艰苦的阅读，如叶康宁先生的《风雅之好：明代嘉万年间的书画消费》，则是读来如沐春风的赏心悦目的作品。全书以嘉靖年间发生的《清明上河图》风波为引子，详细探究追述王抒求画、黄彪作伪、汤臣索贿、严氏杀人的风波细节，并对此事件背后的明代书画消费环境及赝品等问题做了初步概述。由此而始，分章进入明代嘉、万之际书画消费市场的隐幽深处，从世风、需求、阅市、骨董商、居间人、价格、赝品七方面一一剖分缕析，将彼时书画市场之种种面相描摹得纤毫毕现，有穿越进入古肆庙市的现场感。

初读康宁先生此书，未及读完，就强烈体会到作者文献搜集之辛勤，故叹曰："在以王权为中心话题形成的古文献基础上，作这个选题的艰难，唯作者深知。有时一个简短的段落或论句，都不知爬梳比对了多少零碎的文献。该著文后附表翔实，可迹作者辛勤。”此外，书中 38 幅插图均是相关的古书画、手迹文献、古籍图谱，对于理解正文均具极好的辅助作用。

正如作者所言：“传统史学强调鉴往知来与温故知新，现代史学倡导古今一体与问题意识，都主张从现实的需要出发来研究历史。因为对过去的看法，在很大程度上会影响对将来的选择。那些风行一时的历史通俗读物之所以成功，就在于作者注重通过历史来反观现实，解说当下。我们没有必要重复过去，但我们一定要利用过去。我写这本书的时候，的确想过在深入历史的同时，为现在的艺术市场提供一面镜子，或者说从历史里找到解决现实问题的答案。”

作者的镜鉴意识显然来自传统史学训练的自觉，这是历史学诠释其学科合法性的重要基石之一，是“学以致用”在政治层面和社会功利层面的必然要求。然随着民族国家与现代社会架构的建立，古代史研究“资治通鉴”的政治借鉴价值已然弱化，其作为今日世界了解人类往昔生活的知识探究体系的性质日益增强。由此，用勾画大线条的方式去“通古今之变”的所谓规律性探索就显得力不从心，甚至是空疏无物、百无一用。而通过使用过往历史学研究所忽视的材料，如图像、出土文物、非主流文献等，将我们想知道但历史文献未曾完整系统描画的缺失部分描述出来，补上历史拼图中的空白点，则成为现时代的一个主流性工作。

（原载《澎湃新闻》2017 年 9 月 3 日）

中亚读城

当成吉思汗的铁蹄踏过辽阔的中亚草原，那曾经一串串如珍珠般辉煌的城市，顿时在13世纪的那个节点凝固成了一座座荒芜的土堆。

对于中亚古城的理解，我以往总是陷入典型的中原城池的思路中。中国古代自强秦以来，城池的建筑与树立，总是同“京—郡—县”这样完全垂直的行政架构相联系，几千年来概莫能外。

而在古代中亚地区，尤其是13世纪之前的中亚腹地，城的建筑与树立，问题就不会这么简单，因为中亚地区不但是以古代斯基太人为代表的游牧部族活动的地域，也是东西民族与部族交汇流动最为频繁的地域。这一点就决定了该地区城池的性质，与有着悠久农业定居传统的中原城池有很大差别。

玄奘取经路经中亚，他对这一带城池的描述，是非常值得注意的。他说：

> 清池西北行五百余里，至素叶水城。城周六七里，诸国商胡杂居也。土宜穈麦蒲萄，林树稀疏，气序风寒，人衣毡褐。
>
> 素叶已西数十孤城，城皆立长，虽不相禀命，然皆役属突厥。

碎叶城（Ak-Beshim，图1）当丝路要道，玄奘记载这是一个“诸国商胡杂居”的城市，显然同中原地区古代城市主要以政治功能为中心集聚成城的形成机制是不同的。此一地域内交通线上的其他城市，也都是各自独立的，即所谓“孤城”，是“城皆立长”的，而没有相互统属关系。

图 1　唐代诗人李白的出生地碎叶城遗址

我想这就是为什么在从塔尔加尔、碎叶城到塔拉兹这一段交通线上，会有那么多的城池的原因。而当地考古学家也总是强调这些城池的“驿站”性质。这应该就是对于同一问题的两个立场解读：其一，对于每一个城池来讲，城都是独立的体系，大多与商业密切相关，这就是为什么丝绸之路能成为路的一个最基本条件——有这些商人聚居点；其二，相对于该地域内最大的军事势力——如突厥帝国或西突厥汗庭或唐庭，每一个城池又都是可以连在一起通行无阻的“驿站”。

我们此次考察过的塔尔加尔（Talgar）、伊思塔拉芙尚（Istaravshan）、巴拉沙衮（Balasagun）、库兰（Culan）、克斯托比（Kostobe）、别克托比（Bektobe）、千泉古城（Merke）、新城（Citadel）、塔拉兹古城（Taraz），在其东西交流方面，都可以目之为“驿站城”。

在哈萨克斯坦的 Merke 小镇，唐代的千泉古城（图 2）仅存四方的若隐若现的城墙轮廓，城池东南角的角楼遗址是一个可以俯视的制高点,前苏联的考古学家在这里立了一块标志碑。此地已经看不出当年突厥可汗夏季王庭的气势,高僧玄奘曾在此受到突厥可汗的盛情款待。据玄奘的记载,突厥可汗在千泉城驯养着成群的鹿儿,鹿群脖子上的大铃铛声闻四野。如今,只有一个喝醉了酒的当地汉子在残城潮湿的草地上呼呼大睡。

而石块构筑的 Akyrtas 城堡(图 3),虽然是一个未完成的城市圈子,但是它可能又会为我们提供关于中亚古代城池的另一个理解思路,那就是泥砖城、夯土城与石头城不同,可能代表着不同的功能或民族文化。有哈萨克斯坦的考古学家认为这是阿拉伯人的石殿,不是没有道理的,毕竟,在中亚土城为主的地域,出现了这样一个石头城,就不能不让人去考虑不同的文化部族。当然,这个城可能是葛逻禄(Karluk)部落所修筑。修城的地点是在山脚下的平原冲积带上,这同中亚其他古城的选址也是截然不同的。

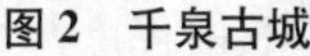

图 2　千泉古城

图 3　红色石块构筑的 Akyrtas 城堡

我们考察过的其他古城,大都选择建在比较高的台地上。片治肯特(Pendjikent)就是一个极好的例子,我们从其西北向东南来看,就能看得很清楚了。

另一个让我觉得有对比意义的是木鹿城(Merv),其不同时代的巨大城墙(图 4)很容易给我们造成视觉冲击,而处于大城外面的 2 座泥砖结构的高大城墙的堡垒式小城公主堡(图 5),更是容易引起我们的思考：为什么在大城外要建这样的堡垒？这是一个很有意思的问题。在中古的中国东北，高句丽人往往会建两套城市系统，一是平时生活居住的平原城，另一就是依据山势修在高山之巅的山城，以备战时之最后的防卫。我想，木鹿城的高大泥砖小城，是否也正是这样的产物？或者说是一种协助大城守卫的卫城？

图4　木鹿城巨大的城墙

图5　木鹿城的公主堡

据古代伊朗历史学家志费尼在《世界征服者史》中的记载，蒙古王子拖雷的大军在攻打下木鹿城之后，尽数屠杀了其130多万居民。站在木鹿城残存的高大城墙上，历史的残酷与悲凉直透后背。

此外，在翻越突厥斯坦山（图6）的过程中，算是彻底了解了为什么片治肯特会成为中古时期粟特文明的一个重要城市点。从3000多米的雪峰下来，一路沿着德拉芙尚河（Zerafshan）河谷前行，两侧山峰虽然不能说是寸草不生，其干枯程度却也是惊人的。当时就有个很残酷的想法：两侧干枯的山地看着洪流滔滔的德拉芙尚河，就像一个饥渴的光棍眼望着美少女在自己身边欢畅跳跃，却沾不到一点渴望的润泽，那是一种多么撕心裂肺的熬煎？这种熬煎在翻过突厥斯坦山之后就突然结束，河谷地带的德拉芙尚河豁然敞开胸怀，将大地滋润得风生水起，片治肯特就是那个最幸运的城市。如果没有这种沿着德拉芙尚河河谷前行的经历，

图 6　沿德拉芙尚河谷翻越突厥斯坦山，前往杜尚别

也许永远也无法理解片治肯特之为片治肯特最根本的地理原因。

当然，考察的最直接冲击还在于，地理风土的直接感触，为文献的平面化阅读带来了深度理解的可能性。“丝绸之路”专名之起，自然是围绕中华所产丝绸之西流而生，然而，在国内研究丝绸之路的著作中，我们的主要探讨其实都是围绕着“胡风东渐”这样一个主题而进行。无论是物种的传播、音乐等文化的变化，还是佛教等宗教及其艺术形式的向东而来，都构成了汉代以后中华文明体系中非常引人瞩目的闪亮元素。

图 7　帕提亚将军头像　土库曼斯坦国家博物馆藏

问题是：中华文化的“西去”趋势如何？换句话说，如果说“胡风”是唐代文明中一个闪亮之处，那么，“华风”是否也是西域文明中一个更为重要的文化要素？这种“华风流波”在中古时期达到了何种程度？在今天的中亚文化结构中或中亚古代文化遗存与文物（图 7）中，留下了多大比重的影响或痕迹？哈萨克斯坦的考古学家在正在发掘的塔拉兹古城早期遗址中发现了中国唐代钱币（图 8），我们也已经看到，也有拍照，但是瓷器没有被展示，这是一个遗憾。

此次考察，我们寻找到的中华象征性文物主要是瓷器和钱币，而这方面的留存文物并没有我们想象中的丰富。由此，中亚地区 11 世纪以后的大规模伊斯兰化对于“华风流波”的淹没，应该也是我们要严肃考虑的一个问题。

图 8　塔拉兹古城遗址新出土的中国唐代钱币

（原载《丝绸之路》2016 年第 15 期）

“浙江学者丝路敦煌学术书系”已出书目

序号	作者	书名	定价/元
1	朱　雷	敦煌吐鲁番文书研究	36
2	柴剑虹	丝绸之路与敦煌学	38
3	刘进宝	敦煌文书与中古社会经济	38
4	吴丽娱	礼俗之间:敦煌书仪散论	45
5	施萍婷	敦煌石窟与文献研究	45
6	王惠民	敦煌佛教图像研究	42
7	齐陈骏	敦煌学与古代西部文化	38
8	黄　征	敦煌语言文献研究	36
9	张涌泉	敦煌文献整理导论	39
10	许建平	敦煌经学文献论稿	38
11	方　豪	中西交通史	45
12	冯培红	敦煌学与五凉史论稿	38
13	黄永武	敦煌文献与文学丛考	45
14	姜亮夫	敦煌学论稿	42
15	徐文堪	丝路历史语言与吐火罗学论稿	48
16	施新荣	吐鲁番学与西域史论稿	36
17	郭在贻	敦煌文献整理论集	39
18	夏　鼐	丝绸之路考古学研究	40
19	卢向前	敦煌吐鲁番与唐史研究	48
20	贺昌群	丝绸之路历史文化论稿	48
21	张金泉	唐西北方音丛考	48
22	郑学檬	敦煌吐鲁番经济文书和海上丝路研究	78
23	尚永琪	敦煌文书与经像传译	78